21世纪全国高职高专土建立体化系列规划教材

房地产估价理论与实务

主　编　褚菁晶
副主编　裴艳慧
参　编　史永红　吴俊臣　徐东生
主　审　银　花

北京大学出版社
PEKING UNIVERSITY PRESS

内 容 简 介

本书分为 3 个基本模块，模块 1 为房地产估价基础理论，其中包括 3 个单元，依次为房地产估价概述、房地产估价程序和土地价格评估原理；模块 2 为房地产估价方法与实务，其中包括 5 个单元，依次为居住房地产估价、商业房地产估价、可开发利用的房地产估价、价格有明显变动趋势的房地产估价和地价评估；模块 3 为房地产估价案例分析，主要包括 1 个单元，为各种目的的房地产估价。

本书重点突出、特色鲜明，将理论与实践较好地结合在一起，语言简单、明确，内容实用性强。课后习题针对各单元所学知识，便于读者自学和检验学习效果。

本书可作为应用型本科及高职高专房地产类专业相关课程的教材和房地产类执业资格考试的培训教材，也可以作为房地产经营与估价、工程经济、技术经济、投资经济、工商管理、物业管理等专业的教材或参考书。

图书在版编目(CIP)数据

房地产估价理论与实务/褚菁晶主编. —北京：北京大学出版社，2011.8

(21 世纪全国高职高专土建立体化系列规划教材)

ISBN 978-7-301-19327-3

Ⅰ. ①房… Ⅱ. ①褚… Ⅲ. ①房地产价格—估价—高等职业教育—教材 Ⅳ. ①F293.35

中国版本图书馆 CIP 数据核字(2011)第 154882 号

书　　名：房地产估价理论与实务

著作责任者：褚菁晶　主编

策 划 编 辑：赖　青　杨星璐

责 任 编 辑：杨星璐

标 准 书 号：ISBN 978-7-301-19327-3/TU・0168

出　版　者：北京大学出版社

地　　址：北京市海淀区成府路 205 号　100871

网　　址：http://www.pup.cn　http://www.pup6.com

电　　话：邮购部 62752015　发行部 62750672　编辑部 62750667　出版部 62754962

电 子 邮 箱：pup_6@163.com

印　刷　者：三河市博文印刷有限公司

发　行　者：北京大学出版社

经　销　者：新华书店

787 毫米×1092 毫米　16 开本　19.25 印张　450 千字

2011 年 8 月第 1 版　　2015 年 1 月第 3 次印刷

定　　价：35.00 元

前言

本书为北京大学出版社《21世纪全国高职高专土建立体化系列规划教材》之一。为适应职业教育的发展需要，我们结合高职高专房地产相关专业的培养目标，依据房地产估价理论与实务课程的教学大纲，查阅大量文献、市场资料，以“理论知识适度、加强职业技能培养”为目标编写了本书。

随着我国城市化进程的不断加快，房地产业飞速发展。房地产估价行业经过十多年的运行和发展，从业人员已经超过25万人，基本形成具有一定规模和较高素质的专业队伍，行业法规体系逐步健全，行业标准体系日益完善，国际影响力不断提高。新的环境下，房地产估价领域也面临着新的机遇和挑战，估价业务不断拓展，估价方法不断完善，估价制度更为健全。

本书较为系统地讲解了房地产估价基本理论，阐述了房地产、房地产价格、房地产估价程序和地价评估原理等基础理论，介绍了市场法、成本法、收益法、假设开发法、长期趋势法、路线价法和基准地价修正系数法在不同房地产估价项目中的具体应用；还讲解了不同估价目的下的房地产估价原理与实务，内容全面、完整，章节编排合理，引入大量案例，课后加入实训习题，理论与实践有机结合，操作性强，涉及面广，从全新的角度培养学生掌握相应技能。

本书特色如下。

(1) 政策性较强。本书编写过程中，不但以1999年2月发布的GB/T 50291—1999《房地产估价规范》为依据，还参照众多涉及房地产估价领域的相关法规和政策，以保持较强的政策性。

(2) 内容构成新颖。本书的主要内容列出了学习目标、学习要求、引例、特别提示、知识链接、应用案例和综合应用案例等模块，习题包括单项选择题、多项选择题、简答题、判断题和案例分析等题型，还特别设计了综合实训，内容结构新颖、材料丰富、涉及面广。

(3) 针对性强。本书适用对象主要为高等职业教育房地产类专业的学生，在内容组织上适应社会对该类学生的要求，尽量做到完善、适用、适度，剔除较难理解和掌握的知识，语言尽量做到言简意赅，便于理解和掌握。

(4) 实践性强。本书立足于实践，将理论教学内容与实践操作能力相结合。在写作上，采用“任务驱动式”，设置任务目标，在进行理论讲解的同时指导学生完成实际任务，最终将理论完整地应用于实践，体现了更为明显的实践性，适应现代高等职业教育的发展趋势。

本书建议安排60～90学时，包括3个模块，共9个单元，即房地产估价概述、房地产估价程序、土地价格评估原理、居住房地产估价、商业房地产估价、可开发利用的房地产估价、价格有明显变动趋势的房地产估价、地价评估和各种目的的房地产估价。本书既可以作为高职高专院校土建类相关专业的教材和指导书，也可以作为房地产类执业资格考试的培训教材。

本书由内蒙古建筑职业技术学院褚菁晶担任主编，内蒙古建筑职业技术学院裴艳慧担任副主编，内蒙古建筑职业技术学院史永红、吴俊臣和内蒙古城市规划设计研究院徐东生参编，全书由褚菁晶负责统稿。内蒙古建筑职业技术学院银花对本书进行了审读，并提出许多宝贵意见，在此表示感谢！

本书在编写过程中参考和引用了大量国内外文献资料，在此谨向原书和原文作者表示衷心感谢。由于编者水平有限，书中难免存在不足和疏漏之处，敬请各位读者批评指正。

联系 E-mail:cjj200128@126.com。

编　者

2011 年 6 月

目　　录

模块 1　房地产估价基础理论

单元 1　房地产估价概述 2

课题 1.1　房地产的概念与特征 3
课题 1.2　房地产估价的基础知识 5
课题 1.3　房地产价格 11
课题 1.4　房地产估价的基本原则 20
单元小结 23
习题 23
综合实训 25

单元 2　房地产估价程序 26

课题 2.1　房地产估价业务的申请与受理 27
课题 2.2　房地产估价的准备工作 34
课题 2.3　查看现场 39
课题 2.4　资料的整理和分析 41
课题 2.5　房地产估价报告的撰写 43
课题 2.6　房地产估价报告的审核 55
单元小结 57
习题 58
综合实训 60

单元 3　土地价格评估原理 61

课题 3.1　土地的分类和特征 62
课题 3.2　土地价格的内涵与分类 72
课题 3.3　土地价格评估 75
单元小结 82
习题 82
综合实训(一) 84
综合实训(二) 85

模块 2　房地产估价方法与实务

单元 4　居住房地产估价 88

课题 4.1　居住房地产估价项目概述 89
课题 4.2　市场法的估价过程 95
课题 4.3　成本法的估价过程 116
单元小结 140
习题 140
综合实训(一) 143
综合实训(二) 143

单元 5　商业房地产估价 144

课题 5.1　商业房地产估价项目概述 145
课题 5.2　市场法的估价过程 152
课题 5.3　收益法的估价过程 154
单元小结 171
习题 172
综合实训(一) 174
综合实训(二) 174

单元 6　可开发利用的房地产估价 176

课题 6.1　可开发利用的房地产估价项目概述 177
课题 6.2　假设开发法的估价过程 187
单元小结 202
习题 202
综合实训 205

单元 7　价格有明显变动趋势的房地产估价 206

课题 7.1　价格有明显变动趋势的房地产估价项目概述 ...207

课题 7.2 长期趋势法的估价过程 211
单元小结 222
习题 222
综合实训(一) 225
综合实训(二) 225

单元 8 地价评估 226

课题 8.1 土地估价项目概述 227
课题 8.2 路线价法的估价过程 233
课题 8.3 基准地价修正系数法的估价过程 241
单元小结 257
习题 257
综合实训 259

模块 3 房地产估价案例分析

单元 9 各种目的的房地产估价 264

课题 9.1 房地产抵押价值评估 265
课题 9.2 房地产转让价格评估 271
课题 9.3 城市房屋拆迁估价 278
课题 9.4 房屋租赁价格评估 285
单元小结 293
习题 293
综合实训 295

参考文献 297

模块 1

房地产估价基础理论

单元 1

房地产估价概述

学习目标

掌握房地产的概念和特点，熟悉房地产估价的概念，了解房地产估价的必要性，了解房地产价格的构成和类型，掌握房地产价格的影响因素，熟悉房地产估价原则。

学习要求

能力目标	知识要点	权重
掌握房地产基础知识	房地产的概念、特点	20%
熟悉房地产估价的概念； 了解房地产估价的必要性	房地产估价的概念和特点； 房地产估价的必要性	30%
了解房地产价格的概念、构成和类型； 掌握房地产价格的影响因素	房地产价格的类型； 房地产价格的特征； 房地产价格的影响因素	40%
熟悉房地产估价原则	房地产估价的基本原则	10%

引例

某房地产位于A市B区C街D号，其产权属甲杂志社所有，现为办公用房。甲杂志社是乙局下属的自收自支的事业单位，杂志发行量近60万份，在本市发行的杂志中居首位。该社现有职工60多人，下设广告中心、发行中心、报纸编辑部、杂志编辑部、财务部和办公室6个职能部门。该房地产共7层、混合结构、中档装修、内墙抹灰、外墙贴白色面砖、内墙涂高级涂料、木门、木墙裙、大理石地面、铺地毯、石膏板吊顶、铝合金窗、共有房间200间，总建筑面积4 914.8 m^2。建成于1990年1月。土地为国有土地，出让方式取得使用权，使用期限到2040年1月，列示于“国有土地使用权证”上，土地面积为713.6 m^2，交通较便利、配套设施完善、地理位置较好。该杂志社委托房地产估价机构为该房地产进行估价，目的是为其向银行办理抵押贷款手续提供参考依据，房地产估价机构需要了解房地产的一些基本情况，包括该房地产价格的影响因素。那么，房地产价格的影响因素主要包括哪些？估价时应遵循哪些基本原则？

课题1.1 房地产的概念与特征

1.1.1 房地产的概念

房地产是指土地、建筑物及其他地上定着物，包括物质实体和依托于物质实体上的权益。

(1) 土地是指地球陆地表面及其上下一定范围内的空间。

(2) 建筑物广义上是指人工建筑而成，由建筑材料、建筑构配件和建筑设备等组成的整体物，包括房屋和构筑物两大类；狭义上是指房屋，不包括构筑物。房地产估价中通常将建筑物作广义理解。

(3) 其他地上定着物是建筑物以外的土地定着物，是指附属于或结合于土地或建筑物，与土地、建筑物不能分离，或虽能分离但分离后会破坏土地、建筑物的功能或完整性，或者是土地、建筑物的价值明显受到损害的物体。

知识链接

物质实体是指房地产中看得见、摸得着的部分。

依托于物质实体上的权益是指房地产中无形的、不可触摸的部分，包括权利、利益和收益；我国目前的房地产权利的种类主要有所有权、建设用地使用权、宅基地使用权、土地承包经营权、租赁权、抵押权和地役权等。

1.1.2 房地产的特性

房地产包括土地、建筑物及其他地上定着物，其中，土地是自然的产物，是永存的；建筑物及其他地上定着物为人工建造，它定着在土地上。因此，房地产的特性主要取决于土地的特性，是以土地的特性为基础的。从房地产估价和把握房地产价值的角度来看，房地产主要有以下特性。

1. 位置固定性

房地产的位置固定性是由土地的特殊性形成的。房地产是以土地为基础的，土地在地理位置上的不可移动性使得建筑在该地块上的房屋一旦形成，就无法改变其所在位置，同时形成与该房地产相对应的独特的自然和经济环境。两宗物质上完全相同的房地产，位置不同，所处的环境不同，其价值有所不同。因此，位置固定性也可引申为独一无二性，表现为房地产市场上的“一房一价”。

2. 长期耐久性

房地产是高档耐用的消费品，土地的不可灭失性使得房地产能够长期使用。一方面，土地上的建筑物根据结构的不同至少具有数十年的耐用年限，如果维护保养得当，甚至可以使用上百年。

另一方面，在中国内地，实行土地使用权有偿有限期使用制度。国家规定，土地使用权在规定的使用年限内可以转让、出租、抵押或进行其他经济活动，土地使用权期限届满，土地使用权及其地上建筑物、附着物所有权由国家无偿取得(当事人申请续期的除外)，如果想重新获得土地使用权，需要重新办理相关手续并交纳相应的土地使用权出让金。因此，在对土地使用权进行估价时，应注意土地使用权在法律范围内的剩余年限，使用年限不同，估价结果也会有所不同。

3. 环境相关性

环境相关性又称为相互影响性。房地产是不可移动的，与周围的自然环境和经济环境密不可分，并与自然环境、经济环境相互影响。第一，现实环境对房地产价格产生直接影响。例如，同样两宗房地产，其他条件完全相同，其中一宗房地产周围景观是街心花园，另一宗房地产周围景观是农贸市场，那么两宗房地产的价格也会相差很大。第二，环境的累积性投入会对房地产的价格趋势产生影响。如果一宗房地产的周边规划建造铁路，噪声很大，那么该房地产的价格也会随之下降。第三，一宗有影响的房地产也可以反过来带动该地区的环境建设，促进经济的发展。

4. 用途多样性

房地产的用途包括居住、商业、旅游、娱乐、工业等，而房地产的价格与其本身的用途有着直接的联系。一般来说，房地产用途多样的特性主要是空地所具有的，土地上一旦建造了建筑物，用途即被限定，一般难以改变。因此在估价领域，房地产用途的多样性主要在评估空地价格时考虑较多。

5. 易受限制性

由于房地产具有位置固定、相互影响的特性，世界上任何国家和地区对房地产的使用和支配都有一定的限制，甚至是严格控制的。由于房地产与周围环境密不可分，因此，一宗房地产的建设不仅是该房地产本身的事，也会对周围环境乃至整个房地产市场带来影响，因此必须通过政府有关部门的综合协调，保障消费者的合法权益，达到该房地产周边地区乃至整个地区经济的综合平衡。

6. 保值、增值性

房地产由于寿命长久、供给有限，其价值通常可以得到保持，甚至随着时间的推移，价值会自然增加，即自然增值。房地产之所以能够保值、增值，主要有以下几方面的原因。

① 土地的稀缺性。房地产的保值性和增值性集中体现在土地上，土地具有永续性，其本身不存在折旧。在目前的科技水平下，土地面积是有限的，即土地相对于不断增长的人类需求是稀缺的，因此房地产有了保值性和增值性。

② 随着社会经济与区域经济的持续发展，公共投资等环境的累积性增加使房地产的效用得以加强。

③ 人口的增长与城市化发展引起房地产的需求上升，需求上升后，自然造成房地产价格的上涨。

④ 建筑材料的改良与独特设计的发展提高了房地产的价值。

房地产的保值、增值性要从房地产使用的长期来看，因为短期内如果发生经济危机、环境恶化、过度危机、泡沫经济等均会造成房地产价格的下降，但从房地产价格变化的总体趋势来看，房地产价格都是一个上升趋势，所以房地产是保值、增值的。

应用案例 1-1

某房地产商以 2 000 万元购置一幢写字楼，当时年通货膨胀率为 2%。1 年后该写字楼售出时，房地产商收回资金 2 200 万元，则该写字楼增值了(　　)万元。

A. 40　　B. 100　　C. 160　　D. 200

【解答】由于通货膨胀引起的房地产价格上升，不是真正的房地产增值，而是房地产保值，2 000+2 000×2%=2 040 万元，这里多出的 40 万元不是真正的增值，而是保值，所以实际增值=2 200−2 040=160 万元。应选择 C 答案。

课题 1.2 房地产估价的基础知识

1.2.1 房地产估价的概念

1. 房地产估价的含义

房地产估价是指房地产估价师和房地产估价机构接受委托，为了特定目的，遵循公认的原则，按照严谨的程序，依据有关法律法规和标准，在合理的假设下，运用科学的方法，对特定房地产在特定时间的特定价值进行分析、测算和判断，并提供相关专业意见的活动。

知识链接

房地产估价师也称为注册房地产估价师，是指具有房地产估价专业知识和经验且取得房地产估价师执业资格证书，并按照《注册房地产估价师管理办法》注册，取得房地产估价师注册证书，从事房地产估价活动的专业人员。

房地产估价机构是指具备足够数量的房地产估价师等条件，依法设立并取得房地产估价机构资质，从事房地产估价活动的专业服务机构。

由于房地产估价是科学与艺术的有机结合，是将客观存在的房地产价格揭示、表达出来的过程，事关公众利益，甚至人民财产安全，所以估价应由专业估价人员从事，而不是任何人都可以从事的。

2. 房地产估价的相关概念

房地产估价的概念中提到的特定目的、特定房地产、特定时间以及特定价值分别为房地产的估价目的、估价对象、估价时点和价值类型。

1) 估价目的

房地产的估价目的是委托方希望经评估能够实现的目的或需要。例如，是为房地产买卖或租赁提供价格或租金参考依据而估价，还是为银行衡量拟抵押房地产的价值而估价，还是为确定被拆迁房屋的货币补偿金额而估价，或是为政府掌握划拨土地使用权进入市场应补交的土地使用权出让金等的数额而估价。

知识链接

房地产估价按估价目的进行分类，主要有下列类别。

(1) 土地使用权出让价格评估。

(2) 房地产转让价格评估。

(3) 房地产租赁价格评估。

(4) 房地产抵押价值评估。

(5) 房地产保险估价。

(6) 房地产课税估价。

(7) 征地和房屋拆迁补偿估价。

(8) 房地产分割、合并估价。

(9) 房地产纠纷估价。

(10) 房地产拍卖底价评估。

(11) 企业各种经济活动中涉及的房地产估价。

(12) 其他目的的房地产估价。

2) 估价对象

房地产的估价对象是指一个房地产估价项目中需要评估其客观合理价格或价值的具体房地产。

3) 估价时点

房地产的估价时点是指对估价对象的房地产决定其估价额的基准日期。由于同一宗房地产在不同的时间价格会有所不同，所以，房地产估价通常是对估价对象在某个特定的时间上的价格作出最合理的估计。估价时点一般定为委托估价的当日或现场调查的当日，用公历年、月、日表示。

特别提示

如果估价的目的是求取过去某个特定时期的房地产价格(如有关诉讼案件的房地产价格)，也可以将过去的某一特定时间作为估价时点。

4) 价值类型

价值类型是人们对房地产估价结果的价值属性的定义及其表达方式。不同的价值类型反映出房地产估价结果的不同价值属性，同一房地产的不同价值类型所反映出的评估价值不仅在性质上是不同的，在数量上往往也存在着较大差异。

价值类型总体可以分为两大类，即市场价值和非市场价值。

(1) 市场价值。市场价值指交易双方在自愿和利益动机的前提下，交易前有充足的时间，能够在了解交易对象和市场行情后，理性而谨慎地进行交易的评估价值。

(2) 非市场价值。非市场价值指在估价中，有些估价目的要求评估的是在不符合市场价值形成条件中的一个或多个条件下最可能的价格。非市场价值主要包括 5 种价值类型，如图 1.1 所示。

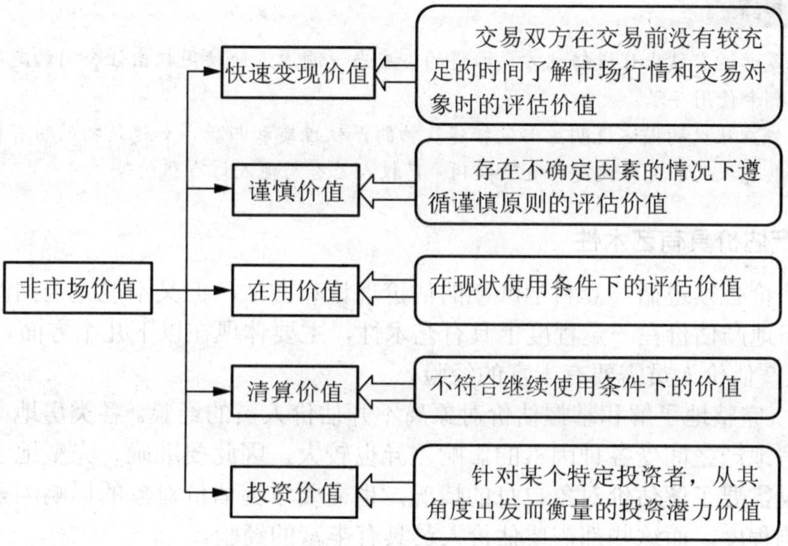

图 1.1　非市场价值的类型图

1.2.2　房地产估价的特点

由于房地产及其价格构成比较复杂，因此决定了房地产估价业务具有以下特点。

1. 房地产估价具有科学性

房地产估价建立在科学的估价理论与方法之上，具有科学性。虽然房地产价格受多种因素影响，构成和变化都比较复杂，难以准确地确定，但通过长期的理论研究与实践探索，估价人员总结出了房地产价格形成与变化的基本规律，这些内容构成了房地产估价的基本理论。在这些估价理论的基础之上，又形成了一整套系统而严谨的估价方法及评估步骤，使房地产估价有章可循。另外，房地产估价过程还广泛地涉及规划、建筑、结构、概预算、法律以及宏观经济等有关理论和知识。因此，房地产估价是将房地产的客观实际价值通过评估活动正确地反映出来，是估价人员对房地产价格做出的推测与判断，具有科学性。

知识链接

房地产估价的基本理论包括地租理论、房地产市场的供求理论、购买者行为理论、效用价值理论、生产费用价值理论、替代原理以及收益递增递减原理、生产要素组合的均衡原理、收益与分配原理和投资理论等。

2. 房地产估价具有客观性

房地产估价应当完整、客观、准确地描述、说明估价对象的物质实体状况和权益状况，尤其应当注意阐明估价对象的权益状况。例如，对于土地使用权，应当注意区分是通过划拨方式取得的，还是通过有偿出让或转让方式取得的；当估价对象的规定用途与实际用途不符时，应当分别说明估价对象的规定用途和实际用途，描述用途转换的背景，阐明是否已按有关法律、法规办理手续等。

特别提示

如果土地是通过有偿出让或转让方式取得的，应当说明原土地使用权出让合同约定的使用年限、已使用年限和剩余使用年限。

对建筑物权益状况的描述说明主要包括建筑物的产权性质和归属，如建筑物的所有权人、是否完全产权、产权共有状况、是否设定有他项权利、产权人是否与他人订有租约等。

3. 房地产估价具有艺术性

房地产估价必须遵循一套科学严谨的估价理论和方法，但又不能完全拘泥于有关的理论和方法。房地产估价在一定程度上具有艺术性，主要体现在以下几个方面。

(1) 房地产估价人员需要有丰富的经验。

① 准确、完整地了解和掌握估价对象离不开估价人员的经验。各类房地产都有其固有特征，各类房地产之间受各种因素的影响差异也较大，因此要准确、完整地了解和掌握估价对象，不仅需要了解估价对象自身的情况，也需要掌握估价对象的影响因素以及对房地产价格的影响程度，而这些都需要估价人员具有丰富的经验。

特别提示

对于某一确定的房地产估价对象来说，土地的形状、地势和地质对价格产生影响；建筑物的结构、设备、装修以及维修保养情况直接决定着其重置价格及成新度或折旧额的数值；附近的景观、建筑密度以及某些建筑物也在不同程度地影响着该房地产的价值与价格；另外，对于某些房地产所采用的特殊装饰、装修以及附带的某些特殊设备等的价值也需要估价人员清楚；对于公寓、单元住宅和办公楼等，其公用设施的数量及质量、物业管理及所提供的服务水平等也不同程度地影响着其售价和租金。

② 准确地运用各种估价方法离不开估价人员的经验。首先，对于某一确定的估价对象，究竟选用哪几种估价方法较为适宜，以哪一种估价方法为主，都需要估价人员具备类似的估价经验。其次，在运用某种估价方法评估某一房地产时，还有许多具体问题及参数需要估价师解决和确定。

(2) 房地产估价需要很强的推理和判断能力。

① 丰富的估价经验是顺利评估的前提，在经验基础上所形成的推理判断能力一定程度上代表着估价师的水平。

② 房地产估价离不开对房地产价格变化趋势的分析。房地产价格是在多种因素综合作用下形成与变化的，且受区域市场影响较大，这就要求估价师具有较强的综合分析与推理判断能力，以及具有一定的洞察力，才能够做出准确的判断。

(3) 房地产估价需要一定的技巧。如何以最快的速度进行估价，并保证委托人及有关当事人能够接受合理的评估结论，避免以后出现纠纷，都需要估价师具备相应的估价技巧。

4. 房地产估价具有综合性

房地产估价的综合性主要体现在以下几个方面。

1) 房地产估价人员需要具备综合性知识

作为一名业务优良的估价人员，除了必须掌握房地产估价理论和方法、房地产经营和管理以及规划、建筑、结构、概预算、法律、经济等知识外，还应该熟悉各行各业，尤其是主要工业行业的生产技术、设备安装以及工艺流程对厂房用地的要求等知识。

2) 估价过程涉及面较广

(1) 单纯的房地产评估包括土地和建筑物，而建筑物又包括建筑结构、建筑、装修、设备等多方面，涉及建筑物的重置成本以及各方面的折旧等，还要考虑土地与建筑物的配置是否均衡、目前的使用情况是否处于最有效利用状态以及未来的增值潜力等。

(2) 房地产估价有时不仅包括有形资产(实物房地产)，也包括无形资产。例如，在估算商业大楼及写字楼价格时，商业信誉、商业景观以及经营管理水平等构成了该房地产的无形资产，在整体资产价值评估中必须重视。

3) 房地产估价有时需要综合作业

房地产估价有时需要估价师、结构工程师、建筑师和规划师等协同作业。

应用案例 1-2

在评估某些旧有房地产时，为了确定主体结构的新旧程度，离不开(　　)。

A. 建筑师　　B. 结构工程师　　C. 咨询师　　D. 规划师

【解答】只有通过结构工程师的对于房地产结构的技术鉴定，才能准确判断主体结构的新旧程度，因此在评估时离不开结构工程师的协同作业。应选择B答案。

1.2.3 房地产估价的必要性

1. 现实中对房地产估价的需要

房地产种类繁多、数量庞大，社会保有量和每年的新增量都很大，且现实各项活动中对于房地产估价的需要从大到小表现在多方面。房地产估价的主要需求领域包括土地使用权出让，土地使用权转让；房地产买卖、租赁、交换、赠与、抵押、典当；房地产保险、纠纷、涉案、损害赔偿。

特别提示

房地产保险对房地产估价的需要，一是在投保时需要评估保险价值，为确定保险金额提供参考依据；二是在保险事故发生后需要评估所遭受的损失或重置价格、重建价格，为确定赔偿金额提供参考依据。其他方面的房地产损害赔偿，如施工挖基础不慎造成邻近房屋倾斜，对房地产权利行使的不当限制(如错误查封)造成权利人损害的，也需要进行房地产估价。

此外，房地产估价的需求领域还包括集体土地征用补偿、城市房屋拆迁补偿；房地产分割、合并；房地产税收；企业以房地产合资、合作；企业合并、兼并、分立、改制、上市、破产清算；以及由房地产估价引发的涉案纠纷中的房地产价格复估等。

知识链接

有关房地产的税收种类很多，如房产税、地价税、土地增值税、土地与房屋合征的房地产税、房地产与其他财产合征的财产税、遗产税、赠与税等。这些税收一般是房地产的价值为课税依据。详细内容见单元6关于房地产交易过程中的税费的相关论述。

2. 理论上对房地产估价的需要

由于房地产位置固定、用途多样、易受限制和保值增值等特性；房地产市场又是典型的不完全市场，并且市场信息不对称，有许多阻碍房地产价格合理形成的因素，不会自动形成常人容易识别的适当价格，买卖双方无法通过简单的比较去判断房地产价格的高低；再加上形成房地产价格的因素很复杂，即便是同一类型房地产，甚至是同一宗房地产，其价格也会因时因地而异。所以，没有专门的知识和经验便无法正确把握房地产的合理市场价格，于是便构成了对房地产价格进行专业评估的需要。因此房地产估价是为了建立合理的房地产交易秩序、促进房地产公平交易的基本保障，有助于将房地产价格导向正常化。

知识链接

在经济学上，“完全市场”必须同时具备以下 8 个条件：①同质商品，买者不在乎从谁的手里购买；②买者和卖者的人数众多；③买者和卖者都有进出市场的自由；④买者和卖者都掌握当前价格的完全信息，并能预测未来的价格；⑤就成交总额而言，每个买者和卖者的购销额是无关紧要的；⑥买者和卖者无串通共谋行为；⑦消费者要求总效用最大化，销售者要求总利润最大化；⑧商品可转让且可发生空间位置的移动。一个市场如果不符合上述 8 条中的任何一条，就是不完全市场。纯粹的完全市场在现实中几乎不存在。证券交易所和小麦市场通常被看做近似于完全市场的实例。房地产作为商品，其品质各不相同和复杂的特性不符合第①条和第④条。另外，尽管房地产所有权(中国为房屋所有权和建设用地使用权)可以转让，但房地产实物无法移动，不符合第⑧条。因此，房地产市场通常被视为典型的不完全市场。

1.2.4 房地产估价的行业发展状况

经历了十几年的发展历程，我国房地产估价行业从业人员已经超过 25 万人，具有一定规模和较高素质的专业队伍基本形成，行业法规体系逐步健全，行业标准体系日益完善，国际影响力不断提高。随着房地产市场的发展，专业房地产估价的需求变得越来越大，从而导致整个房地产估价业也发生了巨大转变，突出表现在以下几个方面。

1. 赋予房地产估价以法律地位

1994 年 7 月 5 日第八届全国人民代表大会常务委员会第八次会议通过《中华人民共和国城市房地产管理法》，其中第 34 条规定“国家实行房地产价格评估制度”，明确赋予了房地产估价法律地位；为了规范房地产估价机构行为，维护房地产估价市场秩序，保障房地产估价活动当事人合法权益，2005 年 10 月 12 日，原建设部发布了《房地产估价机构管理办法》。

2. 建立房地产估价师执业资格制度

1993 年，原人事部、原建设部共同建立了房地产估价师执业资格制度，经严格考核，认定了首批 140 名房地产估价师。《城市房地产管理法》第 59 条规定“国家实行房地产价格评估人员资格认证制度”。2002 年，原建设部建立房地产估价机构和房地产估价师信用档案，将良好信息、不良信息向社会进行公示，并及时更新信用档案信息，开通网上投诉平台，将房地产估价机构和房地产估价师置于社会公众的监督之下。为了加强对房地产估价师的管理，完善房地产估价制度和房地产估价人员资格认证制度，规范注册房地产估价师行为，2006 年 12 月 25 日，原建设部颁发了《注册房地产估价师管理办法》。

3. 制定房地产估价国家标准，形成较完善的房地产估价理论和方法体系

为了规范房地产估价行为，统一房地产估价程序和方法，使房地产估价结果客观、公正、合理，1999 年 2 月 12 日，原建设部会同原国家质量技术监督局联合发布了国家标准 GB/T 50291—1999《房地产估价规范》。规范中规定了房地产估价原则、估价程序、估价方法、不同目的下的估价、估价结果、估价报告等估价理论，其中估价方法主要包括市场法、收益法、成本法、假设开发法、基准地价修正系数法等。

4. 成立房地产估价行业自律性组织，形成公平竞争的房地产估价市场

1994 年 8 月 15 日，经民政部批准，成立了“中国房地产估价师学会”这一全国性的房地产估价行业组织，2004 年 7 月 12 日，经原建设部同意、民政部批准，更名为“中国房地产估价师与房地产经纪人学会”。中国房地产估价师与房地产经纪人学会现为国际测量师联合会(FIG)正式会员。房地产估价行业组织在宣传行业积极作用、维护行业合法权益、加强行业自律管理、促进行业健康发展等方面发挥了重要作用。2000 年 5 月，国务院提出了经济鉴证类社会中介机构与政府部门在人员、财务、业务、名称等方面彻底脱钩的要求，从而打破了行业垄断和地区市场分割的局面，营造了公平竞争的市场环境，形成了统一、开放、竞争、有序的房地产估价市场。

5. 延伸房地产估价业务，估价范围向纵深发展

随着社会经济发展，对于估价业务的要求多样化，估价机构为满足各种估价要求，提供了越来越精细化的估价服务，包括土地、房屋、构筑物、在建工程、以房地产为主的整体资产、整体资产中的房地产等各类房地产价值评估，以及因转让、抵押、房屋拆迁、损害赔偿、司法鉴定、课税、公司上市、企业改制、资产重组、企业清算、资产处置等需要进行的房地产价值评估。近些年来，房地产估价在价值分配、价值减损评估上也发挥了积极的作用，业务面不断拓宽，并向纵深发展。

课题 1.3 房地产价格

1.3.1 房地产价格的概念

房地产估价是评估房地产的价值，价值的外在表现是价格。理论上是价值决定价格，实践中却是通过价格来了解价值，因此做好房地产估价就需要对房地产价格有全面、深入、

正确的认识。

房地产价格是指在房地产开发、建设、经营的过程中，所耗费的社会必要劳动形成的价值与土地所有权价格综合的货币表现。

特别提示

房地产价格是房产价格和地产价格的统一，是房地产商品价值和地租资本化价格的综合性货币表现。它以货币表示，通常也用货币形式来偿付，但并不排除实物、劳务等其他形式的应用，如以房地产作价入股换取设备、技术等。

1.3.2 房地产价格的构成和类型

1. 房地产价格的构成

房地产价格主要包括销售价格构成和租金价格构成两个方面。

1) 房地产销售价格构成

房地产销售价格主要包括土地取得成本、开发成本、管理费用、投资利息、销售费用、销售税费和开发利润7个部分。具体内容将在本书单元4中详细讲解。

2) 房屋租金价格构成

房屋租金是房屋承租人为取得该房屋一定时间的使用权，按照合同约定支付给出租人的一定数量的货币金额，其实质是分期出售房屋使用权的价格，主要包括以下内容。

(1) 维修费。维修费是指为保证房屋正常使用和尽可能地延长使用年限，对房屋进行合理维修所需的费用，通常可按建筑物现值的1.5%～2%计算。

(2) 管理费。管理费是指管理出租房屋所支出的费用，包括广告费、未收回的租金、空置损失费等，如聘请专门人员进行管理，则还应包括管理人员的工资、办公用品及设施费等。管理费一般可按房租额的3%～5%计算。

(3) 折旧费。折旧费是指房屋在使用过程中，因磨损而转移到租金中的那部分价值，它是逐步或分次实现的房屋的交换价值，估价中一般采用直线折旧法进行求取，将在单元4中详细介绍。

(4) 利息。租金中的利息是房地产开发企业在房屋租赁期内，因投资长期不能收回而收取的补偿费，其实质是占有和使用房屋资金的补偿。

(5) 税金。房屋出租人必须依法缴纳相关税金。根据国家法律规定，税金一般按房屋租金收入的12%计算。

(6) 利润。房租中的利润是房屋维修和经营管理劳动所创造的利润。一般以维修费、管理费为基数，按社会平均利润率计算。

(7) 地租。地租是土地使用者向土地所有者缴纳的土地使用费，一般根据该出租房屋所处的地理位置、土地改造的投资等因素来确定。

(8) 保险费。保险费是为了保证房屋出租期间因不可抗力造成价值损失得到补偿，向保险公司交纳的费用，一般按照房屋现值的0.15%～0.3%计算。

在以上8项房屋租金价格构成中，维修费、管理费、折旧费、税金和利息称为成本租金，在成本租金的基础上考虑地租、利润和保险费，则形成了商品租金。

2. 房地产价格的类型

进行房地产估价，必须弄清楚房地产价格的种类和每一种房地产价格的确切含义。不同的房地产价格，其所起的作用不尽相同，评估的原则、依据和考虑的因素也不尽相同。

1) 成交价格、市场价格、理论价格、评估价格

(1) 成交价格。成本价格是房地产交易双方的实际成交价格，是已经完成了的事实。这种价格通常随着时间、供求关系的变化及交易双方的心态、偏好、素质的不同而经常波动。

(2) 市场价格。市场价格是指某种房地产在市场上的一般、平均水平价格，是该类房地产大量成交价格的抽象结果，通常也称为市价。

(3) 理论价格。房地产的理论价格是如果将房地产放在合理的市场上交易，它应该实现的价格。理论价格不是事实，但又是客观存在的。

(4) 评估价格。房地产的评估价格简称评估价，是估价人员对房地产客观合理价格做出的一种估计、推测或判断。评估价格也不是事实。

一般来说，成交价格围绕着市场价格而上下波动，市场价格又围绕着理论价格而上下波动。就成交价格、市场价格与理论价格相对而言，房地产估价所评估的是房地产的市场价格。

特别提示

在评估市价时，房地产的评估价与市价有着密切的关系。由于房地产缺乏完全市场，在许可买卖的制度下，专门有估价机构为交易双方提供服务，这种情况下的评估价往往会成为市价。值得注意的是，由于估价者的经验、知识、爱好、利害关系等的不同，同一宗房地产，不同的估价者评估出来的价格可能不完全相同。一般来说，具有丰富经验的估价人员评估出的价格较接近于市价。

2) 土地价格、建筑物价格、房地价格

这是一组按照房地产的存在形态来划分的价格。房地产的存在形态有下列 3 种：土地、建筑物、房地。房地产价格通常有土地价格、建筑物价格、房地价格之分。

(1) 土地价格。土地价格简称地价。如果是一块无建筑物的空地，此价格即指该块土地的价格；如果是一块附有建筑物的土地，此价格是指该宗房地产中纯土地部分的价格。

(2) 建筑物价格。建筑物价格是指建筑物部分的价格，不包含其占用的土地的价格。

(3) 房地价格。房地价格又称房地混合价，是指建筑物连同其占用的土地的价格，对于同一宗房地产来说：

房地价格=土地价格+建筑物价格

3) 总价格、单位价格、楼面地价

这是一组按照房地产价格的表示单位来划分的价格。

(1) 总价格。房地产的总价格简称总价，是指一宗房地产的整体价格。根据情况不同，房地产总价格的内容也不同，一般不能说明房地产价格水平的高低。

(2) 单位价格。房地产的单位价格简称单价。对土地的单位价格来说，是指单位土地面积的土地价格；对建筑物的单位价格来说，是指单位建筑物面积的建筑物价格；对房地的单位价格来说，是指单位建筑物面积的房地价格。房地产的单位价格可以反映房地产价格水平的高低。

(3) 楼面地价。楼面地价又称单位建筑面积地价，是平均到每单位建筑面积上的土地

价格。楼面地价与土地总价格的关系为

$$楼面地价=土地总价格\div总建筑面积$$

4) 所有权价格、使用权价格、其他权利价格

这是一组按照所交易的房地产的产权来划分的价格。同一房地产，在交易中交易的可能是所有权，也可能是使用权，还可能是其他权利，如地上权、永佃权、地役权、典权、采伐权、采石权、耕作权等。我国当前房地产交易的权利主要是所有权和使用权。

(1) 所有权价格。房地产的所有权价格是指交易房地产所有权的价格。目前中国没有土地所有权价格，只存在房屋所有权价格。

特别提示

房地产所有权价格还可依据所有权是否完全再细分。如根据“权利束”理论，所有权为占有权、管理权、享用权、排他权、处置权(包括出售、出租、抵押、赠与、继承)的总和，但若在所有权上设定了他项权利，则所有权变得不完全，其价格因此而降低。

(2) 使用权价格。房地产的使用权价格是指交易房地产使用权的价格。以土地为例，目前我国有偿出让土地的价格都是土地使用权价格。

知识链接

《中华人民共和国城市房地产管理法》第7条规定：“土地使用权出让，是指国家将国有土地使用权在一定年限内让给土地使用者，由土地使用者向国家支付土地使用权出让金的行为。”据此，从国家获得土地使用权的价格法定名称为出让金。

(3) 其他权利价格。其他权利价格未具体列明，泛指除上述所有权价格和使用权价格以外的权利价格，如地上权的价格、永佃权的价格等。

5) 买卖价格、租赁价格、抵押价格、课税价格、征用价格

(1) 买卖价格。买卖价格是以买卖方式支付或收取的货币额、实物或其他有价物，简称买卖价或买价、卖价。

(2) 租赁价格。租赁价格常称租金，在土地场合称地租，在房地混合场合俗称房租。中国目前的房租有市场租金(或称协议租金)、商品租金、成本租金、准成本租金和福利租金。

(3) 抵押价格。抵押价格是为抵押贷款而评估的房地产价格。

特别提示

由于要考虑抵押贷款清偿的安全性，抵押价格的评估应基于以下两点。

(1) 到期不能偿还需要强制出售时该房地产的价值可达到的数额。因为是强制出售，不能将该房地产放在较理想的市场背景下评估，故一般要比市价低，有所谓“宁估其少，勿估其多”，具有保守性。从理论上讲，抵押价格评估是一种预期价格的评估。

(2) 避免贷款人承担任何不必要的风险，所以抵押价格应是扣除强制处置税费后的价值，这样，在抵押贷款中借款人即使无力偿还，贷款人的款项仍然是有保障的，因为贷款人可以根据约定从抵押的房地产中收回贷出的资金。

(4) 课税价格。课税价格是指政府为课征赋税，由估价人员估定的作为房地产课税基

础的价格。具体的课税如何，要视课税政策而定。

(5) 征用价格。征用价格是为政府征收房地产补偿而评定的价格。

6) 拍卖价格、招标价格、协议价格

这是一组与房地产交易(或出让)所采用的方式相联系的价格分类。

(1) 拍卖价格。房地产的拍卖价格是指采用拍卖方式交易(或出让)房地产的成交价格。

(2) 招标价格。房地产的招标价格是指采用招标方式交易(或出让)房地产的成交价格。

(3) 协议价格。房地产的拍卖价格是指采用协议方式交易(或出让)房地产的成交价格。

知识链接

土地使用权出让的方式及价格高低判断

从中国目前城镇国有土地使用权出让来看，拍卖出让土地使用权，是指在指定时间及公开场合，在土地拍卖主持人的主持下，竞投者手举统一编号的牌子应价，土地最终由出价最高者获得；招标出让土地使用权，是指在指定的期限内，由符合指定的单位或个人以书面投标的形式，竞投某块土地，土地由谁获得，一般不仅考虑投标价格，还考虑其他条件，如规划建设方案和企业资信，但投标内容也有仅限于出标价的；协议出让土地使用权，一般是政府与特定的用地者(如政府需要扶持的高科技项目，非商品住宅)协商确定出让价格。协议出让由于是政府部门对那些要扶持的高科技工业或教育、卫生、慈善、宗教提供土地的方式，一般会降低地价；招标方式由于不仅考虑报价，通常还要考虑开发方案，所以选定的土地使用者不一定是出价最高者，因此有抑制地价的作用；但单纯以报价方式投标有抬高地价的作用；在拍卖的场合，由于土地由谁取得完全靠报出的价格的高低，所以最能抬高地价。因此，通常情况下采用协议方式出让的地价最低，其次是招标，拍卖的最高。

7) 基准地价、标定地价、房屋重置价格

这是《中华人民共和国城市房地产管理法》中提到的3种价格。该法第32条规定：“基准地价、标定地价和各类房屋的重置价格应当定期确定并公布。”

(1) 基准地价。基准地价是指在城镇规划区范围内，对现状利用条件下不同级别或不同均质地域的土地，按照商业、居住、工业等用途分别评估的一定使用期限的建设用地使用权在某一时点的平均价格。

(2) 标定地价。标定地价是指一定时期和一定条件下，能代表不同区位、不同用途地价水平的标志性宗地的价格。

(3) 房屋重置价格。房屋重置价格，简单地说，是假设房屋在估价时点重新建造时，必要的建造费用加平均利润；具体地说，是指按照估价时点当时的社会正常的建筑技术、工艺水平、建筑材料价格、人工和机械费用等，重新建造同类结构、式样、质量及功能的新房屋所需要的费用加平均利润。

8) 底价、期望价、补地价

(1) 底价。底价是指政府、企业或私人出售(尤其是拍卖)房地产时确定的最低价格，亦称起叫价格(简称起价)，若低于这个价格则可不出售。

(2) 期望价。期望价一般是指政府、企业或私人出售房地产时希望卖出的满意价格。如在底价基础上上涨15%，即可视为期望价。

(3) 补地价。补地价是指在更改政府原出让土地使用权时规定的用途，或增加容积率，或转让、出租、抵押划拨土地使用权，或出让的土地使用权续期等时需要交给政府的一笔地价。

对于改变用途来说，补地价的数额通常等于改变用途后与改变用途前地价差额，即：

补地价=改变用途后的地价-改变用途前的地价

对于增加容积率来说，补地价的数额可用下列公式计算：

$$补地价=[(增加后的容积率-原容积率)\div原容积率]\times原容积率下的地价 \tag{1-1}$$

9) 其他价格

除以上 8 个方面以外，还有一些其他房地产价格名称，如现房价，期货价、最高限价、最低限价。在政府有关部门制定的房地产法规中，还有房地产的计划价格、指导价格、平均价格、成本价格、商品价格等。

1.3.3 房地产价格的特征

1. 房地产价格实质上是房地产权益的价格

由于房地产具有空间位置固定性，其物质实体不可能在交易中进行转移。在房地产市场交易中，房地产发生转移的仅仅是房地产的所有权、使用权或其他权益。因此房地产的价格实质上就是其权益价格。

2. 土地价格不是由生产成本决定的

一般商品属于劳动产品，其价格是由其生产成本所决定的，包括生产成本、税金和利润。但土地价格不一定含有生产成本因素，地价本质不是劳动价值的货币表现，而是地租的资本化。客观地说，地价形成的主要原因是土地的稀缺性和土地的有用性。

3. 房地产价格形式具有双重性

房地产因为价值量大、寿命长久，所以同时存在着买卖和租赁两种交易方式、两个市场。写字楼、公寓、商场、旅馆等类房地产，租赁甚至占主体地位。因此，房地产同时有两个价格：一是其本身有一个价格，即交换代价的价格(也称为买卖价格)；二是使用它一定时间的价格，即使用代价的租金(也称为租赁价格)。从而房地产价格也有广义的价格(包括买卖价格和租赁价格)和狭义的价格(仅指买卖价格)。

4. 房地产价格具有较强的地区性与市场的不充分性

房地产因土地的位置固定性而使其价格具有极强的地区性。即使房地产物质实体，例如土地面积、容积率、建筑高度等建筑参数完全相同，建筑设计与施工也完全相同，但只要房地产处在不同的区域，其价格必然不同。因此，估价中必须重视对区域因素的分析，并要求估价人员亲自到现场勘察。

房地产价格形成市场的不充分性也是房地产的位置固定性决定的。这一特征表明房地产与一般商品不同，不能直接在交易市场上自动产生价格，不能形成完全自由竞争的市场，其个别价格一般是随着交易的发生而单独形成的，即表现为“一房一价”。另外，交易主体间的个别因素容易对其价格产生一定影响，即使同一宗房地产，接触不同的交易主体，其最终的交易价格也将会有所不同。房地产价格形成市场的不充分性也要求估价人员必须能够准确地判断个别房地产的垄断价格与限定价格的合理性。因为在交易过程中，除了房地产本身的物质差异外，交易双方的个别因素在很大程度上影响着房地产的价格，如对某种房型的偏好、急于买进或卖出、讨价还价的能力等，这在估价上必须予以考虑。

1.3.4 房地产价格的影响因素

房地产价格水平的高低及其变动，是众多对房地产价格有影响的因素对房地产价格共同作用的结果，这些对房地产价格有影响的因素，称为房地产价格影响因素。本单元引例中所提出的房地产价格影响因素的种类包括以下8类。

1. 房地产自身因素

房地产自身因素指构成房地产区位、实物和权益状况的因素。自身因素对价格的影响见表1-1。

表1-1 自身因素对价格的影响

序号	因素			对价格的影响
1	区位因素			一般情况下，房地产位置接近经济活动中心，要道的通口、行人较多、交通流量较大，价格一般较高；反之价格较低。当房地产的位置由劣变优时，其价值会上升；反之，其价值会下跌。对房地产价格有影响的周围环境和景观也影响房地产价格
2	实物因素	土地实物因素	土地面积和形状	一般来说，凡是面积过于狭小而不利于经济使用的土地，价格较低。
3			地形、地势	一般来说；土地平坦，地价较高。在其他条件相同时，地势高的房地产价格要高于地势低的房地产的价格
4			地质条件	建造同样的建筑物，地质条件好的土地比地质条件差的土地的地价高
5			肥力	对农地而言，土地肥沃，地价就高；相反，地价就低
6			日照、风向	一般来说，日照条件好，处于上风向的房地产价格较高
7		建筑物实物因素	建筑规模	建筑物的面积、体积、开间等规模因素好的房地产价格高
			内外装修	建筑物外观的具有良好风格、色调、可视性以及合理、美观的装修时，房地产的价格高
			设施设备	建筑物的设施设备完好、齐全的房地产价格高
			其他	建筑结构、楼高、通风采光等条件，都会影响房地产价格高低
8	权益因素		权利状况	土地和建筑物的权利状况如何，如拥有的是所有权或是使用权、地役权、抵押权、租赁权，以及这些权利是否完整、清晰等，价值会有很大的差异
9			使用管制	对耕地转为非耕地、农地转为建设用地以及城市规划对土地用途、容积率、建筑密度、建筑高度等的规定，影响房地产价格
10			相邻关系	相邻关系是对房地产所有权、使用权的一种限制。相邻场地的污染情况、建造其他建筑物等情况，影响房地产价格

2. 人口因素

房地产特别是住宅的需求主体是人，人口是决定住宅、商业等房地产需求量或市场规模大小的一个基础因素，人口数量、构成、素质等状况对房地产价格有很大的影响。人口因素对价格的影响见表 1-2。

表 1-2　人口因素对价格的影响

序号	因　素	对价格的影响
1	人口数量	人口数量增加时，对房地产的需求增加，房地产价格就会上涨
2	人口素质	居民素质低，构成复杂，则房地产价格较低
3	家庭人口规模	一般来说，随着家庭人口规模小型化，即家庭平均人口数的下降，家庭数量增多，所需要的住房总量将增加，房地产价格有上涨的趋势

3. 政策因素

影响房地产价格的政策因素主要有房地产制度政策、税收制度政策、金融制度政策、相关特殊政策以及相关规划和计划等。政策因素对价格的影响见表 1-3。

表 1-3　政策因素对价格的影响

序号	因　素	对价格的影响
1	房地产制度政策	高价格政策促进房地产价格上涨，低价格政策造成房地产价格下降
2	税收制度政策	增加房地产开发环节的税收，会增加房地产的开发建设成本，从而会推动房地产价格上升；相反，减少房地产开发环节的税收，会使房地产价格下降；房地产转让时，增加买方的税收，会抑制房地产需求，从而会使房地产价格下降；反之，减免买方的税收，会刺激房地产需求，从而会使房地产价格上升；增加房地产持有环节的税收会使房地产自用需求者倾向于购置较小面积的房地产，并会抑制房地产投资和投机需求，从而会使房地产需求减少，导致房地产价格下降，相反，减免房地产持有环节的税收会导致房地产价格上升。
3	金融制度政策	影响房地产价格的金融政策主要是房地产信贷政策，严格控制房地产开发贷款，会减少未来的房地产供应量，从而会使房地产价格上升；采取诸如上调贷款利率、提高最低购房首付款比例等抑制房地产需求的措施，会减少房地产需求，从而会降低房地产价格
4	相关特殊政策	国家对地区的鼓励以及扶持政策，往往会提高这些地区的房地产价格
5	相关规划和计划	相关规划和计划促进房地产开发建设时，房地产供应量增加，则房地产价格会下降，反之价格会上升

4. 经济因素

影响房地产价格的经济因素主要有经济发展、居民收入、物价、利率和汇率等。经济因素对房地产价格的影响见表 1-4。

表 1-4 经济因素对价格的影响

序号	因素	对价格的影响
1	经济发展	反映经济发展的一个重要指标是国内生产总值(GDP)的增长，GDP 增长说明社会总需求也在增加，社会总需求增加预示着投资、生产活动活跃，会带动对厂房、写字楼、商店、住宅和各种娱乐设施等的需求增加，由此会引起房地产价格上涨，尤其是引起地价上涨
2	供求状况	房地产和其他商品一样，其价格由供给和需求所决定，与需求成正相关，与供给成负相关
3	居民收入	通常，居民收入的真正增加意味着人们的生活水平将随之提高，其居住与活动所需要的空间会扩大，从而会增加对房地产的需求，导致房地产价格上升
4	物价	通常情况下，一般物价上涨则房地产价格随之上涨；但如果一般物价总水平没有发生变动，而只有某些物价的变动也可能会引起房地产价格的变动，特别是建筑材料价格(尤其是水泥、钢材、木材的价格)、建筑构配件价格、设备价格、建筑人工费等“房地产投入要素”的价格上涨，会增加房地产开发建设成本，从而可能推动房地产价格上涨
5	财政收支	国家财政收入增长预示国家经济发展水平提高，可以用于公共事业投资和事业单位职工工资增加，使住宅需求增加，房地产价格会上升；反之则会下降
6	金融状况	国家紧缩银根时，房地产业发展受制约，房地产价格就会下降；市场活跃，金融开放时，对房地产需求会增长，房地产价格会随之上升

5. 社会因素

影响房地产价格的社会因素主要有政治安定状况、社会治安状况、城市化和房地产投机等。社会因素对房地产价格的影响见表 1-5。

表 1-5 社会因素对价格的影响

序号	因素	对价格的影响
1	政治安定状况	政治不安定则意味着社会可能动荡，这会影响人们投资、置业的信心，从而会造成房地产价格降低
2	社会治安状况	房地产所处的地区如果经常发生犯罪案件，则意味着人们的生命财产缺乏保障，因此会造成该地区房地产价格低落
3	城市化	城市化意味着人口向城镇地区集中，造成对城镇房地产的需求不断增加，从而会带动城镇房地产价格上涨
4	房地产投机	当房地产价格节节上升时，那些预计房地产价格还会进一步上涨的投机者纷纷抢购，哄抬价格，造成一种虚假需求，无疑会促使房地产价格进一步上涨；而当情况相反时，那些预计房地产价格还会进一步下跌的投机者纷纷抛售房地产，则会促使房地产价格进一步下降

6. 国际因素

国际因素源于日益密切的国际交往与交流。国际经济、军事、政治等环境如何，对房地产价格也会有一定的影响。例如，国与国之间的政治对立状况、经济封锁甚至发生军事冲突等都会导致房地产价格的低落。

7. 心理因素

影响房地产价格的心理因素包括购买或出售时的心态、个人的欣赏趣味、时尚风气、跟风或从众心理、接近名家住宅的心理、讲究风水等。因为交易双方的交易心理不同，表现出来的交易价格就会不同。

8. 其他因素

其他因素是指上述因素之外的因素，这些因素往往带有随机性。如行政隶属变更、重大活动的举行等。

课题 1.4 房地产估价的基本原则

房地产估价的基本原则是指在房地产估价的反复实践和理论探索中，在认识房地产价格形成和变动客观规律的基础上，总结和提炼出的一些简明扼要的进行房地产估价所应依据的法则或标准。

1.4.1 独立、客观、公正原则

独立、客观、公正原则要求估价机构和估价师站在中立的立场上评估出对各方当事人来说都是公平合理的价值。具体地说，“独立”要求估价机构和估价师在估价中不应受包括委托人在内的任何单位和个人的干扰，应当凭借估价专业知识、经验和应有的职业道德进行估价；“客观”是要求估价机构和估价师在估价中不应带着自己的情感、好恶和偏见，应当按照事物的本来面目、实事求是地进行估价；“公正”是要求估价机构和估价师在估价中不应偏袒相关当事人中的任何一方，应当坚持原则、公平正直地进行估价。

1.4.2 合法原则

合法原则要求估价结果是在依法判定的估价对象状况，特别是权益状况下的价值。

1. “法”的含义

合法原则中的“法”是广义的“法”，不仅包括宪法和有关法律、行政法规、最高人民法院和最高人民检察院颁布的有关司法解释，还包括估价对象所在地的地方性法规、有关地方政府规章和政策、国务院所属部门颁发的有关部门规章和政策，以及估价对象的不动产登记簿、权属证书、有关批文和合同等。

知识链接

不动产登记簿包括房屋登记簿、土地登记簿；合同包括规划意见书、国有建设用地使用权出让合同、房地产转让合同、房屋租赁合同、房地产抵押合同、国有建设用地使用权出让招标文件等。

2. 合法原则的要求

具体地说，遵循合法原则应做到下列几点。

(1) 在依法判定的房地产权利类型及归属方面，一般应以不动产登记簿、权属证书以及有关合同(例如租赁权应依据租赁合同)等为依据。

特别提示

房地产权利类型及归属是指所有权、建设用地使用权、地役权、抵押权、租赁权等房地产权利及其归属。

(2) 在依法判定的房地产买卖、互换、租赁、抵押、出资、抵债、赠与等处分方式的权利方面，应以法律、法规、规章、政策或者合同等允许的处分方式为依据，不应在估价时以法律、法规、规章和政策等规定或者合同约定禁止的处分方式为估价目的。

(3) 在依法判定的使用权利方面，应以使用管制(如土地用途管制、规划条件等)为依据。

应用案例 1-3

对某宗土地进行估价，城市规划规定该宗土地为居住用地，而从该宗土地的坐落位置、周围环境来看，该宗土地适合于作商业用途，则该宗土地在估价时应以哪种用途作为估价的前提？

【解答】根据房地产估价的合法原则，在判定估价对象的使用权利方面，应以使用管制为依据，因此，虽然该宗土地适合作为商业用地，但估价时仍应以城市规划的规定为依据，即该宗土地应以居住用途为前提进行估价。

(4) 在依法判定的其他权益方面，评估出的价值应符合国家的价格政策，即在评估政府定价或者政府指导价的房地产时，应当遵守相应的政府定价或政府指导价。

1.4.3 最高最佳使用原则

最高最佳使用是房地产估价的基础，它着重于标的房地产的市场和土地及其替代用途的可行性分析，该原则允许估价师在特定日期，依据市场状况确认房地产的最适当使用。最高最佳使用原则要求估价结果是在估价对象最高最佳利用下的价值。

确定估价对象最高最佳使用原则时还要遵循合理合法性、技术可能性、经济可行性和价值最大化原则，即要求评估价值应是在合法使用方式下，各种可能的使用方式中，能够获得最大收益的使用方式的估价结果。

1. 合理合法性是确定一宗房地产最佳使用的前提

一宗房地产最高使用价值的实现，必须具有合理合法性，即应用最高最佳使用原则首先应以合法原则为前提。

2. 技术可能性是发挥一宗房地产最佳使用的潜力

对于每一种潜在的使用方式，要检查其在技术上是否能够实现，包括建筑材料性能、施工技术手段等，技术上达不到要求的方案应该被淘汰。

3. 经济可行性是实现一宗房地产最佳使用的条件

对于法律上允许、技术上可行的每一种使用方式，还要进行经济可行性检验。经济可行性实质是一种投资评估，在市场经济条件下，房地产建设项目的成败最终取决于其投资回报率的高低。经济可行性检验的一般做法是：针对每一种使用方式，首先估计其未来收入和支出流量，然后将此未来的收入和支出流量用现值表示，再将两者进行比较。只有收入现值大于支出现值的使用方式才具有经济上可行性，通过信息反馈，在评价和调整的基础上，使房地产处于最佳使用状态。

4. 价值最大化是实现一宗房地产最佳使用的最终结果

在所有具有经济可行性的使用方式中，能使估价对象的价值达到最大化的使用方式，才是最高最佳的使用方式。

1.4.4 估价时点原则

估价时点原则要求估价结果是在由估价目的决定的某个特定时间的价值。房地产估价之所以要遵循估价时点原则，是因为影响房地产价格的因素是不断变化的，房地产市场是不断变化的，从而房地产价格和价值也是不断变化的。

不同估价目的的房地产估价，其估价时点与估价所依据的估价对象状况和房地产市场状况的关系见表 1-6。

表 1-6 估价时点、估价对象和房地产市场状况的关系

估价时点	估价对象状况	房地产市场状况	主要估价案例
过去(回顾性估价)	过去	过去	多出现在房地产纠纷案
现在	过去	现在	多出现在房地产损害赔偿案
	现在		最常见、最大量的房地产估价
	未来		期房估价
未来(预测性估价)	未来	未来	房地产市场预测、投资分析

1.4.5 替代原则

替代原则要求估价结果不得不合理地偏离类似房地产在同等条件下的正常价格。房地产具有环境相关性，但在同一个市场上具有相近效用的房地产，其价格应是接近的。

特别提示

替代原则对于具体的房地产估价，指明了下列两点：①如果在估价对象附近存在着若干相近效用的房地产并已知它们的价格时，则可以依据替代原则，由这些相近效用的房地产的已知价格推算出估价对象的未知价格；②不能孤立地思考估价对象的价值，要考虑到相近效用的房地产价格的牵掣。

1.4.6 谨慎原则

谨慎原则是在评估房地产抵押价值时应遵循的一项原则。谨慎原则要求在存在不确定

因素的情况下作出估价相关判断时，应当保持必要的谨慎，充分估计抵押房地产在抵押权实现时可能受到的限制、未来可能发生的风险和损失，不高估假定未设立法定优先受偿权下的价值，不低估房地产估价师知悉的法定优先受偿款。

单元小结

本单元介绍了房地产的基本概念和理论，包括房地产的概念和特点、房地产估价概念中提到估价目的、估价对象、估价时点、价值类型等相关概念；房地产估价在现实和理论两方面存在必要性。房地产价格通常以货币表现，存在诸多种类，如总价、单位价格、楼面地价、成交价格、市场价格、理论价格、评估价格等。房地产估价要遵循独立、客观、公正原则、合法原则、最高最佳使用原则、估价时点原则、替代原则和谨慎原则等。

习　题

一、单项选择题

1. 房地产是指土地、(　　)及其他地上定着物。

A. 建筑物　　B. 道路　　C. 构筑物　　D. 停车场

2. 由于房地产估价是科学与艺术的有机结合，事关公众利益，所以估价应由(　　)从事。

A. 专业估价人员　　B. 房地产业主　　C. 任意人员　　D. 银行

3. 房地产估价时点是(　　)。

A. 对估价对象的房地产决定其估价额的基准日期

B. 估价开始的日期

C. 估价报告编制完成的日期

D. 委托估价的日期

4. 房地产的特性主要取决于(　　)。

A. 土地的特性　　B. 建筑物的特性

C. 土地和建筑物的特性　　D. 建筑物和其他地上定着物的特性

5. 寻找最高最佳使用的方法，是先尽可能地设想出各种潜在的使用方式，然后从下列4个方面依次筛选(　　)。

A. 经济上的可行性、法律上的许可性、技术上的可能性、价值是否最大

B. 技术上的可能性、法律上的许可性、经济上的可行性、价值是否最大

C. 技术上的可能性、经济上的可行性、法律上的许可性、价值是否最大

D. 法律上的许可性、技术上的可能性、经济上的可行性、价值是否最大

6. 估价时点为未来，估价对象为未来状况下的情形，多出现在(　　)中。

A. 房地产损害赔偿案件　　B. 房地产纠纷案件

C. 房地产预售　　D. 房地产市场预测

7. 如果在估价对象附近存在着若干相近效用的房地产并已知它们的价格时，则可以依据(　　)，由这些相近效用的房地产的已知价格推算出估价对象的未知价格。

A. 预期原理　　B. 效用原理　　C. 替代原则　　D. 生产费用价值论

8. 建造同样的建筑物，地质条件好的土地(　　)。

A. 地价低　　B. 地价高　　C. 地价变动不大　D. 无法判定

9. 一般来说，随着家庭人口规模小型化，即家庭平均人口数的下降，家庭数量增多，房地产价格有(　　)的趋势。

A. 下降　　B. 上涨　　C. 保持不变　　D. 难以判断

10. 成交价格围绕着(　　)而上下波动。

A. 评估价格　　B. 理论价格　　C. 市场价格　　D. 交换价格

二、多项选择题

1. 房地产估价中的建筑物包括(　　)。

A. 烟囱　　B. 水井　　C. 道路

D. 花园　　E. 围墙

2. 房地产权利的种类中，我国目前主要有(　　)等。

A. 所有权　　B. 抵押权　　C. 债权

D. 地役权　　E. 空间权

3. 房地产估价的特点有(　　)。

A. 随意性　　B. 艺术性　　C. 科学性

D. 综合性　　E. 整体性

4. 房地产估价的合法原则包括应以(　　)等为依据。

A. 法律　　B. 法规

C. 合同　　D. 对各方都有利的原则

E. 公司规章制度

5. 房地产估价的基本原则包括(　　)。

A. 合法原则　　B. 最高最佳使用原则

C. 估价时点原则　　D. 替代原则

E. 独立、主观、公正原则

6. 影响房地产价格的社会因素主要有(　　)等。

A. 政治安定状况　　B. 社会治安状况

C. 房地产投资　　D. 城市化

E. 房地产投机

三、判断题

1. 房地产包括土地及地上建筑物，地上建筑物是指地面以上的建筑物。　(　　)

2. 房地产估价是任何人都可以做出的房地产价格的估计。　(　　)

3. 1999 年 2 月 12 日，原建设部会同原国家质量技术监督局联合发布了国家标准 GB/T 50291—1999《房地产估价规范》。　(　　)

4. 目前中国有偿出让土地的价格都是土地使用权价格。 ( )

5. 房地产估价基本原则中合法原则的“法”是指宪法和有关法律、行政法规。 ( )

四、简答题

1. 房地产特性有哪些？
2. 什么是房地产价格？
3. 房地产价格的特征主要有哪些？
4. 房地产为什么需要专业估价？
5. 影响房地产价格的自身因素包括哪些？
6. 房地产估价的原则主要有哪些？

五、案例分析

甲公司于2002年通过有偿出让的方式获得某宗地的使用权，土地用途为高档住宅，楼面地价为3 500元/m^2。甲公司拟分两期建设80栋别墅。当第一期40栋于2005年竣工时，因债务纠纷被法院裁定拍卖20栋还债，拍卖行委托乙房地产估价机构进行评估。请问，乙房地产估价机构应坚持的估价原则有哪些？

综合实训

一、实训内容

张某看中一处房地产，该房地产位于城市边缘，紧靠一条新兴商业街。虽然是城市边缘，属于城市四级地段，但该地区极具发展潜力，商业用地的基准地价为每平方米建筑面积5 000元。该房地产的建筑物为三层，总建筑面积为400m^2，张某拟购入后将一楼用于开设商铺，二、三楼用于居住。原业主开出的售价总价为450万元，张某为摸清该售价的合理性，找房地产估价师进行价格咨询。

二、实训要求

请指出估价师估价时应考虑哪些因素，房地产价格由哪些部分构成。

单元 2

房地产估价程序

学习目标

本单元介绍房地产估价工作的一般程序，包括如何获取估价业务、估价双方如何签订定估价委托合同、估价工作如何展开等内容，同时对于估价报告的撰写做出详细讲解。教学目的是让学生掌握房地产估价的程序，并能够撰写房地产估价报告。

学习要求

能力目标	知识要点	权　重
了解估价的业务范围和类型； 掌握估价业务受理需明确的问题	估价业务的受理	10%
熟悉房地产估价业务的流程； 掌握估价委托合同的订立	估价委托合同的内容	20%
掌握房地产估价准备阶段的工作	制定估价作业方案	15%
了解查看现场的工作内容； 熟悉资料的整理和分析的方法	估价所需资料的收集、资料的综合分析	15%
熟悉房地产估价报告的撰写方法	估价报告的基本内容、估价报告的格式、估价报告的写作要求	35%
了解房地产估价报告的审核	估价报告审核的内容	5%

引例

××市房屋拆迁补偿估价项目为该市重点项目，××房地产评估有限公司通过公开招标取得了其中的3号标段住宅拆迁评估和7号标段非住宅拆迁价格评估项目(总共分为7个标段)。3号标段是6个标段中户数及建筑面积最多的标段，总户数达415户，总建筑面积达55 000m²，涉及两个自然村及××单位的部分公房，情况十分复杂，原有的基础工作不是很完善，而且工程要求时间紧。

××房地产评估有限公司价格评估人员如何通过研究制定缜密的实施方案，使得所有估价人员分工明确、目标明确、技术路线明确，在确保估价结果的质量和可信度前提下，按时完成任务？估价的具体程序又是怎样的？

课题 2.1　房地产估价业务的申请与受理

2.1.1　估价业务的获取

1. 估价业务来源渠道

从事房地产估价，首先要取得房地产估价业务，这是房地产估价的先决条件。在市场经济条件下，不断获取估价业务，涉及估价机构的经营问题，很显然，它对房地产估价机构的生存和发展是非常重要的。需要指出的是，不能为了获取房地产估价业务而迎合客户的不合理要求，更不能以非法的或不正当的方法和手段获取房地产估价业务。房地产估价业务来源渠道可归纳为“估价需求者主动委托”和“参与竞争获取”两大类。

1) 估价需求者主动委托

估价需求者主动委托即估价机构凭借其社会信誉等待估价需求者登门，要求为其提供估价服务时对指定的房地产进行估价。

在房地产市场发育程度较高时，房地产估价机构的发育程度也相应较高，少量估价机构在激烈的竞争中，凭借其优秀的评估质量和优质的服务而逐渐建立起良好的社会信誉。对于这些估价机构，会有许多委托估价者请求他们提供估价服务。此外，某些类型的房地产价格需专门的或指定的评估机构进行估价，如我国土地使用权出让价格的评估，具有明显的政府行为，一般需指定专门的估价机构。

2) 估价机构积极参与竞争获取业务

估价机构参与竞争获取业务是估价机构凭借良好的社会竞争力积极努力争取估价需求者的委托业务。

随着我国房地产市场的快速发展和房地产估价制度的实施，房地产估价机构的发展也很迅速，包括土地和房地产估价机构在内，已拥有了一定数量的市场性估价机构，房地产估价市场的竞争正在加大并将趋于激烈。对于这些市场性估价机构，在机构信誉与特色尚未确立的情况下，估价机构积极参与竞争获取业务是他们最重要的估价业务来源。

2. 不应承接估价业务的情形

与估价委托人接触后，估价机构要注意有些情形下不应承接委托业务。

1) 有利害关系或利益冲突

估价机构和估价师与估价需求者或相关当事人有利害关系，或者与估价对象有利益冲突时，估价机构不应承接，而应回避相应的估价业务。在这种情况下，估价机构和估价师与估价需求者或相关当事人之间的利害关系或与估价对象的利益冲突可能影响估价机构和估价师独立、客观、公正进行估价，即使估价机构和估价师会按照基本原则进行估价，但估价结果也会招致怀疑，缺乏公信力。

2) 超出了自己的业务范围

如果估价业务超越了本估价机构资质等级许可的业务范围，就不应承接该项估价业务。

房地产估价机构按资质等级可分为一级资质、二级资质、三级资质。一级资质房地产估价机构可以从事各类房地产估价业务；二级资质房地产估价机构可以从事除公司上市、企业清算以外的房地产估价业务；三级资质房地产估价机构可以从事除公司上市、企业清算、司法鉴定以外的房地产估价业务。

知识链接

房地产估价机构的资质等级相应标准如下。

1. 一级资质

(1) 时间要求：从事房地产估价活动连续6年以上，且取得二级房地产估价机构资质3年以上。

(2) 注册资本金与出资额要求：有限责任公司的注册资本人民币200万元以上，合伙企业的出资额人民币120万元以上。

(3) 注册房地产估价师人数要求：有15名以上专职注册房地产估价师。

(4) 业绩要求：在申请核定资质等级之日前3年平均每年完成估价标的物建筑面积50万平方米以上或者土地面积25万平方米以上。

2. 二级资质

(1) 时间要求：取得三级房地产估价机构资质后从事房地产估价活动连续4年以上。

(2) 注册资本金与出资额要求：有限责任公司的注册资本人民币100万元以上，合伙企业的出资额人民币60万元以上。

(3) 注册房地产估价师人数要求：有8名以上专职注册房地产估价师。

(4) 业绩要求：在申请核定资质等级之日前3年平均每年完成估价标的物建筑面积30万平方米以上或者土地面积15万平方米以上。

3. 三级资质

(1) 注册资本金与出资额要求：有限责任公司的注册资本人民币50万元以上，合伙企业的出资额人民币30万元以上。

(2) 注册房地产估价师人数要求：有3名以上专职注册房地产估价师。

(3) 业绩要求：在暂定期内完成估价标的物建筑面积8万平方米以上或者土地面积3万平方米以上。

3) 超出自身专业能力

如果估价机构或者估价师感到自己的专业知识有限或经验不足，难以评估出客观合理的价值，就不应承接相应的估价业务。

房地产估价活动的技术性很强，估价结果的客观合理与否关乎相关单位和个人的切身利益，甚至对社会经济活动产生重大影响，因此只能由具有专门知识和经验、取得相关资格的具有相应评估能力的专业人员来从事。

2.1.2 估价的申请程序

估价的申请是指估价委托人向房地产估价机构提出要求进行房地产估价的行为，估价的申请程序包括寻找合适的房地产估价机构和提出书面申请。

1. 寻找合适的房地产估价机构

我国市场经济比较发达，已经形成了公平竞争的房地产估价市场，在众多的房地产估价机构中，估价委托人会根据委托估价房地产自身条件和一些客观因素选择合适的房地产估价机构为其进行估价。

影响估价委托人选择估价机构的因素包括服务质量、估价机构信誉、估价费用等，当事人一般都会选择服务质量高、信誉好、估价费用合理的估价机构。

2. 提出书面申请

估价委托人选择到合适的房地产估价机构之后，应向该估价机构提出书面申请，并填写评估委托书。

评估委托书也称评估申请书，应写明的事项包括以下内容。

(1) 当事人的姓名、住址、职业等(法人或其他组织名称、隶属关系、所在地址、法定代表人姓名、职务等)。

(2) 评估标的物的名称、类型、面积、地理位置和环境条件等。

(3) 申请评估的原因和用途。

(4) 房屋产权人、土地使用权人。

(5) 委托评估的要求。

(6) 当事人认为需要说明的其他事项。

除了评估委托书(申请书)以外，申请人还要向房地产价格评估机构提供各种有关证明资料，如房屋所有权证，土地使用证，买方单独委托评估时房地产权人出具的同意评估的证明，设计和施工图纸，使用期维修、保险及其他费用资料等。

应用案例 2-1

评估委托书实例

房地产价格评估委托书

××××房地产评估咨询有限公司：

兹因××××××事宜需要，特委托贵公司对××××××所属的位于××市××街××号房地产截止2010年7月20日的价值进行评估。为确保评估工作客观、公正，委托方承诺如下，并承担相应的法律责任：

1. 评估目的指向的经济行为符合国家规定并获批准；

2. 上述委托评估房地产与评估目的相匹配；

3. 纳入评估范围的房地产权属明确，提供给评估用的资料复印件与原件一致，原件合法有效，所陈述的情况真实、准确，出具的产权证明合法有效；

4. 上述委托评估房地产无其他共有权人；

5. 上述委托评估房地产未设定其他抵押、典当等他项权利，未拖欠建设工程款或购置款，不欠缴房产税，不存在法定优先受偿款;

6. 上述委估房地产未被查封，不涉及任何诉讼;

7. 不干预评估工作的客观、公正。

委托方:

(单位公章/个人签字)

年　　月　　日

2.1.3 估价业务的范围和类型

1. 估价业务的范围

房地产估价业务的范围主要包括对土地、房屋、构筑物、在建工程、以房地产为主的整体资产中的房地产的估价。

2. 房地产估价业务的类型

根据房地产估价业务的性质，可以将估价业务划分为程序性估价业务和委托性估价业务两大类。

(1) 程序性估价业务指房地产估价在某一事务的进行过程中，是该项事务不可缺少的一部分。例如房地产保险中的价格评估、房地产抵押贷款中的价格评估以及政府对房地产进行征收、征用时的价格评估等。程序性估价往往指定专门的估价单位或机构进行，在房地产估价市场不发达的初期，这种指定的程序性的估价是必要的。

(2) 委托性估价业务主要指由委托人自主委托专门估价机构进行的房地产估价。这类估价并非必要程序，只是委托人基于了解房地产价格而产生的估价业务。

根据房地产实物性质，可以将房地产估价业务类型划分为土地估价业务、建筑物估价业务以及合并估价业务三类。

(1) 土地估价。一种情况为空地估价，另一种情况为地块上有建筑物，但视为空地。在地上建筑物预定拆迁的情况下，往往采用这种方式。

(2) 建筑物估价。在土地与建筑物筑成为一体的状况下，仅就地上的建筑物进行估价。

(3) 合并估价。对土地和地上建筑物共同估价或对其中一部分估价。

2.1.4 估价业务的受理

房地产价格评估机构在收到评估委托人的委托书、有关证明及资料后，在明确估价业务范围和类型的基础上，要在一个有限的时间内作出是否受理此项业务的决策并通知申请人。估价师在作出接受委托的决策前要对委托人和评估标的物(委托估价的房地产)的基本情况进行初步了解，用以界定有关估价的一些重要问题。这些问题主要包括估价目的、估价对象、估价时点和价值类型，了解这些问题的过程，称之为“明确估价基本事项”。

1. 明确估价目的

房地产价格评估作为房地产业的一项基础工作，可以有多方面的用途，评估委托人也会因为自己不同的需要提出不同的估价目的。明确估价目的，也就是明确了估价报告的用途，如土地使用权出让价格评估、房地产转让价格评估、房地产纠纷估价等。不同估价目的所界定的估价对象范围不同，估价技术路线不同，价值类型也会不同。

特别提示

不同的估价目的，对估价的精度要求不同，对市场价格实现的各种条件限定不同，所采用的估价方法也有所区别。因此估价者对委托人估价目的的明确把握是正确决策和做好估价工作的前提条件。

2. 明确估价对象

依据有关法律、法规，有些估价对象不能用于某些估价目的，而有些估价目的限制了估价对象的范围和内容，所以，估价对象及其范围和内容，既不能简单地根据委托方的要求确定，也不能根据估价人员的主观愿望随意确定，而应根据估价目的，依据法律、法规并征求委托方认可后综合确定。

3. 明确估价时点

明确估价时点是明确要评估的价值是在哪个具体日期的价值。如果这一点不明确，将难以估价，因为同一宗房地产在不同的时点价值会有所不同。但委托人往往也并不清楚要提出估价时点，这需要估价人员提出此问题，让委托人来认定，一般根据估价目的来确定。

4. 明确估价价值类型

价值类型是由估价目的决定的。明确价值类型是明确所要评估的价值具体是哪种类型的价值，大多数估价是评估市场价值，但在某些情况下，需要评估的可能是投资价值、谨慎价值、清算价值、快速变现价值、在用价值。

通过对评估申请书的审查和明确估价基本事项，房地产估价机构可以做出是否受理估价业务的决策。决定不予受理的，应当在一定期限内通知申请人并说明理由。决定受理估价委托之后，还需要与委托人就估价报告交付日期、收费标准、收费方式等协商确定。

2.1.5 估价委托合同的订立

在决定受理估价业务之后，委托人与估价机构应当签订估价委托合同，正式建立法律上的委托关系。

1. 估价委托合同的概念

估价委托合同是估价机构和委托人之间就估价事宜的相互约定。

2. 估价委托合同的内容

估价委托合同应当包括下列内容。

(1) 委托人的名称或者姓名和住所。

(2) 估价机构的名称和住所。

(3) 估价目的。

(4) 估价对象。

(5) 估价时点。

(6) 委托人的协助义务。

(7) 估价服务费及其支付方式(应根据国家或地区标准进行收费)。

(8) 估价报告交付的日期和方式。

(9) 违约责任。

(10) 解决争议的方法。

(11) 委托人和估价机构认为需要约定的其他事项。

应用案例 2-2

土地价格评估委托合同实例

土地价格评估委托合同

委托估价方(甲方)：×××单位

负责人：××× 委托代理人：×××

受托估价方(乙方)：×××××不动产[房地产]评估有限公司

负责人：××× 委托代理人：×××

甲方因处置土地资产的需要，特委托乙方对×××单位的土地使用权进行价值评估。为了明确双方的责、权、利，特订立如下合同，以资共同遵守。

一、估价基准日：以甲方在《土地评估委托书》中确定的时间为准。

二、乙方应根据甲方的估价目的，采用科学方法对上述资产予以科学、客观、公正地估价。

三、针对该项目乙方应在甲方全部评估资料提供完后7个工作日内完成估价作业，出具《土地评估报告》、《土地评估技术报告》、备案文件及备案表。

四、针对该项目甲方应在5个工作日内将委托对象的产权管理、使用状况及涉及本估价业务的相关资料提交给乙方。甲方应保证提交的资料的真实性、合法性，否则影响估价结果应由甲方负责。乙方在估价期间需要到现场勘察的，甲方需派人陪同并应提供方便和配合。

五、乙方对甲方提供的委估资产的资料要妥善保管并尽保密之责，非经甲方同意不得擅自公开或泄密给他人。

六、甲方应按下列方式向乙方支付评估费用：

1. 以每宗地为单位按资产总额实行分档定率累进计费方式计算评估费；

2. 评估资产额在100万元以内部分，按资产额的4‰收取评估费。

3. 评估资产额在101～200万元部分，按资产额的3‰收取评估费。

4. 评估资产额在201～1 000万元部分，按资产额的2‰收取评估费。

5. 评估资产额在1 001～2 000万元部分，按资产额的1.5‰收取评估费。

6. 评估资产额在2 001万元～5 000万元部分，按资产额的0.8‰收取评估费。

7. 评估资产额在5 000万元～1亿元部分，按资产额的0.4‰收取评估费。

8. 评估资产额在1亿元以上部分，按资产额的0.1‰收取评估费。

9. 评估费在签订合同时先预付预计评估费的50%，余款在交付估价报告时一次性付清。

七、乙方如无特殊原因和正当理由，不得迟于规定的时间交付评估报告书。

八、甲方如不按规定的时间提交委估资产的资料给乙方，乙方可按甲方耽误的时间延迟交付评估报告书。

九、甲方如中途中断委托估价请求，乙方工作已经过半(即：已完成外业调查和资料收集)，甲方则应支付乙方本合同规定的全部估价费用；乙方工作尚未过半，甲方则应支付给乙方全部评估费的50%，或已预付的评估费乙方不予退还，上述两者之中取其高者。

十、其他事项

1. 如因不可抗因素(如天气等)造成乙方延期交付评估报告书，则乙方不承担任何责任。

2. 甲方自收到评估报告书之日起7日内，如对估价结果有异议，可向乙方提出重估申请；乙方自收到甲方重估申请之日起10个工作日内作出重估报告，如重估结果与原结果一致，甲方应向乙方支付重估金额应收取的评估费的60%；如甲方对评估结果仍不服，则可以向有关部门申请复议或鉴定，对鉴定结果仍不服，可以向人民法院起诉。

3. 甲方将乙方的评估结果合入整体资产评估报告的结果中，如产生费用，由甲方承担。

4. 违约责任：任何一方违约，都将赔偿给对方造成的经济损失。

5. 本合同未尽事宜，双方协商解决。补充合同与本合同具有同等法律效率。本合同自签字之日起生效；本合同一式两份，双方各执一份。本合同共三页。

甲方(签章):	乙方(签章):
负责人签字:	法人签字:
委托代理人签字:	委托代理人签字:
联系电话:	联系电话:
签字时间：　年　月　日	签字时间：　年　月　日

3. 估价委托合同的订立过程

1) 草拟估价委托合同

若估价师在明确估价的基本事项后，愿意接受估价业务，则需草拟估价委托合同。

知识链接

估价委托书是估价师在与委托人沟通的基础上为委托人起草后，由委托人向估价机构提交的。估价委托合同是估价机构和委托人之间就估价事宜的相互约定。

2)签订估价委托合同

估价师与委托人对委托书和委托合同达成一致意见后，双方则可以签订估价委托合同。

4. 估价委托合同的作用

(1) 建立受法律保护的委托与受托关系。

(2) 明确委托人和估价机构的权利义务。

(3) 载明估价的有关事项。

应用案例 2-3

王先生有一幢私有房地产，因资金紧缺欲以该房地产向银行申请抵押贷款。为此，王先生找到与其相熟的房地产估价师李某，欲请其评估。在接洽过程中，李某可以承诺(　　)。

A. 现场查勘后马上口头告知评估价格，之后再按约定提交正式估价报告

B. 评估收费给予优惠，低于其他估价机构的收费水平

C. 在王某与李某所在房地产估价机构签订估价委托合同后，经机构同意和指派由自己亲自估价

D. 由自己亲自承接该估价业务，以个人名义出具估价报告

【解答】正确答案为C，因为A选项和B选项都违反了应按国家或地区标准进行收费的规定，而D选项违背了我国关于房地产估价的规定，即应由专业估价机构和人员进行估价，并应签订估价委托合同。

2.1.6 估价业务流程

在订立估价委托合同之后，房地产估价机构就要开始着手估价工作，为了使估价工作有条不紊、按时、高效完成，一般要经过明确估价基本事项、制定估价作业方案、收集估价所需资料、实地查看估价对象、估算估价对象价值、撰写估价报告、审核估价报告、交付估价报告和估价资料归档等估价业务流程。其中，明确估价基本事项已经在受理估价业务时进行，所以只需从制定估价作业方案开始进行。本单元引例提出的问题，实质是估价实施过程，也就是房地产估价业务的流程，具体内容如图 2.1 所示。

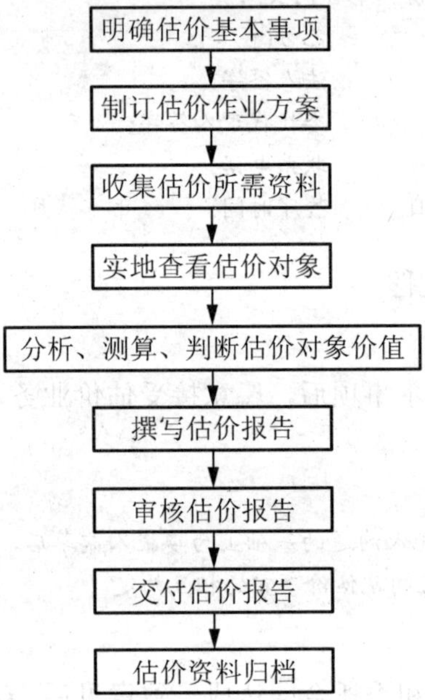

图 2.1 估价业务流程图

课题 2.2 房地产估价的准备工作

2.2.1 制订估价作业方案

1. 制订估价作业方案的意义

在明确了估价基本事项之后，应再次对估价项目进行分析，制订估价作业方案，以保质、按时完成该估价项目。估价作业方案确定了业务实施的内容、时间、参与的人员、实施的方法等，是未来估价的具体计划。

2. 估价作业方案的主要内容

估价作业方案主要包括四个方面的内容，如图 2.2 所示。

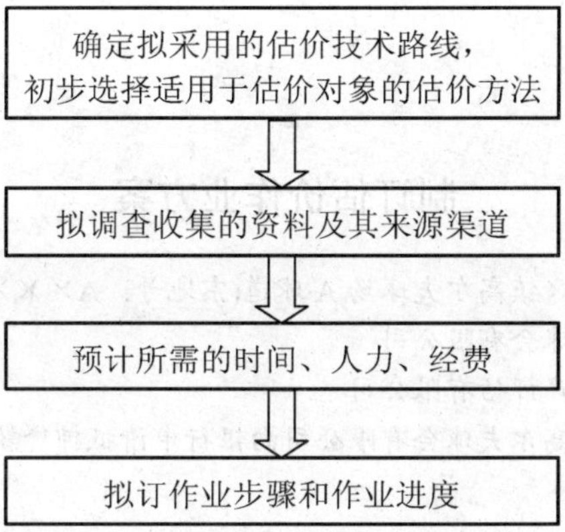

图 2.2 房地产估价作业方案内容

(1) 确定拟采用的估价技术路线，初步选择适用于估价对象的估价方法。

① 估价人员应熟知、理解并正确运用市场法、收益法、成本法、假设开发法、基准地价修正法及这些估价方法的综合运用。

② 对同一估价对象宜选用两种以上的估价方法进行估价。

③ 根据已明确的估价目的，若估价对象适宜采用多种估价方法进行估价，应同时采用多种估价方法进行估价，不得随意取舍；若必须取舍，应在估价报告中说明理由。

④ 优先选用市场法。

⑤ 收益性房地产的估价，应选用收益法作为其中的一种估价方法。

⑥ 具有投资和再投资开发潜力的房地产估价，应选假设开发法作为其中一种估价方法。

⑦ 在不适用市场法、收益法、假设开发法时，可采用成本法。

⑧ 估价方法的确定是根本，作业方案其他内容应服务于方法的应用。

(2) 拟订调查应收集的资料。

① 若采用市场法，则须收集市场交易资料。

② 若采用收益法，则须收集收益水平资料。

③ 若采用假设开发法，则须收集开发费用资料。

④ 若采用成本法，则须收集成本实例资料。

⑤ 若采用基准地价法，则须收集基准地价资料等。

不管采用何种方法都要搜集大量资料，包括估价对象本身的资料、与估价对象相关的市场资料及应用某种特定方法的价格、法规等资料。

(3) 预计所需的时间、人力、经费。

估价作业方案中，根据估价目的、估价对象、估价时点、估价报告出具日期以及估价项目的大小、难易和缓急，确定投入多少经费和人力参加估价。

(4) 拟订作业步骤和作业进度。

主要是对往后要做的各项工作做出具体安排，包括对作业内容、作业人员、时间进度、所需经费等的安排，以便控制进度及协调合作，通常最好附以流程图、进度表等，特别是对于那些大型、复杂的估价项目。

应用案例 2-4

制订估价作业方案

项目名称：××市××区××镇高尔夫球场 A 球道(宗地号：A×××-0001)价格评估。

委托方：×××××高尔夫球会有限公司

估价方：××市×××房地产评估有限公司

估价目的：为××市×××高尔夫球会有限公司向银行申请抵押贷款提供价值参考依据

估价时点：2010 年 7 月 1 日

【解答】估价作业方案如下。

明确了估价的基本事项，就可以基本把握住整个估价任务。为了保证工作高效和有序地展开，特别制订本估价作业方案，其主要内容包括如下几个方面。

1. 估价技术路线

(1) 价值定义。本次评估的市场价值是指该估价对象在 2010 年 7 月 1 日，在正常市场条件下，进行合理销售的价格，为委托方向银行申请抵押贷款提供价值参考依据。

(2) 估价方法。细致地分析了项目的特点和实际状况，并研究了委托方提供的及所掌握的资料的基础上认为：

① 高尔夫球场是具有收益性的物业，其球场的价值，在于通过球会的成立及运作，来体现其收益能力。球会管理水平和运作风格，可影响球场的收益潜能，我们可通过其收益来预测其市场价值，因此本次评估采用“收益法”作为本次评估的方法之一。高尔夫球场作为一个整体时方能发挥其价值，故很难确定哪部分收益来自哪一部分，我们在评估时，把该高尔夫球场 A、B、C、D、E 五个球道当做一个整体进行评估，通过计算整体的收益、成本、费用等来核算整个球场的价值然后按照一定的方法，把评估总价值按球道打球人流及球道用地面积综合分摊，得出球道 A 的价值。

② ××市具有二十几年的土地开发历史，其开发成本的诸多构成可以预测估算，同时委托方具有较完整的高尔夫球道开发成本费用资料，为本次评估提供了许多有参考价值的第一手资料。考虑本次评估抵押贷款目的需要遵循谨慎性原则，因此“成本法”也作为本次评估高尔夫球道的方法之一。采用成本法进行评估时，将土地取得费用、前期费用、土地开发费用及场内配套设施工程费、管理费、利息、利润等项累加后便可求得土地成本价格。

(3) 估价结果确定。“成本法”正确客观地反映了高尔夫球场的生产价值构成，其得出的评估结果，比较真实地反映了其成本价值，但对其收益能力和市场供求变化反应不灵敏；而“收益法”是在一定程度上反映了高尔夫球场收益能力产生的商业价值，容易接近市场价格，但其方法的数据和相关参数却因评估人员不同，评估结果容易受影响。根据估价对象特点、估价目的以及估价师经验，“成本法”和“收益法”各取权重为 50%。

2. 调查收集的资料

估价对象要收集的资料主要有以下几点。

(1) ××市房地产市场信息资料。

(2) 球场的收益(主要来自会员卡销售收入、会费收入、会员打球销售收入)。

(3) 经营成本明细。

(4) 同类××高尔夫球场的收益平均收入。

(5) ××高尔夫球场建设成本资料(包括土地取得费用、前期费用、土地开发费用及场内配套设施工程费、管理费、利息、利润)。

3. 评估作业所需经费预算(见表 2-1)

表 2-1　主要开支项目及预算表

序号	经费项目明细	预算支出(元)
1	信息咨询费	300
2	调查费(电话、通信、交通等)	500
3	估价人员劳务费、补贴费	600
4	设备及耗材费	200
5	合计	1600

4. 估价人员配置

张××：注册房地产估价师、项目负责人。

林××：注册房地产估价师、助理。

王××：估价员。

唐××：估价员。

5. 制订评估作业日期及进度安排(见表 2-2)

估价作业日期：2010 年 7 月 1 日—2010 年 7 月 8 日。

表 2-2　估价作业进度安排

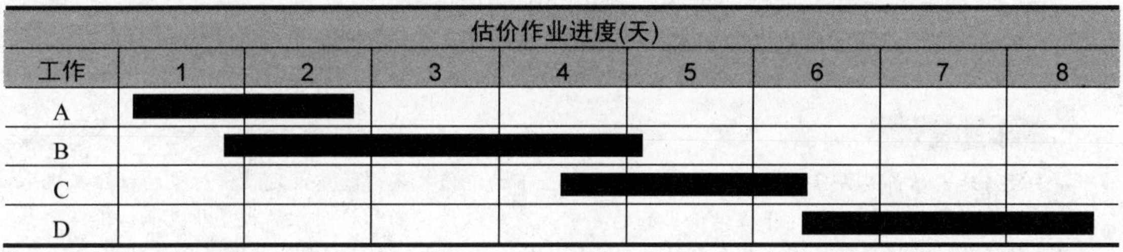

表 2-2 中，分项 A 为接受委托、初步分析并确定估价技术路线，B 为调查收集估价必要相关资料，C 为估价测算，D 为估价报告撰写。

2.2.2　了解估价对象

房地产估价对象是指一个房地产估价项目中需要评估其客观合理价格或价值的具体房地产。了解估价对象时需要了解其实物状况、权益状况和区位状况。

1. 了解估价对象的实物状况

了解估价对象的实物状况指要弄清委托人要求估价的房地产是如何构成的，范围多大。较具体地说，即要明确估价对象是土地，还是建筑物，或是即包括土地又包括建筑物；是一宗房地产，还是多宗房地产，或是一宗房地产的某个部分。

2. 了解估价对象的权益状况

权益状况是对房地产价格有影响的房地产权益因素的状况。了解估价对象的权益状况是指要弄清估价对象的现实法定权益状况，然后在此基础上根据估价目的来明确是评估估价对象在现实法定权益下的价值还是在设定权益下的价值。

从权益角度来看，估价对象主要有以下几种。

(1) 手续完备、产权明确且未租赁或者未设有抵押权、典权、地役权或其他任何形式的他项权利的房屋所有权和出让土地使用权的房地产、划拨土地使用权的房地产；农村集体所有土地的房地产。

(2) 部分产权的房地产。

(3) 共有的房地产。

(4) 有租约限制的房地产。

(5) 设定了抵押权的房地产(即已抵押的房地产。抵押人在通知抵押权人并告知受让人的情况下，可以将已抵押的房地产转让给他人。抵押人将已抵押的房地产转让给他人的，不影响抵押权，受让人处于抵押人的地位)。

(6) 设定了典权的房地产。

(7) 设定了地役权的房地产(即该房地产为他人提供了有限的使用权，如允许他人通行)。

(8) 拖欠工程款的房地产。

(9) 手续不全的房地产。

(10) 产权不明或权属有争议的房地产。

(11) 临时用地或临时建筑的房地产(又有未超过批准期限的和已超过批准期限的)。

(12) 违法占地或违章建筑的房地产。

(13) 已依法公告列入拆迁或征收、征用范围的房地产。

(14) 被依法查封、扣押、监管或者以其他形式限制的房地产。

特别提示

多数房地产估价是评估估价对象在现实法定权益下的价值，不得随意设定估价对象的权益状况来估价。但在某些特殊情况下，根据估价目的的要求，应当以设定的估价对象的权益状况来估价。例如房屋拆迁估价，是评估被拆迁房屋在完整权利下的价值，不考虑租赁、抵押、查封等因素的影响。

3. 了解估价对象的区位状况

一个地区房地产的价格是由众多因素交互影响而形成的，而区位因素对房地产价格影响尤深。区位状况是对房地产价格有影响的房地产区位因素的状况，估价对象的区位状况包括估价对象的位置、繁华程度、交通便捷程度、周围环境和景观、外部配套设施、临路状况、朝向、楼层等。

2.2.3 收集相关信息

如果没有估价所需的资料，就无法评估出估价对象的价值。估价机构和估价师平常就应留意收集与积累估价所需的资料，建立估价资料库。在估价时更应有针对性地收集估价所需的资料，特别是对于反映估价对象状况及其开发建设成本、运营收入和费用、历史交易价格等资料。

结合评估方法，为完成估价任务，需要调查收集的主要资料如下。

(1) 房地产现状资料，包括房地产的实体状况、区域状况和权益状况。

(2) 规划部门批准的规划设计条件或详细规划，拆迁新建或改建合法的最佳方案或技术经济指标。

(3) 该地区居住物业的市场状况、发展趋势、租金和售价水平等资料。

(4) 该地区居住物业的建安成本和间接费用。

(5) 相关税费。

(6) 贷款利率。

(7) 该地区类似居住物业开发的平均利润水平。

(8) 该地区的拆迁政策法规及拆迁安置补偿费用。

(9) 市政配套费用和土地开发费用。

(10) 该地区土地出让金的规定和标准。

课题 2.3 查看现场

查看现场就是实地查看估价对象，是将与估价对象房地产有关的内容到实地查明，确保勘查的估价对象房地产与申请评估的房地产的一致性。查看的内容包括估价对象的位置、交通、环境景观、外部配套设施优劣，对此前获得的估价对象的坐落、四至、面积、形状、建筑结构、用途等情况进行核对，观察估价对象的外观、内部状况，拍摄反映估价对象外观、内部状况及其周围环境景观或临路状况的影像资料，调查了解估价对象历史使用状况、周边及当地房地产市场行情，其他同类房地产的价格、出租率资料等。

特别提示

在现场查看时，一般需要委托人中熟悉情况的人员和被查勘房地产的业主陪同，估价人员要认真听取陪同人员的介绍，详细询问在估价中所需弄清楚的问题，并将有关情况和数据认真记录下来，形成“实地查看记录”。如果业主不配合，一般作如下处理：可以要求委托人与被查看房地产的业主事先做好沟通；自己向被查看房地产的业主说明来意和相关情况，争取其理解与配合。完成现场实地查看之后，执行现场实地查看的房地产估价师应在查看记录上签名，注明实地查看日期，并尽量要求委托人中协助实地查看的人员和被查看的房地产业主在实地查看记录上签名。对于已消失的房地产也应去估价对象原址进行必要的调查了解。

2.3.1 现场的勘察

房地产现场勘察主要包括对土地的勘察和对房屋的勘察。

1. 对土地的勘察

评估人员对土地的勘察主要是了解地块的坐落位置、土地使用类别、面积、地形、地貌以及地上和地下建筑物的情况，地块与周边地块的搭界情况等。

2. 对房屋的勘察

对房屋勘察的主要项目有以下几项。

(1) 鉴定待估房屋的地址、坐落和房屋评估范围。房屋位置的正确性是房屋估价的前提，必须认真核对清楚。对异产毗连的房屋及同一地点内有多幢房屋的情况，要认真核实房屋的评估范围，正确区分产权的独有部分、共有部分或他人所有部分，以免出现误估，发生产权纠纷。

(2) 确认房屋的结构、装修、设备和面积。房屋产权证上一般都有关于房屋的结构、面积的记载，但在实际中由于种种情况，如产权登记时的疏忽或房屋所有者自行改建装修等，都会使房屋的结构、面积与相关权利证明记载的情况有差异。因此，现场查勘时，应对房屋的结构和面积等情况进一步核查，防止因契证与实地不符而出现的估价失误。房屋的装修、设备、层高和朝向是房屋估价的基本内容，它的主要项目是墙体、屋顶、天花板，地面、门窗、隔间、层高、卫生设备和暖气设备等。

(3) 确定房屋的建造年份。确定房屋的建造年份是房屋评估不可缺少的组成部分，是评定房屋折旧情况的主要依据，必须予以查明。

(4) 评定房屋成新。房屋成新是影响房屋价格的重要因素，评估人员根据房屋的新旧程度评定标准，采取一听、二看、三查、四问、五测的工作方法鉴定房屋的成新。一听，是听取住房或使用者对房屋使用状况和破损情况的反映；二看，是根据听到的反映，结合所要评定的结构、装修、设备部分，查看房屋的下部、墙体、屋面的变形和不均匀沉降，以及梁、柱变形等情况，做出直观上的判断；三查，是对房屋承重结构部位、构件本身的刚度、强度进行测量检查，看其是否有潜在的危险；四问，是就查出的问题询问使用各方，了解其有关的情况；五测，是在条件具体时，用仪器测量房屋的结构变化情况，主要有地基沉降、墙体倾斜、屋架变形、裂缝等。从实际出发测定房屋成新程度，对解决建造年代不明或年代久远但仍有很大使用价值房屋的估价问题，具有重要意义。

2.3.2 现场的测量

房地产现场测量的内容如下。

1. 勘丈绘图

勘丈绘图是指在房地产全面查勘丈量的基础上，将房屋的形状、位置、层次、结构、内部设施、墙体归属以及附属搭建等，按照一定比例如实反映到房屋平面图上，同时估价人员应认真逐项填写“房地产查勘评定表”，作为估价的依据。

2. 拍照、录像

现场查勘中对重要的评估项目要进行拍照或录像。拍照或录像能直观地反映评估对象的特征，尤其是文字叙述未能达到对标的物理想的描述目的时，通过拍照或录像可以弥补其不足。拍照、录像对那些即将拆迁、有可能发生纠纷房屋的评估很有必要。

3. 对环境条件的确认

环境条件也是影响房地产价格的重要因素，而环境条件往往不是契书等文字材料标明的，另外环境条件的变动性很大，所以估价人员要亲临现场，逐步确认对估价对象房地产价格有影响的各因素的状态，通过实地调查，取得对估价对象房地产周边环境的客观认识。环境条件包括：商业服务、市政设施、文化教育、交通通讯、卫生状况、生态环境、娱乐设施和人文自然景观等。

应用案例 2-5

下列关于实地查看估价对象的表述中，错误的是(　　)。

A. 房地产估价师应当亲自到估价对象现场，对估价对象的坐落、用途等情况实地查看

B. 房地产估价师应当亲自到估价对象现场，拍摄反映估价对象外观状况的影像资料，内部状况可不拍摄

C. 房地产估价师应当亲自到估价对象现场，感受估价对象的位置、交通、环境景观

D. 现场查勘时，应对房屋的结构和面积等情况进一步核查

【解答】正确选项为 B，因为在对房地产估价对象进行实地查看时，应拍摄反映估价对象外观、内部状况及其周围环境景观或临路状况的影像资料，而该选项说应拍摄外观状况的影响像资料，内部状况可不拍摄是错误的。

课题 2.4　资料的整理和分析

2.4.1　资料的整理

估价相关资料的整理是估价人员在事先拟订的估价方案指导下充分占有和利用信息资源的阶段，资料整理之后形成有利用价值的数据，便于估价人员对这些数据进行分析，从而提取有效数据进行价格的测算。

特别提示

资料收集的深度和广度很大程度上取决于在计划阶段初选的估价方法，一般应围绕着估价方法所赖以计算的资料数据进行收集。如对供出租用的写字楼拟选用收益法来评估其价格，则需收集可供出租的面积、出租率或空置率、租金水平、分摊折旧、负担利息、运营管理费、税收等方面的资料；如某块土地拟选用假设开发法来评估其价格，需收集规定用途、容积率、覆盖率、建筑高度等方面的资料。

估价人员所收集的资料除了来源于评估委托人提供的必要资料和实地查勘所得资料外，还可以从估价机构建立的资料存储系统提取有关资料，或到政府有关主管部门去查询，或向其他当事者、咨询公司询问。

估价人员将所收集来的信息资料进行归类之后，大致形成如下几个类别。

1. 产权资料

产权资料是反映房地产所有权归属及其变化情况的综合资料，包括产权所有证、土地所有证、地形图、平面位置图以及与房地产权属及变更有关的资料，如房地产登记的原始记录，接代管产权资料，落实政策资料，房屋买卖、租赁、抵押资料，征地拆迁资料，私房改造资料等。

2. 房地产建筑开发资料

主要包括建造开发的年代，主要结构材料、内部设计布局、设备装修、建筑造价等。在估价中，有些必需的资料无法从现场查勘中获得，可借助建筑开发的原始资料来确定。

3. 房地产使用资料

包括房地产使用年限、程序、方式，房地产出租性质、期限、价格，房地产维修保护及现存的借用、占用情况等。

4. 市场资料

包括房地产所处的地区环境、地理位置、繁荣程度、交通状况、客观环境的优劣，政府的城市规划、政策对房地产征用、改扩建的限制及市场交易的限制，以及相似房地产市场行情，包括成交价格、租赁条件、维修费用、使用收益及当前市场供需状况等。

2.4.2 资料的综合分析

综合分析和估算是房地产估价的实质性阶段，根据较完备的资料，估价人员可选择估价方法，最终估算出房地产价格。这一阶段的作业共有四项。

1. 综合分析资料

综合分析资料的目的是为了确定房地产估算的基本数据，基本数据准确与否对估算的最终结果有直接影响。如果资料的综合分析不能如实反映房屋建筑的各类技术数据，甚至发生失误，则会影响到价格评估的正确性，致使当事人蒙受不应有的损失，也会影响到估价者的声誉。

特别提示

资料综合分析的重点是：

(1) 检查资料是否为估价所必需的资料，即注意该资料是否与委托估价房地产的种类、委托估价的目的和条件相符；

(2) 房屋产权的归属是决定评估房屋价格的重要因素，一定要准确。

2. 价格形成分析

房地产价格的形成，一方面是基于它的实体因素，另一方面是基于它的影响因素。房地产价格的实体因素可以通过确认来把握，而影响因素则要通过有经验的评估人员加以分析，以便把握各因素对价格的影响程度。房地产价格的诸多影响因素可以划分为区域分析和个别分析两个方面。

1) 区域分析

所谓区域分析，就是分析估价对象房地产位于何种地区，该地区有何种特征，该特征对房地产价格形成有何影响等。因为房地产价格会随其所处的地区特性的不同而有很大差别，如不把握地区特征就无法获得房地产的适当价格。进行区域分析时，主要应从房地产的用途分类着手，如住宅区、商业区、工业区等。这种分类并非城市规划上的使用分区，而是实际上的使用分区。同时，房地产的价格除受所属地区特性的影响外，类似地区及更广泛的同一供需圈的特性也会对其有重大影响。

知识链接

区域分析可分为邻近地区和类似地区两部分。邻近地区就是同类地区即估价对象房地产所属的地区类别，如住宅区、商业区、工业区、文化娱乐区等。估价时首先要判定类别；其次，区域划分的范围不宜过大；最后，类别判定要考虑未来发展。类似地区是指与估价对象房地产所属地区相类似的其他地区。类似地区也可以用“同一供需圈”的概念解释。在“同一供需圈内”，同类房地产可形成替代关系，因此对价格形成有重大影响。

2) 个别分析

个别分析是对估价对象房地产的个别因素进行的分析，是判定房地产最有效使用方向的工作过程，房地产价格就是以该房地产的最有效使用方向为前提而形成的。个别分析应当正确掌握估价对象房地产的地块条件、街道条件、临近条件、环境条件、行政条件等方面的因素，再依据邻近地区的特征，判断出最有效使用方向。

3. 估价对象价值分析

通过实地查看等方式调查了解了估价对象状况及当地类似房地产的市场状况之后，应有针对性地描述和分析影响估价对象价值高低的自身因素和外部因素，特别是其中不利因素和有利因素，包括描述和分析估价对象和历史背景、周围环境和景观以及类似房地产过去、现在的供应量、需求量、市场价格及其未来总体趋势。

4. 估价对象价值的测算

在制订估价作业方案中，已初步选择了适用于估价对象的估价方法，但有些估价对象因其所在地的房地产市场发育不够成熟等客观原因，可能会限制某些在理论上适用的估价方法的实际运用，因此在初步选择估价方法的基础上，再根据搜集到的资料的数量和质量等情况，正式确定采用的估价方法，按照每种估价方法的程序进行估价对象价值的具体测算，在测算过程中，一定要注意对参数的把握和计算过程的准确性，并进行估价结果的复核。

课题 2.5 房地产估价报告的撰写

2.5.1 房地产估价报告的基本内容

房地产估价报告是估价机构出具的关于估价对象价值的专业意见，可视为估价机构提供给委托人的“产品”；是估价机构履行估价委托合同、给予委托人关于估价对象价值的正式答复；也是记述估价过程、反映估价成果的文件及关于估价对象价值的分析报告。

知识链接

估价报告一般应当采取书面形式，通常由8大部分组成：

1. 封面；

2. 目录；

3. 致估价委托人函；
4. 注册房地产估价师声明；
5. 估价的假设和限制条件；
6. 估价结果报告；
7. 估价技术报告；
8. 附件。

2.5.2 房地产估价报告的格式

1. 封面

封面应包括以下内容。

(1) 标题：房地产估价报告。

(2) 估价项目名称：说明本估价项目的全称。

(3) 委托方：说明本估价项目的委托单位的全称，个人委托的为个人的姓名。

(4) 估价方：说明本估价项目的估价机构的全称。

(5) 估价人员：说明参加本估价项目的估价人员的姓名。

(6) 估价作业日期：说明本次估价的起止年月日，即正式接受估价委托的年月日至完成估价报告的年月日。

(7) 估价报告编号：说明本估价报告在本估价机构内的编号。

应用案例 2-6

房地产估价报告封面写作实例

房地产估价报告

估价项目名称：××市××区××路××花园××阁第 15 层 A、B 共两套住宅房地产价值评估

委托人：××市×××贸易公司

估价机构：广东××房地产评估有限公司

注册房地产估价师：×××(注册号××)、×××(注册号××)、×××(注册号××)

估价作业日期：2010 年 7 月 11 日至 2010 年 8 月 4 日

估价报告编号：粤评房(1)字第×××××××号

2. 目录

目录应包括以下内容。

(1) 标题：目录。

(2) 致委托方函。

(3) 估价师声明。

(4) 估价的假设和限制条件。

(5) 估价结果报告。

(6) 估价技术报告。

(7) 附件。

应用案例 2-7

房地产估价报告目录写作实例

目　录

致委托方函……………………………………4
估价师声明……………………………………5
估价的假设和限制条件………………………6
估价结果报告…………………………………7
估价技术报告…………………………………13
附件……………………………………………31

3. 致委托方函

致委托方函应包括以下内容。

(1) 标题：致委托方函。

(2) 致函对象：为委托方的全称。

(3) 致函正文：说明估价对象、估价目的、估价时点、估价结果。

(4) 致函落款：为估价机构的全称，并加盖估价机构公章，法定代表人签名、盖章。

(5) 致函日期：为致函的年月日。

应用案例 2-8

致委托方函的写作实例

致委托方函

××公司：

受贵公司委托，我们对位于××市××区××路××号的××购物中心房地产的抵押价值进行了评估。估价目的是：为确定房地产抵押贷款额度提供参考依据而评估房地产抵押价值。估价时点是：2010年8月20日。经过实地查看和市场调查，遵照《中华人民共和国城市房地产管理法》、国家标准《房地产估价规范》、《房地产抵押估价指导意见》等法律法规和技术标准，遵循独立、客观、公正、合法、谨慎的原则，选用收益法和市场法进行了分析、测算和判断，确定××购物中心房地产的抵押价值为人民币××××元，大写金额人民币×亿×仟×佰×拾万×仟×佰×拾元整。

××房地产评估有限公司

法定代表人：×××

2010年8月25日

4. 估价师声明

估价师声明应包括以下内容。

(1) 标题：估价师声明。

(2) 我们郑重声明：

① 我们在本估价报告中陈述的事实是真实的和准确的。

② 本估价报告中的分析、意见和结论是我们自己公正的专业分析、意见和结论，但受到本估价报告中已说明的假设和限制条件的限制。

③ 我们与本估价报告中的估价对象没有(或有已载明的)利害关系，也与有关当事人没有(或有已载明的)个人利害关系或偏见。

④ 我们依照中华人民共和国国家标准《房地产估价规范》进行分析，形成意见和结论，撰写本估价报告。

⑤ 我们已(或没有)对本估价报告中的估价对象进行了实地查勘(在本声明中应清楚地说明哪些估价人员对估价对象进行了实地查勘，哪些估价人员没有对估价对象进行实地查勘)。

⑥ 没有人对本估价报告提供重要专业帮助(若有例外，应说明提供重要专业帮助者的姓名)。

⑦ 其他需要声明的事项。

(3) 参加本次估价的注册房地产估价师签名、盖章(至少有一名)。

应用案例 2-9

注册房地产估价师声明的写作实例

注册房地产估价师声明

对本报告我们特作如下郑重声明：

(1) 我们在本估价报告中陈述事实是真实的和准确的。

(2) 本估价报告中的分析、意见和结论是我们自己公正的专业分析、意见和结论，但受到本估价报告中已说明的假设和限制条件的限制。

(3) 我们与本估价报告中的估价对象没有利害关系，也与有关当事人没有个人利害关系或偏见。

(4) 我们依照国家标准 GB/T 50291—1999《房地产估价规范》进行分析形成意见和结论，撰写本估价报告。

(5) 注册房地产估价师×××、×××已对本估价报告中的估价对象的建筑结构、室内外状况进行了实地查看并进行记录，但仅限于估价对象的外观与目前维护管理状况，尤其因提供资料有限，我们不承担对估价对象建筑结构质量、建筑面积数量准确性和相应权益的责任，也不承担其他被遮盖，未暴露及难于接触到的部分进行检视的责任。

(6) 没有人对本估价报告提供重要的专业帮助。

(7) 本报告中所依据的有关估价对象建筑面积和权益资料由委托人提供，委托人应对资料的真实、可靠性负责。

(8) 本估价报告仅是在报告中说明的假设条件下对估价对象正常市场价格进行的合理估算，报告中对估价对象权属情况的披露不能作为对其权属确认的依据，估价对象权属界定以有权管理部门认定为准。

注册房地产估价师：　　(签名)

注　册　号：

注册房地产估价师：　　(签名)

注　册　号：

5. 估价的假设和限制条件

估价的假设和限制条件应包括以下内容。

(1) 标题：估价的假设和限制条件。

(2) 说明本次估价的假设前提。

(3) 未经调查确认或无法调查确认的资料数据。

(4) 估价中未考虑的因素和一些特殊处理及其可能的影响。

(5) 本估价报告使用的限制条件。

应用案例 2-10

估价的假设和限制条件的写作实例

估价的假设和限制条件

1. 本次估价的假设前提

(1) 估价对象产权明晰，手续齐全，可在公开市场上自由转让。

(2) 洽谈交易期间房地产价值将保持稳定。

(3) 市场供应关系、市场结构保持稳定、未发生重大变化或实质性改变。

(4) 交易双方都具有完全市场信息，对交易对象具有必要的专业知识。

(5) 不考虑特殊买家的附加出价。

2. 未经调查确认或无法调查确认的资料数据

(1) 本报告出具的价格包含了国有土地使用权出让金。如至估价时点止，原产权人尚有任何有关估价对象的应缴未缴税费，应按照规定缴纳或从评估价值中相应扣减。

(2) 本次估价未对估价对象做建筑物基础和结构上的测量和实验，本次评估假设其无基础、结构等方面的重大质量问题。

(3) 假设估价对象于估价时点无抵押情况或原有的抵押情况已注销。

3. 估价中未考虑的因素及一些特殊处理

(1) 估价结果是反映估价对象在本次估价目的下的市场价格参考，估价时没有考虑国家宏观经济政策发生变化、市场供应关系变化、市场结构转变、遇有自然力和其他不可抗力等因素对房地产价值的影响，也没有考虑估价对象将来可能承担违约责任的事宜，以及特殊交易方式下的特殊交易价格等对评估价值的影响。当上述条件发生变化时，评估结果一般亦会发生变化。

(2) 估价结果未考虑未来处置风险。

(3) 估价结果未考虑估价对象及其运营企业已承担的债务、或有债务及经营决策失误或市场运作失当对其价值的影响。

(4) 估价对象T25—T28型住宅楼和T11—T12型住宅楼主体框架均已封顶，内、外墙均未砌筑。本次评估假设估价对象能按计划开发完成且本次评估出具的评估结果为假设估价对象在取得预售证后于估价时点的预售市场价格。特提请报告使用人注意估价对象建筑面积来源于委托人提供的《关于申领建设工程规划许可证的复函》(××规建函［××××］××××号)复印件，若与实际不符，应据实调整评估价值。因其不实造成的影响，本公司不承担任何责任，特此声明。

4. 本报告使用的限制条件

(1) 本报告仅为委托人提供估价对象在取得预售证后于估价时点的预售市场价格参考，不作他用。

(2) 本报告使用期限为一年。即估价目的在报告完成后的一年内实现，估价结果可作估价对象在取得预售证后于估价时点的预售市场价格参考，超过一年，需重新进行估价。

(3) 本报告专为委托人所使用，未经本公司同意，不得向委托人和估价报告审查部门之外的单位和个人提供。报告的全部或部分内容不得发表于任何公开媒体上。报告所称“市场价格”，是指估价对象在保持现有用途并正常开发完成，取得预售证后，在外部经济环境保持稳定的前提下，为本报告书所确定的评估目的而提出的公正评估意见。该评估意见是指假定在充分发达的公开市场条件下，交易双方在交易地位平等、充分了解相关市场信息及交易双方独立和理智进行判断的前提下形成的公平市场价格。该价格并不代表估价对象在涉及产权变动或形态转变时的实际交易价格。

6. 估价结果报告

估价结果报告应包括以下内容。

(1) 标题：房地产估价结果报告。

(2) 委托方：说明本估价项目的委托单位的全称、法定代表人和住所，个人委托的为个人的姓名和住所。

(3) 估价方：说明本估价项目的估价机构的全称、法定代表人、住所、估价机构资质等级。

(4) 估价对象：概要说明估价对象的状况，包括物质实体状况和权益状况。

特别提示

估价对象的说明中，对土地的说明应包括：名称，坐落，面积，形状，四至，周围环境，景观，基础设施完备程度，土地平整程度，地势，地质、水文状况，规划限制条件，利用现状，权属状况。

对建筑物的说明应包括：名称，坐落，面积，层数，建筑结构，装修，设施设备，平面布置，工程质量，建成年月，维护、保养、使用情况，公共配套设施完备程度，利用现状，权属状况。

(5) 估价目的：说明本次估价的目的和应用方向。

(6) 估价时点：说明所评估的客观合理价格或价值对应的年月日。

(7) 价值定义：说明本次估价采用的价值标准或价值内涵。

(8) 估价依据：说明本次估价依据的房地产估价规范，国家和地方的法律、法规，委托方提供的有关资料，估价机构和估价人员掌握和搜集的有关资料。

(9) 估价原则：说明本次估价遵循的房地产估价原则。

(10) 估价方法：说明本次估价的思路和采用的方法以及这些估价方法的定义。

(11) 估价结果：说明本次估价的最终结果，应分别说明总价和单价，并附大写金额，若用外币表示，应说明估价时点中国人民银行公布的人民币市场汇率中间价，并注明所折合的人民币价格。

(12) 估价人员：列出所有参加本次估价的人员的姓名、估价资格或职称，并由本人签名、盖章。

(13) 估价作业日期：说明本次估价的起止年月日。

(14) 估价报告应用的有效期：说明本估价报告应用的有效期，可表达为到某个年月日止，也可表达为多长年限，如一年。

应用案例 2-11

房地产估价结果报告实例

房地产估价结果报告

(一) 委托人

委托人名称：××市×××贸易公司

法定代表人：××

委托人地址：××市××区××路××号

联系电话：139××××××××

(二) 估价机构

估价机构名称：广东××房地产评估有限公司

资质级别：住建部一级

房地产估价机构资质证书编号：建房估证字［2009］××号

法定代表人：×××

估价机构地址：××市××路××号××大厦　　联系人：×××

联系电话：(020)××××××××

(三) 估价对象概况

1. 估价对象区位状况

估价对象位于××省××市××区××村，距离××路约 700m，邻近××公交总站，有多路公交线路途经，交通便捷；周边有××市场、××医院、农村信用合作社、邮局、××工业园等，超市众多，各项市政配套设施完善。

2. 估价对象实物状况

根据委托人的要求，本次估价范围为××市××区××路××花园××阁第 20 层 A、C、D、E、F、H 共六套住宅，建筑面积合计共 555.40 m^2，共用土地面积为 6 254.6 m^2。经实地查勘，估价对象所在的××花园××阁为一幢总层数 32 层的框剪结构住宅，建成于 1998 年 3 月。估价对象建筑物外墙贴小型方块砖，室内大堂天花抹灰，墙面贴方块瓷片，地面铺抛光砖，配有三台电梯；室内装修基本一致：内墙、天花抹灰，厅房、厨房、卫生间为水泥地面；厨房和卫生间的内墙、天花为水泥砂浆抹面；装木门、铝合金窗，水电煤气设施齐备，经实地查勘为完好房，目前 6 套住宅均空置。

3. 估价对象权属状况

估价对象权属人为××市××贸易公司，6 套住宅均已办理房地产证，土地用途为商业、住宅，已征收国有土地使用权出让金，使用年限为 70 年，从 1996 年 2 月 18 日起计。

(四) 估价目的

为了解房地产市场价格提供价格参考依据。

(五) 估价时点

2010 年 7 月 11 日

(六) 价值定义

本报告价值为估价对象在估价时点状况下法定用途剩余使用年限的市场价格。

(七) 估价依据

本次评估依据国务院、建设部、国土资源部、××省、××市人民政府及其有关部门颁布的法律规定和政策性文件以及评估房地产的具体资料，主要有：

1. 《中华人民共和国城市房地产管理法》；

2. 《中华人民共和国土地管理法》；
3. GB/T 50291—1999《房地产估价规范》；
4. 委托人提供的相关产权资料；
5. 估价人员实地查看所得的资料；
6. 估价机构及估价人员掌握的其他相关信息资料；
7. 当地近期房地产市场交易资料及技术参数。

(八) 估价原则

1. 合法原则。以估价对象的合法取得、合法使用、合法处分为前提估价。
2. 最高最佳使用原则。以估价对象的最高最佳使用为前提估价。
3. 替代原则。估价结果不得明显偏离类似房地产在同等条件下的正常价格。
4. 估价时点原则。估价结果是在估价时点的客观合理价格或价值。

(九) 估价方法

估价人员在认真分析所掌握的资料，进行了实地查看，对邻近地段和区域同类性质的房地产市场情况进行调查之后，结合估价对象的实际，决定选取市场法和收益法作为估价方法。

市场法是将估价对象与在估价时点有过交易的类似房地产进行比较，对这些类似房地产的已知价格作适当的修正，以此估算估价对象的客观合理价格或价值的方法。

收益法是指运用适当的资本化率，将预期的估价对象未来各期的正常净收益折算到估价时点上的现值之和得出估价对象客观市场价格的方法。

(十) 估价结果

估价人员根据估价目的，遵循估价原则，按照估价工作程序，运用科学的估价方法，仔细考察估价对象的建筑特征及使用和维护情况，经过全面细致的测算，并结合估价经验和对影响价值因素的分析，确定估价对象在2010年7月11日的市场价值为平均单价××××元/m^2，总价人民币×××万元，人民币(大写)×佰×拾×万×仟×佰元整。

(十一) 估价人员

估价人员：××× ××× ×××

(十二) 估价作业日期

2010年7月11日至2010年8月4日

(十三) 估价报告使用期限

2010年8月4日至2011年8月3日

7. 估价技术报告

估价技术报告应包括以下内容。

(1) 标题：房地产估价技术报告。

(2) 个别因素(实物状况)分析：详细说明、分析估价对象的个别因素。

(3) 区域因素(区位状况)分析：详细说明、分析估价对象的区域因素。

(4) 市场背景分析：详细说明、分析类似房地产的市场状况，包括过去、现在和可预见的未来。

(5) 最高最佳使用分析：详细分析、说明估价对象最高最佳使用。

(6) 估价方法选用：详细说明估价的思路和采用的方法及其理由。

(7) 估价测算过程：详细说明测算过程，参数确定等。

(8) 估价结果确定：详细说明估价结果及其确定的理由。

应用案例 2-12

房地产估价技术报告实例

房地产估价技术报告

一、个别因素分析

本次估价对象×××西路10号××花园××苑17栋B座301号房，建于1994年1月30日，楼龄较长，外观较为陈旧，物业管理不够完善，环境较混乱嘈杂，这对价值产生一定的负面影响。

二、区域因素分析

估价对象位于新旧城区交接处，社区主干道是市政规划道路，地理位置较为优越，交通相当便利，周围各种基础设施配套较为齐全。

三、市场背景分析

房价水平仍然存在一定的上涨压力，如排除不可预见的因素，预计上升幅度在4%～5%左右。居住类价格上升对市场总水平的影响不可忽视。

统计资料表明，2007年全年商品住宅投资353.80亿元，比上年增长42.2%。商品房施工面积6 029.26万平方米，增长28.1%，其中住宅4 814.36万平方米，增长31.3%。商品房竣工面积1 313.69万平方米，增长15.9%，其中住宅1 080.09万平方米，增长13.6%。商品房销售面积1 999.77万平方米，增长33.1%，其中住宅1 834.30万平方米，增长33.7%。商品房销售额509.55亿元，增长54.5%，其中住宅439.46亿元，增长62.3%。房地产业增加值235.48亿元，增长17.0%。

房地产交易比较活跃，交易数量逐步放大，楼盘品质全面提升，市场供求比例合理，总体上楼市表现强劲，旺销楼盘始终是市场主流，推动房价稳步上升。预计2008 年房地产市场将继续保持这种发展势头，市场前景较为乐观。

四、最高最佳使用分析

房地产估价应当以估价对象的最高最佳使用为前提，估价对象目前作为住宅使用，它所分摊土地的批准用途为住宅，其所在建筑物的设计用途为住宅，估价人员从法律上允许、技术上可能、经济上可行的角度进行综合分析，认为估价对象目前的实际用途为其最高最佳使用。

五、估价方法选用

估价人员深入细致地分析了评估项目的特点和实际状况，并研究了委托方提供的及所掌握的资料，在实地勘察和调研的基础上认为，估价对象所在位置类似房屋交易市场比较活跃，考虑到估价对象为收益性房地产租赁市场状况良好，为使估价结果具有科学性、准确性、客观性，我们采用市场法和收益法对估价对象进行综合评估。

六、估价测算过程

采用市场法测算宗地的价值。

1. 选取可比实例，编制比较因素条件说明表

在近期发生交易的土地成交实例中，选择与待估宗地属同一供需圈、土地用途相同、在地域上属于邻近区域或类似区域的三个案例，各实例与估价对象的具体情况如下。

1) 可比实例一

房屋区域：×××区××财经学院××西园；地址：××西一路7号明秀西园；楼层情况：总8层砖混结构，建筑面积90.0平方米，售价30万元/套，单价3 333元/平方米，建筑年代1997年。装修情况：简易装修；配套设施：床、家具、厨房等。

2) 可比实例二

房屋区域：×××区北湖工人新村；地址：北湖北路 9 号；楼层：总 6 层砖混结构，建筑面积 80.0 平方米，售价 20 万元/套，单价 2 500 元/m^2，建筑年代 1997 年。装修情况：中档装修；配套设施：床、家具、厨房、有线电视。

3) 可比实例三

房屋区域：×××区。地址：××路 77-1 号。楼层：总 7 层砖混结构，建筑面积 78.0m^2，售价 20 万元/套，单价 2 564 元/m^2，建筑年代 1996 年。装修情况：中档装修。配套设施：厨房、床、家具、有线电视、热水器、电视机、洗衣机、冰箱。

2. 编制因素比较表(见表 2-3～表 2-5)

表 2-3 因素比较表

比较因素		估价对象	实例一	实例二	实例三
交易价格(元/m^2)		待估	3 333	2 500	2 564
交易情况		正常	正常	正常	正常
交易日期		—	2008.3	2008.5	2007.11
区域因素	配套设施	一般	一般	好	较好
	环境质量	一般	一般	好	一般
	交通便捷度	好	一般	一般	较好
	地理位置	一般	好	一般	好
	区域规划	一般	好	好	好
	场地条件	七通一平	七通一平	七通一平	七通一平
个别因素	建筑结构	好	好	好	好
	成新度	旧	新	新	旧
	装修程度	简易装修	简易装修	中档装修	中档装修
	物业管理措施	完备	较完备	完备	完备
	结构类型	砖混	砖混	砖混	砖混

表 2-4 价格修正指数表

比较因素		估价对象	实例一	实例二	实例三
交易价格(元/m^2)		待估	3 333	2 500	2 564
交易情况		100	100	100	100
交易日期		—	1.0135	0.9642	1.0625
区域因素	配套设施	100	100	102	105
	环境质量	100	100	102	100
	交通便捷度	100	98	98	102
	地理位置	100	102	100	102
	区域规划	100	102	102	102
	场地条件	100	100	100	100
个别因素	建筑结构	100	103	103	103
	成新度	100	103	103	100
	装修程度	100	100	102	102
	物业管理措施	100	103	100	100
	结构类型	100	100	100	100

表2-5　比较修正表

比较因素		实例一	实例二	实例三
交易价格(元/m^2)		3333	2500	2 564
交易情况		100/100	100/100	100/100
交易日期		1.0135	0.9642	1.0625
区域因素	配套设施	100/100	100/102	100/105
	环境质量	100/100	100/102	100/100
	交通便捷度	100/98	100/98	100/102
	地理位置	100/102	100/100	100/102
	区域规划	100/102	100/102	100/102
	场地条件	100/100	100/100	100/100
个别因素	建筑结构	100/103	100/103	100/103
	成新度	100/103	100/103	100/100
	装修程度	100/100	100/102	100/102
	物业管理措施	100/103	100/100	100/100
	结构类型	100/100	100/100	100/100
修正系数		0.9097	0.8568	0.9076
比准价格(元/m^2)		3 032	2 142	2 327

市场法的测算结果：

经比较修正后三个比准价格相差不大，因此其简单算术平均值作为估价对象的单位面积价格为 2 500 元/m^2，总价为 196 575 元。

(七) 收益法

收益法采用公式为：$V=\frac{A}{Y}\left[1-\frac{1}{(1+Y)^n}\right]$($A$—年净收益；$Y$—报酬率；$n$—收益年期)

1. 确定资本化率

本次估价资本化率的确定，是根据安全利率加风险调整法，以安全利率为基础，再加上风险调整值作为基准折现率。基准折现率由正常投资回报率和风险投资回报率组成，正常投资回报率的选取参考 1 年期银行存款利率和国债利率后综合确定为 3.3%。风险回报率由行业风险报酬率经营风险报酬率组成，综合分析以上各方面因素，××市住宅房地产的风险报酬率为 4.5%。因此，资本化率确定为 7.8%。

2. 确定年有效毛收入

依照现行市场行情和估价对象实际情况，计算有效毛收入。其基本公式为：年有效毛收入=月租金×(1－空置率)×计算期。租金的标准和空置率是依据市场一般标准结合估价对象的具体情况确定的。

根据目前市场行情，调查估价对象同一区域内与估价对象同类型的周边地区的公寓的市场租金，则年有效毛收入见表 2-6。

表2-6　年有效毛收入表

建筑面积	月租金	计算期(月)	空置率	年有效毛收入
78.36	700	12	5%	7 980

即估价对象年有效毛收入为 7 980 元。

3. 年运营费用

出租人负担的费用一般包括维修保养费、管理费，房地产税、中介费，广告宣传费等共计 300 元/年。

4. 年净收益

年净收益=年有效毛收入-年运营费用=7 980-300=7 680(元)

5. 计算收益价格

估价对象所在区域的土地性质为出让，该房产竣工日期为1994年，所以至估价时点剩余54年可作为未来可收益的年限。假设资本化率和年净收益保持不变，则采用公式：$V=\frac{A}{Y}\left[1-\frac{1}{(1+Y)^n}\right]$ (A=7 680，Y=7.8%，n=54)

故 V=7 680/7.8%×[1 − 1/(1+7.8%)^{54}]=96 000元

七、估价结果确定

采用市场法和收益法测算的结果见表2-7。

表2-7 市场法和收益法结果对照表

估价方法	总　价	单价(元/m^2)
市场比价法	196575	2500
收益法	96000	1221

上述两种方法从不同角度反映了估价对象的房地产值，依照两种估价方法所得结果，并参考××市房地产市场的特点，采用加权平均法计算结果，两种方法权重分别为：市场法为0.6，收益法为0.4，则估价对象的最终值为：196 575×0.6+96 000×0.4=156 345(元)；单价为156 345/78.36=1 995(元/m^2)。

8. 附件

附件主要包括以下内容。

(1) 标题：附件。

(2) 估价对象的位置图。

(3) 四至和周围环境图。

(4) 土地形状图。

(5) 建筑平面图。

(6) 外观和内部照片。

(7) 项目有关批准文件。

(8) 产权证明。

(9) 估价中引用的其他专用文件资料。

(10) 估价人员和估价机构的资格证明等。

2.5.3 房地产估价报告的写作要求

房地产估价报告作为估价成果型的文件，除了要满足估价委托人的要求，还要尽可能的完善，在写作过程中，要遵循如下要求。

(1) 内容详实。估价报告应完整、全面地反映估价所涉及的事实、推理过程和结论，报告组成要完整，格式要规范，正文内容和附件资料应齐全、配套。

(2) 描述客观。估价报告应站在中立的立场上对影响估价对象价格或价值的因素进行客观的介绍、分析和评论，应尽量使用中性的词汇，用词不可带有强烈的感情色彩，做出的结论应该有充分的依据。

(3) 用词准确。估价报告的用语应清楚、准确，避免使用含混不清、模棱两可或容易产生误解的文字，对未经查实的事项应该查实后再写入报告中，对无法核实或假设的事项应在报告中作说明，并分析其对估价结果可能产生的影响。估价报告表述要清晰、简洁，文字搭配合理，语句通顺、便于理解，不要使用生僻词语。

(4) 语言简练。估价过程是一个十分复杂的内容，估价报告不可能完全反应估价过程的全貌，因此写作上语言要简练，节约篇幅，将所述内容进行整合、归纳，只将最为重要的内容、有代表性的内容表述出来，主次分明，便于阅读。

(5) 装帧美观。完成估价报告的写作之后，应将估价报告合理排版，对内附的图、表进行修饰，提高估价报告的阅读质量。

课题 2.6　房地产估价报告的审核

2.6.1　估价报告审核的内容

估价报告审核实际上是对估价师已完成的估价报告进行检查并提出评判意见的行为或过程。房地产估价报告是估价机构提供中介服务的产品，和其他行业提供的产品会出现质量问题一样，估价报告也会存在质量问题，这是一个不以人的意志为转移的客观事实。随着房地产估价市场竞争的日益加剧和与估价有关的各种风险的日益显现，以及随着房地产估价行业自律要求的日益规范和有关客户对房地产估价报告质量的日益重视，各估价机构、行业组织以及有关客户，均从不同角度提出了加强房地产估价报告审核的具体要求。

房地产估价报告审核的主要内容包括：报告的格式和各部分内容的构成是否依据本估价机构提供的标准电子文档，估价对象权属证明及其他估价依据资料是否真实和收集齐全；估价技术思路和估价方法是否正确；估价测算过程中采用的可比案例、各种原始数据，以及选择的各种参数和系数，是否确有依据，计算是否正确，估价结果是否合理；报告文字表述是否准确、精炼，有无逻辑错误，估价中发现的有关重大问题是否进行披露等。

表 2-8 是一种用于检查估价报告是否符合要求的审核表，可供参考。

表 2-8　房地产估价报告审核表

估价机构名称					
估价项目名称					
估价报告编号					
序号	审核项目	审　核　要　求	标准分	得分	缺陷说明(扣分点)
1	估价报告的完整性	要件齐全：封面(项目齐全)、目录(含页码)、致委托人函(含估价机构盖章)、注册房地产估价师声明(含 2 名以上注册房地产估价师签名及注册号)、估价的假设和限制条件、估价结果报告(项目齐全)、估价技术报告(项目齐全)、附件(含估价对象位置图、内外部状况图片、权属证明复印件、估价机构资质、估价师资格证明复印件)	10		

续表

序号	审核项目	审 核 要 求	标准分	得分	缺陷说明(扣分点)
2	估价的假设和限制条件	假设条件是必要、充分、合理、有依据的；限制条件具有针对性	5		
3	估价目的及价值类型和定义	采用规范语言表述，准确、清晰	5		
4	估价对象的界定、描述和分析	对估价对象的界定准确，对区位、实物、权益状况的描述全面、详实	15		
5	市场背景描述与分析	对宏观房地产市场、估价对象细分房地产市场及价值影响因素的分析简明、透彻、针对性强	5		
6	最高最佳使用分析	对最高最佳使用的判定正确，分析透彻、得当，符合市场规律	5		
7	估价方法选用	选用方法全面、恰当。对放弃使用的方法进行说明，对选择特殊方法简述根据。	10		
8	数据来源与确定、参数选取与运用及计算过程	数据来源依据充分或理由充足；参数选取客观、合理，理论和现实上有说服力，有必要的分析和过程；计算过程完整、严谨、正确	30		
9	估价结果确定及表述	估价结果确定理由充分，结论表述清晰(含单价、总价)；致委托人函、结果报告、技术报告中的估价结果相互一致	5		
10	估价报告的规范性、文字表述、排版、外观	报告名称、格式、用语规范；引用法规、标准正确；文字简洁、通畅，表述严谨、前后一致、逻辑性强，无错别字、漏字，标点符号使用正确；排版规整、前后统一，装订美观大方	10		
合 计			100		

综合审核意见			
审核人员签名		审核日期	年 月 日

特别提示

审核项目中有严重缺陷之一的，指出具体缺陷，并可将该整项评定为 0 分；估价报告有原则性错误的，指出具体错误，可不分项评分，直接将其评定为不合格。

2.6.2 估价报告审核的类型

估价报告审核可以分为内部审核和外部审核两类。

1. 内部审核

内部审核是各估价机构组织自己的审核人员，对本机构内其他估价师已完成但未正式出具的估价报告进行的质量控制性审核。内部审核可以分为三级审核，所谓三级审核，是指各有不同侧重要求的三个层次的逐级审核，一审为初审，撰写报告的估价师自审和评估组长审核；二审为复审，评估部经理审核；三审为终审，总估价师审核和公司总经理审核。其中一审和三审均为双人双责。各级审核可以有不同的审核重点，但均应认真到位和独立进行，不可敷衍了事。

特别提示

估价机构通过实行以三级审核为主的估价报告质量管理制度，可以在质量控制层面上，有助于将估价师基本上是个人独立完成的估价报告，及时地纳入估价机构的质量监管之下，以达到控制估价质量和防范执业风险的目的。为此，估价机构应根据自身特点和需要，认真做好估价报告的三级审核。

2. 外部审核

外部审核主要是由客户或行业协会组织审核人员，对某个估价机构的其他估价师已正式出具的估价报告，进行的质量评判性审核。加强外部审核，客观上将有力地促进房地产估价机构重新认识高素质估价人员的价值和不断提高估价报告的质量，以及促进房地产估价机构逐步提高社会公信力和形成品牌。

特别提示

由行业协会组织审核人员对估价报告进行的审核称为行业审核，其性质基本上属于行业自律性审核，审核结果往往关系到估价机构的资质、执业能力的行业评价和市场准入问题。由客户对估价报告进行的审核称为客户审核，其性质基本上属于市场商业性审核，审核结果往往关系到估价机构的商业机会问题。

2.6.3 估价报告的交付与归档

估价报告经审核合格后，由负责该估价项目的专职注册房地产估价师签名、盖章，以估价机构的名义出具，并由负责该估价项目地估价人员及时交付给委托人。估价人员在交付估价报告时，可就估价报告中的某些问题作口头解释或说明，至此完成了对委托人的估价服务。

估价报告出具后，估价人员和估价机构应及时对涉及本次估价的一切文字、图表、声像等不同形式的资料进行整理，并将它们分类保存起来，即归档。

单元小结

本单元介绍了房地产的估价程序，包括估价业务的申请与受理、估价的准备工作、查看现场、资料的整理和分析、房地产估价报告的撰写以及估价报告的审核。房地产估价程序的熟练掌握对于提高房地产估价的效率起着至关重要的作用，特别是估价作业方案的制订是否合理关系着整个估价业务的成败。房地产估价报告是估价机构提供给委托人的“产品”，因此，房地产估价报告撰写的好坏将直接影响委托人对估价机构工作的评价，具有非常重要的意义。

习 题

一、单项选择题

1. 估价人员与委托人对估价委托书和委托合同达成一致意见后，估价业务受理的最后的步骤就是(　　)。

A. 签订估价委托书　　B. 达成口头协议
C. 签订估价委托合同　　D. 支付价款

2. 估价时点是由(　　)决定的。

A. 估价对象　　B. 估价目的　　C. 估价价值　　D. 估价师

3. (　　)是评估出估价对象价值所应遵循的基本途径，是指导整个估价过程的技术思路。

A. 估价准则　　B. 估价方法　　C. 估价流程　　D. 估价技术路线

4. 了解估价对象包括(　　)。

A. 了解估价对象的实物状况、权益状况、区位状况
B. 了解估价对象的历史状况、权益状况、区位状况
C. 了解估价对象的实物状况、周边状况、区位状况
D. 了解估价对象的实物状况、权益状况、外貌状况

5. 勘丈绘图属于(　　)。

A. 现场勘察　　B. 现场测量　　C. 资料收集　　D. 资料整理

6. 以下(　　)不属于房地产估价所需收集的资料。

A. 产权资料　　B. 房地产使用资料
C. 市场资料　　D. 人均收入水平

7. (　　)是房地产估价的实质性阶段。

A. 制定估价技术路线　　B. 了解估价对象
C. 综合分析和估算　　D. 查看现场

8. 房地产估价报告是(　　)出具的关于估价对象价值的专业意见。

A. 房地产管理门　　B. 估价委托人
C. 产权人　　D. 估价机构

二、多项选择题

1. 下列选项中，(　　)属于房地产估价机构或估价师不应承接的估价业务情形。

A. 估价机构与相关当事人有利害关系
B. 估价业务超越了本估价机构资质等级许可的业务范围
C. 估价师与估价需求者有利害关系
D. 估价师感到自己的专业知识和经验所限而难以评估出客观合理的价值的
E. 房地产已被抵押

2. 明确估价基本事项主要包括(　　)。

A. 明确估价目的　　B. 明确估价对象

C. 明确估价时点　　D. 明确估价内容

E. 明确价值类型

3. 估价委托合同的作用主要有(　　)。

A. 建立受法律保护的委托与受托关系

B. 明确合同双方的权利和义务

C. 明确估价目的、估价时点

D. 载明估价的基本事项

E. 明确估价作业时间和估价报告交付时间

4. 估价作业方案的内容主要包括(　　)。

A. 拟采用的估价技术路线和估价方法

B. 拟调查收集的资料及其来源渠道

C. 预计所需的时间、人力、经费

D. 拟订作业步骤和时间进度安排

E. 确定估价报告的审核人员

5. 一份完整的估价报告通常由(　　)组成。

A. 封面、目录、致委托人函　　B. 估价师声明

C. 估价基本事项　　D. 估价结果报告

E. 估价技术报告、附件

6. 估价技术报告一般包括(　　)。

A. 估价基本事项　　B. 估价对象分析、市场背景分析

C. 最高最佳使用分析　　D. 估价方法选用

E. 估价测算过程、估价结果确定

三、简答题

1. 评估申请书或评估委托书应写明的事项包括哪些？

2. 对房屋勘察的主要项目有哪些？

3. 房地产估价所需收集的资料主要包括哪几部分内容？

4. 估价报告审核的类型有哪些？

四、案例分析

某交易中心房地产估价报告内容如下：

××交易中心房地产估价报告

封面及目录(略)

致委托方函(略)

估价师声明(略)

估价的假设和限制条件(略)

××交易中心房地产估价结果报告

一、委托估价方：×市商业局(法定代表人：××；住所：××)

二、受理估价方：×市房地产评估事务所

(法定代表人：××；住所：××；估价资质等级：一级)

三、估价对象：×市商业局所属××交易中心。

××交易中心是×市商业局2006年4月1日以出让方式获得土地使用权(使用权年限为40年)，并自

筹资金开始建设，于2008年4月全部竣工并交付××交易中心使用。

四、估价日期：2010年4月1日

七、估价依据：(略)

八、估价原则：(略)

九、价值定义：本次估价采用公开市场价值标准。

十、采用的估价方法

根据估价对象概况、估价目的、房地产市场状况及对所收集资料的分析，首先采用收益法对基进行整体估价，然后，采用成本法再评估其价值。最后，两种方法综合分析，确定估价对象的最终估价值。

十一、估价结果：2010年4月1日估价对象评估值为人民币1 244万元(大写：人民币壹仟贰佰肆拾肆万元整)。

十二、估价人员：(略)

十三、估价报告应用的有效期：(略)

××交易中心房地产估价技术报告(略)

有关附件(略)

问题：试指出上面所列××交易中心房地产估价报告中的错误。

综 合 实 训

一、实训内容

甲方(开发公司)于2009年7月委托乙方(建筑公司)建设两幢(分别称为A座和B座)8层共5 000m^{2}的商品房，至2009年12月止甲方共支付乙方工程款1 500万元，此时A座建至四层，B座建至五层，工程到此停工，甲、乙双方此后为工程款发生纠纷，甲方认为工程款实际发生1 400万元，乙方尚应返还100万元；乙方则认为工程款实际发生1 580万元，甲方尚应再付80万元。双方争执不下，至2011年7月甲方向法院起诉，法院委托估价机构对甲方实际应支付给乙方的工程款进行评估。

二、实训要求

根据所学内容确定其估价的作业方案，主要列出估价步骤。

单元 3

土地价格评估原理

学习目标

本单元介绍土地价格评估的基本原理，包括土地价格的内涵、分类，土地价格评估的主客体。教学目的是让学生掌握土地价格评估的原理，了解地价的形成与内涵。

学习要求

能力目标	知识要点	权　重
了解土地的分类； 熟悉不同用途土地的特征	土地的分类及特征	15%
深刻理解土地价格的内涵； 能够对不同类型土地价格进行准确的界定	土地价格的内涵与分类	30%
熟悉土地价格评估的主体； 掌握描述土地价格评估的客体即待估宗地时应注意的问题	土地价格评估的主体与客体	30%
掌握土地价格评估的依据； 掌握价格评估的效力	土地价格评估的依据与效力	25%

引例

2009年12月1日，受某用地单位委托，××估价机构评估其所属的一宗商业用地的土地使用权价格，为委托方以估价对象向银行抵押贷款提供价格依据，估价基准日(估价时点)为2009年12月1日。估价机构接受委托后做了必要的准备工作，包括查阅资料和市场调查。

土地价格不同于一般商品价格，其内涵有着特殊属性，在估价过程中采用不同的价值定义则所采用的方法也不尽相同。所以，在进行土地价格评估之前，必须掌握有关土地价格的理论。

那么，土地价格的内涵是什么？不同类型的土地价格是否有区别？土地价格评估的依据和效力又是怎样的？

课题3.1 土地的分类和特征

3.1.1 土地的分类

1. 土地分类概述

土地分类是指在研究分析各类土地的特点及它们之间的相同性和土地的性状、地域和用途等方面存在的差异性的基础上划分土地类型。土地分类的目的主要是掌握土地资源状况，识别土地资源的特性、功能和用途，以便合理地利用土地资源。

地球上的土地，由于本身的组成因素、所处地理位置和环境条件不同，以及由于受自然条件和人为因素不断变化的影响，在形态、颜色、物质组成和构造、覆盖、肥力、温度、生产能力等方面存在种种差异。而在同类型内部，则存在着相似性。运用科学方法，按土地特点和从属关系归纳相似性，区别差异性，按一定的分类原则排列为一个有层次的系统，对于了解土地资源，进行土地评价，制定土地利用规划，实施土地管理，都是必要的资料依据。土地分类是否科学适用，关键在于选择分类的标志和方法。土地资源调查的目的不同，采用的分类标志和方法也往往有所不同。

土地资源调查中比较常用的土地分类标志和方法主要有以下三种。

(1) 按土地的自然属性分类。这种分类将土地视为一个自然历史综合体，将土地类型理解为在一定气候条件下地貌-土壤-植被的共同体。例如，依据地貌特征可分为山地、高原、盆地、丘陵、平原等类；依据土壤质地可分为黏土、壤土、砂土等类；依据盐碱状况可分为盐土、碱土、非盐碱土等类。这种土地分类系统比较重视温度、降水、地质发育等因素的作用，强调土地的自然属性，较多应用于土地资源的综合考察，而对于土地的实际利用现状则仅作适当的考虑。

(2) 按土地的社会经济因素分类。基本依据有三：一是土地的经济用途，可分为耕地、林地、牧地等类。其中，耕地按作物类型还可分为粮食作物用地、经济作物用地、蔬菜地等，按产量高低可分为丰产地、低产地等，按灌溉条件可分为水田、水浇地、旱地等，林地可分为用材林地、防护林地、薪炭林地、水土保持林地和苗圃等类。牧地按草地类型可分为天然放牧地、天然割草地、改良草地、人工草地和未利用草地等类。二是土地的权属关系，可分为国家所有土地、集体所有土地、私人所有土地等。三是土地的质量或生产力水平，主要按土地的适宜性、限制性因素进行分类。在分类标准方面包括对土地生产潜力的评价、改造投资和效益的估计以及其他社会经济指标。这种分类具有明显的土地评价和生产管理的实用目的。

(3) 按土地的自然和经济属性以及其他因素进行的综合性分类，主要有土地利用分类和土地利用现状分类等形式。土地利用分类是以土地的覆盖特征、经营目的和利用方向为主要标志进行的分类。用以反映某一时期土地利用实际状况的分类，就是土地利用现状分类。利用现状是针对调查时的实际用途而言的。土地是自然形成的，具有许多自然属性上的差异，从而影响着土地利用的效果。同时，土地所处环境条件及当时当地的社会经济条件，又往往成为利用方式和利用现状的重要决定因素。这种分类比较侧重于运用国民经济部门类别、生产力水平、集约程度等因素的影响，强调经济属性，并将土地自然属性视为确定土地利用现状的基本因素，能真实反映出土地利用的现状，也可以成为土地质量评价的基础，在生产和管理等方面具有广泛的实用价值。但它不能代替土地适宜性分类和土地利用规划，更不能据此划分部门管理范围。

美国、加拿大、法国、英国等国家，一般采用按土地自然特性、土地利用现状、土地适宜农业利用的程度、土地利用可能性及土地的某一特定目的等五种方法进行土地分类。

2. **我国土地的分类**

我国从实际情况出发，同时借鉴国外一些发达国家的经验，国家《土地管理法》科学地将我国土地分为三大类，即根据土地利用总体规划，将土地分为农用地、建设用地和未利用地。《土地管理法》定义：“农用地是指直接用于农业生产的土地，包括耕地、林地、草地、农田水利用地、养殖水面等；建设用地是指建造建筑物、构筑物的土地，包括城乡住宅和公共设施用地、工矿用地、交通水利设施用地、旅游用地、军事设施用地等；未利用地是指农用地和建设用地以外的土地。”

我国的土地分类体系有一个不断发展、完善的过程。我国 1984 年发布的《土地利用现状调查技术规程》规定了土地利用现状分类及含义，土地利用现状调查和集体土地所有权调查应用的是土地利用现状调查的土地分类体系。1989 年 9 月发布的《城镇地籍调查规程》规定了《城镇土地分类及含义》，城镇地籍调查及村庄地籍调查应用的是城镇土地分类体系。随着社会主义市场经济的发展和新修订的《土地管理法》的颁布实施，为适应经济发展和法律的要求以及科学实施全国土地和城乡地政统一管理的需要，需要进一步明确农用地、建设用地和未利用地的范围，对原有土地分类体系进行适当调整和衔接。为此，在研究、分析两个现行土地分类基础上，国土资源部于 2001 年 8 月 21 日下发了“关于印发试行《土地分类》的通知”，制定了城乡统一的全国土地分类体系，并于 2002 年 1 月 1 日起在全国试行。

2007 年 9 月 3 日，国家质量监督检验检疫总局和国家标准化管理委员会联合发布了《土地利用现状分类》，标志着我国土地资源分类第一次拥有了全国统一的国家标准。

《土地利用现状分类》国家标准确定的土地利用现状分类，严格按照管理需要和分类学的要求，对土地利用现状类型进行归纳和划分。一是区分“类型”和“区域”，按照类型的唯一性进行划分，不依“区域”确定“类型”；二是按照土地用途、经营特点、利用方式和覆盖特征 4 个主要指标进行分类，一级类主要按土地用途，二级类按经营特点、利用方式和覆盖特征进行续分，所采用的指标具有唯一性；三是体现城乡一体化原则，按照统一的指标，城乡土地同时划分，实现了土地分类的“全覆盖”。这个分类系统既能与各部门使用的分类相衔接，又与时俱进、满足当前和今后的需要，为土地管理和调控提供基本信息，具有很强的实用性。同时，还可根据管理和应用需要进行续分，开放性强。本分类系统能够与以往的土地分类进行有效衔接。

《土地利用现状分类》国家标准采用一级、二级两个层次的分类体系，共分 12 个一级类、57 个二级类。

根据《土地利用现状分类》，土地利用一级类包括耕地、园地、林地、草地、商服用地、工矿仓储用地、住宅用地、公共管理与公共服务用地、特殊用地、交通运输用地、水域及水利设施用地、其他土地。

(1) 耕地。耕地指种植农作物的土地，包括熟地，新开发、复垦、整理地，休闲地(含轮歇地、轮作地)；以种植农作物(含蔬菜)为主，间有零星果树、桑树或其他树木的土地；平均每年能保证收获一季的已垦滩地和海涂。耕地中包括南方宽度＜1.0 米、北方宽度＜2.0 米固定的沟、渠、路和地坎(埂)；临时种植药材、草皮、花卉、苗木等的耕地，以及其他临时改变用途的耕地。耕地包括水田、水浇地、旱地等。

① 水田是指用于种植水稻、莲藕等水生农作物的耕地，包括实行水生、旱生农作物轮种的耕地。

② 水浇地指有水源保证和灌溉设施，在一般年景能正常灌溉，种植旱生农作物的耕地，包括种植蔬菜等的非工厂化的大棚用地。

③ 旱地指无灌溉设施，主要靠天然降水种植旱生农作物的耕地，包括没有灌溉设施，仅靠引洪淤灌的耕地。

(2) 园地。园地指种植以采集果、叶、根、茎、汁等为主的集约经营的多年生木本和草本作物，覆盖度大于 50%或每亩株数大于合理株数 70%的土地，包括用于育苗的土地。园地包括果园、茶园、其他园地。

① 果园指种植果树的园地。

② 茶园指种植茶树的园地。

③ 其他园地指种植桑树、橡胶、可可、咖啡、油棕、胡椒、药材等其他多年生作物的园地。

(3) 林地。林地指生长乔木、竹类、灌木的土地，及沿海生长红树林的土地，包括迹地，不包括居民点内部的绿化林木用地，铁路、公路征地范围内的林木，以及河流、沟渠的护堤林。林地包括有林地、灌木林地、其他林地。

知识链接

森林采伐、火烧后，5 年内未更新的土地为迹地。根据造成的原因不同，可以分为采伐迹地和火烧迹地。

采伐迹地是指森林中经采伐后尚未长起新林的土地。一般应迅速进行更新，恢复林地，以免荒废。

火烧迹地是指森林中经火灾烧毁后尚未长起新林的土地。

① 有林地指树木郁闭度≥0.2 的乔木林地，包括红树林地和竹林地。

② 灌木林地指灌木覆盖度≥40%的林地。

特别提示

树木郁闭度是指林冠覆盖面积与地表面积的比例。灌木覆盖度是指灌木林(包括叶、茎、枝)在地面的垂直投影面积占统计区土地总面积的比重。

③ 其他林地包括疏林地(指 0.1≤树木郁闭度<0.2 的林地)、未成林地、迹地、苗圃等林地。

知识链接

(1) 疏林地。10%≤树木郁闭度<20%的疏林地，一般为森林地和荒山之间的过渡地类。

(2) 未成林地。造林成活率大于或等于合理造林数的 41%，尚未郁闭但有成林希望的新造林地(一般指造林后不满 3～5 年或飞机播种后不满 5～7 年的造林地)。由耕地改为未成林造林地但耕作层未被破坏的土地称为可调整未成林造林地。

(3) 迹地。迹地为中国土地利用现状分类系统中的三级类型。

(4) 苗圃。由耕地改为苗圃但耕作层未被破坏的土地称为可调整苗圃。苗圃按使用年限的长短可分为永久苗圃(固定苗圃)和临时苗圃。永久苗圃一般面积较大，经营年限较长，多设在土壤、灌溉、交通条件较好的地方，劳力较固定，集约经营，具有一定规模的基本建设和投资，可进行多种苗木的生产和科学实验工作。临时苗圃则专为完成一定时期造林绿化任务而设立，多靠近采伐迹地或造林地，一般面积较小，苗木品种少，随着造林或更新任务的完成，苗圃也随之撤销。

(4) 草地。草地指生长草本植物为主的土地，包括天然牧草地、人工牧草地、其他草地。

① 天然牧草地指以天然草本植物为主，用于放牧或割草的草地。

② 人工牧草地指人工种植牧草的草地。

③ 其他草地指树木郁闭度<0.1，表层为土质，生长草本植物为主，不用于畜牧业的草地。

(5) 商服用地。商服用地指主要用于商业、服务业的土地，包括批发零售用地、住宿餐饮用地、商务金融用地、其他商服用地。

① 批发零售用地指主要用于商品批发、零售的用地，包括商场、商店、超市、各类批发(零售)市场，加油站等及其附属的小型仓库、车间、工场等的用地。

② 住宿餐饮用地指主要用于提供住宿、餐饮服务的用地，包括宾馆、酒店、饭店、旅馆、招待所、度假村、餐厅、酒吧等。

③ 商务金融用地指企业、服务业等办公用地，以及经营性的办公场所用地，包括写字楼、商业性办公场所、金融活动场所和企业厂区外独立的办公场所等用地。

④ 其他商服用地指上述用地以外的其他商业、服务业用地。包括洗车场、洗染店、废旧物资回收站、维修网点、照相馆、理发美容店、洗浴场所等用地。

(6) 工矿仓储用地。工矿仓储用地指主要用于工业生产、物资存放场所的土地，包括工业用地、采矿用地、仓储用地。

① 工业用地指工业生产及直接为工业生产服务的附属设施用地。

② 采矿用地指采矿、采石、采砂(沙)场，盐田，砖瓦窑等地面生产用地及尾矿堆放地。

③ 仓储用地指用于物资储备、中转的场所用地。

(7) 住宅用地。住宅用地指主要用于人们生活居住的房基地及其附属设施的土地，包括城镇住宅用地、农村宅基地。

① 城镇住宅用地指城镇用于生活居住的各类房屋用地及其附属设施用地，包括普通住宅、公寓、别墅等用地。

② 农村宅基地指农村用于生活居住的宅基地。

(8) 公共管理与公共服务用地。公共管理与公共服务用地指用于机关团体、新闻出版、科教文卫、风景名胜、公共设施等的土地，包括机关团体用地、新闻出版用地、科教用地、医卫慈善用地、文体娱乐用地、公共设施用地、公园与绿地、风景名胜设施用地。

① 机关团体用地指用于党政机关、社会团体、群众自治组织等的用地。

② 新闻出版用地指用于广播电台、电视台、电影厂、报社、杂志社、通讯社、出版社等的用地。

③ 科教用地指用于各类教育，独立的科研、勘测、设计、技术推广、科普等的用地。

④ 医卫慈善用地指用于医疗保健、卫生防疫、急救康复、医检药检、福利救助等的用地。

⑤ 文体娱乐用地指用于各类文化、体育、娱乐及公共广场等的用地。

⑥ 公共设施用地指用于城乡基础设施的用地，包括给排水、供电、供热、供气、邮政、电信、消防、环卫、公用设施维修等用地。

⑦ 公园与绿地指城镇、村庄内部的公园、动物园、植物园、街心花园和用于休憩及美化环境的绿化用地。

⑧ 风景名胜设施用地指风景名胜(包括名胜古迹、旅游景点、革命遗址等)景点及管理机构的建筑用地。景区内的其他用地按现状归入相应分类。

(9) 特殊用地。特殊用地指用于军事设施、涉外、监教、宗教、殡葬等的土地。

① 军事设施用地指直接用于军事目的的设施用地。

② 涉外用地指用于外国政府及国际组织驻华使领馆、办事处等的用地。

③ 监教场所用地指用于监狱、看守所、劳改场、劳教所、戒毒所等的建筑用地。

④ 宗教用地指专门用于宗教活动的庙宇、寺院、道观、教堂等宗教自用地。

⑤ 殡葬用地指陵园、墓地、殡葬场所用地。

(10) 交通运输用地。交通运输用地指用于运输通行的地面线路、场站等的土地，包括民用机场、港口、码头、地面运输管道和各种道路用地。

① 铁路用地指用于铁道线路、轻轨、场站的用地，包括设计内的路堤、路堑、道沟、桥梁、林木等用地。

② 公路用地指用于国道、省道、县道和乡道的用地，包括设计内的路堤、路堑、道沟、桥梁、汽车停靠站、林木及直接为其服务的附属用地。

③ 街巷用地指用于城镇、村庄内部公用道路(含立交桥)及行道树的用地，包括公共停车场，汽车客货运输站点及停车场等用地。

④ 农村道路指公路用地以外的南方宽度≥1.0 米、北方宽度≥2.0 米的村间、田间道路(含机耕道)。

⑤ 机场用地指用于民用机场的用地。

⑥ 港口码头用地指用于人工修建的客运、货运、捕捞及工作船舶停靠的场所及其附属建筑物的用地，不包括常水位以下部分。

⑦ 管道运输用地指用于运输煤炭、石油、天然气等管道及其相应附属设施的地上部分用地。

(11) 水域及水利设施用地。水域及水利设施用地指陆地水域、海涂、沟渠、水工建筑物等用地，不包括滞洪区和已垦滩涂中的耕地、园地、林地、居民点、道路等用地。

① 河流水面指天然形成或人工开挖河流常水位岸线之间的水面，不包括被堤坝拦截后形成的水库水面。

② 湖泊水面指天然形成的积水区常水位岸线所围成的水面。

③ 水库水面指人工拦截汇集而成的总库容≥10 万立方米的水库正常蓄水位岸线所围成的水面。

④ 坑塘水面指人工开挖或天然形成的蓄水量＜10 万立方米的坑塘常水位岸线所围成的水面。

⑤ 沿海滩涂指沿海大潮高潮位与低潮位之间的潮浸地带，包括海岛的沿海滩涂，不包括已利用的滩涂。

⑥ 内陆滩涂指河流、湖泊常水位至洪水位间的滩地；时令湖、河洪水位以下的滩地；水库、坑塘的正常蓄水位与洪水位间的滩地，包括海岛的内陆滩地，不包括已利用的滩地。

⑦ 沟渠指人工修建，南方宽度≥1.0 米、北方宽度≥2.0 米用于引、排、灌的渠道，包括渠槽、渠堤、取土坑、护堤林。

⑧ 水工建筑用地指人工修建的闸、坝、堤路林、水电厂房、扬水站等常水位岸线以上的建筑物用地。

⑨ 冰川及永久积雪指表层被冰雪常年覆盖的土地。

(12) 其他土地。其他土地指上述地类以外的其他类型的土地。

① 空闲地指城镇、村庄、工矿内部尚未利用的土地。

② 设施农用地指直接用于经营性养殖的畜禽舍、工厂化作物栽培或水产养殖的生产设施用地及其相应附属用地，农村宅基地以外的晾晒场等农业设施用地。

③ 田坎主要指耕地中南方宽度≥1.0 米、北方宽度≥2.0 米的地坎。

④ 盐碱地指表层盐碱聚集，生长天然耐盐植物的土地。

⑤ 沼泽地指经常积水或渍水，一般生长沼生、湿生植物的土地。

⑥ 沙地指表层为沙覆盖、基本无植被的土地，不包括滩涂中的沙地。

⑦ 裸地指表层为土质，基本无植被覆盖的土地；或表层为岩石、石砾，其覆盖面积≥70%的土地。

特别提示

目前，从土地管理的角度分析，比较公认的土地定义是：土地是地球陆地表面由地貌、土壤、岩石、水文、气候和植被等要素组成的自然历史综合体，它包括人类过去和现在的种种活动结果。因为角度不同，所以此处土地定义与单元 1 中的土地定义有所不同。

知识链接

《土地分类》的通知中强调，根据《中华人民共和国土地管理法》第 4 条和《中华人民共和国土地管理法实施条例》第 10 条、第 14 条的规定，为适应社会主义市场经济发展和实施土地用途管制制度的需要，有效实施城乡地政统一管理，在 1984 年制订的《土地利用现状调查技术规程》中的"土地利用现状分类及含义"和 1989 年制订的《城镇地籍调查规程》中的"城镇土地分类及含义"基础上，经广泛征求意见后，制定的城乡统一的《土地分类》已经讨论通过，给予印发，自 2002 年 1 月 1 日起试行。原《土地利用现状调查技术规程》中的"土地利用现状分类及含义"和《城镇地籍调查规程》中的"城镇土地分类及含义"同时停止使用。

应用案例 3-1

1. 下列关于现行《土地利用现状分类》，表述正确的是（　　）。

A. 采用一级、二级两个层次的分类体系

B. 采用一级、二级、三级三个层次的分类体系

C. 共分 12 个一级类、57 个二级类

D. 共分 12 个一级类、57 个二级类、78 个三级类

E. 共分 57 个一级类、12 个二级类

【解答】《土地利用现状分类》国家标准采用一级、二级两个层次的分类体系，共分 12 个一级类、57 个二级类。应选择答案 A、C。

2. 按照《土地利用现状分类》，工矿仓储用地包括(　　)。

A. 工业用地

B. 住宿餐饮用地

C. 仓储用地

D. 采矿用地

E. 商务金融用地

【解答】商服用地包括批发零售用地、住宿餐饮用地、商务金融用地、其他商服用地。工矿仓储用地包括工业用地、采矿用地、仓储用地。应选择答案 A、C、D。

3.1.2 土地的特征

土地的特征是在土地的利用过程中得以体现的，所以土地的特征直接受其用途的约束。

1. 商服用地的特征

特别提示

此处所说商服用地，对应 GB/T 21010—2007《土地利用现状分类》中的(05)商服用地，但不包括已建成的农村建设用地中的商服用地。

(1) 最高出让使用年限最短。目前在我国，商服用地大部分属于出让土地。按照《城镇国有土地使用权出让和转让暂行条例》规定，商服用地出让用地最高年限为 40 年。

(2) 受节约集约用地原则限制。国务院《关于促进节约集约用地的通知》要求，按照节约集约用地原则，审查调整各类相关规划和用地标准。

(3) 土地利用价值高。商服用地多处于繁华地段，可以产生更高的经济效益。也就是说可以引起地价的上涨，有时上涨的幅度可以达到几倍甚至几十倍、几百倍。

(4) 对区域的选择性强。与居住用地不大一样，商服用地在地域上选择性很强，不是任何一块土地都可以作为商服用地的。除交通便利外，特别注意营业环境和收益状况。

(5) 比较适宜用收益法进行价格评估。

(6) 使用可逆性差。农用地要变为商服用地比较容易，但要商服用地转为农用地则极为困难，因为拆除地上的建筑物、构筑物要耗费大量人力、物力和财力，恢复土壤也需要一定的时间，复垦的成本相当高。

2. 居住用地的特征

特别提示

此处所说的居住用地，对应 GB/T 21010—2007《土地利用现状分类》中的(071)城镇住宅用地，是指在城市中包括住宅及相当于居住小区及小区级以下的公共服务设施、道路和绿地等设施的建设用地。按市政公用设施齐全程度和环境质量等，居住用地可进一步分为一类居住用地、二类居住用地、三类居住用地和四类居住用地。其中，一类居住用地是指市政公用设施齐全、布局完整、环境良好、以低层住宅为主的用地；二类居住用地是指市政公用设施齐全、布局完整、环境较好、以多、中、高层住宅为主的用地；三类居住用地是指市政公用设施比较齐全、布局不完整、环境一般，或住宅与工业等用地有混合交叉的用地；四类居住用地是指以简陋住宅为主的用地。

(1) 最高出让使用年限最长。目前在我国，除集体土地外，大部分居住用地属于出让土地。按照《城镇国有土地使用权出让和转让暂行条例》规定，其出让用地最高年限为70年。

(2) 受节约集约用地原则限制。《国务院关于促进节约集约用地的通知》要求，按照节约集约用地原则，审查调整各类相关规划和用地标准。

(3) 是生活场所的必须载体。从利用方式上看，居住用地是利用土地的承载功能建设建筑物和构筑物，同时为人们提供生活活动的场所和操作空间，以及堆放场地，而不是直接利用土壤，通过吸收水、气、热和土壤养分形成生物量，因此对建设用地的选择与土壤肥力没有关系。

(4) 开发量大，需求量大。受城市化、人口持续增长因素影响，当前人们对居住用地的需求量大，且分布广，并具有较高的保值、增值性，能够带动房地产市场的繁荣。

(5) 区域选择要求高。一个好的居住区，应该是交通便利、环境优美、配套设施完善，并适当远离闹市区。

(6) 使用可逆性差。一般来讲，农用地要变为居住用地较为容易，只要地质条件符合工程建设要求，加以必要的开发和配套建设就可以变为居住用地。但要使居住用地变为农用地却较为困难。

3. 工业用地的特征

特别提示

此处所说工业用地，对应 GB/T 21010—2007《土地利用现状分类》中的(061)，工业用地是指城市中工矿企业的生产车间、库房、堆场、构筑物及其附属设施(包括其专用的铁路、码头和道路等)的建设用地。工业用地不包括露天矿用地，该用地应归入“水域及水利设施用地”。按对环境的干扰和污染程度，工业用地可进一步分为一类工业用地、二类工业用地和三类工业用地。其中，一类工业用地是指对居住和公共设施等环境基本无干扰和污染的工业用地，如电子工业等用地；二类工业用地是指对居住和公共设施等环境有一定干扰和污染的工业用地，如食品工业、医药制造工业、纺织工业等用地；三类工业用地是指对居住和公共设施等环境有严重干扰和污染的工业用地，如采掘工业、冶金工业、大中型机械制造工业、化学工业、造纸工业、制革工业、建材工业等用地。

(1) 节约集约利用性。我国工业用地节约集约利用具有典型性、地域性、综合性的特征。典型性表现为，不同行业类型或同一行业类型中技术水平不同，工业用地的集约利用程度不同；地域性表现为，处于工业化不同阶段的区域，由于工业化发展政策的差异性以及产业集群和布局的差异性，其工业用地集约利用的表现层次不同；综合性表现为，工业用地节约集约利用是物质资本、知识资本、自然资本、人力资本等要素与土地资本要素综合配置的结果。

(2) 用地数量大，区域用地标准控制难。随着工业化快速发展，工业用地占用快速增长。从城市内部用地结构来看，工业用地占用比例高达21.79%，而按照国外城市中心区的用地比例，工业用地一般不超过城市面积的10%。我国的中小城市同样存在着工业用地比例过高、增长过快的问题。在国家层面上，我国人均工业用地面积也大大超过18.0～28.0平方米/人的国标范围。工业用地占用面积过大严重制约着我国工业化和城镇化的可持续发展。

(3) 用地布局不尽合理，区域间竞争激烈。各地产业发展缺乏生产力布局、国土规划的统筹安排，没有严格的产业分工，从而不可避免地造成不同区域产业发展的重复建设，也造成了企业效益低、工业用地低效的现实。

(4) 用地效益较低，但政绩、就业、税收等外部性收益高。由于工业用地额过度供应，加之工业用地本身的特征，使得工业用地效益较低，工业用地具有很强的外部性收益，通过吸引投资，不仅更好地促进了GDP的增长，实现政绩目标，而且也促进了就业的增加以及税收的增长。

(5) 不同区域、不同行业用地效益及集约程度差异性大。由于不同区域的工业结构的差异性以及工业化的阶段不一样，使得不同区域的工业用地效益差异性达。

(6) 受土地宏观调控、产业政策调控影响大，工业地产市场管制难。目前全国各地工业及基础设施行业低水平重复建设现象较为严重，造成了极大的浪费。由于工业投资具有可转移性，地方政府会通过各种政策优惠来吸引工业投资，包括用地方面的倾斜政策，地区间竞争激烈。工业用地存量大，增量比例小，也导致工业地产投机日益加剧。

(7) 工业用地上收益地价与市场地价呈剪刀差关系。经济发达地区对于工业投资的财政返还或补贴，工业用地的市场化配置程度较低，使得经济发达地区工业市场地价相对较低，但由于投资环境好，产业集聚性强，工业用地投资效益较高，其工业收益地价高；而在经济相对欠发达地区，由于工业用地市场化配置程度较高，工业用地市场价格相对较高，但是由于投资环境较差，产业集聚程度较低，造成工业投资效益相对较低，从而工业收益地价也较低。

特别提示

收益地价是指用收益法评估出的土地价格，市场地价则是通过市场法求得的土地价格。

4. 交通运输用地的特征

特别提示

交通运输用地是指用于运输通行的地面线路、场站等的土地。包括港口、码头、地面运输管道和各种道路用地等。对应 GB/T 21010—2007《土地利用现状分类》中的(10)交通运输用地。

(1) 用地性质单一。交通运输用地一般都属于划拨用地。

(2) 数量多，分布广。交通运输用地涉及铁路、公路、民用机场、港口码头、管道运输、街巷等用地，具有点多、线长和面广的特点。

5. 农用地的特征

特别提示

农用地是指直接用于农业生产的土地，包括耕地、园地、林地、草地。对应 GB/T 21010—2007《土地利用现状分类》中的(01 02 03 04)。

(1) 利用的永续性。农用土地资源，只要利用得当，不仅有自行恢复和再生的能力，而且可以永续利用。相反，如果掠夺式地过度利用，其生产能力就会遭受破坏，即使可以恢复也要花费一定的时间和投资，甚至是不可恢复的。

(2) 生态利用性。农用地主要是依赖于土地的肥力，直接从耕作层中生产农作物，它对土壤、气候等自然条件有十分严格的要求。农用地受自然环境影响显著。农用地所利用的自然环境因素是多元的，功能是复杂的。同时，农用地是一个复杂的生态系统，其资源价值取决于系统循环状况。农用地生态系统是以农地为基础，由地貌、气候、水文、土壤、植物、动物等自然要素构成，以作物群落为中心，以农作物经济产量为目标的可以人为调控的生态–经济复合系统。

(3) 利用的相对粗放性。与建设用地相比，农用地产生的经济效益相对较低，因而利用强度相对较弱。

(4) 利用逆转性。在法律法规允许的情况下，农用地内部各种用途之间可以互相转换，并且具有恢复到原来用途的可能性。

应用案例 3-2

1. 农用地是指直接用于农业生产的土地，包括耕地、(　　)和养殖水面等。

A. 林地　　B. 园地　　C. 牧草地　　D. 农田水利用地　　E. 建设用地

【解答】农用地是指直接用于农业生产的土地，包括耕地、园地、林地、牧草地及其他农用地。农田水利用地属于其他农用地。应选择答案 A、B、C、D。

2. 农用地是指直接用于农用生产的土地，耕地是指种植农作物的土地，下列分类中，不属于农用地的是(　　)。

A. 农田水利用地和养殖水面　　B. 灌溉水田、菜地、农村宅基地

C. 园地、林地、牧草地　　D. 新开发复垦整理地

【解答】农村宅基地属于住宅用地。新开发复垦整理地属于耕地。应选择答案 B。

课题 3.2 土地价格的内涵与分类

3.2.1 土地价格的内涵

按照马克思的地租理论，土地价格是土地经济价值的反映，即地租的资本化。在土地市场中，土地价格也是土地权利和土地收益的购买价格，是土地所有者权益的体现。

与一般商品价格相比，地价同样受市场经济环境、供求状况的影响；但同时由于土地位置固定，区位条件差异巨大，使用上不易灭失，同时土地是社会财富积累的主要载体，所以地价又具有其特殊性，主要表现在：一是位置条件(不同国家、地区、城市、不同土地级别、宗地)不同的土地存在价格差异；二是随着时间的变化，由于社会财富的不断积累，土地会不断增值导致土地价格存在差异；三是不同用途的土地由于其收益不同而价格不同；四是在土地上权利限定不同则价格不同；五是土地利用强度不同(如不同容积率、不同建筑密度)而价格不同。

特别提示

同时，土地还作为生产基本要素之一参与经济活动，因此土地价格与社会经济状况密切相关。

从经济学的角度来说，本单元引例所提出的土地价格的内涵是指在正常市场条件下，一定年期的土地使用权未来纯收益的现值总和，其权利特征是出让土地使用权。划拨土地使用权价格、承租土地使用权价格是其特殊形式，租赁权价格、地役权价格是其派生形式。从土地价格评估的角度来说，土地价格可采用熟地价格、生地价格和毛地价格表示。

3.2.2 土地价格的分类

从不同目的出发，可以将地价分成不同类型，主要类型见表 3-1。

表 3-1 土地价格类型汇总表

土地价格分类依据	土地价格类型
按土地权利	土地所有权价格、土地使用权价格、土地租赁权价格、土地抵押权价格、其他他项权利价格(如地上权、地役权、空间利用权价格等)
按土地价格形成方式	交易价格、理论价格、评估价格
按政府管理手段	申报地价、公告(示)地价
按土地价格表示方法	土地总价格、单位面积价格、楼面地价
按土地的存在形态	生地价格、熟地价格、毛地价格、净地价格
按土地出让的方式	拍卖价格、招标价格、协议价格、挂牌价格
按土地价格使用目的	买卖价格、租赁价格、抵押价格、课税价格、征地价格等

知识链接

我国现行土地制度如下。

(1) 全部土地都为社会主义公有制。

(2) 土地的社会主义公有制分为全民所有制和劳动群众集体所有制两种。

(3) 全民所有制的土地被称为国家所有土地，简称国有土地。

(4) 城市市区的土地属于国家所有。

(5) 土地的劳动群众集体所有制具体采取的是农民集体所有制的形式，简称集体土地。

(6) 国家实行土地登记制度。

(7) 国家实行土地有偿有期限使用制度。

(8) 国家实行土地用途管制制度。

(9) 国家实行保护耕地制度。

(10) 取得国有土地使用权的途径有划拨、出让、转让、租赁。

综上，我国实行的是土地公有制，土地价格是以土地使用权的出让、转让为前提，一次性支付的多年地租的现值总和，是土地的使用权价格，而不是土地的所有权价格，在我国不存在土地所有权价格。

为了能够使土地价格的类型表述的更加清晰，下面表3-2～表3-8，是针对前面表3-1中不同类型土地价格含义的表述。

表3-2 土地价格按土地权利分类表

价格类型	含义表述
土地所有权价格	是一种土地所有权转移价格，或者为买断价格
土地使用权价格	是在一定期限中拥有土地的使用权、收益权所形成的一种价格
土地租赁权价格	指租赁期内客观市场土地租赁价格与实际土地租赁价格之间差额的资本化
土地抵押权价格	指抵押土地的清算价格扣除抵押土地负债总额、税金及拍卖费用后的余额
其他他项权利价格：如地上权、地役权、空间利用权价格等	

表3-3 土地价格按土地价格形成方式分类表

价格类型	含义表述
交易价格	指通过市场交易形成的土地成交价格
理论价格	指经济学假设的“经济人”的行为和预期是理性的，或真实需求与真实供给相等的条件下形成的价格
评估价格	指由专门的机构和人员，按照一定的程序和方法评定的土地价格，包括交易地价、基准地价、课税价格等

表3-4 土地价格按政府管理手段分类表

价格类型	含义表述
申报地价	由土地所有人或使用人向有关机关申报的地价
公告(示)地价	是政府定期公布的地价，一般是征收土地增值税和征用土地补偿的依据

表 3-5　土地价格按表示方法分类表

价格类型	含 义 表 述
土地总价格	指某一宗土地的整体的价格
单位面积价格	简称单价，指单位土地面积的土地价格
楼面地价	土地单价的一种表示方法，以单位建筑面积来表示土地单价

知识链接

在通常情况下，楼面地价是按照建筑面积均摊的土地价格。在这种情况下，楼面地价与土地总价的关系为

楼面地价=土地总价÷总建筑面积

由此公式可以找到楼面地价、土地单价、容积率的关系为

楼面地价=(土地总价÷总建筑面积)×(土地总面积÷土地总面积)

=土地单价÷容积率

认识楼面地价的作用非常重要，在现实中，楼面地价往往比土地单价更能反映土地价格水平的高低。

注：容积率=总建筑面积÷建筑用地面积

表 3-6　土地价格按土地存在形态分类表

价格类型	含 义 表 述
生地价格	指已完成土地使用批准手续，而未进行或部分进行基础设施配套开发和土地平整的正常市场条件下，一定年期的土地使用权价格
熟地价格	指完成了土地开发等基础设施建设，具备建设条件的正常市场条件下，一定年期的土地使用权价格
毛地价格	指已完成基础设施配套开发而未进行宗地内拆迁平整的正常市场条件下，一定年期的土地使用权价格
净地价格	从物质角度来讲，净地是指完成基础设施配套，场地内达到开工条件的土地；从权属角度看，是指没有设定他项权利，土地占有、使用、收益、处分等权利不受限制的土地

表 3-7　土地价格按土地出让方式分类表

价格类型	含 义 表 述
拍卖价格	即拍卖日对土地进行拍卖的底价，一般是由估价人员根据房地产种类，确定合适的风险折扣率，从公平市价扣除后得出的价格
招标价格	指市、县人民政府土地行政主管部门发布招标公告，邀请特定或不特定的公民、法人和其他组织参加投标时，根据土地估价结果和政府产业政策综合确定的标底或者底价
协议价格	指市、县人民政府国土资源行政主管部门与意向用地者通过充分协商后达成的成交价格
挂牌价格	是指出让人发布挂牌公告，按公告规定的期限将拟出让宗地的交易条件在指定的土地交易场所挂牌公布，接受竞买人的报价申请并进行更新的价格

表 3-8 土地价格按使用目的分类表

价格类型	含义表述
买卖价格	是土地权利和预期收益的交易价格，即地租的资本化
租赁价格	我国土地租赁存在着两种不同的方式：国有土地租赁和土地使用权出租，具体指以上两种租赁的交易价格
抵押价格	是以抵押方式提供债务履行担保的土地
课税价格	指政府为征收有关土地税收而评定的土地价格，一般低于市场价格
征地价格	指征用、征收土地时给予的补偿，主要考虑其补偿性，即原使用者获得同等生活保障下的成本

应用案例 3-3

1. 按土地出让方式不同，土地价格可分为(　　)。

A. 拍卖出让价格　　B. 招标出让价格　　C. 挂牌出让价格
D. 协议出让价格　　E. 熟地价格

【解答】根据前面内容所述土地价格的分类，答案为：ABCD。

2. 按土地使用的目的不同，土地价格可分为(　　)。

A. 买卖价格　　B. 租赁价格　　C. 抵押价格
D. 典当价格　　E. 课税价格

【解答】根据前面内容所述的土地价格的分类，答案为：ABCE。

课题 3.3 土地价格评估

3.3.1 土地价格评估的主体与客体

1. 土地价格评估的主体

土地价格评估的主体包括供给主体、需求主体和协调主体。

1) 供给主体

土地价格评估的供给主体是指由专业的土地估价人员组成的合法的土地估价机构。

(1) 具备在全国范围内从事土地评估执业能力的机构的注册条件。

① 从事土地评估活动连续 4 年以上，取得在本市范围内从事土地评估活动的注册证书 2 年以上。

② 企业注册资本人民币 100 万元以上。

③ 有 7 名以上(含 7 名)专职注册土地估价师。

④ 近 2 年平均每年完成估价项目总数 200 宗以上，估价标的物土地面积 25 万平方米以上，其中土地面积大于 3 万平方米的土地评估项目 5 宗以上。

⑤ 法定代表人是取得土地估价师或房地产估价师或资产评估师资格 4 年以上，实际从事土地评估或房地产估价工作 3 年以上(含 3 年)的专职估价师。

⑥ 评估公司设置土地评估技术负责人(总估师或副总估师)，技术负责人须取得土地估价师资格 4 年以上，实际从事土地评估工作 4 年以上的专职土地估价师。

⑦ 机构股份或者出资额中专职注册土地估价师的股份或者出资总额不低于 30%。

⑧ 有固定的经营服务场所。

⑨ 估价质量管理、估价档案管理、财务管理等各项企业内部管理制度健全，建立并公示企业信用档案。

⑩ 随机抽查的 1 份土地估价报告符合《城镇土地估价规程》的要求。

(2) 土地估价机构资质认定划分标准。

特别提示

根据《土地估价机构管理暂行规定》的规定，土地估价机构资质等级分为 A 级和 B 级两个资质等级。A 级土地估价机构可在全国范围内从事土地估价工作，其资质由国家土地管理局批准；B 级土地估价机构只能在估价机构所在地的县级行政区域内从事土地估价工作，其资质由省、自治区、直辖市土地(国土)管理部门批准。

现时土地估价机构的经营资质，A 级又具体分为 A 级、准 A 级和未确定资质级别，但已准予在国土资源部备案的土地评估机构。

① A 级土地评估机构可在全国范围内独立从事基准地价及各类宗地地价评估，具体业务范围包括基准地价评估；出让或国家收回土地的评估；转让、出租、抵押、作价入股土地的评估；上市及非上市股份有限公司或有限责任公司涉及的土地评估；企业兼并、破产、清产核资涉及的土地评估；司法仲裁中涉及的土地评估；征收土地税费涉及的土地评估；其他依照法律、法规需要进行的土地评估；地价咨询。

② 准 A 级土地评估机构可在全国范围内独立从事基准地价及估价额在 1 亿元的宗地价格评估，具体业务范围包括基准地价评估；出让或国家收回土地的评估；转让、出租、抵押、作价入股土地的评估；非上市股份有限公司或有限责任公司涉及的土地评估；企业兼并、破产、清产核资涉及的土地评估；征收土地税费涉及的土地评估；地价咨询。

③ 未确定资质级别，但已准予在国土资源部备案的土地评估机构，可在全国范围内独立从事估价额在 5 000 万元以内的宗地价格评估，可与 A 级机构合作从事基准地价、上市公司、司法仲裁涉及的宗地估价和估价额超过 5 000 万元的宗地价格评估，具体业务范围包括出让或国家收回土地的评估；转让、出租、抵押、作价入股土地的评估；非上市股份有限公司或有限责任公司涉及的土地评估；企业兼并、破产、清产核资涉及的土地评估；征收土地税费涉及的土地评估；地价咨询。

(3) 土地估价师考试报名条件。

凡中华人民共和国公民，遵纪守法并具备下列条件之一的，均可报名。

① 取得大专学历且从事相关工作满 2 年。

② 取得本科学历且从事相关工作满 1 年。

③ 取得博士学位、硕士学位或第二学士学位，研究生班毕业。

④ 不具备上述规定学历要求，但具有中华人民共和国认可的中级以上相关专业技术职称。

有下列情形之一的人员，不予报名。

① 受过刑事处罚，自刑罚执行完毕之日起至报名之日止未满5年的。

② 被取消土地估价师资格未满5年的。

③ 被取消考试资格未满2年的。

④ 因在评估或相关业务中犯有错误，受到行政处罚或者撤职以上行政处分，自处罚、处分之日起至报名之日止不满2年的。

⑤ 其他不符合报名条件的情形。

2) 需求主体

土地价格评估的需求主体一般以委托人的身份出现，概括起来主要有土地投资者、银行等金融机构和政府土地管理与相关部门。

为了估价的顺利进行和提高估价结果的准确度，在委托估价的过程中，委托人一般应向估价机构提供如下资料。

(1) 委托人相关资料。

随着土地估价业务复杂性的增加，以及土地价值在经济活动中的作用越来越大，委托人与估价对象的关系越来越密切，因此，委托人的背景、运行情况以及社会信誉等，也越来越受估价师的重视。

(2) 评估活动的背景资料。

背景资料主要包括两方面：一是关于与估价有关的经济活动的决议或文件；二是与估价相关的经济活动的计划书，如抵押贷款计划书等。

(3) 待估宗地的权属以及相关的批准文件。

待估宗地的权属以及相关的批准文件主要包括待估宗地的产权文件如土地证、房产证以及影响待估宗地权利价值的因素如规划书、销售许可等。

(4) 估价界定方面的资料。

① 确定估价结果使用者以及其他可能的使用者，有时候，委托方并不一定是真正的估价结果使用者。

② 确定估价目的，也就是估价结果将用于哪一种经济活动。

③ 界定估价对象，有时候实际估价的范围并不完全与委托方确认的相一致，需要特别界定。

④ 确定估价的基准日期。

3) 协调主体

协调主体主要指政府相应的管理部门和估价师协会。

知识链接

中国土地估价师协会经原国家土地管理局批准、民政部审核登记，于1994年5月在北京正式成立。现业务主管部门为中华人民共和国国土资源部，同时接受中华人民共和国民政部的监督管理。中国土地估价师协会是由具有土地估价资格和从事土地估价工作的组织和个人自愿结成，依法登记成立的、全国非营利性的行业自律性社会团体法人。协会的宗旨是联合全国土地估价组织和土地估价人员，进行自律管理；引导从业人员遵守国家的法律、法规，遵守土地估价职业道德，执行专业守则和估价规范，规范从业人员执业行为；促进土地估价师专业知识及专长技能的发展和深造；保障从业人员独立、客观、公正执业，维护支持中国土地估价师独特的专业特点、地位及利益；增进行业交流；调解执业中产生的争议；维护国家、企业和个人在土地方面的权益，为社会主义市场经济服务。

中国土地估价师协会先后在原国家土地管理局和国土资源部的支持与指导下，在配合土地使用制度改革、促进土地资源的集约合理利用、推进土地市场建设中发挥了重要作用。2003 年年底，国务院办公厅下发的《关于加强和规范评估行业管理意见》的通知，明确规定土地估价师是国家根据社会主义市场经济发展需要设置的六类资产评估专业资格之一，这是国务院对土地估价行业改革与发展的充分肯定。

中国土地估价师协会工作职责主要是搞好会员自律，配合行政主管部门落实行业管理；引导机构发展，规范机构管理；扩大协会规模，提供会员服务；研究技术理论，制定专业指引；净化估价环境，拓展新的业务领域；开展国际合作，提升社会影响；加强协同配合，联系同业协会共同发展。

目前，中国土地估价师协会会员队伍不断壮大、素质稳步提高、行为更加规范，全国共有 26 000 余名具有资格的土地估价师，其中执业注册的土地估价师有 8 000 人，执业土地估价机构 1 700 多家。

中国土地估价师协会设有 5 个专门委员会：专业规划与发展委员会、考试与教育委员会、会籍与组织委员会、技术审裁委员会、财务行政委员会。

2. 土地价格评估的客体

土地价格评估的客体是指待估宗地(估价对象)。为合理确定待估宗地的市场价格，待估宗地的科学合理描述很重要。一般来说，为了估价的需要，应对待估宗地的土地登记状况、土地权利状况、土地利用状况进行表述，并在表述的过程中，应注意如下几方面。

1) 土地登记状况描述应注意的问题

(1) 说明是否登记、登记时间、登记机关，以及对查证行为的描述。

(2) 记录土地登记有关信息，包括地籍图号、宗地号、登记证书号，以及登记的位置、用途、面积、四至、级别、价格水平等。

(3) 记录的权属人及权属性质、他项权利等，并对登记机关记载的与土地有关的历史情况进行说明。

2) 土地权利状况描述时应注意的问题

(1) 对权利的来源，包括时间、方式、过程描述、目的、有关批准、费用及支付情况，是否有违约或者违法的情况，是否仅适用于地方规定。

(2) 权利的状况，包括类型、年限、他项权利及限制因素、相关的附加约定等。

(3) 对土地取得过程及历史权利状况进行简述。

(4) 说明实际情况与记载状况是否有冲突。

3) 土地利用状况描述时应注意的问题

(1) 说明土地规划条件，特别是待开发土地，应详细说明规划设计指标。

(2) 说明土地实际利用情况，包括用地布局、容积率、土地利用率等。

(3) 说明建构筑物详细情况等。

(4) 说明土地及建筑物的经营管理状况，如土地的闲置时间、建筑物的经营产业及收入状况等。

(5) 说明估价对象的规划和利用的历史演变情况。

(6) 对最佳利用进行分析。

3.3.2 土地价格评估的依据与效力

1. 土地价格评估的依据

(1) 土地价格评估必须以马克思关于土地价值和价格理论的基本思想作为指导。

马克思在许多经济学著作中，特别是在他的《资本论》中，对土地价格问题作过许多经典的阐述。它们是土地价格评估工作的理论基础。

(2) 土地价格评估必须符合国家和政府现行法律、法规的有关规定。

为了保证土地估价作业的公正合理和有序性，许多国家政府都制定了专门的土地估价法，如日本的《不动产鉴定评价法》、韩国的《国土利用管理法》、新西兰的《土地估价法》等。我国现在还没有订立有关土地估价的专门法律，但是在我国的《宪法》、《土地管理法》、《关于征用土地费实行包干使用暂行办法》和各地政府制定的《土地使用费征收办法》、《土地使用权有偿转让办法》中也有一些与土地价格有关的法律规定。土地价格评估必须严格遵守国家法律和政策的有关规定，以确保土地估价的合法性。

(3) 土地价格评估必须自觉按社会主义市场经济规律办事。

土地价格不仅要依据土地经济价值和使用价值的大小，以及土地市场供求状况的变化，还要自觉地遵守国家关于土地价格和土地市场管理政策的规定，从而使土地价格评估更好地体现“有计划的商品经济”的特点，实现土地价格的正确导向。

(4) 土地价格评估必须以保障国家和社会整体利益，保护土地使用权交易双方的合法权益为基本出发点，切实保证土地价格评估的公正合理性，并使其和国家的社会经济发展目标相一致。

以上内容回答了本单元引例所提出的土地价格评估的依据问题。

知识链接

城市土地价格评估(简称“土地价格评估”)是多因素、多指标、多层次的综合分析过程，它既涉及自然因素，也涉及包括城市土地市场在内的一切社会经济领域，需要数量巨大、种类繁多的统计资料，是一个复杂的智能工程，既要有正确的理论依据和评估原则，又要有科学的评估方法和正确的评估步骤。进行土地价格评估的步骤一般是：①正确认识待评价的土地；②充分搜集与整理必要的关联资料；③具体分析关联资料，解释影响土地价格的一般因素并分析区域因素、个别因素，判定该土地的最有效使用；④运用估价方法试算地价；⑤最后判定该土地的正常价格。

城市土地价格评估就是为土地有偿使用服务的，具有如下重要意义。

(1) 为地产课税服务。包括城市土地在内的资产，是国家主要税源之一，它由使用税、增值税、地价税、房产税等众多税目构成。地产税率影响国家财政和经济发展。为确定公平合理的税务，税前必须科学合理地评估土地资产的价值，但地产价格构成相当复杂，其值的大小不能单凭个人主观制定，只有运用正确的估价理论方法、技术才能达到目标。

(2) 为地产交易服务。随着商品经济的发展，地产交易日趋频繁。这种交换主要发生在土地所有者(国家)与土地使用者以及土地使用者之间。为使交易得到卖方与买方的认可，避免各种不合理交易行为存在，必须通过地产价格评估寻求其正确的交换价格。

(3) 为地产抵押服务。资金是城市经济发展的基本要素之一。随着市场经济发展，某些缺少资金的企业迫切需要以地产抵押办理贷款业务，筹措社会资金;金融机构为顾及本身放款之安全和增进业务发展，必须调查贷款人的财产状况和偿还债务的能力，并以此确定贷款行为，这就要求对贷款法人土地资产进行正确合理的估价。

(4) 为合资经营服务。随着改革开放政策的贯彻，我国涌现出许多合资企业，由一方出土地，另一方出资本，然后根据投资份额分配新建的房产地。为避免民事纠纷，就需要以地价评估为中心计算双方的投资份额比例。

(5) 为土地规划服务。国家是通过利用宏观调控土地规划的。国家在拟订土地开发计划后，还需要编列详细投资手册，才能使计划有实现的可能性。而预算投资中有关土地费用、建筑费用的金额，须利用估价技术才能达到目的。另外，土地规划必须伴随着土地的交换和组合，因而引起产权价额的差距，这就是需要通过地价评估才能发给公平合理的补偿费用。

(6) 为企业公平竞争服务。土地是最基本的生产资料，须将土地税、土地使用费、土地使用权转让费全部支出计入产品生产成本，才能使企业得以公平竞争。但是，土地税、土地使用费以及土地使用权转让费是以地价为基础计算的，要使地价公平合理，就必须在地产估价上下工夫。

2. 土地价格评估的效力

对土地进行价格评估，主要目的是确认土地的市场价值，而这种市场价值的体现主要是通过土地估价报告的形式来完成的。所以土地价格评估的效力也正是土地估价报告的效力。本单元引例中所提出的土地价格评估的效力问题由以下内容来解答。

对于土地估价报告的效力，主要体现在如下两个方面。

(1) 估价报告是估价意见的专业凭证。对于委托方来说，其委托估价的基本目的是要从估价师这里获得一种有关估价对象的专业意见。当估价完成并以估价报告的方式送达到委托方时，这种专业意见就以估价报告的方式传递给了委托方。

(2) 估价报告可作为经济活动过程中土地价值的法律证明。估价在很多时候是一种坚定性行为，所以在特定的时间以内，估价报告的内容具有法律效力，估价报告会成为社会经济活动中关于土地财产价值的法律性文件。

应用案例 3-4

国有土地出让的过程中，制度规定必须进行出让底价(土地出让的最低价格限制)评估，最终交易价格不得低于所评估的出让底价。在这一过程中，出让底价评估报告会的作用是什么？

【解答】出让底价评估报告会会作为一种确定交易底价的法律依据，并会作为一种具有法律效力的文件加以留档。如果某一天有人对土地的交易价格产生质疑，评估报告将会成为最有用的证明材料。

知识链接

土地估价报告一般分为结果报告和技术报告，两者的阅读对象不一样。其中，结果报告一般提供给委托方，而技术报告一般作为估价机构审查和存档，或者提供给有关审查部门。由于两者阅读对象的关注点不同，所以其内容上也有很大区别。

估价结果报告一般包括估价行为的说明、对委托估价对象的基本情况说明、价格影响因素说明、估价过程说明、价值界定与估价结果说明、估价报告的使用说明。

估价技术报告一般包括估价对象描述、地价影响因素分析、估价原则说明、估价方法与估价过程。

综合应用案例

下面为某估价报告中关于估价对象(待估宗地)描述部分的节录，试对该报告进行点评。

一、估价对象描述

1. 土地登记状况

(1) 估价对象的来源及历史沿革：估价对象是由××有限公司取得的划拨土地，2009年取得划拨土地使用权证，土地使用证号为××国用(2009)第××号，土地使用者登记为××有限公司。

(2) 国有建设用地使用权人：××有限公司。

(3) 估价对象的地理位置：××市××区××村。

(4) 土地用途：办公用地。

(5) 界址：东至××，西至××，南至××，北至××。

(6) 土地证登记面积：678.50平方米。

(7) 土地级别：根据现场实际查勘和向有关部门咨询，土地级别按办公用地一级基准地价进行测算，并根据实际情况作相应的修正。

(8) 土地权属性质及权属变更：划拨。

(9) 国有土地使用证号：××国用(2009)第××号。

(10) 登记日期：2009年12月1日。

(11) 图号：45。

(12) 宗地号：××。

2. 土地权利状况

(1) 估价对象的土地所有权状况：在估价基准日，估价对象土地所有权属国家所有。

(2) 估价对象的国有建设用地使用权状况：根据该地的《国有土地使用证》，登记待估宗地的土地使用者为××有限公司，使用权类型为划拨土地使用权。

(3) 土地他项权利状况：在估价基准日，估价对象不存在抵押权、担保权、地役权、租赁权等他项权利。

(4) 相邻关系权利：无。

3. 土地利用状况

(1) 估价对象内的建构筑物状况：办公楼。

(2) 用途：企业办公。

(3) 建筑面积：1 235.61平方米。

(4) 建筑容积率：1.67。

(5) 建筑结构：砖混一等。

(6) 建筑物竣工年代：1985年。

(7) 建筑物高度或层数：5层。

(8) 地上建筑物已取得房屋所有权证，房产证号为××地权××区字第××号。

【报告点评】

“估价对象描述”是一份土地估价技术报告关于估价对象状况说明的重要内容。上述报告片段总体上看，写作规范，但认真分析，存在以下问题。

(1) “土地登记状况”对土地登记内容进行了简要的描述，但是，所看到的内容只是从土地产权证书上摘抄的，看不到一个对登记行为状况了解的全面情况。

(2) “土地登记状况“对土地的历史状况进行了简单的说明，但是看起来没有依据感。

(3) “土地登记状况”存在一个重要的失误，就是没有根据对土地处置方案给土地带来的影响进行描述。

(4) “土地权利状况”应该是一个综合性的描述，而该报告过于简单，所说内容完全来源于权属证书。

(5) “土地利用状况”对估价对象内的建构筑物状况，包括办公楼、建筑面积等进行了描述，但是缺乏对土地本身的描述，如土地规划条件、实际利用状况等，对建筑物的详细情况和经营情况的描述显然也是不够的。

对估价对象的描述应该注意的问题参见前文。

单元小结

本单元介绍了土地价格评估的基本原理。具体包括土地的分类和特征；土地价格的内涵与分类；土地价格评估。我国土地采用一级、二级两个层次的分类体系，共分 12 个一级类、57 个二级类，不同用途的土地具有不同的特征。按照不同的划分标准，土地价格可分为七大类。土地价格评估的主体包括需求主体、供给主体和协调主体，客体主要指待估宗地。土地价格评估应依据充分，且具有专业凭证和法律证明的效力。

习　　题

一、单项选择题

1. 在我国不存在的土地价格类型是(　　)。

   A. 土地所有权价格　　B. 土地使用权价格

   C. 土地租赁权价格　　D. 土地抵押权价格

2. 下列不属于商服用地的是(　　)。

   A. 商务金融用地　　B. 教育用地

   C. 住宿餐饮用地　　D. 批发零售用地

3. 下列不属于居住用地特征的是(　　)。

   A. 出让使用年限最长　　B. 受节约集约用地原则限制

   C. 区域选择要求高　　D. 是生活场所的载体

4. 下列关于农地的特征说法错误的是(　　)。

   A. 利用的永续性　　B. 生态利用性

   C. 利用的相对集约性　　D. 利用逆转性

5. 下列不属于按土地价格形成方式分类是(　　)。

   A. 交易价格　　B. 抵押价格　　C. 理论价格　　D. 评估价格

6. 下列关于具备在全国范围内从事土地评估执业能力的机构的注册条件说法错误的是(　　)。

   A. 从事土地评估活动连续 4 年以上，取得在本市范围内从事土地评估活动的注册证书 2 年以上

   B. 企业注册资本人民币 50 万元以上

   C. 有 7 名以上(含 7 名)专职注册土地估价师

   D. 有固定的经营服务场所

7. 下列关于土地登记状况描述应注意的问题的说法，错误的是(　　)。
A. 说明是否登记、登记时间、登记机关，以及对查证行为的描述
B. 记录土地登记有关信息
C. 记录的权属人及权属性质、他项权利等
D. 对土地取得过程及历史权利状况进行简述

8. 下面关于城市土地估价的意义说法不正确的(　　)。
A. 为合理使用服务　　B. 为地产抵押服务
C. 为合资经营服务　　D. 为企业公平竞争服务

二、多项选择题

1. 我国的土地目前大致有(　　)3 种分类。
A. 依据土地的自然属性分类　　B. 依据土地的经济属性分类
C. 依据土地的用途分类　　D. 依据土地的级别分类
E. 依据综合特性分类

2. 根据《土地管理法》的规定：建设用地是指建造建筑物、构筑物的土地，包括(　　)、军事设施用地等。
A. 城乡住宅和公共设施用地　　B. 工矿用地
C. 交通水利设施用地　　D. 旅游用地
E. 农田水利用地

3. 下列属于商服用地特征的是(　　)。
A. 土地利用价值高
B. 商服用地多处于繁华地段，可以产生更高的经济效益
C. 可逆性强
D. 区域选择性强
E. 比较适宜收益法评估

4. 土地价格的特殊性表现在(　　)。
A. 位置条件不同的土地存在价格差异
B. 随着时间变化，由于社会财富的不断积累，土地会不断增值导致土地价格存在差异
C. 不同用途的土地由于其收益不同而价格不同
D. 在土地上权利限定不同则价格不同
E. 土地利用者不同而价格不同

5. 下列属于按土地交易方式分类的是(　　)。
A. 协议价格　　B. 挂牌价格　　C. 出让价格
D. 招标价格　　E. 拍卖价格

6. 有下列情形之一的人员，不予报考土地估价师(　　)。
A. 受过刑事处罚，自刑罚执行完毕之日起至报名之日止未满 5 年的
B. 被取消土地估价师资格未满 3 年的
C. 被取消考试资格未满 5 年的
D. 因在评估或相关业务中犯有错误，受到行政处罚或者撤职以上行政处分，自处

罚、处分之日起至报名之日止不满 2 年的

E. 其他不符合报名条件的情形

7. 下列属于土地价格评估的依据的是(　　)。

A. 土地价格评估必须以马克思关于土地价值和价格理论的基本思想作为指导

B. 土地价格评估必须符合国家和政府现行法律、法规的有关规定

C. 土地价格评估必须自觉按社会主义市场经济规律办事

D. 土地价格评估必须满足委托人的意愿，为委托人服务

E. 土地价格评估必须以保障国家和社会整体利益，保护土地使用权交易双方的合法权益为基本出发点

三、判断题

1. 商服用地指主要用于商业、服务业的土地，包括批发零售用地、住宿餐饮用地、商务金融用地、其他商服用地。(　　)

2. 居住用地有开发量小、需求量不足的特征。(　　)

3. 按土地价格表示方法划分，土地价格可分为生地价格、熟地价格、毛地价格、净地价格。(　　)

4. 土地价格评估的需求主体一般以委托人的身份出现，概括起来主要有土地投资者、银行等金融机构和政府土地管理与相关部门。(　　)

5. 土地估价报告只可以作为估价意见的专业凭证，不具有法律效力。(　　)

四、简答题

1. 根据《土地利用现状分类》，我国土地共分为哪些一级类？

2. 工业用地的特征有哪些？

3. 土地估价师考试报名应满足什么条件？

4. 土地价格评估的效力是什么？

五、案例分析

估价师小牛任职于某土地估价机构，由于从业时间较短，对土地市场及土地估价缺乏专业的经验，特别是遇到不同类型土地价格时，更是区分不清，常常因此犯错误。请你根据本单元的内容，帮助小牛来澄清这个问题：土地价格类型划分的依据有哪些？不同依据下土地价格的含义又是怎样的？

综合实训(一)

一、实训内容

下面是某委托人为估价公司提供的资料清单。

1. 企业法人营业执照

2. 企业组织机构代码证

3. 资质证明

4. 企业的历史沿革简介
5. 企业担保、贷款等情况介绍
6. 本次贷款计划书
7. 国有土地使用权证
8. 国有土地使用权出让合同
9. 建设用地批准书
10. 建设用地规划许可证
11. 项目审定设计方案通知书
12. 建设工程规划许可证
13. 土地开发程度及投资情况
14. 建筑设计有关资料
15. 其他需要特殊说明的情况
16. 资料真实承诺书

二、实训要求

1. 请你根据上述资料清单分析，委托人提供的资料是否详实。
2. 一般情况下，委托人提供的资料应包括哪些方面？

综合实训(二)

一、实训内容

进行土地类别的调查。

二、实训要求

拟订调查对象，确定调查范围和目标，分组进行市场调研。(其中包括土地类型，特征、现在的利用状况等。)

学生在社会实践过程中注意模块理论与实践的结合，并能灵活应用所学理论知识。

三、具体要求

运用所掌握的搜集资料的方法和要求，形成土地价格方面的资料档案。

模块 2

房地产估价方法与实务

单元 4

居住房地产估价

学习目标

本单元利用实际估价项目，介绍如何利用市场法、成本法为居住房地产进行估价，教学目的是让学生掌握居住房地产估价时常用的估价方法，并能够在估价技术报告中准确表达。

学习要求

能力目标	知识要点	权　重
了解居住房地产及其特点； 熟悉居住房地产估价的技术路线； 了解市场法的含义	居住房地产估价项目概述	5%
熟悉搜集交易实例的要求； 掌握选取可比实例的质量要求	交易实例的搜集和选择可比实例	15%
掌握建立比较基准的方法	建立比较基准	10%
熟悉交易情况修正的方法及计算； 掌握市场状况调整的方法及计算； 掌握房地产状况调整的方法及计算	交易情况修正、市场状况调整、房地产状况调整、求取比准价格	40%
了解房地产价格的构成； 熟悉成本法适用的公式	成本法的基本公式	5%
掌握重新购建价格的求取； 熟悉建筑物折旧的求取	重新购建价格、建筑物折旧	25%

引例

同一座城市存在着A、B、C、D四宗房地产，它们用途相同、建筑结构一致、具有相同的规模和档次，在周边环境、景观、交通状况等方面也极为相似。根据该城市发展规划，进行城区改造，将这四宗房地产所在的S大街作为居住区，B、C、D房地产在2010年10月份上市交易，并已经申报成交价格，获得相应权属证书。A房地产为2010年9月新竣工的房地产，未曾上市交易。该市房地产市场比较稳定，建筑材料、人工费用也未发生较大改变，可以从市场上获得房地产建筑成本等相关资料。现在A房地产的产权人欲将A房地产上市交易，需要评估A房地产的市场价值。

根据经济学原理，同一种商品在同一个市场上具有相同的市场价格。一般地说，任何经济主体(个人、家庭、企业等)在市场上的行为，都要以最小的代价(花费或成本)取得最大的效益(效用或利润)。因此，任何精明、谨慎的买者在购买商品时，都会“货比三家”，从中选择效用最大而价格最低的。如果某商品的价格与效用相比，显示价格过高或者效用太小，则人们便会另作选择。也就是说，如果同一个市场上有两个相同的商品同时存在时，在效用相同的情况下，其价格也不可能存在太大差异。另外，依据生产费用价值论——商品的价格是依据其生产所必要的费用而决定，房地产估价师可以根据重新开发建设估价对象的必要支出及应得利润来求取估价对象的价值。

根据以上分析，A房地产的市场价值可以采用市场法、成本法进行估价。那么，利用市场法、成本法估价的具体做法是什么？两种方法适用的具体条件是什么？

课题 4.1 居住房地产估价项目概述

4.1.1 居住房地产估价的技术路线

1. 居住房地产及其特点

居住房地产是供人类居住使用的房地产，主要包括住宅、公寓、别墅、社会保障住宅等。居住房地产在数量上是估价业务中最大的一类房地产，它有以下特点。

1) 交易目的以自用为主

居住房地产由于生产目的特定，所以一般用于消费者自己居住使用。受住房政策影响，在我国，居住房地产以单宗交易为主，但是市场容量较大，因此市场比较活跃，交易量也巨大。

2) 不同房地产特征较为相似

居住房地产往往建设规模较大，同一区位存在众多特征较为相似的房地产，他们在建筑设计、空间布置、装饰装修情况等方面极为相似，即使不在同一区位，居住房地产类似的实例也非常多。

3) 产权性质多样

由于我国城市房地产政策的原因，在我国城市中存在着商品房、房改房、经济适用住房、廉租住房和集资房等，这些住房的权属性质存在差异，商品房具有完全产权，即拥有一定期限的国有土地使用权和地上建筑物的所有权；房改房、经济适用住房只拥有地上建筑物的所有权，不拥有或部分拥有土地使用权，其土地使用权既有划拨的，也有出让的；廉租住房只拥有建筑物的使用权。

4) 使用年限较长

居住用地使用权期限较长，而且我国相关法律规定国有土地使用权可以续期，加之房地产特性中的长期耐久性，所以居住房地产往往使用年限较长，在进行价格评估时，要考虑使用寿命和土地使用权年期对房地产价格的影响。

2. 影响居住房地产价格的因素

居住房地产数量巨大，分布广泛，不同城市、城市中不同位置、不同类型、不同使用年限的居住房地产在价格上存在着较大差异。在估价过程中，要全方位把握影响居住房地产价格变化的因素，将这些因素进行对比、量化，准确把握居住房地产价格的现状及变化趋势。

1) 影响居住房地产价格的主要区位因素

房地产位置的优劣将直接影响着其所有者或使用者的生活满足程度、经济收入状况和社会地位，因此，居住房地产坐落位置的不同会对房地产价值有着相当大的影响。

(1) 交通条件。

交通条件对于居住房地产而言，主要指城市公共交通的通达程度及便利程度，如估价对象附近是否有通行的公共汽车、电车、地铁、轻轨。居住房地产周边是否有发达的公共交通，交通时间是否得到节约，关系到居民的出行方便程度，直接影响生活效率，所以交通条件成为最为重要的价格影响因素。

(2) 市政公用配套设施。

市政公用配套设施完善程度关系到居民生活是否便利、有无发展潜力或升值空间，因而对住宅的价格产生较大影响。住宅周边的市政公用配套设施主要包括学校、医院、商店、超市、菜市场、银行、邮局等，这些设施越完善，房地产价格也会越高。

(3) 周围环境。

周围环境是影响住宅价格的关键因素，特别是高档住宅。周围环境较好的居住房地产价格也会随之升高。周围环境因素主要包括绿化环境、自然景观、空气质量、噪声程度、卫生条件等。

(4) 居住人口数量。

居住房地产对所居住的人口数量较为敏感。也就是说，居住区内如果人口密度过大，间接影响居民生活质量，则房地产价格就会受其影响。

特别提示

居住人口数量通常以区域为界限影响房地产价格。也就是说，同一个区域内，人口密度较小的居住区价格较高，相反，则价格较低。对于整体房地产数量需求较高的区域，房地产的建筑密度会很大，居住人口数量对房地产价格的影响就会很不明显。

2) 影响居住房地产价格的主要实物因素

(1) 建筑结构、类型。

不同建筑结构的居住房地产工程造价不同，所发生的费用不同，即建筑成本不同，从而影响居住房地产的价格。住宅建筑结构主要分为砖混结构、砖木结构、钢筋混凝土结构、钢结构等。建筑类型、层高、楼高所要求的施工技术难度是不同的，会造成工程造价的不同，从而影响房地产的价格。

(2) 设施与设备情况。

居住房地产的设施设备主要包括供水、排水、供电、供气等设施和设备。此外，所在居住小区智能化程度，通讯、网络等线路的完备程度，公用电梯的设置及质量，文娱设施的完备程度等都会对住宅价格产生影响。

(3) 空间分割。

大部分居住房地产比较注重空间分割，因为合理的空间分割将居住房地产进行了完善的功能分区，以便于居住者的使用，所以空间分割的合理性也影响着房地产的价格。

(4) 装饰装修。

对于新建住宅而言，住宅是否有装修、装修程度如何对其价格会产生较大的影响。一般情况下，可根据住宅的装修状况将住宅分为毛坯房、粗装修房、普通装修房、精装修房、豪华装修房，它们之间的价格差异很大。此外，装饰装修材料的价格差异大、各类住宅的装修风格不同也会带来价格上的差异。

(5) 朝向与楼层。

朝向除了考虑采光、通风等因素外，还有一个重要的因素是景观。住宅周围景观基本相似时，人们通常选择东南朝向的住宅；住宅周围景观相差很大时，环境好、精致优美、空气好的朝向就成了人们的首选。

楼层不同，上下楼的方便程度、采光条件、空气质量、景观条件也会不同，因此在选择高层住宅时，一般选择景观好、空气质量佳的楼层；多层住宅则选择中间楼层，主要考虑上下楼方便程度以及采光。

3) 影响居住房地产价格的主要权益因素

由于现阶段居住房地产产权性质的不同，导致其价格构成内涵上存在差异，因此不同权属性质下的居住房地产价格也有所不同。商品住房价格既包含建筑物价格也包含土地价格，房改房、经济适用住房在考虑包含建筑物价格的同时，还应分析是否包含土地价格，如果是划拨性质的，还应扣除出让金。因此对居住房地产进行估价时应了解这些特点。

应用案例 4-1

影响居住房地产价格的因素中，所处的土地等级、区段属于(　　)。

A. 区位因素　　B. 实物因素　　C. 权益因素　　D. 其他因素

【解答】所处的土地等级、区段实质上是表明居住房地产所处的位置(包括自然地理位置和经济地理位置，这里土地等级、区段属于经济地理位置)，所以应归为区位因素之中。应选择答案A。

3. 居住房地产价格评估对象

(1) 居住户。居住户可以是独立的，独院独栋，也可以是异产毗连的房地产。

特别提示

异产毗连房地产是与相邻房地产有共墙、共用空间及用地的平房或楼房居住户。

(2) 住宅单元。为适应住宅建筑大规模发展的需要，常将一幢住宅分为几个标准段，并把这种标准段称为单元。单元的划分可大可小，多层住宅一般以数户围绕一个楼梯划分为单元。

(3) 住宅楼。住宅楼由多户或多个居住单元构成，并包括住宅建筑基底占地及其四周合理间距的红线内用地。

(4) 居住小区。居住小区是由多栋住宅(包括低层、多层、高层)为主体构成，并包括区域内的道路、水电、燃气、供热、通讯、绿化等用地及公共服务设施等。

不同的价格评估标的物，应当有明确的建筑与用地界定和产权界定。一般根据委托估价目的来确定估价对象范围。

4. 居住房地产估价的常用方法

居住房地产的估价可以选择市场法、成本法、收益法等。

1) 市场法

市场法的运用需要大量交易实例，而居住房地产交易较频繁、交易量较大，很容易获取交易实例，符合这一使用要求，因此市场法是居住房地产估价最常用的方法，居住房地产市场法的估价将在课题 4.2 进行讲解。各种类型的商品住宅、房改房、经济适用住房转让价格、抵押价格、拆迁补偿价格等的评估，都可以使用市场法。

2) 成本法

成本法也常用于居住房地产的估价，运用成本法时需要搜集工程造价资料，居住房地产比较容易获得这些资料，居住房地产成本法的估价将在课题 4.3 进行讲解。在居住房地产的抵押价值评估时，出于安全、保守的考虑常会用到成本法，此外居住房地产的拆迁估价以及在建工程的估价往往也会采用成本法。

3) 收益法

采用收益法对居住房地产估价相对较少，主要用于出租型公寓等居住房地产。收益法的原理和估价实务将在单元 5 进行讲解。

知识链接

关于基本估价方法，值得指出的是，美国体系为成本法、市场比较法、收益法三种；英国体系为比较法、投资法、剩余法、利润法、承包商法五种。英国的比较法与美国的市场比较法相同，英国的投资法和利润法可以归为收益法(两者的区别主要在于估价对象不同，投资法用于出租的房地产估价，利润法用于营业的房地产估价)，而剩余法和承包商法可以归为成本法。

5. 居住房地产估价的技术路线

居住房地产主要为自用，在我国，居住房地产具有社会保障性，虽然多为单宗交易，但市场交易量却很大，因此对住宅房地产进行估价非常普遍。委托人一般主要出于了解住宅的市场价值、抵押价值、租赁价值、拆迁补偿价值等目的而委托估价机构进行评估。居住房地产估价既有单套或几套的零散评估，也有整体的评估，由于居住房地产具有产权多样性、产品多样性的特点，因此估价人员在对居住房地产进行评估时，应充分了解和分析估价对象的基本事项，遵循相应的估价技术路线，选择适当的估价方法进行估价。

1) 新建居住房地产

对刚刚建成或在建的居住房地产进行估价，首先可以收集其他同类地区、较近时期发生交易的、类似该新建居住房地产的市场价格资料，并进行整体性比较评估；另外，由于各项成本资料容易收集确定，同时还可以采用成本法进行整体估价。对这类房地产进行估价时，可能大多数交易实例均为单宗交易，则采用从个体到整体的估价思路来解决，即选择某一基准层的某套住宅作为估价对象，选取与估价对象类似的成交实例，利用市场法修正测算出该套住宅的价格，然后采用类比法，经过楼层、朝向、景观、成交建筑面积、户型等的修正，得出各层、各幢居住房地产的价格。

2) 旧有居住房地产

评估旧有房地产价格，一种方式是对土地和房屋分别估价，再合并计算。其中，地价主要采用市场法和基准地价修正系数法进行评估，房屋价格采用成本法进行评估。另一种方式是直接运用市场法进行整体评估。最终将两种方式的评估结果进行分析，综合得出最终估价结果。

3) 拆迁居住房地产的补偿价格

在城市建设和旧城改造过程中，估价人员经常会遇到拟拆迁房屋的作价补偿估价问题。作价补偿时应根据《城市房屋拆迁管理条例》第24条的约定："货币补偿的金额，根据被拆迁房屋的区位、用途、建筑面积等因素，以房地产市场评估价格确定。"具体估价时，可由"样本房屋"市场价格评估法或其他方法进行估价。详细内容将在单元9中进行论述。

4.1.2 居住房地产估价项目概况

1. 估价项目

估价对象坐落于××市××区××路××号，A幢9号楼，砖混结构，4楼，东向，日照条件较好。2008年6月竣工并上市交易，房屋主体结构完好，装修较为高档。估价对象建筑面积 128m^2，本次评估范围是房屋具备煤气、暖气、水、电等生活设施，估价时点为2010年10月1日，交易类型为公开市场交易。

该估价对象所处住宅小区东临××路，南临××道，西临××路，北临××道。该区域的各种基础配套设施及生活服务设施较为齐全。估价对象所处辖区内近三年新建、改扩建道路14条，新增道路54 000m，新建、改造乡村硬质道路100km，各类道路纵横交错，形成四通八达的交通网络。根据××市中心城区住宅用地级别图显示属于四级地区。

2. 市场情况分析

××市是中国北方的重要港口，也是与世界互通的一扇窗口，近年来已发展为集商业、金融、贸易、旅游为一身的综合性城市，对海内外投资极具吸引力。有目共睹，近年来××市的经济发展迅速，尤其是近10年来，××市近几年每年建成的各类建筑物约300万平方米，兴建了大量住宅小区、大型商场、写字楼、旅游饭店、体育场馆及相关设施，有一大批水、电、气、热、公路等重点工程交付使用，使城市面貌发生根本变化。

随着安居工程的广泛开展，该市政府着力于为该市居民营造更好的安居环境，一大批经济适用房、廉租房项目的兴建解决了大量中低收入者的住房问题；对旧城区、城中村的改造，不但改变了城市面貌，也在城市建设、城市发展上走在了全国的前列。大量居住项目的兴建，使该市市场上增量、存量居住房地产数量不断增长，而随着经济的快速发展、城市居民人均可支配收入的增加、城市基础设施建设力度的加大以及城市绿化美化亮化工程的实施等多种因素的促进，也使××市成为邻近省市居民首选定居地。

尽管金融风暴席卷了全球房地产市场，但由于中国政府果断采取一系列宏观调控政策，如降低个人住房贷款的利率等，将金融风暴对房地产市场的影响减为最小。随着经济社会的进一步发展，××市房地产市场迎来了新一轮的发展，市场消费群体也继续关注居住房地产市场。

消费者数量和消费需求的不断增长，使××市居住房地产市场空前活跃，存量房地产市场供不应求，房地产交易行为发生频率很大，与估价对象类似的房地产交易也很旺盛。因此，从市场情况来看，与估价对象类似的房地产交易实例较多，而且，从一个较长时间来看，宏观房地产政策不会发生较大变化，经济形势的好转也保证了××市居住房地产市场会在一个较为稳定的水平上继续发展。

3. 现场查看结果

估价人员经过对估价项目的现场查看，将初步查看结果进行汇总见表4-1。

表4-1 估价项目现场查看结果汇总表

现场查看项目	查看结果	备注
外装修情况	房屋外部采用欧式建筑风格，外墙刷粉红色涂料，配白色外飘窗，外观完好	
配套设备设施	煤气、暖气、水、电等生活设施齐备，使用功能完好	估价范围含所列项目
内装修情况	内装修为彩色普通壁纸，防潮、防火，花色比较流行，整体较为平整，无空鼓现象，存在一定磨损；地面为深棕色实木地板，部分接缝处因长期接触水渍起翘，整体保护完好，窗户采用塑钢材质，室内门为实木材质，开启灵活，零件完整，无锈蚀变形；顶棚为轻钢龙骨，面板采用装饰吸声板(纤维板)，保存完好；卫生间等有防水条件的房间，装有防滑地面砖，高档瓷砖墙面，雕花玻璃吊顶，卫生洁具齐全	
使用用途	目前使用性质为居住	
产权性质	房屋建筑面积及权利性质均与其《房屋所有权证》吻合，建筑面积128m^2，为个人单独所有商品房	
周围环境	估价对象东100米为街心花园，景色宜人，空气清新；西临××干道，经日、夜车辆经过测试，均达到较为安静标准(日均通过车辆为50/小时，夜间为20/小时)，所处楼层采光较好	
交通状况	估价对象所在区域开通5条公交线路，出行较为方便，经上下班车辆经过测试，无拥堵现象，交通状况良好	
公共配套设施	估价对象附近交通时间距离测试结果显示，医院10分钟车程；学校15分钟车程，超市5分钟车程，公园步行5分钟，邮局5分钟车程	

特别提示

估价人员接受委托之后，除了向委托人了解必要的情况之外，还必须进行实地查看，即查看现场。因为只有进行了现场的查看才能更清楚地掌握估价对象的实际情况，还可以核实委托人提供材料的真实性。有时估价人员要进行不止一次的现场查看，才能将估价对象的情况掌握全面。

4. 估价目的与价值定义

估价对象委托人为本估价对象房屋所有权人，本次估价项目是为委托人确定房屋在公开市场交易价格提供参考。估价时点为2010年10月1日。

课题4.2 市场法的估价过程

市场法也称为比较法、市场比较法、交易实例比较法、市场资料比较法、市价比较法等，是房地产价格评估方法中最常用的基本方法之一。市场法是将估价对象房地产与在较近时期已经发生了交易的类似房地产加以比较对照，对发生了交易的类似房地产的成交价格采用适当的方法加以修正得出估价对象房地产价格。符合一定条件、发生过交易的类似房地产，通常称为可比实例，也称为可比房地产，是指交易实例中交易类型与估价目的吻合、成交日期与估价时点接近、成交价格为正常市场价格或者能够修正为正常市场价格的类似房地产。

市场法的本质是以房地产的实际成交价格为导向来求取房地产的价值，测算出的价值称为比准价格。由于市场法适用的估价对象是同种类型的数量较多且经常发生交易的房地产，例如住宅、写字楼、商铺、标准厂房等，适用的条件是在估价时点的近期有较多的类似房地产的交易，所以引例中提到的A房地产就可以采用市场法进行估价。下面就介绍市场法估价的具体做法。

4.2.1 搜集交易实例

1. 搜集交易实例的渠道

作为估价师，对于每个承接的估价项目，都要视为本人要买卖、租赁房地产那样去实地调查、了解市场行情，了解当地交易实例的获取途径，掌握相应的搜集交易实例的技巧，在现有条件下尽可能多的搜集交易实例。

搜集交易实例及相关参考资料的渠道主要如下。

(1) 查阅政府有关部门的房地产交易资料。例如，政府定期不定期公布的房地产市值、土地出让批准价格、价格指数、房地产产权管理部门或交易所(交易市场)的原始记录等。

(2) 向房地产经纪机构和房地产经纪人了解其促成交易的房地产成交价格资料和有关交易情况。房地产经纪机构在促成交易的同时，掌握了大量成交价格情况以及市场资料，通过向房地产经纪机构和房地产经纪人了解情况，可以获得大量成交价格的资料。

(3) 向房地产交易当事人、邻居、会计师、律师等调查了解房地产交易情况。

(4) 查阅报刊、杂志、网络资源上关于房地产出售、出租的广告、信息；与房地产交易当事人洽谈，获得房地产交易情况资料；参加房地产交易展示会，了解房地产市场价格行情，索取有关资料，搜集有关信息。

(5) 同行之间相互提供信息。如估价师协会的会员单位通过信息简报进行交流，要求提供资料的估价人员具有较强的职业道德，不得瞒报、错报，存心误导同行。

搜集房地产交易实例资料时还应注意以下两点。

(1) 交易实例资料来源必须真实可靠。搜集交易实例资料时，所搜集的交易实例必须是历史实例，即已经实际发生过，避免主观臆测。

(2) 所选用的交易实例各项指标均能准确掌握。市场法必须将已发生的交易实例与估价对象进行交易情况、交易时点、物质实体等影响房地产价格的因素逐项比较，如果交易实例没有各项指标，将失去作为比较对象的意义。

2. 搜集交易实例的要求

为了提高估价精度，必须尽可能搜集内容完整、真实的交易实例。在搜集交易实例的过程中，内容尽量详实，一般包括以下内容。

(1) 交易双方情况及交易目的。主要包括：卖方和买方的名称、法人代表、住址等基本情况，卖方和买方之间的关系，双方在交易中的地位；交易双方是否在公开的市场状况下进行公平自愿的交易，即属于正常交易还是非正常交易。

特别提示

交易目的是指交易双方为什么而交易，一般包括买卖、作价入股、抵押等交易目的。

(2) 交易实例房地产基本状况。例如，名称、坐落、四至、规模(如面积)、用途、权属以及土地形状、土地使用期限、建筑物竣工日期(或建成年份、建成年代、交付使用日期等)、建筑结构、周围环境和景观等。

(3) 交易实例成交日期。一般要求以公历的年、月、日表示。

(4) 交易实例成交价格，包括总价、单价及计价方式(例如，按建筑面积计价还是按套内建筑面积计价、按使用面积计价、按套计价等)。

(5) 付款方式。例如，是一次性付款还是分期付款(包括付款期限、每期付款额或付款比率)、贷款方式付款(包括首付款比例、贷款期限)。

为了避免在搜集交易实例时遗漏重要的内容并保证所搜集内容的统一性和规范化，须事先将房地产分为不同的类型，如分为居住、商业、办公、旅馆、餐饮、体育和娱乐、工业、农业等，根据不同类型房地产的特点将需要搜集的内容制作成统一表格。见表4-2。

表4-2 房地产交易实例情况表

房地产基本状况	名称	
	坐落位置	
	四至	
	规模	
	用途	
	结构	
	权属	

续表

交易情况	买方				
	卖方				
	成交日期				
	成交价格	总价		单价	
	付款方式				
特殊情况说明					
房地产状况描述	区位状况				
	实物状况				
	权益状况				
照片及图纸					

搜集交易实例时按照事先制作好的表格填写相应内容，能够避免遗漏重要的内容。在实际工作中，为了保证所搜集的交易实例及其内容的真实性，对于搜集到的每一个交易实例、每一项内容，都应进行检查，去伪存真，去粗取精，做到准确无误。

3. **交易实例库的建立**

房地产估价机构应当建立房地产交易(包括转让、租赁、抵押)实例库。建立房地产交易实例库是从事房地产估价业务的必然要求，特别是利用房地产市场法进行估价，必然要利用交易实例材料。在估价业务不断发展和拓展的今天，相关咨询、顾问业务也需要建立房地产交易实例库。

建立交易实例库的最简单做法，是将搜集交易实例时填写好的“房地产交易实例情况表”及有关资料(如照片、图片、图纸等资料)，按照不同类别分别建档保存，有条件的，可以利用声像、数码形式保存。

值得指出的是，随着房地产估价技术的不断提高，已经在交易实例库的管理和使用中采用多功能软件，并通过网络实现资源共享。

4.2.2 选取可比实例

1. **选取可比实例的数量要求**

建立交易实例库后，还要从中选取一定数量的交易实例作为可比实例，用于本次市场法估价。这是因为房地产交易实例库中的交易实例并不一定都适用于本次估价，按照估价对象房地产的估价目的、估价时点，必须从交易实例中选择符合一定条件可以作为参照的房地产交易实例作为可比实例。所以，交易实例不一定是可比实例，但可比实例一定是交易实例。从某种意义上讲，选取可比实例主要在于精而不在于多，一般选取3个以上(含3个)、10个以下(含10个)的可比实例即可。

2. 选取可比实例的质量要求

选取可比实例时除数量上的要求外，还应遵循一定的质量条件，因为要根据可比实例房地产的交易价格进行必要的修正和调整，所以主要以与估价对象相类似为判断标准，包括以下几个具体要求。

(1) 可比实例房地产应是估价对象房地产的类似房地产。可比实例房地产与估价对象房地产的类似性体现在以下几个方面。

① 可比实例房地产在区位上应与估价对象所处地段相同，或在同一供求范围内的类似地区。也就是说，可比实例房地产与估价对象应处于相同特征的同一区域或邻近地区。同一供求范围具体指相同或相近的自然地理位置和经济地理位置。

② 可比实例房地产在用途上应与估价对象房地产的用途相同。这里的用途是指房地产的具体利用方式。房地产的用途从大的方面讲主要包括居住、商业、办公、旅馆、工业、农业、仓储用房等。

③ 可比实例房地产在规模上应与估价对象房地产的规模相当。在进行市场法评估的过程中，采用的可比实例应该在规模上与估价对象类似，比如建筑面积、建筑容积率、建筑密度等指标，尽可能与估价对象接近。选取的可比实例规模一般应在估价对象规模的0.5～2倍范围内，即：

$$0.5 \leqslant \frac{\text{可比实例规模}}{\text{估价对象规模}} \leqslant 2$$

④ 可比实例房地产在建筑结构上应与估价对象房地产的建筑结构相同。建筑结构从大的类别上主要分为钢结构、钢筋混凝土结构、砖混结构、砖木结构、简易结构等。如能再细分到小类建筑结构，则更具备可比性，如砖木结构中又可分为砖木一、砖木二等。

⑤ 可比实例房地产在档次上应与估价对象房地产的档次相当。所谓档次是不同用途房地产按照一定标准分成的不同等级。例如，写字楼划分的甲级、乙级，酒店划分为五星级、四星级、三星级等。这里的档次相当主要指在设施设备(如电梯、空调、电讯、网络等)、装饰装修、周围环境、景观、配套服务等方面的齐全、优劣程度应相当。

⑥ 可比实例房地产在权利性质上应与估价对象房地产的权利性质相同。例如，国家所有土地及其地上建筑物与农村集体土地及其地上建筑物不能比较；以出让形式取得的土地及其地上建筑物与以划拨方式取得的土地及其地上建筑物不能进行比较；商品住宅与经济适用住宅或房改所购住宅不能进行比较等。

(2) 可比实例房地产的价格类型应与估价目的吻合。按照估价目的可以将价格类型分为买卖价格、租赁价格、股权价格、抵押价格、征用价格、课税价格、投保价格、典当价格等，应尽可能选取相对应的交易类型的交易实例为可比实例，也就是说，买卖目的估价应选择买卖实例为可比实例，租赁目的估价则应选择租赁实例为可比实例。

(3) 可比实例房地产的成交日期与估价时点相接近。一般选择的可比实例房地产的成交日期距估价时点的间隔越短，在进行市场状况调整时的准确性越高。因此，最好选择近期一年内成交的房地产作为可比实例，一般认为交易实例房地产的成交时点与估价时点间隔一年以上者不宜作为可比实例。如果房地产市场相对稳定，可以适当延长间隔时间，注意不要出现过大偏差。

特别提示

房地产市场受经济形势、购买力水平、社会发展状况、政治状况等因素影响不断变化，在房地产市场比较平稳的时期，可比实例的成交价格较估价对象房地产可能不会有较大偏差，但是对于房地产市场波动较大时，价格可能也会波动很大。

(4) 可比实例房地产的成交价格应尽量为正常市场价格。所谓正常价格，是指在公开的市场上，交易双方均充分了解市场信息，以平等自愿的方式达成的交易价格。这里要求可比实例的成交价格是正常市场价格，或者能够修正为正常市场价格。

(5) 可比实例房地产的实物状况的内涵上应与估价对象房地产吻合。由于估价对象房地产可能是房地，也可能是单纯的土地，还有可能是建筑物，这就要求估价师在选择可比实例时应尽量满足内涵要求，分别选择类似的房地、土地、建筑物作为可比实例。当然，如果交易实例较难做出选择，也可以选择价格容易分解的房地产作为可比实例。

4.2.3 建立价格比较基准

可比实例选取完毕后，应对其成交价格上的不统一进行换算，使它们之间的形式相同、建立一个可比基础。建立价格比较基准包括以下几个方面的工作。

1. 统一房地产范围

房地产范围不同的情况主要有以下三种。

(1) 带有债权债务的房地产。例如，估价对象是“干净”的房地产，而选取的可比实例却是设立租赁权，或者由买方代付卖方欠缴的水费、电费、燃气费、供暖费、通信费、有线电视费、房产税等的房地产交易实例。

(2) 含有非房地产成分。例如，估价对象是单纯的房地产，而选取的可比实例附带有家具、家用电器、其他附属设备的房地产。

(3) 房地产实物范围不同。例如，估价对象是建筑物，选取的可比实例是包括土地在内的房地；估价对象带有车库，可比实例房地产不带有车库。

针对第一种情况，房地产范围一般是统一到不带债权债务的房地产范围，利用下列公式对价格进行换算处理：

$$\text{房地产价格}=\text{带有债权债务的房地产价格}-\text{债权}+\text{债务} \tag{4.1}$$

如果是估价对象带有债权债务的，在市场法求出不带债权债务的房地产价值后，再加上债权减去债务，就可以得到估价对象的价值。

针对第二种情况，统一房地产范围一般统一到单纯的房地产范围，利用下列公式对价格进行换算处理：

$$\text{房地产价格}=\text{含有非房地产成分的房地产价格}-\text{非房地产成分的价格} \tag{4.2}$$

如果是估价对象含有非房地产成分的，在市场法求出不含非房地产成分的房地产价值后，再加上非房地产成分的价值，就可以得到估价对象的价值。

针对第三种情况，房地产范围一般是统一到估价对象的房地产范围，可比实例所缺少的范围应予以补充，可比实例多余范围应予以扣除。

2. 统一付款方式

房地产交易时通常采用分期付款的形式，而不同时点支付的价款(资金)具有不同的时间价值，不利于比较分析，因此，付款方式应通过折现计算的方法，统一为成交日期一次付清的金额。

特别提示

资金的时间价值，主要指一笔资金随着时间推移产生的增值，所以不同时点的相同数量资金，在时间价值上是不同的，购买力也会有所不同。

应用案例 4-2

某宗房地产的成交总价为 83 万元人民币，分两期支付，首付 30 万元人民币，余款 53 万元于半年后付清。以成交日期一次付清为基准，当时人民币的月利率为 1%，则其成交日期时一次付清的价格为多少？

【解】$30+\dfrac{53}{(1+1\%)^6}=80$ (万元)

3. 统一价格单位

1) 统一价格表示单位

价格表示单位可以是总价，也可以是单价，一般情况下，将价格表示单位统一为单位面积的价格。建筑物或房地的价格通常统一为单位建筑面积的价格或者是单位套内建筑面积的价格、单位使用面积的价格；土地除了单位土地面积的价格，还可以表示为单位建筑面积的价格，即楼面地价。

特别提示

有些可比实例适宜先对其总价进行某些修正、调整后，再转化为单价进行其他方面的修正、调整。因为这样处理时，对可比实例成交价格的修正、调整更容易、更准确。

2) 统一币种和货币单位

在统一币种方面，不同币种的价格之间的换算，应采用中国人民银行公布的成交日期时的市场汇率中间价计算。在统一货币单位方面，按照使用习惯，人民币、美元、港币等，通常都采用“元”。

特别提示

如果先按照原币种的价格进行市场状况调整，则对进行了市场状况调整后的价格，应采用估价时点时的汇率进行换算。

应用案例 4-3

某宗房地产的成交总价为 15 万美元，一次付清。已知以人民币为基准，该房地产成交日期当时人民币与美元的市场比价为 1:7.2，则以人民币计算的成交价格是多少？

【解】 15 × 7.2=108(万元人民币)

3) 统一面积内涵和单位

在现实的房地产交易中，有按建筑面积计价，有按套内建筑面积计价，也有按使用面积计价的。它们之间的换算公式如下：

$$建筑面积下的单价=套内建筑面积下的单价\times\frac{套内建筑面积}{建筑面积} \tag{4.3}$$

$$建筑面积下的单价=使用面积下的单价\times\frac{使用面积}{建筑面积} \tag{4.4}$$

$$套内建筑面积下的单价=使用面积下的单价\times\frac{使用面积}{套内建筑面积} \tag{4.5}$$

在面积单位方面，中国内地通常采用平方米(土地面积单位除了平方米，有时还采用公顷、亩)，而中国香港地区和美国、英国等习惯采用平方英尺，中国台湾地区和日本、韩国一般采用坪。由于：

1 公顷=10 000 平方米=15 亩

1 亩=666.67 平方米

1 平方英尺=0.092 903 04 平方米

1 坪=3.30579 平方米

所以，将公顷、亩、平方英尺、坪下的价格换算为平方米下的价格如下：

平方米下的价格=公顷下的价格÷10 000

平方米下的价格=亩下的价格÷666.67

平方米下的价格=平方英尺下的价格÷0.092 903 04

平方米下的价格=坪下的价格÷3.305 79

应用案例 4-4

在某房地产估价过程中搜集了甲、乙两个交易实例。甲交易实例房地产的建筑面积 300m^2，成交总价 100 万元人民币，分 3 期付款，首付款 20 万元人民币，二期在半年后付 40 万元人民币，余款 40 万元人民币于 1 年后付清。乙交易实例房地产的使用面积 2 500 平方英尺，成交总价 15 万美元，于成交时一次付清。将这两个交易实例作为可比实例，为方便比较，请建立价格比较基准。

【解】 对这两个交易实例建立比较基准，应该包括三个部分：统一房地产范围、统一付款方式、统一价格单位。具体处理方法如下。

(1) 统一房地产范围。通过已知条件可以看出，甲、乙两个交易实例并无房地产范围上的具体差异，故无需调整房地产范围。

(2) 统一付款方式。如果以在成交日期一次付清为基准，假设当时人民币的年利率为 7%，则：

$$甲总价=20+\frac{40}{(1+7\%)^{0.5}}+\frac{40}{1+7\%}=96.05（万人民币）$$

乙总价=15.00(万美元)

(3) 统一价格单位。

① 统一价格表示单位。统一采用单价：

$$甲单价=\frac{960\,500}{300}=3\,201.67（元人民币/平方米建筑面积）$$

$$乙单价=\frac{150\,000}{2\,500}=60.00（美元/平方英尺使用面积）$$

② 统一币种和货币单位。如果以人民币为基准，需要将乙交易实例的美元换算为人民币。假设乙交易实例成交当时人民币与美元的市场汇率为 1 美元=7.741 5 元人民币，则：

甲单价=3 201.67(元人民币/平方米建筑面积)

乙单价=60.00 × 7.7415=464.49(元人民币/平方英尺使用面积)

③ 统一面积内涵。如果以建筑面积为基准，则将乙交易实例调整为按照建筑面积计价。如果得知乙交易实例房地产的建筑面积与使用面积的关系为 1 平方英尺建筑面积等于 0.75 平方英尺使用面积，则：

甲单价=3 201.67(元人民币/平方米建筑面积)

乙单价=464.49 × 0.75=348.37(元人民币/平方英尺建筑面积)

④ 统一面积单位。如果以平方米为基准，由于 1 平方英尺=0.092 903 04 平方米，则：

甲单价=3 201.67(元人民币/平方米建筑面积)

乙单价=348.37 ÷ 0.092 903 04=3 749.82(元人民币/平方米建筑面积)

4.2.4 交易情况修正

由于房地产市场属于不完全竞争市场，其价格的形成具有较强的个别性， 因此可比实例的成交价格可能是正常的，也可能是不正常的。在估价过程中要求评估的估价对象的价值是客观合理的，所以，如果可比实例的成交价格是不正常的，则应把它修正为正常的。这种对可比实例成交价格进行的修正，称为交易情况修正。

进行交易情况修正，应排除交易行为中的特殊因素所造成的可比实例成交价格偏差，并将可比实例的成交价格修正为正常价格。

1. 造成成交价格不正常的原因

(1) 有利害关系人之间的交易。如父子之间、亲友之间、有利害关系的公司之间、公司与其职员之间的房地产交易价格，通常都低于正常的市价。

(2) 急于出售或购买情况下的交易。前者易造成价格偏低，后者则往往造成价格偏高。

(3) 强迫出售或强迫购买的交易。强迫出售的价格通常低于正常市场价格，强迫购买的价格通常高于正常市场价格。

(4) 交易双方或者一方对相关市场信息了解不充分的交易。如果买方不了解市场行情，盲目购买，往往会造成交易价格偏高；相反，卖方不了解市场行情，盲目出售，则易造成交易价格偏低。

(5) 交易双方或一方有特别动机或者特别偏好的交易。如买方对某一个区域或某一种房型有特殊的感情或者卖方惜售等情况下，交易价格往往偏高。

(6) 相邻房地产的合并交易。如买方若在购买相邻房地产后，与其原有房地产合并使用，将增加原有房地产的效用，相邻房地产的拥有者会因此抬高价格迫使买方以高于市场正常价格的价格购买，所以成交价格往往高于该房地产单独存在时的正常价格。

(7) 特殊交易方式的交易。如以拍卖、招标等方式成交的价格往往导致非正常价格，一般拍卖价格多高于市场正常价格，但一些抵押期满未清偿而由银行拍卖的房地产，也可能因债权不清或信息不充分而价格偏低；招标则因注重其整体方案效用，故招标的成交价格既可能偏高，也可能偏低。

(8) 交易税费属于非正常负担的交易。如土地增值税本应由卖方负担，却转嫁给了买方；交易手续费本应由双方各负担一部分，却转嫁给了买方或卖方；契税本应由买方负担，却转嫁给卖方；等等。这些都会造成交易价格的不正常。这种情况下，应将成交价格调整为依照政府有关规定，由买卖双方负担各自应负担的税费下的价格。

知识链接

根据税法及中央和地方政府的有关规定，有的税费应由卖方缴纳，如：营业税、城镇维护建设税、教育费附加、所得税、土地增值税。有的税费应由买方缴纳，如：契税、补交土地使用权出让金。有的税费则买卖双方都应缴纳或者各负担一部分，如：印花税、交易手续费。

(9) 其他非正常的交易。如政府对一些房地产实行特殊政策，或对一些房地产的交易进行计划干预；交易双方受迷信影响的交易等。

2. 交易情况修正的一般步骤

(1) 测定各种特殊因素对房地产交易价格的影响程度，即分析在正常情况下和特殊情况下，房地产交易价格可能产生的偏差大小。交易情况修正的方法主要有百分率法和差额法。可以利用已掌握的同类型房地产交易资料分析计算，确定修正比例或系数、具体差额。也可以由估价人员根据长期的经验积累，判断确定修正比例或系数、具体差额。

(2) 利用修正系数或差额，修正求得可比实例的正常价格。

采用百分率法进行交易情况修正的一般公式为

$$\text{可比实例正常市场价格}=\text{可比实例成交价格}\times\text{交易情况修正系数} \tag{4.6}$$

采用差额法进行交易情况修正的一般公式为

$$\text{可比实例正常市场价格}=\text{可比实例成交价格}\pm\text{交易情况修正金额} \tag{4.7}$$

交易情况修正系数表示以正常交易情况为基准，假设可比实例的成交价格比其正常市场价格高 $s\%$时，则分母大于 100，即 $100+s$；假设可比实例的成交价格比其正常市场价格低 $s\%$时，则分母小于 100，即 $100-s$。

上述百分率交易情况修正公式可以变形为

$$\text{可比实例正常市场价格}=\text{可比实例成交价格}\times\frac{1}{1\pm s\%} \tag{4.8}$$

或者

$$\text{可比实例正常市场价格}=\text{可比实例成交价格}\times\frac{100}{100\pm s} \tag{4.9}$$

应用案例 4-5

为评估某房地产价格，选取 A 房地产作为可比实例，可比实例 A 的成交价格为 3 200 元／m^2，比当时同类房地产的正常市场价格低 10%，则估价对象房地产进行交易情况修正后的正常市场价格为多少？

【解】可比实例正常市场价格=可比实例成交价格×$\dfrac{100}{100 \pm s}$

$$=3\,200\times\frac{100}{100-10}=3\,555.56(\text{元/m}^2)$$

进行交易情况修正不仅需要了解交易中有哪些特殊因素影响了成交价格，还需要测定这些特殊因素使成交价格偏离正常市场价格的程度。其中，对于交易税费正常负担的修正，只要调查了解清楚实际情况，然后按照有关公式进行计算即可。

对于交易税费非正常负担的修正，具体是将成交价格修正为依照税法及中央和地方政府的有关规定，买卖双方各自缴纳自己应交纳的交易税费下的价格。修正公式为：

$$\text{正常成交价格}-\text{应由卖方缴纳的税费}=\text{卖方实得金额} \tag{4.10}$$

$$\text{正常成交价格}+\text{应由买方缴纳的税费}=\text{买方实付金额} \tag{4.11}$$

如果买方、卖方应缴纳的税费是正常成交价格的一定比率，则：

$$\text{正常成交价格}=\frac{\text{卖方实得金额}}{1-\text{应由卖方缴纳的税费比率}} \tag{4.12}$$

$$\text{正常成交价格}=\frac{\text{买方实付金额}}{1+\text{应由买方缴纳的税费比率}} \tag{4.13}$$

应用案例 4-6

某宗房地产交易，买卖双方在买卖合同中约定买方付给卖方 2 550 元/m^2，买卖中涉及的税费均由买方负担。根据当地实际交易情况，该地区房地产买卖中应由买方、卖方缴纳的税费分别为正常成交价格的 6%和 8%。请求取该宗房地产的正常成交价格。

【解】已知卖方实得金额为 2 550 元/m^2，则该宗房地产的正常成交价格求取如下：

$$\text{正常成交价格}=\frac{\text{卖方实得金额}}{1-\text{应由卖方缴纳的税费比率}}=\frac{2\,550}{1-8\%}=2\,771.74\ (\text{元/m}^2)$$

4.2.5 市场状况调整

可比实例的成交价格对应于某一成交日期，是在当时的房地产市场状况下形成的。由于可比实例的成交价格通常是历史价格，所以对应于过去的房地产市场状况，需要评估的估价对象的价值应当是估价时点时的价值，应是在估价时点的房地产市场状况下形成的。可比实例的成交日期与估价时点不同，房地产市场状况可能发生了变化，因此应将可比实例在其成交日期时的价格调整到在估价时点时的价格。这种对可比实例成交价格进行的调整，称为市场状况调整，也称为交易日期调整。

市场状况调整主要采用百分率法，其进行市场状况调整的一般公式为

可比实例在估价时点的价格=可比实例在其成交日期的价格×市场状况调整系数 (4.14)

其中，市场状况调整系数一般应以成交日期时的价格为基准来确定。假设从成交日期到估价时点，可比实例的市场价格上涨的百分率为+T%，下跌的百分率为−T%，则：

可比实例在估价时点的价格=可比实例在其成交日期的价格×(1±T%) (4.15)

或者

$$\text{可比实例在估价时点的价格}=\text{可比实例在其成交日期的价格}\times\frac{100\pm T}{100} \quad (4.16)$$

市场状况调整的具体求取方法包括：

1. 利用类似房地产的价格指数进行调整

利用价格指数进行市场状况调整的公式为：

$$\text{可比实例在估价时点的价格}=\text{可比实例在其成交日期的价格}\times\frac{\text{估价时点时的价格指数}}{\text{成交日期时的价格指数}} \quad (4.17)$$

目前，在房地产估价中主要采用中房价格指数，但在具体运用过程中必须注意，所采用的房地产价格指数的地区、类型等情况必须要与估价对象和可比实例相类似。

应用案例 4-7

有一房地产可比实例，交易时间为 2009 年 10 月，成交价格为 2 800 元/m^2，已知 2009 年类似房地产市场价格指数为 120，2010 年类似房地产市场价格指数为 168，则经市场状况调整后的价格为多少？

【解】可比实例在估价时点的价格=可比实例在其成交日期的价格×$\dfrac{\text{估价时点时的价格指数}}{\text{成交日期时的价格指数}}$

$$=2\,800\times\frac{168}{120}=3\,920\ (\text{元/m}^2)$$

2. 采用类似房地产的价格变动率进行调整

由于类似房地产的市场价格指数较难获取，故市场状况调整较多采用房地产价格变动率进行修正，其一般公式为：

可比实例在估价时点的价格=可比实例在其成交日期的价格×(1±月价格变动率)^{月数} (4.18)

必须注意的是，当价格变动率为年、季、周等其他时间单位时，其月数也应相应的改为年数、季数或周数。当价格变动率上涨时为“+”，价格变动率下降时为“−”。

应用案例 4-8

某宗房地产成交价格为 3 000 元/m^2，成交日期是 2009 年 2 月末，获知 2009 年 2 月末至 6 月末该类房地产价格平均每月上涨 1.5%，2009 年 6 月末至 2010 年 1 月末平均每月上涨 2%，求取 2010 年 1 月末该房地产市场状况调整后的价格。

【解】由于可比实例成交日期与估价时点期间出现两种月上涨率，因此必须分两次求取。根据题意，同类房地产价格月上涨 1.5%的情况出现了 4 个月；同类房地产价格月上涨 2%的情况出现了 7 个月，即：

市场状况调整价格$=3\,000\times(1+1.5\%)^4\times(1+2\%)^7=3\,658$(元/m²)

其中时间间隔(主要指月数)计算规则如下。

(1) 同一年中的月数计算。可用同一年中后面的月份减去前面的月份。如上题中 6 月－2 月=4 个月。值得注意的是，严格意义上讲，在计算时应明确成交日期与估价时点是处在月初、月中还是月末，如上题中均为月末，则 6 月－2 月=4 个月，如题中改为 2 月初至 6 月末，则时间间隔为 5 个月；如题中改为 2 月末至 6 月初，则时间间隔为 3 个月。已知条件中未告知月初、月中还是月末，则一般按月中进行计算。

(2) 跨年度的月数计算。一年有 12 个月，上题中时间跨度为两年，即第一年的月数可用 12 个月减去 6 月，由于估价时点为第二年的 1 月份，因此再加上 1 个月，12－6＋1=7。如可比实例成交日期改为 2008 年 12 月，估价时点为 2010 年 2 月，则月数计算可表示为：

第一年 2008 年月数：12－12=0

第二年 2009 年月数：12 个月

第三年 2010 年月数：2 个月

则间隔月数为：0+12+2=14 个月

3. 估价人员根据市场情况及其自己的经验积累进行判断调整

在缺少房地产价格指数或变动率的情况下，估价人员可以根据当地房地产价格的变动情况和发展趋势及自己的经验积累进行判断，加以修正。

房地产价格还可通过分析房地产价格随时间推移的变动规律，采用时间序列分析，建立房地产价格与时间的相互关系模型来求取。

4.2.6 房地产状况调整

房地产的价格不仅与交易情况、市场状况有关，还与房地产本身的状况有关。因此，在进行了交易情况、市场状况修正、调整之后，根据可比实例房地产与估价对象房地产本身的状况，还需进行房地产状况调整。所谓的房地产状况调整就是将可比实例在其房地产状况下的价格调整为在估价对象的房地产状况下的价格。这种房地产状况，包括可比实例房地产区域上的状况因素、实物因素和权益因素等。因此，经过房地产状况调整之后，就将可比实例在其房地产状况下的价格变成了在估价对象房地产状况下的价格。

特别提示

房地产状况调整，有时也可以分解为区域因素调整(修正)和个别因素调整(修正)，区域因素调整重点考虑区位状况，个别因素调整则侧重考虑实物、权益状况。本单元采用综述的方法，即将房地产状况作为整体进行修正和调整。

在进行房地产状况比较、调整之前，要弄清可比实例房地产状况和估价对象房地产状况是何时的状况。可比实例房地产状况应是其成交价格对应或反映的房地产状况，而不是它在估价时点或其他时间的状况。

1. 房地产状况调整的内容

如上文所述，房地产状况调整分为区位状况调整、权益状况调整和实物状况调整。在这三种调整中，还可以进一步细分为若干因素的调整。

1) 区位状况调整的内容

区位状况调整是将可比实例房地产在其外部环境下的价格调整为估价对象外部环境状况下的价格。进行区位状况调整时，应将可比实例与估价对象的区域因素逐项进行比较，并将可比实例相对于估价对象由于外部环境差异所造成的价格差异排除，使调整后的可比实例价格能够与估价对象房地产所处地段的实际情况相符。

区位状况比较、调整的内容主要包括：位置、繁华程度、交通便捷程度、环境、景观、产业聚集度、临路状况、公共配套设施完备程度、城市规划限制等影响房地产价格的因素。

2) 权益状况调整的内容

权益状况是对房地产价格有影响的房地产权益因素的状况。进行权益状况调整，是将可比实例房地产在其权益状况下的价格，调整为在估价对象房地产权益状况下的价格。

权益状况比较、调整的内容主要包括：土地使用年限，城市规划限制条件(如容积率、建筑高度)等影响房地产价格的因素。

3) 实物状况调整的内容

实物状况是对房地产价格有影响的房地产实物因素的状况。进行实物状况调整，是将可比实例房地产在其实物状况下的价格，调整为在估价对象房地产实物状况下的价格。进行实物状况调整时，应将可比实例与估价对象的实物因素逐项进行比较，找出由于实物因素优劣所造成的价格差异进行调整。

实物状况比较、调整的内容主要包括：①对于土地，主要包括面积大小、形状、临街状况、地质水文状况、规划管制条件、地质条件、基础设施完备程度(属于可比实例、估价对象之内的部分)和土地平整程度等影响房地产价格的因素；②对于建筑物，主要包括新旧程度、建筑规模、建筑结构、设施设备、装修、平面布置、楼层朝向、工程质量等影响房地产价格的因素。

2. 房地产状况调整的思路和方法

1) 房地产状况调整的思路

(1) 列出对估价对象房地产价格有影响的反映房地产状况方面的各种因素，包括区位方面的、权益方面的和实物方面的因素。

(2) 判定估价对象房地产和可比实例房地产在这些因素方面的状况，将可比实例房地产与估价对象房地产在这些因素方面的状况逐一进行比较，了解差异程度。

(3) 将可比实例房地产与估价对象房地产之间的差异程度通过模型加以量化。

(4) 根据所确定的价格差异程度对可比实例价格进行调整。

特别提示

同一使用性质的房地产，各种影响因素的权重应有所不同；不同使用性质的房地产，同一影响因素的权重应有所不同。

2) 房地产状况调整的方法

房地产状况调整的方法主要有百分率法和差额法。

采用百分率法进行房地产状况调整的一般公式为

$$\frac{\text{可比实例在估价对象}}{\text{房地产状况下的价格}}=\frac{\text{可比实例在}}{\text{自身状况下的价格}}\times\text{房地产状况调整系数} \tag{4.19}$$

采用差额法进行房地产状况调整的一般公式为

$$\frac{\text{可比实例在估价对象}}{\text{房地产状况下的价格}}=\frac{\text{可比实例在}}{\text{自身状况下的价格}}\pm\text{房地产状况调整系数} \tag{4.20}$$

在百分率法中，房地产状况调整系数应以估价对象房地产状况为基准来确定。假设可比实例在其房地产状况下的价格比在估价对象房地产状况下的价格高低的百分率为$\pm R\%$(当可比实例在其房地产状况下的价格比在估价对象房地产状况下的价格高的，为$+R\%$；低的，为$-R\%$)，则

$$\frac{\text{可比实例在估价对象}}{\text{房地产状况下的价格}}=\frac{\text{可比实例在}}{\text{自身状况下的价格}}\times\frac{1}{1\pm R\%} \tag{4.21}$$

或者

$$\frac{\text{可比实例在估价对象}}{\text{房地产状况下的价格}}=\frac{\text{可比实例在}}{\text{自身状况下的价格}}\times\frac{100}{100\pm R} \tag{4.22}$$

具体进行房地产状况调整的方法，有直接比较调整和间接比较调整两种。

(1) 直接比较调整一般是以估价对象房地产状况为基准，将可比实例房地产状况与估价对象房地产状况进行直接比较：①确定若干个对房地产价格有影响的房地产状况方面的因素。②根据每个因素对房地产价格的影响程度确定此因素权重。③以估价对象的房地产状况为基准(通常将其在每个因素方面的分数定为 100 分)，将可比实例的房地产状况与估价对象的房地产状况逐个因素进行比较、评分。如果在某个因素方面可比实例的房地产状况比估价对象的房地产状况差，则所得的分数就低于 100 分，反之就高于 100 分。④将累计所得的分数转化为调整价格的比率。⑤利用该比率对可比实例价格进行调整。

采用直接比较进行房地产状况调整的表达式为

$$\frac{\text{可比实例在估价对象}}{\text{房地产状况下的价格}}=\frac{\text{可比实例在}}{\text{自身状况下的价格}}\times\frac{100}{(\quad)} \tag{4.23}$$

应用案例 4-9

现有一可比实例，成交价格为 5 000 元/m^2，该可比实例所处区域的环境优于估价对象，经分析，可比实例在商业服务、交通条件、基础设施、规划条件、文娱设施等到方面综合起来需修正 2%，则房地产状况调整后价格为多少？

【解】 $\frac{\text{可比实例在估价对象}}{\text{房地产状况下的价格}}=\frac{\text{可比实例在}}{\text{自身状况下的价格}}\times\frac{100}{(\ )}$

$$=5\,000\times\frac{100}{100+2}=4\,902\ (元/m^2)$$

应用案例 4-10

需评估某待估房地产 2009 年 5 月末的市场交易价格，经调查搜集相关资料，获得估价对象房地产和可比实例房地产的房地产状况因素，并经比较分析，各分值见表 4-3，可比实例成交价格为 4 000 元/m²。求可比实例房地产在估价对象房地产状况下的价格。

【解】$$\frac{可比实例在估价对象}{房地产状况下的价格}=\frac{可比实例在}{自身状况下的价格}\times\frac{100}{(\quad)}$$

$$=4\,000\times\frac{100}{90}=4\,444\ (元/m^2)$$

表 4-3 房地产状况直接比较分值表

序号	比较项目	估价对象分值	可比实例分值
1	地段等级	15	15
2	交通条件	15	14
3	配套设施	15	15
4	环境状况	15	11
5	商业繁荣	10	8
6	城市规划	10	9
7	人文环境	5	5
8	设施设备	5	5
9	建筑结构	5	5
10	其他条件	5	3
合计	—	100	90

(2)间接比较调整是设定标准房地产，以该房地产状况为基准，将可比实例房地产状况与估价对象房地产状况进行间接比较：以标准房地产状况为基准，通常将其在每个因素方面的分数定为 100 分，然后将估价对象及可比实例的房地产状况均与它逐个因素进行比较、评分。如果估价对象、可比实例的房地产状况比标准房地产状况差，则所得的分数就低于 100 分，反之就高于 100 分。

采用间接比较进行房地产状况调整的表达式为

$$\frac{可比实例在估价对象}{房地产状况下的价格}=\frac{可比实例在}{自身状况下的价格}\times\frac{100}{(\quad)}\times\frac{(\quad)}{100}\tag{4.24}$$

应用案例 4-11

需评估某待估房地产 2009 年 5 月末的市场交易价格，经调查搜集相关资料，获得估价对象房地产和可比实例房地产的房地产状况因素，并经比较分析，各分值见表 4-4，可比实例成交价格为 4 000 元/m²。求可比实例房地产在估价对象房地产状况下的价格。(采用间接比较方法)

【解】$$\frac{可比实例在估价对象}{房地产状况下的价格}=\frac{可比实例在}{自身状况下的价格}\times\frac{100}{(\quad)}\times\frac{(\quad)}{100}$$

$$=4\,000\times\frac{100}{70}\times\frac{80}{100}4\,571\,(元/m^2)$$

表 4-4 房地产状况间接比较分值表

序号	比较项目	标准分值	估价对象分值	可比实例分值
1	地段等级	10	9	9
2	交通条件	10	8	7
3	配套设施	10	9	9
4	环境状况	10	10	6
5	商业繁荣	10	8	6
6	城市规划	10	7	6
7	人文环境	10	6	6
8	设施设备	10	8	8
9	建筑结构	10	7	7
10	其他条件	10	8	6
合计	—	100	80	70

4.2.7 求取比准价格

1. 单个可比实例修正、调整的综合求取

市场法估价需要进行交易情况、市场状况、房地产状况三大方面的修正和调整。经过交易情况修正之后，就将可比实例可能不正常的成交价格变成了正常市场价格；经过市场状况调整之后，就将可比实例在其成交日期时的价格变成了在估价时点时的价格；经过房地产状况调整之后，就将可比实例在其房地产状况下的价格变成了在估价对象房地产状况下的价格。这样，经过这三大方面的修正和调整之后，就把可比实例房地产的成交价格变成了估价对象房地产在估价时点时的客观合理价格或价值。其综合计算公式表示如下。

(1) 百分率法下的修正、调整系数连乘公式：

$$比准价格=可比实例成交价格\times交易情况修正系数\times市场状况调整系数\times房地产状况调整系数 \tag{4.25}$$

(2) 百分率法下的修正、调整系数累加公式：

$$比准价格=可比实例成交价格\times(1+交易情况修正系数+市场状况调整系数+房地产状况调整系数) \tag{4.26}$$

(3) 差额法下的公式：

$$比准价格=可比实例成交价格\pm交易情况修正系数\pm市场状况调整系数\pm房地产状况调整系数 \tag{4.27}$$

将修正、调整系数百分数引入公式中后，上述公式变形为以下情况。

(1) 百分率法下的修正和调整系数连乘公式为

$$比准价格=可比实例成交价格\times\frac{1}{1\pm S\%}\times(1\pm T\%)\times\frac{1}{1\pm R\%} \tag{4.28}$$

或者

$$\text{比准价格}=\text{可比实例成交价格}\times\frac{100}{100\pm S}\times\frac{100\pm T}{100}\times\frac{100}{100\pm R} \tag{4.29}$$

(2) 百分率法下的修正和调整系数累加公式为

$$\text{比准价格}=\text{可比实例成交价格}\times\frac{1\pm T\%}{1\pm S\%\pm R\%} \tag{4.30}$$

或者

$$\text{比准价格}=\text{可比实例成交价格}\times\frac{100\pm T}{100\pm S\pm R} \tag{4.31}$$

特别提示

在具体估价业务中，公式的具体形式要比上述复杂得多，因为交易情况修正、市场状况调整、房地产状况调整以及对它们中的一些具体因素对价格的影响进行修正、调整，例如交易税费非正常负担的修正、土地使用年限不同或建筑物新旧程度不同的调整，可视具体情况采用百分率法、差额法。

2. 比准价格的求取

选取的多个可比实例的价格一一经过以上三项修正、调整后，会得出多个修正、调整后的价格，应根据具体情况计算出一个综合结果，作为比准价格，并最终确定为估价额。综合的方法主要包括平均数、中位数和众数三种。

1) 平均数

平均数又有简单算术平均数和加权算术平均数。其中，简单算术平均数是将修正、调整出的各个价格直接相加，再除以这些价格的个数，所得的数即为综合出的一个价格。设V_1，V_2，…，V_n为修正、调整出的n个价格，V表示最终确定的比准价格，则其简单算术平均数的计算公式为

$$V=\frac{V_1+V_2+\cdots+V_n}{n} \tag{4.32}$$

应用案例 4-12

通过4个可比实例修正、调整出的价格分别为3 000元/m²、4 500元/m²、3 600元/m²、3 400元/m²。采用简单算术平均数求取综合比准价格。

【解】采用“简单算术平均数”综合出的价格为：

(3 000+4 500+3 600+3 400) ÷ 4=3 625元/m²

加权算术平均数是在将修正、调整出的各个价格综合成一个价格时，考虑到每个价格的重要程度不同，先赋予每个价格不同的权数或权重，然后综合出一个价格。通常对于与估价对象房地产最类似的可比实例房地产所修正、调整出的价格，赋予最大的权数，反之，赋予最小的权数。设V_1，V_2，…，V_n为修正、调整出的n个价格，f_1，f_2，…，f_n依次为V_1，V_2，…，V_n的权数，V表示最终确定的比准价格，则其加权算术平均数依下列公式求取：

$$V=\frac{V_1f_1+V_2f_2+\cdots+V_nf_n}{f_1+f_2+\cdots+f_n} \tag{4.33}$$

应用案例 4-13

通过 4 个可比实例修正、调整出的价格分别为 3 100 元/m²、4 300 元/m²、3 400 元/m²、3 700 元/m²。根据 4 个可比实例的具体条件，这 4 个价格的权重分别为 0.5、0.1、0.2、0.2，采用加权算术平均数法求取综合比准价格。

【解】采用“加权算术平均数”综合出的价格为：

$$3\,100\times0.5+4\,300\times0.1+3\,400\times0.2+3\,700\times0.2=3\,400\text{ 元/m}^2$$

2) 中位数

中位数是将修正、调整出的各个价格按由低到高的顺序排列，如果是奇数个价格，那么处在正中间位置的那个价格为综合出的一个价格；如果是偶数个价格，那么处在正中间位置的那两个价格的简单算术平均数为综合出的一个价格。例如，2 600，2 650，2 670，2 860，2 950 的中位数为 2 670；2 100，2 300，2 400，2 550，2 700，2 750 的中位数为(2 400+2 550)÷2=2 475。

3) 众数

众数是一组数值中出现频数最多的那个数值，即出现最频繁的那个数值就是众数。例如，3 200，3 200，4 300，3 600，3 300，3 600 这组数值的众数是 3 600 和 3 200，因为这两个数字出现的次数同样多。所以一组数值可能有不止一个众数，也可能没有众数。

在实际估价中，最常用的是平均数，其次是中位数，很少采用众数。

4.2.8 市场法对估价项目价格的测算

1. 搜集交易实例、建立交易实例库

根据课题 1 中居住房地产估价项目的具体情况，估价人员进行了市场调研，搜集了近期交易的房地产资料，初步建立了交易实例库。下面以其中一个房地产交易实例的搜集过程为例讲解交易实例的搜集方法。

A 房地产交易项目，交易时间为 2010 年 6 月 1 日，所在区域土地级别为四级。使用性质为居住房地产，交易时已经使用 3 年，符合基本交易实例条件。估价人员调研结果见表 4-5。

表 4-5 交易实例 A 情况表

房地产基本状况	名称	××花园 A 座
	坐落位置	××路 138 号
	四至	东临××大厦，西临××银行，南临××路，北邻××街
	规模	建筑面积 138m²
	用途	居住
	结构	砖混结构
	权属	独立产权

续表

交易情况	买方	个人(隐去姓名)			
	卖方	个人(隐去姓名)			
	成交日期	2010 年 6 月 1 日			
	成交价格	总价	49.46 万元	单价	3 584 元/m^2
	付款方式	交易日一次付清			
特殊情况说明		交易时受金融危机影响卖方略降低价格出售			
房地产状况描述	区位状况	该交易实例所处地理位置较为安静，交通比较方便，但购物、医疗卫生机构、学校距离较远；距离市中心距离较远，周围环境较好，有街心花园和健身器材，比较适宜居住			
	实物状况	已经使用 3 年，建筑主体保存完好；外观、内部设施设备齐全，装修情况较好			
	权益状况	该房地产未设立他项权利，独立产权，已经过产权备案			
	照片及图纸	略			

估价人员相继走访和查询了另外 4 宗房地产，建立了交易实例库，走访查询到的资料情况与交易实例 A 类似，这里就不再赘述。所搜集得到的相关情况与估价对象比较后简要说明见表 4-6。

表 4-6　交易实例简明情况表

项　目		实例 A	实例 B	实例 C	实例 D	实例 E
成交价格(单价)		3 584 人民币	4 000 人民币	608 美元	3 100 人民币	4 100 人民币
成交日期		2010.6.1	2010.6.30	2010.1.31	2007.7.31	2010.5.31
面积内涵和单位		平方米建筑面积	平方米建筑面积	平方米使用面积	平方米建筑面积	平方米建筑面积
付款方式		交易日一次付清	交易日一次付清	交易日一次付清	首付 30%，其余为 10 年期银行贷款	首付 30%，余款 1 年后付清
总面积		138	134	97.5	146	120
交易情况		低于市场价格	因拍卖方式高于正常市场价格	正常	正常	正常
房地产状况	区位状况	与估价对象相当	优于估价对象	优于估价对象	略优于估价对象	与估价对象相当
	权益状况	与估价对象相当	与估价对象相当	与估价对象相当	设立租赁权	设立租赁权
	实物状况	劣于估价对象	优于估价对象	劣于估价对象	略优于估价对象	优于估价对象

特别提示

在实际估价中，搜集交易实例应该依靠平时的大量积累，建立了交易实例库之后，每次估价业务都可以从交易实例库中选取合适的交易实例作为可比实例进行估价。

2. 选取可比实例

在搜集完交易实例之后，要从交易实例中选择合适的交易实例作为可比实例。在以上搜集的 5 个交易实例中，估价人员选择 3 个作为可比实例。由于搜集来的交易实例与估价对象是类似房地产，因此在类似性上都与估价对象吻合，也就是说，它们处在同一供求范围、用途相同、规模相当、建筑结构相同、档次相当、权利性质相同。

在交易类型上，交易实例 B 因为采用的是拍卖的交易方式，与估价目的不完全吻合(估价目的是提供公开市场交易价格参考)，因此将交易实例 B 排除；在成交日期上，所选择的交易实例基本都在估价时点的近期，只有交易实例 D 成交日期在 2007 年 7 月 31 日，与估价时点 2010 年 10 月 1 日比较相差太远，因此将交易实例 D 排除；从实物状况上看，交易实例基本都为单宗住宅，具备水、电等基本设施，因此实物状况内涵均与估价对象吻合；最后，各交易实例的成交价格基本都为正常市场价格，交易实例 A 的成交价格略低于正常市场价格，但是可以修正为正常市场价格，交易实例 B 由于采用了特殊交易方式(拍卖方式)使价格偏离了正常市场价格，已被排除。

综上所述，按照可比实例选择的数量、质量要求，最终选择交易实例 A、交易实例 C、交易实例 E 为可比实例。

3. 建立价格比较基准

建立价格比较基准包括统一房地产范围、统一付款方式、统一价格单位。

在房地产范围上，各可比实例均为包括房屋主体、水电等设备设施、装饰装修的房地产，在范围上是相同的，因此无需进行房地产范围的统一。

在付款方式上，可比实例 A、可比实例 C 均为交易日一次付清房款，因此无需进行统一计算。可比实例 E 首付房款的 30%，余款在 1 年后付清，不是在交易日一次付清，因此要进行计算，统一为在交易日一次付清的价格(假设当时银行贷款利率为 5.85%)。具体计算如下：

$$\text{总价格为 } 4\,100\text{ 元} \times 120\text{m}^2 = 49.2(\text{万元})$$

$$49.2 \times 30\% + \frac{49.2 \times 70\%}{1 + 5.85\%} = 47.3\ (\text{万元})$$

单价：$47.3 \div 120 \approx 3\,942(\text{元/m}^2)$

在币种方面，可比实例 A、可比实例 E 均为人民币成交，因此无需进行币种的统一。可比实例 C 由于成交时为美元交易，因此需将美元统一为人民币(假设成交时美元对人民币的汇率为 7.012)。具体计算如下：

$$608\text{ 美元} \times 7.012 = 4\,263.3(\text{元/m}^2)$$

在面积单位和内涵上，可比实例 A、可比实例 E 均为平方米建筑面积，因此无需进行面积单位和内涵的统一。可比实例 C 由于成交时以使用面积计算价格，因此需要将使用面积统一为建筑面积，已知使用面积与建筑面积的价值比为 1∶0.75。具体计算如下：

$$4\,263.3\times0.75\approx3\,197(\text{元/m}^2)$$

4. 交易情况修正

可比实例 A 交易时全球金融危机影响仍然存在，尽管受到中国政府政策保护，但因急于实现交易，所以卖方略降低价格出售，因此需要进行交易情况修正。

据调查得知，可比实例 A 的成交价格比正常的成交价格低 3%，因此可比实例 A 的交易情况修正计算如下：

$$\text{可比实例A正常市场价格}=\text{可比实例成交价格}\times\frac{100}{100\pm S}$$

$$=3\,584\times\frac{100}{100-3}=3\,694.85(\text{万/m}^2)$$

可比实例 C、可比实例 E 都为正常交易，因此无需进行交易情况修正。

5. 市场状况调整

估价人员进行市场调研的过程中，根据普通消费品价格变动指数类比估算出该地区该类房地产价格变动指数，选择的参照消费品与房地产产品特征类似、价格变化趋势一致。得到的价格变动指数见表 4-7。

表 4-7　房地产价格月变动指数

日期	2010.1.1	2010.2.1	2010.3.1	2010.4.1	2010.5.1	2010.6.1	2010.7.1
每月上涨率(均以上个月为基数)	−1%	−1%	−1%	−1%	+1%	+1%	+1%
日期	2010.8.1	2010.9.1	2010.10.1				
每月上涨率(均以上个月为基数)	+1.5%	+1.5%	+1.5%				

可比实例 A 市场状况调整如下：

$$\text{可比实例 A 在估价时点的价格}=\text{可比实例在其成交日期的价格}\times(1\pm\text{月价格变动率})^{\text{月数}}$$

$$=3\,694.85\times(1+1\%)\times(1+1.5\%)^3=3\,902.26(\text{元/m}^2)$$

$$\text{可比实例 C 在估价时点的价格}=\text{可比实例在其成交日期的价格}$$

$$\times(1\pm\text{月价格变动率})^{\text{月数}}=3\,197\times(1-1\%)^2\times(1+1\%)^3\times(1+1.5\%)^3=3\,375.79(\text{元/m}^2)$$

$$\text{可比实例 E 在估价时点的价格}=\text{可比实例在其成交日期的价格}\times(1\pm\text{月价格变动率})^{\text{月数}}$$

$$=3\,942\times(1+1\%)\times(1+1.5\%)^3=4\,163.28(\text{元/m}^2)$$

6. 房地产状况调整

经过交易情况修正和市场状况调整，可比实例的成交价格经过了两轮的修正和调整。由于可比实例与估价对象的房地产状况还存在着一定差异，因此还需要进行房地产状况调整。

以可比实例 A 为例，该可比实例的区位状况与估价对象相当，因此调整百分数为 0%；权益状况与估价对象相当，因此调整百分数也为 0%；实物状况劣于估价对象，从搜集来的交易实例情况表中的描述可以看出，实物状况比估价对象实物状况略差，调整百分数不超过−5%，此处依估价人员经验判断，取−3%。其他可比实例房地产状况调整百分数见表 4-8。

表 4-8 可比实例房地产状况调整百分数表

		实例 A	实例 C	实例 E
成交价格(单价)		3 902.26	3 375.79	4 163.28
房地产状况	区位状况	0%	+2%	0%
	权益状况	0%	0%	−0.5%
	实物状况	−3%	−1%	+2%

假设区位状况、权益状况、实物状况三者的权重相同。可比实例进行房地产状况调整的计算如下：

$$\text{可比实例A在估价对象房地产状况下的价格} = 3\,902.26\times\frac{100}{\frac{1}{3}\times(100+100+97)} = 3\,941.68(\text{元/m}^2)$$

$$\text{可比实例C在估价对象房地产状况下的价格} = 3\,375.79\times\frac{100}{\frac{1}{3}\times(102+100+99)} = 3\,364.57(\text{元/m}^2)$$

$$\text{可比实例E在估价对象房地产状况下的价格} = 4\,163.28\times\frac{100}{\frac{1}{3}\times(100+99.5+102)} = 4\,142.57(\text{元/m}^2)$$

7. 求取最终比准价格

经过交易情况修正、市场状况调整、房地产状况调整单个可比实例的比准价格已经计算完毕。

现在需要计算估价对象的比准价格。采用算术平均数计算的比准价格如下：

$$V=\frac{V_1+V_2+\cdots+V_n}{n}=\frac{3\,941.68+3\,364.57+4\,142.57}{3}=3\,816.27(\text{元/m}^2)$$

课题 4.3 成本法的估价过程

成本法，也称成本估价法、原价法、承包商法、合同法等。它是以开发建造房地产所耗费的各项必要费用之和为依据，再加上正常的利润和应纳税金求取估价对象在估价时点的重新购建价格，然后通过一定的折旧方法，扣除已计提的折旧来确定估价对象房地产价格的一种估价方法，因此采用成本估价法求得的价格称为积算价格。开发建造房地产所耗费的各项必要费用之和、正常的利润和税金总称为重新购建价格。

新近开发建设完成的房地产、可以假设重新开发建设的现有房地产、正在开发建设的房地产、计划开发建设的房地产，都可以采用成本法估价。对于那些很少发生交易而限制了市场法的运用，又没有经济收益或没有潜在经济收益而限制了收益法运用的房地产，如学校、医院、图书馆、公园、行政公用事业用房，特别适用成本法估价。

运用成本法估价需要注意的几点是：首先，现实生活中的房地产价格多取决于它们带来的效用，而非它们所花费的成本，成本的增减一定要对效用有所作用才能形成价格。即：房地产成本的增加不一定能增加房地产的价值，投入的成本不多也不一定房地产价值就不高。价格等于“成本加平均利润”是从长期平均来看的，而房地产市场是一个典型的不完全竞争的市场，房地产又具有地域性、差异性特点。其次，要求运用成本法估价时注意“逼近”，其中最重要的是两个方面：一是区分客观成本和实际成本。在估价过程中，应该采用客观成本，而不是实际成本。二是结合市场供求分析通过调整来确定评估价格。最后，由于成本估价法得出的结果往往偏于保守，低于市场价值，因此，在对商业房地产评估时，要首选其他方法，必要时，可选用成本法作为补充。

特别提示

成本法估价比较费时费力，测算估价对象重新购建价格和建筑物折旧都有较大难度，尤其是测算那些建筑物过于老旧的房地产的重新购建价格和折旧。因此，成本法主要适用于评估建筑物是新的或者比较新的房地产的价值，不适用于评估建筑物过于老旧的房地产的价值。

4.3.1 成本法所适用的计算公式

成本法的基本公式为

$$\text{房地产价值}=\text{重新购建价格}-\text{折旧} \tag{4.34}$$

对于以下两大类房地产此公式可以细化为新开发的房地产和旧的房地产。

1. 适用于新开发的房地产的基本公式

新开发的房地产可以分为新开发的房地、新建成的建筑物和新开发的土地三种情况。

1) 适用于新开发的房地的基本公式

在新开发的房地如新建商品房的情况下，成本法的基本公式为

$$\begin{matrix}\text{新开发的}\\\text{房地价值}\end{matrix}=\begin{matrix}\text{土地}\\\text{取得成本}\end{matrix}+\begin{matrix}\text{开发}\\\text{成本}\end{matrix}+\begin{matrix}\text{管理}\\\text{费用}\end{matrix}+\begin{matrix}\text{销售}\\\text{费用}\end{matrix}+\begin{matrix}\text{投资}\\\text{利息}\end{matrix}+\begin{matrix}\text{销售}\\\text{税费}\end{matrix}+\begin{matrix}\text{开发}\\\text{利润}\end{matrix} \tag{4.35}$$

2) 适用于新建的建筑物的基本公式

新建的建筑物价值为建筑物建设成本与该建设成本相应的管理费用、销售费用、投资利息、销售税费和开发利润，不应包括土地取得成本、土地开发成本以及相应的一系列费用和利润。基本公式为

$$\begin{matrix}\text{新建的}\\\text{建筑物价值}\end{matrix}=\begin{matrix}\text{建筑物}\\\text{建设成本}\end{matrix}+\begin{matrix}\text{管理}\\\text{费用}\end{matrix}+\begin{matrix}\text{销售}\\\text{费用}\end{matrix}+\begin{matrix}\text{投资}\\\text{利息}\end{matrix}+\begin{matrix}\text{销售}\\\text{税费}\end{matrix}+\begin{matrix}\text{开发}\\\text{利润}\end{matrix} \tag{4.36}$$

3) 适用于新开发的土地的基本公式

新开发的土地包括开山造地，征收集体土地并进行“三通一平”等基础设施建设和场地平整后的土地，城市房屋拆迁并进行基础设施改造和场地平整后的土地等。基本公式为：

$$\text{新开发的土地价值}=\text{取得待开发土地的成本}+\text{土地开发成本}+\text{管理费用}+\text{销售费用}+\text{投资利息}+\text{销售税费}+\text{开发利润} \tag{4.37}$$

新开发的房地产采用成本法估价时虽然一般不存在物质折旧，但应考虑其选址是否得当、规划设计是否合理、工程质量的优劣、周围环境和景观的好坏、交通通达程度以及该类房地产的供求状况等全面衡量其功能折旧、外部折旧以及可能的增值因素，予以适当的减价或增价调整。

2. 适用于旧的房地产的基本公式

成本法多适用于旧的房地产估价。旧的房地产可分为旧的房地和旧的建筑物两种情况。

1) 适用于旧的房地的基本公式

$$\text{旧的房地价值}=\text{房地重新购建价格}-\text{建筑物折旧} \tag{4.38}$$

或者

$$\text{旧的房地价值}=\text{土地重新购建价格}+\text{建筑物重新购建价格}-\text{建筑物折旧} \tag{4.39}$$

2) 适用于旧的建筑物的基本公式

$$\text{旧的建筑物价值}=\text{建筑物重新购建价格}-\text{建筑物折旧} \tag{4.40}$$

4.3.2 重新购建价格的求取

1. 重新购建价格的含义

重新购建价格(重置价格或重建价格)也称为重新购建成本，是指在估价时点重新建造或购买全新状况下的估价对象时需花费的一切必要成本或价格。重置价格或重建价格应该是指估价时点的评估价格，一般包括必要成本费用、正常开发利润、应纳税金等。

具体来说，重置价格与重建价格是有区别的。建筑物重置价格是采用估价时点的建筑材料和建筑技术，按估价时点的价格水平，重新建造与估价对象具有同等功能效用的全新状态的建筑物的正常价格。有时也可称为重置成本(此时的成本与价格同义)。建筑物的重置价格，宜用于一般建筑物和因年代久远、已缺少与旧有建筑物相同的建筑材料，或因建筑技术变迁，使得旧有建筑物复原建造有困难的建筑物的估价。

建筑物重建价格则是指采用估价对象原有的建筑材料和建筑技术，按估价时点的价格水平，重新建造与估价对象相同的全新状态的建筑物的正常价格。建筑物的重建价格，宜用于有特殊保护价值的建筑物的估价。

可见，重置价格与重建价格的相同点在于：两者都是求取估价时点的全新状态的估价对象的重新购置或建造成本与费用。而两者的区别：第一在于重新购置或建造时采用何种建筑材料和技术，是原有的还是估价时点的。重置价格采用的是估价时点的建筑材料与技术，而重建价格采用的是建筑物原有的建筑材料与技术；第二个区别在于重新购置或建造的是必须完全相同的建筑物还是只需具有同等功能的建筑物。重置价格建造的是具有同等功能的建筑物，而重建价格建造的则是与估价对象完全相同的建筑物。从操作的可行性而言，重置价格的求取可能更具可行性和有效性，而且通常重置价格要比重建价格低。因此在实际估价工作中，一般采用重置价格进行估价。

2. 重新购建价格的构成

建筑物的重置价格或重建价格，主要内容包括土地取得费用、开发成本、管理费用、销售费用、投资利息、销售税费和开发利润。

1) 土地取得成本

土地取得成本是指取得房地产开发用地的必要支出。取得房地产开发用地的方式有以下三种。

(1) 通过市场购置取得土地的成本。

市场购置的土地取得成本一般是由购买土地的价款、应由买方(房地产开发商)缴纳的税费和可直接归属于该土地的其他支出构成。目前主要是购买政府招标、拍卖、挂牌出让或者其他房地产开发商转让的已完成征收或拆迁补偿安置的建设用地使用权。土地取得成本主要有以下两项组成：①土地使用权购买价格，一般是采用市场法求取，也可以采用基准地价修正系数法、成本法求取；②买方应当缴纳的税费，包括契税、印花税、交易手续费等，通常是根据税法及中央和地方政府的有关规定，按照土地使用权购买价格的一定比例来测算。

(2) 通过征收集体土地取得土地的成本。

征收集体土地的土地取得成本包括征地补偿安置费用、相关税费和土地使用权出让金三个部分：①征地补偿安置费用，也称为征地补偿费用，一般由土地补偿费、安置补助费、地上附着物和青苗的补偿费、安排被征地农民的社会保障费用四项内容组成，这些费用一般是根据有关规定的标准或者采用市场法求取；②相关税费，一般包括征地管理费、耕地占用税、耕地开垦费、新菜地开发建设基金，这些税费一般是依照有关规定的标准求取；③土地使用权出让金等费用，一般是依照有关规定的标准或采用市场法求取。

(3) 通过征收国有土地上房屋取得土地的成本。

征收国有土地上房屋的土地取得成本包括房屋拆迁补偿安置费用、相关费用和土地使用权出让金等费用三部分。①房屋拆迁补偿安置费用，一般包括被拆迁房屋的房地产市场价格、被拆迁房屋室内自行装饰装修的补偿金额、搬迁补助费、安置补助费、拆迁非住宅房屋造成停产停业的补偿费，这些费用一般是采用市场法或根据有关规定的标准求取；②相关费用，一般包括房屋拆迁管理费、房屋拆迁服务费、房屋拆迁估价费、房屋拆除和渣土清运费，这些费用一般是依照有关规定的标准或采用市场法求取；③土地使用权出让金等费用，一般是依照有关规定的标准或采用市场法求取。

2) 开发成本

开发成本是指取得房地产开发用地后进行土地开发和房屋建设所需的直接费用和税金，主要包括下列几项。

(1) 勘察设计和前期工程费。例如市场调查、可行性研究、工程勘察、环境影响评价、规划及建筑设计、建设工程招投标、施工的通水、通电、通路、场地平整及临时用房等开发项目前期工作所必要的支出。

(2) 建筑安装工程费，包括建造商品房及附属工程所发生的土建工程费用、安装工程费用、装饰装修工程费用等。附属工程是指房屋周围的围墙、水池、假山、绿化等。

(3) 基础设施建设费，包括城市规划要求配套的道路、给排水(给水、雨水、污水、中水)、电力、燃气、热力、电信、有线电视等设施的建设费用。如果取得的房地产开发用地是熟地，则基础设施建设费已部分或全部包含在土地取得成本中，在此就只有部分基础设施建设费或者没有基础设施建设费。

(4) 公共配套设施建设费，包括城市规划要求配套的教育(如幼儿园)、医疗卫生(如医院)、文化体育(如文化活动中心)、社区服务(如社区居委会)、市政公用(如公共厕所)等非营业性设施的建设费用。

(5) 其他工程费，包括工程监理费、竣工验收费等。

(6) 开发过程中的税费，包括有关税收和地方政府或其有关部门收取的费用，如绿化建设费、人防工程费等。

开发成本应包含土地开发成本和建筑物开发成本两部分。

3) 管理费用

管理费用是指房地产开发商进行房地产开发经营的过程中各环节管理活动所必要的支出，包括房地产开发商的人员工资及福利费、办公费、差旅费等，通常按照土地取得成本与开发成本之和的一定比例来测算。

4) 销售费用

销售费用也称为销售成本，是指预售未来开发完成的房地产或者销售已经开发完成的房地产所必要的费用，包括广告费、销售资料制作费、展销费、售楼处建设费、销售人员费用或者销售代理费等。销售费用通常按照开发完成后的房地产价值的一定比例来测算。

5) 投资利息

投资利息是指在房地产开发完成或实现销售之前发生的所有必要费用应计算的利息，而不仅是借款的利息和手续费，在此意义上与财务费用不尽相同。因此，土地取得成本、开发成本、管理费用和销售费用，无论它们是来自借贷资金还是自有资金，均应计算利息。

正确地测算投资利息需要把握下列6个方面。

(1) 应计息的项目。应计息的项目包括：土地取得成本、开发成本、管理费用和销售费用。销售税费一般不计息。

(2) 计息期的长短。计息期是某项费用应计息的时间长度。其起点是取得房地产开发用地的时间点，终点通常是开发期结束的时间点，一般不考虑预售和延迟销售的情况。另外值得注意的是，一般假设估价对象在估价时点时开发完成，所以建设期的终点一般是估价时点。有些费用不是发生在一个时间点，而是在一段时间(如开发期或建造期)内连续发生，但计息时通常将其假设为在所发生的时间段内均匀发生，具体视为发生在该时间段的期中。发生的时间段通常按年来划分，精确的测算也可按半年、季、月来划分。

(3) 计息的方式。有单利计息和复利计息两种。投资利息的计算一般采用复利计息法。复利计息是指以上一期的利息加上本金为基数计算当期利息的计算方法。

复利的总利息计算公式为：$I=P[(1+i)^n-1]$

其中，P 表示计息的本金，i 表示利息率，n 表示计息周期。

(4) 利率的高低。有单利利率和复利利率两种。选用不同的利率，应选用相对应的计息方式，反过来，选用不同的计息方式，应选用相对应的利率，不能混淆。

(5) 计息周期。计息周期是计算利息的单位时间。计息周期可以是年、半年、季、月、周或天等，但通常为年。

(6) 名义利率和实际利率。在复利计息的情形下，当利率的时间单位与计息周期不一致时，就出现了名义利率和实际利率(又称有效利率)的概念。例如，利率的时间单位为一年，而计息周期为半年、季、月、周或天等。

6) 销售税费

销售税费是指转让房地产时应由卖方(在此为房地产开发商)缴纳的税费，可分为下列两类。

① 销售税金及附加。包括营业税、城镇维护建设税和教育费附加(通常简称为“两税一费”)。

② 其他销售税费，包括印花税、交易手续费等。

销售税费一般是按照开发完成后的房地产价值的一定比例来测算。

特别提示

值得指出的是，这里的销售税费不包括应由买方缴纳的契税等税费，因为评估价值是建立在买卖双方各自缴纳自己应缴纳的交易税费下的价值。

7) 开发利润

这里开发利润是指房地产开发商(业主)的利润。运用成本法估算房地产价格时，不能单纯计算重新购建成本，因为建成后的房地产价格必须包括必要的利润才可能符合“成本加利润”的价值规律，在房地产市场上才能实现交易。

特别提示

开发利润是该类房地产开发项目在正常条件下房地产开发商所能获得的平均利润，而不是个别房地产开发商最终实际获得的利润，也不是个别房地产开发商所期望获得的利润。

开发利润通常按照一定基数乘以相应的利润率来估算。计算基数如果为开发完成后的房地产价值(售价)，开发利润的计算公式为

$$\text{开发利润}=\frac{\left(\begin{matrix}\text{土地}\\\text{取得成本}\end{matrix}+\begin{matrix}\text{开发}\\\text{成本}\end{matrix}+\begin{matrix}\text{管理}\\\text{费用}\end{matrix}+\begin{matrix}\text{销售}\\\text{费用}\end{matrix}+\begin{matrix}\text{投资}\\\text{利息}\end{matrix}+\begin{matrix}\text{销售}\\\text{税费}\end{matrix}\right)\times\text{销售利润率}}{1-\text{销售利润率}} \tag{4.41}$$

3. 重新购建价格的求取

土地的重新购建价格(重置成本)，通常是假设土地上的建筑物不存在的情况下，采用市场法等方法去求取其在估价时点重新取得的价格。在此过程中，一定要掌握好土地的剩余使用年限，便于后期进行调整。

建筑物的重新购建价格可以采用市场法、成本法求取，也可以通过政府或者其授权的部门、机构公布的房屋重置价格或者房地产市场价格扣除其中可能包含的土地价格来求取。总的来说，建筑物的重新购建价格可以通过直接法与间接法两种方法进行求取。

1) 直接法

根据旧建筑物的构成部分或全体，调查所使用材料的种类、品级、数量以及所需劳务

的种类、时间等，以估价时点旧建筑物所在地区的各种单价为基础，计算直接费、间接费及适当的建筑承包商利润，求得标准建造费；再加上开发商负担的通常附带费用，求得建筑物重新购建价格。

2) 间接法

如果旧建筑物所在地区或同一供求范围内的类似地区中，有类似建筑物实际建设的直接费、间接费、承包商利润及开发商直接负担的通常附带费用等所需的数据及明细，可以对此进行比较分析并适当修正，求得类似建筑物的造价，与估价对象建筑物比较，得到估价对象建筑物的重新购建价格。

不管是用直接法还是间接法，具体估算建筑物重新购建价格的方法有以下 4 种。

1. 单位比较法

单位比较法又可称为平方法，是以建筑物为整体，选取与建筑物价格或成本密切相关的某种计量单位(如停车场可选用车位、宾馆可选用床位或房间)为比较单位，通过调查了解类似建筑物的单位价格或成本，并对其做适当的修正、调整来求取建筑物重新购建价格的方法。单位比较法主要有单位面积法和单位体积法两种。

(1) 单位面积法是根据当地近期建成的类似建筑物的单位面积造价，对其做适当的修正、调整(有关修正、调整的内容和方法类似于市场法)，然后乘以估价对象建筑物的面积来测算建筑物的重新购建价格。

应用案例 4-14

某幢建筑物的建筑面积为 $500m^2$，该类用途和建筑结构的建筑物的单位建筑面积建筑安装工程费为 1 500 元/m^2，专业费用为建筑安装工程费的 7%，管理费用为上述两项费用之和的 3%，销售费用为重新购建价格的 4%，建设期为 6 个月，所有费用可视为在建设期内均匀投入，年利率为 7%，开发商销售利润率为 16%，销售税费为重新购建价格的 5%。请计算该建筑物的重新购建价格。

【解】设该建筑物单位建筑面积的重新购建价格为 V，计算如下：

(1) 建筑安装工程费=1 500(元／m^2)

(2) 专业费用=1 500 × 7%=105(元／m^2)

(3) 管理费用=(1 500 + 105) × 3%=48.15(元/m^2)

(4) 销售费用=V × 4%=0.04 V(元/m^2)

(5) 投资利息=$(1\,500 + 105 + 48.15 + 0.04V) \times [(1 + 7\%)^{0.25} - 1]$

$=28.20 + 0.000\,7V$(元/m^2)

(6) 销售税费=V × 5%=0.05 V(元/m^2)

(7) 开发利润=房地产价值 × 销售利润率=V × 16%=0.16V(元/m^2)

$V=1\,500 + 105 + 48.15 + 0.04V + 28.20 + 0.0007V + 0.05V + 0.16V$

V=2 243.89(元/m^2)

重新购建总价=2 243.89 × 500=112.19(万元)

(2) 单位体积法与单位面积法相似，是根据当地近期建成的类似建筑物的单位体积造价，对其做适当的修正、调整，然后乘以估价对象建筑物的体积来测算建筑物的重置价格或重建价格。这种方法适用于成本与体积关系较大的建筑物，如储油罐、地下油库等。

应用案例 4-15

某建筑物的体积为 300m^3，该类用途和建筑结构的建筑物的单位体积造价为 800 元/m^3。试估算该建筑物的重新购建价格。

【解】设该建筑物单位体积的重新购建价格为 V，计算如下：

$$V=800\times 300=24(万元)$$

2. 分部分项法

分部分项法是以建筑物的各个独立构件或工程的单位价格或成本为基础来求取建筑物重新购建价格的方法。即先测算各个独立构件或工程的数量，然后再乘以相应的单位价格或成本，并将它们相加。

应用案例 4-16

估算某旧有建筑物 2010 年 6 月 30 日的重新购建价格。实地查勘结果为：该建筑物为砖混结构，共两栋，总建筑面积 3 824m^2，调查、了解到估算该建筑物重新购建价格相关资料如下。

1. 建筑安装工程费。

1) 土建工程直接费

① 基础工程：89.34 元/ m^2

② 墙体工程：86.22 元/ m^2

③ 梁、板、柱工程：300.17 元/ m^2

④ 墙混凝土(电梯井壁、混凝土剪力墙)工程：74.44 元/ m^2

⑤ 楼梯混凝土工程：34.36 元/ m^2

⑥ 零星混凝土工程：22.82 元/ m^2

⑦ 屋面工程：22.45 元/ m^2

⑧ 脚手架工程：26.45 元/ m^2

⑨ 室外配套工程：140.36 元/ m^2

小计：796.61 元/ m^2

2) 安装工程直接费

① 电梯工程：150.00 元/ m^2(其中：人工费 12.00 元/ m^2)

② 给排水工程：88.34 元/ m^2(其中：人工费 14.08 元/ m^2)

③ 采暖通风工程：80.29 元/ m^2(其中：人工费 12.01 元/ m^2)

④ 电气工程：138.67 元/ m^2(其中：人工费 8.38 元/ m^2)

⑤ 消防工程：20.22 元/ m^2(其中：人工费 3.08 元/ m^2)

⑥ 综合布线工程：34.45 元/ m^2(其中：人工费 5.83 元/ m^2)

小计：511.97 元/ m^2(其中：人工费 55.38 元/ m^2)

3) 装饰工程直接费

① 门窗工程：150.00 元/ m^2

② 内部装饰工程：345.50 元/ m^2(其中：人工费 43.27 元/ m^2)

③ 外墙粉刷等工程：286.00 元/ m^2(其中：人工费 122.55 元/ m^2)

小计：781.50 元/ m^2(其中：人工费 165.82 元/ m^2)

4) 土建工程综合费率为土建工程直接费的 15.26%，安装工程综合费率为安装工程人工费的 82.22%，装饰装修工程综合费率为装饰装修工程人工费的 74.32%，税金为 3.445%。

2. 专业费用：建筑安装工程费的 8%。

3. 管理费用：建筑安装工程费与专业费用之和的 3%。

4. 销售费用：售价的 2.5%。

5. 投资利息：开发经营期为 2 年；费用第一年投入 60%，第二年投入 40%；年利率为 6.72%。

6. 销售税费：售价的 5.53%。

7. 开发利润：销售利润率为 15%。

【解】 设该旧有的建筑物重置总价为 V，估算如下：

(1) 建筑安装工程费

① 土建工程费=[796.61 × (1+15.26%)] × (1+3.445%)=949.80(元/ m^2)

② 安装工程费=(511.97+55.38 × 82.22%) × (1+3.445%)=576.71 (元/m^2)

③ 装饰装修工程费=(781.50+165.82 × 74.32%) × (1+3.445%)=935.91 (元/m^2)

④ 单位建筑安装工程费=949.80+576.71+935.91=2 462.42 (元/m^2)

建筑安装工程费总额=2 462.42 × 3 824=941.63(万元)

(2) 专业费用=941.63 × 8%=75.33(万元)

(3) 管理费用=(941.63+75.33) × 3%=30.51(万元)

(4) 销售费用=V × 2.5%=0.025 V(万元)

以上(1)至(4)项费用之和=941.63+75.33+30.51+0.025 V=1 047.47+0.025V(万元)

(5) 投资利息=(1 047.47+0.025V)×[60% × (1+6.72%)$^{1.5}$+40%(1+6.72%)$^{0.5}$−1]

=78.25+0.001 9 V(万元)

(6) 销售税费= V×5.53%=0.055 3V_B(万元)

(7) 开发利润=V×15%=0.15V(万元)

(8) V=1 047.47+0.025 V+78.25+0.001 9 V+0.055 3 V+0.15V

V=1 466.16(万元)

建筑物重置单价=1 466.16 ÷ 3 824=3 834.10(元/ m^2)

3. 工料估算法

工料估算法又称数量调查法，是求取建筑物重新购建价格中最为详尽和精确的方法之一。采用这种方法时，估价人员利用建筑设计图或楼面布置图，详细测算出建筑工程项目所耗费的各种材料和人工的数量，再分别乘以材料和人工费单价，加上承包商的利润、管理费用等，即得出建筑物的重新购建价格。工料估算法耗时耗资较多，常需要委托工程造价方面的专家进行估算。

4. 指数调整法

指数调整法运用物价指数、建筑成本(造价)指数或变动率，将估价对象建筑物的原始价值调整到估价时点时的现行价值来求取建筑物重新购建价格的方法。这种方法主要是用于检验其他方法的测算结果。

4.3.3 建筑物折旧的求取

1. 建筑物折旧的含义与分类

土地因其特殊性一般不存在折旧问题，估价中的折旧主要指建筑物的折旧。成本法估价中的建筑物折旧，是指由各种原因造成的建筑物价值的减损，其数额为类似新建建筑物在估价时点时的市场价值与其重新购建价格之间的差额。建筑物折旧不仅包括由于使用和受物理或化学变化影响而引起的有形的价值损失，而且还包括由于技术进步、消费观念变更等原因而引起的无形的价值损失。在实际估价中，建筑物折旧主要包括物质上的、功能上的和经济上的折旧三种情况。

1) 物质上的折旧

又称物理性折旧、物质磨损、有形损耗等，是指在物质实体方面的磨损所造成的建筑物价值的损失。其产生原因包括：

(1) 自然老朽，随着时间流逝由自然力作用的结果，未经任何使用的建筑物也会因风吹雨淋而损失其价值；

(2) 正常使用中所发生的磨损；

(3) 意外的破坏损毁，包括人为的损坏，如违章装修与搭建；

(4) 保养不当所发生的价值损失，如应该及时维修养护却延迟维修等；

(5) 灾害性损坏，如洪水、地震、火灾等事故对建筑物带来的价值损毁。

2) 功能上的折旧

又称精神磨损、无形损耗，是指建筑物成本效用等功能方面的相对落后所引起的价值损失。随着社会与经济的发展，人们对生活的要求也越来越高，新的建筑材料、新的建筑设备等新科技、新观念不断出现，原有建筑物因跟不上时代的步伐而产生贬值。包括由于消费观念变更、设计更新、技术进步等原因导致建筑物在功能方面的相对残缺、落后或不适用所造成的价值损失。即使是新建商品房，也可能因为其设计陈旧而只能以低于正常价格的价格出售，如房型设计上未满足消费者当前的生活需要等。其中低于正常价格的部分即可理解为建筑物功能上的折旧。

3) 经济上的折旧

又称外部性折旧，是指建筑物以外的各种不利因素所造成的价值损失。经济上的折旧与建筑物自身的内在质量无关，而是由于外在的客观条件发生变化而产生的。包括供给过量、需求不足、自然环境恶化、环境污染、交通拥挤、城市规划改变、政府政策变化等。

以上三种折旧并不是完全独立的发生，而通常是相互作用、相互关联的。如发生物质上的折旧的同时，会产生功能上的折旧，同时也可能产生经济上的折旧。其中功能上的折旧主要是由建筑物本身的内部原因引起的，而经济上的折旧则是建筑物自身以外的因素引起的。

应用案例 4-17

某旧有住宅，经市场调研测算其重置价格为 40 万元，墙面、门窗等破旧引起的物质折旧为 3 万元，因户型设计不好、没有互联网络导致的功能折旧为 8 万元，由于位于城市偏远地区引起的经济折旧为 7 万元。试求取该旧有住宅的折旧总额和现值。

【解】根据题意该旧有住宅的折旧总额和现值分别为：

该旧有住宅的折旧总额=3 + 8 + 7=18(万元)

该旧有住宅的现值=重置价格 − 折旧总额=40 − 18=22(万元)

建筑物的损耗还可分为可修复和不可修复两部分，修复所需的费用小于或等于修复后房地产价值的增加额的，为可修复部分；反之为不可修复部分。对于可修复部分，可直接估算其修复所需的费用作为折旧额。

2. 房地产估价中折旧与会计上折旧的区别

房地产估价中折旧与会计上折旧的区别具体表现在以下几个方面：

(1) 折旧目的不同。会计上的折旧只注重物质上的折旧，计算固定资产原始取得价值的摊销与回收，目的是为了准确计算成本和利润；而估价中除了计算物质上的折旧外，还要考虑功能上的和经济上的折旧，注重价值的减损，目的是能够真实准确地反映估价时点建筑物的价值。

(2) 折旧基数不同。会计成本上的折旧基数是建筑物的固定资产账面原值，即以建筑物固定资产实际购入或建造时的价格为依据，不随时间的改变而发生变化；估价中的折旧基数是建筑物在估价时点的重置价格或重建价格，随估价时点不同而不同。

(3) 折旧方法不同。会计上的折旧方法一经确定就不轻易更改；估价中折旧方法有很大的选择余地，必要时可同时采用几种方法相互验证，综合计算建筑物的折旧。

(4) 耐用年限不同。会计上的折旧按建筑物的耐用年限计算；估价中采用建筑物的经济耐用年限和土地使用权年限二者综合考察确定的建筑物的可计算年数。

3. 建筑物折旧的求取

求取建筑物折旧的方法很多，大致可归纳为三类：①年限法；②市场提取法；③分解法。

1) 年限法

年限法是根据建筑物的折旧建立在建筑物的经济寿命、有效年龄或剩余经济寿命来求取建筑物折旧的方法。

建筑物的寿命可分为自然寿命和经济寿命。建筑物的自然寿命是指从建筑物竣工之日开始，到建筑物的主要结构构件和设备的自然老化或损坏而不堪使用为止的时间。建筑物的经济寿命是指建筑物从竣工验收合格之日起预期产生的效益(经济效益或功能效用)大于运营费用的持续时间。

建筑物的经济寿命短于其自然寿命，是由市场决定的，相同类型的建筑物在不同地区的经济寿命也可能不同。经济寿命具体可根据建筑物的结构、工程质量、用途和维修养护情况，结合市场状况、周围环境、经营收益状况等进行综合分析判断得出。

建筑物的年龄可分为实际年龄和有效年龄。建筑物的实际年龄是指从建筑物竣工之日开始到估价时点为止的日历年数。建筑物的有效年龄是指估价时点时的建筑物状况和效用所显示的年龄。

建筑物的实际年龄和有效年龄有时不完全吻合。建筑物经历时间较长但是维修、保养到位有效年龄就可能小于实际年龄。具体情况是：①当建筑物的维修养护为正常的，其有效年龄与实际年龄相当；②当建筑物的维修养护比正常维修养护好或者经过更新改造的，其有效年龄小于实际年龄；③当建筑物的维修养护比正常维修养护差的，其有效年龄大于实际年龄。

建筑物的剩余寿命是其寿命减去年龄后的寿命，分为剩余自然寿命和剩余经济寿命。建筑物的剩余自然寿命是其自然寿命减去实际年龄后的寿命。建筑物的剩余经济寿命是其经济寿命减去有效年龄后的寿命。

特别提示

利用年限法求建筑物折旧时，建筑物的寿命应该是经济寿命，年龄为有效年龄，剩余寿命应为剩余经济寿命。

年限法包括直线法、余值递减法、年数合计法、偿债基金法、综合折旧法等方法。

(1) 直线法。

直线法是最简单的和迄今为止应用得最普遍的一种折旧方法，是在假定建筑物的经济寿命期每年的折旧额相等的基础上进行的。就是将建筑物的重新购建价格扣除残值后，平均分摊到经济寿命期各年中，即可求得每一年的折旧额。直线法的年折旧额计算公式为：

$$D_i = \frac{C-S}{N} = \frac{C(1-R)}{N} \tag{4.42}$$

式中 D_i——第 i 年的折旧额，或称作第 i 年的折旧；

C——建筑物的重新购建价格；

S——建筑物的净残值，建筑物的残值减去清理费用后的余额；

N——建筑物的经济寿命；

R——建筑物的净残值率，是建筑物的净残值与其重新购建价格的比率。

直线法中有效年龄为 t 年的建筑物折旧总额的计算公式为：

$$E_i = (C-s)\frac{t}{N} \tag{4.43}$$

应用案例 4-18

某建筑物建筑面积 $320m^2$，重新购建价格 2 500 元/ m^2，经济寿命 40 年，有效年龄为 7 年，残值率为 4%，求其现值。

【解】年折旧额 $D_i = \frac{C-S}{N} = \frac{C(1-R)}{N} = \frac{2\,500 \times 320 \times (1-4\%)}{40} = 19\,200$ (元)

建筑物现值 $V = C - E_i = C - (C-S)\frac{t}{N} = 2\,500 \times 320 - 19\,200 \times 7 = 66.56$ (万元)

(2) 成新折扣法。

成新折扣法是根据建筑物的建成年代、新旧程度或完损程度等，判定出建筑物的成新率，或者用建筑物的寿命、年龄计算出建筑物的成新率，然后将建筑物的重新购建价格乘以该成新率来直接求取建筑物的现值。其计算公式为：

$$V = C \times q \tag{4.44}$$

式中 V——建筑物的现值；

C——建筑物的重新购建价格；

q——建筑物的成新率(%)。

这种成新折扣法比较粗略，主要用于初步估价，或者同时需要对大量建筑物进行估价的场合，尤其是大范围的建筑物现值摸底调查。

房屋的成新率可根据房屋完损等级评定标准来判断。

房屋完损等级是指对现有房屋的完好或损坏程度划分等级，即房屋的质量等级。评定房屋完损等级要按照原城乡建设环境保护部 1985 年颁布的《房屋完损等级评定标准》规定的统一标准、项目和评定方法，通过目测、检测和定量、定性的分析，对整幢房屋进行综合性的评价。

评定房屋完损等级按下列三部分及其项目进行：

① 结构部分——基础、承重构件、非承重墙、屋面、楼地面等项目；

② 装修部分——门窗、外抹灰、内抹灰、顶棚、细木装修等项目；

③ 设备部分——水卫、电器照明、特殊设备(如消火栓、避雷针装置、电梯)等项目。

知识链接

房屋完损等级评定方法及评定标准

房屋完损等级根据房屋各个组成部分的完损程度综合评定。

其中，钢筋混凝土结构、砖混结构、砖木结构房屋完损等级评定方法有 4 种：

1. 房屋的结构、装修、设备等组成部分各项完损程度符合同一个完损标准，则该房屋的完损等级就是分项所评定的完损程度。

2. 房屋的结构部分各项完损程度符合同一个完损标准，在装修设备部分中有 1、2 项完损程度下降一个等级，其余各项仍和结构部分符合同一完损标准，则该房屋的完损等级按结构部分的完损程度来确定。

3. 房屋结构部分中非承重墙或楼地面分项完损程度下降 1 个等级完损标准，在装修或设备部分中有 1 项完损程度下降 1 个等级完损标准，其余 3 个组成部分的各项都符合上一个等级以上的完损标准，则该房屋的完损等级可按上一个等级的完损程度来确定。

4. 房屋结构部分中地基基础、承重构件、屋面等项的完损程度符合同一个完损标准，其余各分项完损程度又高出一个等级的完损标准，则该房屋完损等级可按地基基础、承重结构、屋面等项的完损程度来确定。

其他结构房屋在评定完损等级时按以下两种方法来确定：

1. 房屋的结构、装修、设备等部分各项完损程度符合同一个完损标准，则该房屋的完损等级就是分项的完损程度。

2. 房屋的结构、装修、设备部分等绝大多数项目完损程度符合 1 个完损标准，有少量分项完损程度高出一个等级完损标准，则该房屋的完损等级按绝大多数分项的完损程度来确定。

根据各类房屋的结构、装修、设备等组成部分的完好及损坏程度，房屋的完损等级分为以下 5 类：

1) 完好房

房屋的结构构件完好，安全可靠，屋面或板缝不漏水，装修和设备完好、齐全完整，管道畅通，现状良好，使用正常或虽个别分项有轻微损坏，但不影响居住安全和正常使用，一般经过小修就能修复好的房屋。

2) 基本完好房

房屋结构基本完好，少量构部件有轻微损坏，装修基本完好，油漆缺乏保养，设备、管道现状基本良好，能正常使用，经过一般性的维修即可恢复使用功能的房屋。

3) 一般损坏房

房屋结构一般性损坏，部分构部件有损坏或变形，屋面局部漏雨，装修局部有破损，油漆老化，设备管道不通畅，水卫、电照管线、器具和零件有部分老化、损坏或残缺，需要进行中修或局部大修更换部件的房屋。

4) 严重损坏房

房屋年久失修，结构有明显变形或损坏，个别构件已处于危险状态，屋面严重渗漏，装修严重变形、破损，油漆老化见底，设备陈旧不齐全，管道严重堵塞，水卫、电照的管线、器具和零件残缺及严重损坏，需要进行大修或翻修、改建的房屋。

5) 危险房

房屋承重构件已属危险构件，结构丧失稳定和承载能力，随时有倒塌可能，不能确保住用安全的房屋。

有关专业机构既可以对房屋完损等级进行定期评定，也可以不定期地对房屋完损等级进行评定，如根据气候特征，雨季、台风、山洪、暴风雪等，主要对危险房屋、严重损坏房屋和一般损坏房屋等进行检查，评定完损等级；房屋经过中修、大修、翻修和综合维修竣工验收以后，一般需重新进行评定完损等级；部分单位接管新建房屋后，也会要求专业机构评定完损等级。对于有地震设防的城市，在划分房屋完损等级时，应结合抗震能力进行鉴定，房屋经过维修后，应调整其完损等级。

知识链接

房屋新旧程度的判定标准

房屋新旧程度应与房屋完损等级相对应，一般表现为：

完好房——十成、九成、八成新；

基本完好房——七成、六成新；

一般损坏房——五成、四成新；

严重损坏房与危险房——三成新以下。

2) 市场提取法

市场提取法是利用与估价对象中的建筑物具有类似成新程度的建筑物的可比实例，来求取估价对象中的建筑物折旧的方法。所谓类似成新程度，是指可比实例中的建筑物的折旧类型和成新程度与估价对象中的建筑物的折旧类型和成新程度相当或相同。

如果知道了旧的房地价值、土地重新购建价格、建筑物重新购建价格，便可以求出建筑物折旧，即

$$\begin{aligned}\text{建筑物折旧}&=\text{土地重新购建价格}+\text{建筑物重新购建价格}-\text{旧的房地价值}\\&=\text{建筑物重新购建价格}-(\text{旧的房地价值}-\text{土地重新购建价格})\\&=\text{建筑物重新购建价格}-\text{建筑物折旧后价值}\end{aligned}\tag{4.45}$$

市场提取法求取建筑物折旧的步骤和主要内容如下：

(1) 搜集不同时期房地产交易实例。

(2) 从所搜集的交易实例中选取 3 个以上 10 个以下的可比实例。要求所选取的可比实例中的建筑物与估价对象中的建筑物具有类似新旧程度。

(3) 对每个可比实例的成交价格进行建立比较基准计算、交易情况修正、房地产状况

调整，但不进行市场状况调整。

(4) 求取每个可比实例在其成交日期时的土地重新购建价格，然后将前面换算、修正和调整后的可比实例成交价格减去土地重新购建价格得出建筑物余值。

(5) 求取每个可比实例在其成交日期时的建筑物重新购建价格，然后将每个可比实例的建筑物重新购建价格减去前面求出的建筑物余值得出建筑物折旧。

(6) 将每个可比实例的建筑物折旧除以建筑物重新购建价格转换为总折旧率。

(7) 将估价对象建筑物的重新购建价格乘以总折旧率，便可以得到估价对象建筑物折旧，即

$$建筑物折旧=建筑物重新购建价格\times总折旧率 \tag{4.46}$$

3) 分解法

分解法是对建筑物各种类型的折旧分别予以分析和估算，然后将它们加总来求取建筑物折旧的方法。它是求取建筑物折旧最详细、最复杂的一种方法。

分解法求取建筑物折旧的步骤如下：

① 求取物质折旧，是将物质折旧分解为各个项目，分别采用适当的方法求取折旧后相加；

② 求取功能折旧，是将功能折旧分解为各个项目，分别采用适当的方法求取折旧后相加；

③ 求取经济折旧，是将经济折旧分为不同情况，分别采用适当的方法求取折旧后相加；

④ 求取建筑物的折旧总额，将上述求取的所有折旧额相加得到建筑物的折旧总额。

4. 土地使用期限对建筑物经济寿命的影响

在土地使用权有限期的情况下，建筑物经济寿命与土地使用期限可能不是同时结束，因此，在求取建筑物折旧时应注意土地使用期限对建筑物经济寿命的影响。按以上思路将土地使用期限对建筑物折旧的影响总结如下。

(1) 建筑物经济寿命早于土地使用期限结束的，应按照建筑物经济寿命计算建筑物折旧。如图 4.1(a)所示，假设是在出让土地上建造的普通商品住宅，土地使用权出让年限为 70 年，建设期为 3 年，建筑物经济寿命为 50 年。在这种情况下，应按照 50 年(建筑物经济寿命)而不是 53 年(3＋50)、67 年(50＋17)或 70 年(土地使用期限)计算建筑物折旧。如图 4.1(b)所示，假设是一旧学校，在其建成 15 年后补办了土地使用权出让手续，土地使用权出让年限为 50 年，建筑物经济寿命为 60 年。在这种情况下，应按照 60 年(建筑物经济寿命)而不是 45 年(60－15)、50 年(土地使用期限)或 65 年(60+5)计算建筑物折旧。

(2) 建筑物经济寿命晚于土地使用期限结束的，分为在土地使用权出让合同中未约定不可续期和已约定不可续期两种情况。对于在土地使用权出让合同中未约定不可续期的，应按照建筑物经济寿命计算建筑物折旧。1994 年公布、2007 年修订的《中华人民共和国城市房地产管理法》第 21 条规定“土地使用权出让合同约定的使用年限届满，土地使用者未申请续期或者虽申请续期但依照前款规定未获批准的，土地使用权由国家无偿收回”，而未规定地上建筑物、其他附着物所有权一并由国家无偿收回。2000 年印发的 GF—2000—2601《国有土地使用权出让合同示范文本》进一步根据土地出让期限届满受让人申请续期和不申请续期两种情况，明确了对地上建筑物、其他附着物的不同处理：“土地出让期限

届满，受让人提出续期申请而出让人根据本合同第 25 条之规定没有批准续期的，土地使用权由出让人代表国家无偿收回，但对于地上建筑物及其他附着物，出让人应当根据收回时地上建筑物、其他附着物的残余价值给予受让人相应补偿”；“土地出让期限届满，受让人未申请续期的，本合同项下土地使用权和地上建筑物及其他附着物由出让人代表国家无偿收回”。

在土地使用权出让合同中已约定不可续期的情况比较少见。对于在土地使用权出让合同中已约定不可续期的，应按照建筑物经济寿命减去其晚于土地使用期限的那部分寿命后的寿命计算建筑物折旧。如图 4.1(c)所示，假设为出让使用权土地上的旅馆，土地使用权出让年限为 40 年，建设期为 2 年，建筑物经济寿命为 60 年。在这种情况下，建筑物经济寿命中晚于土地使用期限的那部分寿命为 22 年(2+60－40)，因此，应按照 38 年(60－22)而不是 60 年、62 年或 40 年计算建筑物折旧。如图 4.1(d)所示，假设为划拨土地使用权上的工厂，建成 6 年后补办了土地使用权出让手续，土地使用权出让年限为 40 年，建筑物经济寿命为 60 年。在这种情况下，建筑物经济寿命中晚于土地使用期限的那部分寿命为 14 年(60－6－40)，因此，应按照 46 年(60－14)而不是 60 年、54 年或 40 年计算建筑物折旧。

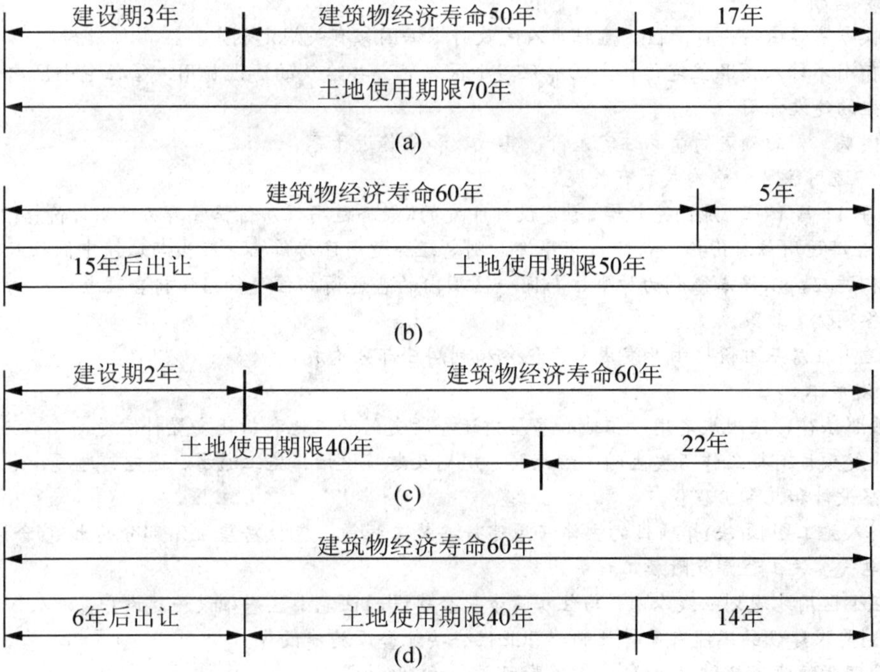

图 4.1 建筑物经济寿命与土地使用期限关系

知识链接

价格构成的有关规定

1. 商品住宅价格构成的有关规定

1992 年 7 月 20 日，原国家物价局、建设部、财政部、中国人民建设银行印发的《商品住宅价格管理暂行办法》([1992]价费字 382 号)规定：商品住宅价格应以合理成本为基础，有适当利润，结合供求状况和国家政策要求制定，并根据楼层、朝向和所处地段等因素，实行差别价格。

商品住宅价格由下列项目构成。

1) 成本

(1) 征地费及拆迁安置补偿费：按国家有关规定执行。

(2) 勘察设计及前期工程费：依据批准的设计概算计算。

(3) 住宅建筑、安装工程费：依据施工图预算计算。

(4) 住宅小区基础设施建设费和住宅小区级非营业性配套公共建筑的建设费：依据批准的详细规划和施工图预算计算；住宅小区的基础设施和配套建设项目按照国家和省、自治区、直辖市人民政府颁发的城市规划定额指标执行。

(5) 管理费：以上述(1)～(4)项之和为基数的1%～3%计算。

(6) 贷款利息：计入成本的贷款利息，根据当地建设银行提供的本地区商品住宅建设占用贷款的平均周期、平均比例、平均利率和开发项目具体情况确定。

2) 利润

以上述成本中(1)～(4)项之和为基数核定。利润率暂由省、自治区、直辖市人民政府确定。

3) 税金

按国家税法规定缴纳。

4) 地段差价

其征收办法暂由省、自治区、直辖市人民政府根据国家有关规定制定。

下列费用不计入商品住宅价格：①非住宅小区级的公共建筑的建设费用；②住宅小区内的营业性用房和设施的建设费用。

根据楼层、朝向确定的商品住宅差价，其代数和应趋近于零。

2. 经济适用住房价格构成的有关规定

2002年11月17日，原国家计委、原建设部印发的《经济适用住房价格管理办法》(计价格(2002]2503号)规定：经济适用住房价格实行政府指导价。制定经济适用住房价格，应当与城镇中低收入家庭经济承受能力相适应，以保本微利为原则，与同一区域内的普通商品住房价格保持合理差价，切实体现政府给予的各项优惠政策。

经济适用住房基准价格由开发成本、税金和利润三部分构成。

1) 开发成本

(1) 按照法律、法规规定用于征地和房屋拆迁等所支付的征地和拆迁安置补偿费。

(2) 开发项目前期工作所发生的工程勘察、规划及建筑设计、施工通水、通电、通气、通路及平整场地等勘察设计和前期工程费。

(3) 列入施工图预(决)算项目的主体房屋建筑安装工程费，包括房屋主体部分的土建(含桩基)工程费、水暖电气安装工程费及附属工程费。

(4) 在小区用地规划红线以内，与住房同步配套建设的住宅小区基础设施建设费，以及按政府批准的小区规划要求建设的不能有偿转让的非营业性公共配套设施建设费。

(5) 管理费按照不超过以上(1)～(4)项费用之和的2%计算。

(6) 贷款利息按照房地产开发经营企业为住房建设筹措资金所发生的银行贷款利息计算。

(7) 行政事业性收费按照国家有关规定计收。

2) 税金

税金依照国家规定的税目和税率计算。

3) 利润

按照不超过开发成本中(1)～(4)项费用之和的3%计算。

下列费用不得计入经济适用住房价格：①住宅小区内经营性设施的建设费用；②房地产开发经营企业留用的办公用房、经营用房的建筑安装费用及应分摊的各种费用；③各种与住房开发经营无关的集资、赞助、捐赠和其他费用；④各种赔偿金、违约金、滞纳金和罚款；⑤按规定已经减免及其他不应计入价格的费用。

4.3.4 成本法对估价项目价格的测算

商品住宅价格由成本、利润、税金和地段差价构成。

1. 成本

1) 土地取得成本

(1) 征地及拆迁安置补偿费(土地使用权价格)。

对于本估价项目，采用基准地价修正系数法求取土地使用权价格。所谓基准地价修正系数法是在政府确定公布了基准地价的地区，由估价对象所处地段的基准地价调整得出估价对象宗地价格的方法。基准地价修正系数法将在单元 8 中详细讲解。

根据《××市 2009 中心市区土地级别和基准地价更新成果报告》，基准地价修正系数法评估宗地地价的计算公式为

待估宗地地价=基准地价×(1＋综合修正率)×(1＋其他修正百分数)

(2) 确定估价对象的土地级别及基准地价。

估价对象土地使用权证上的土地用途为居住用途，估价对象在估价时点的实际用途为住宅，故此次估价对象的土地用途按照居住用途进行计算。根据《××市 2009 中心市区土地级别和基准地价更新成果报告》，估价对象位于×市中心市区四级地区，该级别住宅用地的基准地价为 2 280 元/m^2。(不包括市政公用基础设施大配套工程费)

(3) 确定影响居住用地价格的房地产状况调整系数(见表 4-9)。

表 4-9 影响居住用地价格的房地产状况调整系数表

影响因素		所属等级	调整系数(%)
商业繁华度	距市中心(m)	较差	-1
	距区中心(m)	较优	0.5
	距小区中心(m)	较优	0.5
道路通达度	距主干道(m)	中	0
	距次干道(m)	较优	0.5
公交便捷度	距中心车站(m)	较优	0.2
	距停车站(m)	中	0
对外交通	距火车站(m)	较差	−0.4
	距长途车站(m)	较差	−0.4
基础设施完善度		中	0
社会福利便利度	距小学(m)	中	0
	距医院(m)	中	0
	距文娱场所(m)	较优	0.2
环境条件	绿化覆盖度(%)	较差	−0.4
	距污染源(m)	较优	0.1
合计			−0.2

(4) 其他修正调整。

① 使用年期修正：估价对象土地用途为住宅，出让年限为 70 年，剩余使用年限 50 年，基准地价是按照出让期 70 年进行计算的，因此需进行使用年期修正。已知土地报酬率 6%。

$$K=\frac{(1+Y)^{N-n}[(1+Y)^{n}-1]}{(1+Y)^{N}-1}=\frac{(1+6\%)^{70-50}[(1+6\%)^{50}-1]}{(1+6\%)^{70}-1}=0.962$$

② 土地开发程度修正：土地开发程度通过基础设施完备度水平影响土地质量，进而影响宗地地价。土地开发程度修正以设定的平均开发程度“七通一平”(红线外通路、通电、通信、通上水、通下水、通天然气、通热力及宗地内场地平整)的正常平均开发成本为标准，将待估宗地的实际开发状态与“七通一平”开发程度比较，加上或减去相应的基础设施开发费的差值。待估项目宗地实际开发程度为“七通一平”，故不做修正。

③ 住宅的楼层修正：通常，由于楼层的差异造成方便程度、视野、小环境的差异，使楼层成为影响房屋使用价值的重要因素之一。住宅用途的房屋仅仅由于所在楼层的不同，其售价或租金水平都存在明显差异。在使用公布的《××市 2009 中心市区土地级别和基准地价更新成果报告》进行估价时，相关居住用地的基准地价应是其区域内所有楼层土地的平均价格，至于其中某一楼层的地价，应根据相应的价格贡献程度作相应修正。

经过估价人员对区域内一段时间内交易的一定数量的商品房住宅及二手房资料的调查研究，并参考能查阅到的有关楼层价格修正的相关数据，确定本次估价格的三、四层土地地价修正系数为 1.1。

④ 容积率修正：此次估价按《××市 2009 中心市区土地级别和基准地价更新成果报告》公布的六级居住用地进行估价，基准地价以一定的容积率为基础，《××市 2009 中心市区土地级别和基准地价更新成果报告》中公布的住宅用地的容积率为 1.8。查表确定容积率修正系数为 1。

计算修正后的地价：

$$\text{宗地地价}=\text{基准地价}\times(1+\text{综合修正率})\times(1+\text{其他修正百分数})$$

$$=2\,280\times(1-0.2\%)\times0.962\times1\times1.1\times1=2\,407.87\ \text{元/m}^2$$

$$\text{楼面地价}=\text{单位地价}\div\text{容积率}=2\,407.87\div1.8\approx1\,338\ \text{元/m}^2$$

2) 勘察设计及前期工程费

估价人员参照估价时点社会平均造价情况进行测算、修正，得到估价对象勘查设计和前期工程费单价为 138 元/m^2。

3) 住宅建筑、安装工程费

根据《××房地产市场》公布的××市砖混结构多层住宅投资成本分析，确定工程费单价为 1 080 元/m^2。

4) 住宅小区基础设施建设费和住宅建设非营业性公建配套费

估价人员对估价对象进行了现场查看，该地区周围基础配套设施齐全，依据××市配套费用水平，确定住宅小区基础设施建设费和住宅建设非营业性公建配套费单价为 447 元/m^2。

5) 管理费

商品住宅开发成本中，管理费用按照前 4 项之和的 2%计算。

管理费=上述 4 项之和×2%=60 元/m^2

6) 投资利息

投资利息计息基数为前 5 项之和，估价对象开发周期取 1 年，年利率为 5.85%，假设各项费用在开发周期内是均匀投入的。

投资利息=前 5 项之和×[(1+利率)$^{0.5}$−1]=88.32 元/m^2

2. 利润

估价对象为商品住宅，根据有关规定为上述计算基数 1)～4)项之和。按××市人民政府颁布的利润率为 5%。

利润=(土地取得成本＋勘察设计和前期工程费＋建筑安装工程费
+住宅小区基础设施建设费和住宅建设非营业性公建配套费)×5%
=150.15 元/m^2

3. 税金

税金为营业税、城市维护建设税和教育费附加，计算基数为上述 1)～6)项费用之和，税率为 5.55%。

营业税金及其附加=1)～6)项费用之和×5.55%=175 元/m^2

销售费用：本房地产开发商将销售费用于房地产项目建成时一次性投入，故销售费用不计利息。据调研，××市商品住宅销售费用水平为 40 元/m^2。

4. 地段差价

由于估价对象所处地段较好，周围景观、建筑风格和质量都比较好，考虑到未来房地产价值的增值趋势，因此对估价对象进行增价处理，每平方米增价 42 元。

5. 成本法计算的商品住宅积算价格

V=成本＋利润＋税金＋地段差价=3 558.47 元/m^2

4.3.5 估价结果的确定与复核

根据上述分析与计算，得到市场法测算的结果是 3 816.27 元/m^2，成本法测算结果是 3 558.49 元/m^2，对可比实例的选择和修正，市场数据使用，参数选择以及两种方法的计算过程进行复核后确定没有明显疏漏，所以可以认定两种方法的测算结果是真实有效的。

将两种方法的测算结果进行综合得到估价项目的最终估价结果为：

V=(3 816.27＋3 558.49)÷2=3 687.37 元/m^2

估价对象建筑面积 128m^2，因此总价为：

3 687.37×128=47.20(万元)

综合应用案例一

一、估价对象概况

估价对象为城市规划住宅区内的一宗居住房地产，建筑面积130m²。其他情况略。

二、估价目的：求取该估价对象在2010年9月1日的正常市场价格。

三、估价时点：2010年9月1日

四、估价作业期：2010年9月3日—2010年9月18日

五、估价技术路线：先搜集估价时点近期的类似房地产交易资料，选取三个可比实例，通过对可比实例适当的处理来求取估价对象价值，即采用市场法；同时搜集大量市场建筑材料、税费、人工费用等相应资料，估算房屋重新购建价格，估算建筑物折旧或建筑成新率，最后求取估价对象积算价格，即采用成本法。

六、已知条件

根据估价人员调查分析，在估价对象附近选取了A、B、C三宗已成交类似商品住宅为可比实例。有关资料见表4-10。

表4-10　三宗已成交类似商品住宅资料

比较项目	可比实例A	可比实例B	可比实例C
成交价格	4 500元人民币/m²	600美元/m²	5 000元人民币/m²
成交日期	2009年11月初	2010年1月初	2010年6月初
交易情况	−5%	0%	+2%
房地产状况	+2%	+3%	−2%

其中负值表示低于正常值(估价对象)，正值表示高于正常值。另知，2010年1月初人民币与美元的市场汇价为1∶7.2；2010年9月初的市场汇价为1∶7.3；该类商品住宅以人民币为基准的价格在2009年6月初至2010年3月初之间平均每月上涨1%，在2010年3月初至2010年9月初之间平均每月上涨1.5%。

七、比较演算：

根据公式

比准价格=可比实例成交价格×交易情况修正系数×市场状况调整系数×房地产状况调整系数

求得：

$$V_A = 4\,500 \times \frac{100}{100-5} \times (1+1\%)^4 \times (1+1.5\%)^6 \times \frac{100}{100+2} = 5\,284.09\text{ (元人民币/m}^2\text{)}$$

其中可比实例A的成交日期为2009年11月初，而估价时点在2010年9月初，由于在此期间该类商品住宅的价格有两种月上涨率，因此其估价日期修正必须分两次进行。月上涨率为1%的月数应从成交日期2009年11月初算起至2010年3月初，而不是从已知条件2009年6月初算起，即12－11+3=4个月；月上涨率为1.5%的月数为9－3=6个月。可比实例B、可比实例C进行市场状况调整时的月数计算同理。

$$V_B = 600 \times 7.2 \times \frac{100}{100} \times (1+1\%)^2 \times (1+1.5\%)^6 \times \frac{100}{100+3} = 4\,678.27\text{ (元人民币/m}^2\text{)}$$

可比实例B中须建立价格可比基础，已知条件中出现两种市场汇率，因600美元是发生在交易当时的价格，所以此处应选用可比实例成交当时的市场汇率，而非估价时点的市场汇率。另外还应注意，当已知条件中月上涨率等数据发生在人民币基准下，应将美元统一为人民币进行调整；当已知条件中月上涨率等数据发生在美元基准下，则应将人民币转化为美元才能进行市场状况调整。

$$V_C = 5\,000 \times \frac{100}{100+2} \times (1+1.5\%)^3 \times \frac{100}{100-2} = 5\,230.48\text{ (元人民币/m}^2\text{)}$$

八、求取最终比准价格

以上各修正价格差距不大，故将上述三个比准价格的简单算术平均数作为市场法的测算结果。

则该估价对象的最终估价额为：

$$估价对象价格(单价) = (5\,284.09 + 4\,678.27 + 5\,230.48) \div 3 = 5\,064.28\,(元人民币/m^2)$$

九、成本法测算

估价对象为新建商品住宅项目，重新购建价格即该估价对象房地产价值根据规定由成本、利润、税金、地段差价组成。具体计算过程如下：

1. 成本

1) 征地费及拆迁安置补偿费

此次估价采用了基准地价修正系数法求取土地使用权价格。所谓基准地价修正系数法是在政府确定公布了基准地价的地区，由估价对象所处地段的基准地价调整得出估价对象宗地价格的方法。

根据《××市 2008 中心市区土地级别和基准地价更新成果报告》，基准地价修正系数法评估宗地地价的计算公式为

$$宗地地价=基准地价 \times (1+总和修正率) \times (1+其他修正系数)$$

估价对象土地使用权证上的土地用途为住宅，故此次估价对象的土地用途按照居住用途进行计算。根据《××市 2008 中心市区土地级别和基准地价更新成果报告》，估价对象位于××市中心市区三级地区，该级别住宅用地的基准地价为 3 930 元／m^2。

根据估价人员对估价对象土地的区位情况、使用年期、容积率、土地开发程度等的调查，确定总和修正率为-5.6%，其他修正系数为 1%

修正后地价为

$$\begin{aligned}修正后单位地价&=基准地价 \times (1+总和修正率) \times (1+其他修正系数)\\&=3\,930 \times (1-5.6\%) \times (1+1\%)\\&=3\,747.02\ 元/m^2\end{aligned}$$

$$待估宗地楼面地价=单位地价 \div 容积率=3\,747.02 \div 1.8 \approx 2\,082\ 元/m^2$$

2) 勘察设计及前期工程费

估价人员参照估价时点社会平均造价情况进行测算、修正，得到估价对象勘察设计及前期工程费单价为 224 元/m^2。

3) 住宅建筑、安装工程费

根据《××房地产市场》公布的××市砖混结构多层住宅投资成本分析，确定工程费单价为 1 240 元/m^2。

4) 住宅小区基础设施建设费和住宅小区级非营业性配套公共建筑的建设费

估价人员对估价对象进行了现场查看，该地区周围基础配套设施齐全，依据××市配套费用水平，确定住宅小区基础设施建设费和住宅建设非营业性公建配套费单价为 780 元/m^2。

5) 管理费

商品住宅管理费按照以上四项之和为基数的 1%～3%计算，此处取 2%，则管理费为

$$管理费=(2\,082+224+1\,240+780) \times 2\%=86.52\ 元/m^2$$

6) 贷款利息

贷款利息基数为前 5 项之和，估价对象开发周期取 1 年，年利率为 5.85%，假设各项费用在开发期内是均匀投入的。

$$贷款利息=(2\,082+224+1\,240+780+86.52) \times [(1+5.85\%)^{0.5}-1]=127.23\ 元/m^2$$

2. 利润

根据商品住宅利润计算有关规定，利润以上述 1)～4)项之和为基数核定。该市利润率为 5%，则

$$利润=(2\ 082+224+1\ 240+780)\times 5\%=216.3\ 元/m^2$$

3. 税金

税金为营业税、城镇维护建设税、教育费附加，计算基数为上述1)～6)项费用之和，税率为5.55%，则税金为

$$税金=(2\ 082+224+1\ 240+780+86.52+127.23)\times 5.55\%=251.96\ 元/m^2$$

4. 地段差价

由于估价对象所处地段较好，周围景观、建筑风格和质量都比较好，因此对估价对象进行增价处理，每平方米增价38元。

成本法计算的价格=成本+利润+税金+地段差价=5 046.01 元/m^2

十、最终结果确定

市场法单价=5 064.28 元/m^2

成本法单价=5 046.01 元/m^2

采用简单算术平均最终结果为5 055.15 元/m^2

综合应用案例二

一、估价对象概况：

某房地产位于某市二级地段内，为一独立式花园住宅，占地面积240 m^2，建筑面积460 m^2，建筑物结构为砖木一等，内部装修良好，成新程度不足八成新，设备有电话、空调、互联网等。

二、估价目的：求取该估价对象在2010年11月1日的正常市场价格。

三、估价时点：2010年11月1日

四、估价技术路线

估价人员经调研认为，该城市近年来房地产市场相对稳定，房地产交易价格变动幅度不大，虽然类似独立式花园住宅在同一区域交易相对较少，但其区域条件可以进行修正，且交易实例数量已足以采用市场法进行估价。同时可以搜集估价时点建筑材料、工艺技术等资料采用成本法估价。

五、估价过程

(一) 市场法

1. 已知条件

估价人员经过调查选取了三个可比实例，相关资料见表4-11。

表4-11 可比实例相关资料

比较项目	可比实例A	可比实例B	可比实例C
座落区域	一级	三级	二级
建筑物面积(m^2)	420	480	550
交易日期	2010.5.1	2010.7.1	2009.12.1
交易单价(元/ m^2)	16 000	14 500	15 800

另知：可比实例C的成交价格低于当时的正常市场价格2%，其余可比实例均为正常价格；同类交易价格2009年平均每月上涨率为1. 5%，2010年平均每月上涨率1%。

其房地产状况比较见表4-12。

表 4-12 可比实例房地产状况因素

序号	比较项目	设定分值	对象分值	实例 A	实例 B	实例 C
1	地段等级	10	9	10	8	9
2	交通通达	10	8	10	8	9
3	市政设施	10	9	9	9	9
4	环境景观	10	10	7	8	8
5	商务服务	10	7	8	7	7
6	公共设施	10	7	7	7	8
7	文娱设施	10	6	8	7	8
8	装修情况	10	8	9	7	8
9	内部设备	10	7	8	8	7
10	内部结构	10	8	7	8	7
	合计	100	79	83	77	80

2. 比较演算

根据已知条件，案例中的房地产状况均采用了间接比较，故采用公式：

$$估价对象价格=可比实例成交价格\times\frac{100}{100\pm s}\times(1\pm月价格变动率)^{期数}\times\frac{100}{(\quad)}\times\frac{(\quad)}{100}$$

得出：

可比实例 A 的比准价格=16 000 × 100/100 × (1+1%)^6 × 79/83=16 165.80 元/m^2

可比实例 B 的比准价格=14 500 × 100/100 × (1+1%)^4 × 79/77=15 480.67 元/m^2

可比实例 C 的比准价格=15 800 × 100/(100−2) × (1+1.5%) × (1+1%)^{10} × 79/80=17 850.40 元/m^2

3. 求取最终比准价格

采用算术平均数求取最终比准价格为：

比准价格=(16 165.80+15 480.67+17 850.40) ÷ 3=16 498.96 元/m^2

总价=16 498.96 × 460=758.95 万元

(二) 成本法

1. 已知条件

在估价时点征用郊区农村土地平均每亩需支付 25 万元的征地补偿等费用，约合 375 元/m^2，将土地开发需投资(含开发商合理利润)650 元/m^2，以上两项合计 1 025 元/m^2，可视为城市边缘熟地(即最差级土地)价格。该城市土地价格级差见表 4-13。

表 4-13 该城市土地价格级差表

土地级别	1	2	3	4	5	6	7	8	9	10
地价是次级土地的倍数	1.30	1.30	1.30	1.30	1.30	1.30	1.30	1.30	1.30	1
地价是最差级土地倍数	10.6	8.16	6.27	4.83	3.71	2.86	2.20	1.69	1.30	1

现实与估价对象建筑物类似的不包括土地价格在内的建筑物造价为 15 450 元/m^2(含合理利润、税费等)。

2. 求取积算价格

估价对象价格=土地重置价格+建筑物重置价格−折旧

$$=1\,025\times8.16\times240+15\,450\times460\times\frac{23}{30}$$

=200.74+544.87=745.61 万元

单价=745.61 ÷ 460=1 6208.91 元/m^2

(三) 最终结果

市场法估价结果较为符合估价时点的市场状况，故市场法估价结果比重为 0.6，成本法估价结果比重为 0.4，将上述两种方法所得结果进行平均，得出：

最终估价结果：估价对象单价=16 498.96 × 0.6+16 208.91 × 0.4=16 382.94 元/m^2

总价=16 382.94 × 460=753.61 万元

单元小结

本单元介绍了居住房地产估价的技术路线和采用的主要方法。居住房地产由于同类型的房地产数量较多而且交易频繁，所以适宜采用市场法进行估价。而且在选择方法时，由于市场比较活跃，建筑材料价格等资料较容易获得，也比较适用于成本法估价。采用市场法时，大致的估价过程是搜集交易实例、选取可比实例、建立价格比较基准、交易情况修正、市场状况调整、房地产状况调整、求取比准价格。成本法估价时，先确定成本法的基本公式，对成本法价格构成进行逐一确定，即求取重新购建价格，确定建筑物折旧或成新率，最后求取积算价格。

习　题

一、单项选择题

1. 可比实例的权利性质应与估价对象的权利性质相同，当两者不相同时，一般(　　)。

A. 不能作为可比实例

B. 取相同的部分作对比

C. 仍然允许适当作一定范围内的可比实例

D. 仍然可作为可比实例

2. 选取的可比实例的规模应与估价对象的规模相当，一般应在估价对象规模的(　　)倍之内。

A. 0.5～1.5　　B. 0.5～2　　C. 0.8～1.2　　D. 0.8～1.5

3. 某宗房地产交易总价为 35 万元，其中在交房一年前支付 10%的定金，交房半年前首付 30%，交房时支付 20%，交房半年后支付 30%，一年后支付剩余的 10%，年利率为 6%，则房地产一次付清的价格为(　　)万元。

A. 23.69　　B. 23.76　　C. 28.02　　D. 30.76

4. 以下属于房地产权益状况比较、调整的内容有(　　)。

A. 基础设施完备程度　　B. 城市规划限制条件

C. 地面形状、面积大小　　D. 环境景观

5. 某房地产交易属于非正常交易，成交价格 3 500 元/m^2，比正常价格高 8%，则正常价格为(　　)元/m^2。

A. 3 130　　B. 3 220　　C. 3 241　　D. 3 500

6. 某城市房地产交易中，卖方、买方应缴纳的税费分别为正常成交价格的 6%、3%，某宗房地产交易中买方付给卖方 2 500 元/m^2，应缴纳的税费均由买方负担，则该宗房地产的正常成交价格为(　　)元/m^2。

A. 2 660　　B. 2 427　　C. 2 425　　D. 2 294

7. 在成本法求取折旧中，采用(　　)更符合实际情况。

A. 有效经过年数　　B. 实际经过年数
C. 剩余经过年数　　D. 自然经过年数

8. 某建筑物已使用 8 年，经实地勘察，估计尚可使用 32 年，残值率 5%则该建筑物的成新率为(　　)。

A. 76%　　B. 80%　　C. 81%　　D. 84%

9. 已知某房地产的土地取得成本 1 500 万元，土地开发成本 3 000 万元，管理费用 400 万元，投资利息 500 万元，销售费用 400 万元，销售税费 600 万元，开发完成后的房地产价值 10 000 万元，则该房地产的销售利润率为(　　)。

A. 36%　　B. 62.07%　　C. 73.47%　　D. 80%

10. 某旧住宅，测算其重置价格为 40 万元，地面、门窗等破旧引起的物质折旧为 3 万元，因户型设计不好、没有独用厕所和共用电视天线等导致的功能折旧为 8 万元，由于位于城市衰落地区引起的经济折旧为 7 万元，该旧住宅的折旧现值为(　　)万元。

A. 40%　　B. 30%　　C. 25%　　D. 22%

二、多项选择题

1. 以下难以使用市场法估价的房地产有(　　)。

A. 标准工业厂房　　B. 写字楼
C. 古建筑　　D. 纪念馆
E. 学校

2. 以下交易属于非正常交易(交易价格不正常)的有(　　)。

A. 土地使用权出让拍卖　　B. 相邻房地产的合并交易
C. 房地产涉案拍卖　　D. 卖方负责补交土地使用权出让金
E. 买方不负责缴纳契税

3. 市场状况调整的具体方法有(　　)。

A. 价格指数　　B. 价格变动率
C. 时间序列分析　　D. 价格可变系数
E. 差额法

4. 市场法建立价格比较基准，主要包括(　　)。

A. 统一房地产范围　　B. 统一货币单位
C. 统一付款方式　　D. 统一采用单价
E. 统一价格单位

5. 下列哪种房地产最适用成本法估价(　　)。

A. 学校　　B. 公园

C. 商场　　D. 普通商品住宅

E. 油田

6. 建筑物的物质折旧包括(　　)。

A. 功能衰退　　B. 正常使用的磨损

C. 环境恶化　　D. 以外的破坏损毁

E. 城市规划改变

7. 求取建筑物重新购建价格的方法具体有(　　)。

A. 单位比较法　　B. 分部分项法

C. 工料估算法　　D. 指数调整法

E. 时间序列法

8. 成本法中的利息计算，包括(　　)的利息。

A. 土地取得成本　　B. 开发成本和管理费用

C. 土地取得成本、开发成本、利润　　D. 借贷资金

E. 自有资金

三、判断题

1. 居住房地产往往使用年限较长。(　　)

2. 有无学校、医院、商店、超市、菜市场、银行、邮局等属于住宅周围环境状况。(　　)

3. 统一付款方式时，采用银行贷款与一次性支付没有任何差别。(　　)

4. 建筑物的自然寿命是指建筑物从竣工验收合格之日起预期产生的效益(经济效益或功能效用)大于运营费用的持续时间。(　　)

5. 建筑物经济寿命早于土地使用期限结束的，应按照建筑物经济寿命计算建筑物折旧。(　　)

四、简答题

1. 选取可比实例应符合哪些要求？
2. 什么是市场状况调整？
3. 不同币种之间应采用何时、何种汇率进行换算？
4. 什么是重新购建价格？
5. 影响居住房地产价格的因素有哪些？
6. 建筑物折旧指什么？如何计算？

五、案例分析

某公司于5年前以出让方式取得一宗面积2 000m^{2}的40年使用权的土地，并于3年前建成物业投入使用，总建筑面积为4 000 m^2。现时重新取得40年土地使用权的出让价格为2 000元/ m^2，重新建造建筑物的建安成本为650万元(建设期为2年，第一年投入40%，第二年投入60%，可视为年中集中投入)，管理费为建安成本的3%，年利率为6%，销售税费为90万元，开发利润为120万元。门窗、墙面等损坏的修复费用为8万元；装修的重置价格为140万元，平均寿命为5年；设备的重置价格为100万元，平均寿命为10年；假设残

值率均为零。试计算该宗房地产的现时的价格。(土地资本化率为 8%)

综合实训(一)

一、实训内容

为评估某住宅楼的价格，估价人员在该住宅楼附近地区调查选取了 A、B、C、D、E 共五个类似住宅楼的交易实例，其有关资料见表 4-14。

表 4-14　交易实例相关资料

		实例 A	实例 B	实例 C	实例 D	实例 E
成交价格(元/ m^2)		5 100	5 800	5 200	5 300	5 000
成交日期		2009.11.30	2010.6.30	2010.1.31	2008.7.31	2010.5.31
交易情况		+2%	+21%	0	0	−3%
房地产状况	区位状况	0	−3%	+3%	+1%	0
	权益状况	−2%	0	+2%	−1%	−1%
	实物状况	−4%	−5%	−2%	+2%	+1%

表 4-14 中，交易情况、房地产状况中的+、-值都是按直接比较所得结果。其中，房地产状况中的三方面因素产生的作用程度相同。另据调查得知：2008 年 7 月 1 日—2009 年 1 月 1 日该类住宅楼市场价格每月递增 1.5%，其后至 2009 年 11 月 1 日每月递减 0.5%，2009 年 11 月 1 日—2010 年 4 月 30 日的市场价格基本不变，以后每月递增 1%。试利用上述资料根据估价相关要求选取最合适的 3 个交易实例作为可比实例，并估算该住宅楼 2010 年 8 月 31 日的正常市场单价(采用算术平均数)。

二、实训要求

根据选择可比实例的数量、质量要求，从交易实例中选择合适的可比实例，计算中注意交易情况、市场状况、房地产状况的修正和调整，特别是市场状况采用价格变动率调整时指数的确定。

综合实训(二)

一、实训内容

进行搜集交易实例的市场调研练习。

二、实训要求

拟订市场调查的目标，确定调查范围和内容，分组进行市场调研。以模块教学、模块考核为主的教学实践中，学生在学习不同模块内容时采用“理论与实践一体化”的教学模式。

三、具体要求

运用所掌握的搜集交易实例的方法和要求，建立交易实例库。

单元 5

商业房地产估价

学习目标

本单元利用实际估价项目，介绍如何利用市场法、收益法为商业用途房地产进行估价，教学目的是让学生掌握收益法，并能够在估价技术报告中准确表达。

学习要求

能力目标	知识要点	权　重
了解商业房地产的特点和价格影响因素； 掌握收益法适用的估价对象和条件； 熟悉商业房地产估价的常用方法和技术路线	商业房地产估价项目概述	15%
掌握商业房地产的市场法估价过程	市场法的估价过程	20%
熟悉收益法的基本公式和其适用条件； 掌握不同收益年限公式的具体计算	收益法的基本公式	40%
掌握净收益的概念和估算过程； 熟悉收益年限的确定	净收益的求取	15%
了解报酬率的实质； 掌握报酬率求取的基本方法	报酬率的确定	10%

引例

某商店的土地使用权年限为40年，自2010年5月1日起计算。该商店共有两层，每层可出租面积为300m²，现暂空置。附近类似商场较多，且租金水平、运营费用、出租率和报酬率可测。该市房地产市场较稳定，同类型房地产交易情况也较多，可收集部分类似实例的交易情况资料，现在该商店的产权人欲将该商店上市交易，需要评估该商店的市场价值。

根据经济学相关原理，决定房地产当前价值的，重要的不是过去的因素而是未来的因素，也就是说，房地产当前的价值通常不是基于其历史价格、开发建设已花费的成本或者过去的房地产市场状况，而是基于市场参与者对房地产未来所能带来的收益或者能够获得的满足程度等的预期。将估价时点看做现在，那么在现在购买一宗有一定收益期限的房地产，预示着在其未来的收益期限内可以源源不断地获得净收益，如果现有一笔资金可与这未来一定期限内的净收益的现值之和等值，则这笔资金就是该宗房地产的价格。另外，根据替代原理，同一种商品在同一个市场上具有相同的市场价格。也就是说，如果同一个市场上有两个相同的商品同时存在，在效用相同的情况下，其价格也不可能存在太大差异。

根据以上分析，该商店的市场价值可以采用收益法、市场法进行估价。市场法估价我们已经在单元4中介绍。那么，利用收益法估价的具体做法是怎样的？

课题5.1 商业房地产估价项目概述

5.1.1 商业房地产估价的技术路线

1. 商业房地产及其特点

1) 商业房地产及其类型

商业房地产是以全面融合房地产业与商业为特色的房地产形式。狭义的商业房地产主要针对于零售业、批发业，包括百货店、商场、购物中心、商业店铺、超级市场、批发市场、便利店、专卖店、仓储商店等。广义的商业房地产既包括零售业、批发市场的房地产，还包括酒店、餐饮、娱乐休闲、商务办公等房地产。本单元主要以广义商业房地产为说明的对象。

根据广义的商业房地产所涵盖的内容，将商业房地产的类型总结如下。

(1) 零售商业。零售商业是指向个人消费者或最终消费者销售商品或服务的商业，在整个流通体系中，它是生产者与消费者或批发企业与消费者之间的中间环节。零售商业出售的商品主要是消费者个人需要的生活资料，也包括机关、团体、军队、学校、企业等集体需要的生活消费品。受个人生活消费的特性所决定，它与批发商业相比，有网点多、经营规模小、每次交易量小等特点。

(2) 批发商业。批发商业就是指向再销售者——产业和事业用户销售商品和服务的商业。所谓再销售者，是指二次及其以下的批发商和零售商；所谓产业用户，是指从事生产和服务提供的营利性组织，即第一、二、三次产业的企业用户；所谓事业用户，是指不以再销售为目的，而是为了业务或事业上的需要购买设备和材料的非营利性组织。概括地说，批发商业是相对于零售而言的面向大批量购买者开展经营活动的一种商业形态。

(3) 酒店商业。酒店从功能上是指供人们暂时休息、居住、饮食等的场所。酒店一词源于法语，是指法国贵族在乡下招待贵宾的别墅，后来欧美的酒店也沿用了这一名词。我国由于地域和习惯上的差异而分别称为饭店、宾馆、酒店。按照不同标准，可以将酒店进行分类和分级，如按照服务质量、管理水平、设施及功能的完善程度等可将酒店分为星级酒店和非星级酒店。随着酒店商业的发展，逐步出现了产权式酒店、酒店式公寓、分时度假村、经济型酒店等不同概念的酒店，在经营上也趋于综合化、多样化。

(4) 餐饮商业。餐饮商业根据其经营规模、档次、特色等的不同可以有多种类型。例如酒楼、快餐连锁、加盟店等。餐饮商业以经营饮食及其服务为主要内容。餐饮商业灵活性较大，内外装修、营业面积没有特定要求，所经营的饮食内容很宽泛，但往往各具特点；一般对临街、临路状况较为敏感，对一些大型餐饮商业而言，有无停车位、车位多少也直接影响其经营效果及价格。

(5) 娱乐休闲商业。娱乐休闲商业主要包括游乐场、娱乐城、高尔夫球场、康乐中心、俱乐部、影剧院等。其种类更为繁多，经营方式各具特点。游乐场、影剧院等以门票收入为收益来源，高尔夫球场以发展会员收入为收益来源。近年来，娱乐休闲商业随着社会进步、经济发展速度加快，营业面积不断拓展，经营范围也在不断拓宽，在区位上主要以临路状况、交通状况、停车方便程度为其价格影响因素。此外，休闲娱乐房地产往往对内部格局、装饰装修情况、设备设施有特殊要求。

(6) 商务办工商业。商务办工商业多被称为写字楼，是指专门用于从事各种业务经营活动、管理活动的建筑物及其附属设施和相关场地。写字楼的使用者通常是能够支付租金的，进行管理、技术、专业服务和文书处理的经济实体，如金融机构、贸易、咨询服务公司等。因此，写字楼常以租赁经营为主。按照写字楼的规模、所处位置、档次、收益水平可以将写字楼分为甲级写字楼、乙级写字楼和丙级写字楼，其中租金水平以甲级写字楼为最高。写字楼租金价格主要影响因素为其坐落位置、交通状况、配套设施、内部装修、规模和档次等。

知识链接

在房地产的发展过程中，居住房地产一直占有重要的地位，但是随着经济发展，商业房地产重要性日益凸显。交通的发展、私家车的普及、住宅的郊区化，这些都是城市经济发展的结果，同时也促进了商业形态的转化，为商业房地产的发展提供了基础，也提出了要求。2002 年，大型 Shopping Mall 在北京、上海、广州纷纷兴建，越来越多的专业商业房地产公司不断涌现。在商业房地产飞速发展的同时，投资开发建设、交易、管理上也出现了不少问题，迫切需要理论的指导，同时商业房地产发展的经验也需要理论的总结。就商业房地产本身而言，除了具有房地产的共性之外，在很多方面都有着自身的特点，这也为商业房地产的专门研究提供了基础。

2) 商业房地产的特点

(1) 收益性强。居住房地产收益主要在售价与建造成本的差价上，而商业房地产则主要是租金收入。同时，商业房地产的收益性还来自物业价值的上升，特别是在一些大都市，如我国的北京、上海、广州、重庆等。居住房地产的收益是一次性的，虽然推行分期付款，但是只是收款期的延后，收益仍然是房屋出售时就确定的。商业房地产收益则是一系列的现金流，而且具有不确定性的特点。

(2) 经营方式多样。不同于住宅等主要采用开发销售的模式，商业房地产项目采用的经营方式更为多样，在出售和出租两种基本模式基础上，包括整体出售、整体出租、出售出租混合、出售自营混合、出租自营混合、出售出租自营混合等多种方式，另外还有售后包租、售后托管等其他形式。

(3) 经营风险大。商业房地产的回收期更长，甚至延续到整个商业房地产的存续期。居住房地产在建筑完工房屋售出后就可以确定损益，价格的高低主要受到区位、建筑结构、建筑面积等因素的影响，这些因素在施工之前可以预先确定，施工和售出过程中不会发生太大的变化；而商业房地产的收益除了受上述因素的影响外，还会受到其他因素的影响。例如，在商业房地产很长的投资回收期内，周边经济环境、交通状况、人流状况、居住人群乃至政府的政策都会对收益产生极大的影响。此外，建成后商业房地产的经营状况也会大大影响收益。而且，商业房地产的经营一般要经过若干年的过渡期才能趋于成熟，在这一期间内随时可能面临调整和亏损。因此，商业房地产经营的风险比较大。

(4) 经营内容种类多。在同一宗商业房地产中，往往会有不同的经营内容，即包括各种各样的商业经营方式和商品，有时还会涵盖大部分第三产业的内容。金融、通信、邮政、出行等服务业都会出现在商业房地产的经营中。

2. 影响商业房地产价格的因素

1) 所处的位置

各种经济活动和生活活动对房地产位置都有所要求。房地产位置的优劣直接影响其所有者或使用者的经济收益、生活满足程度或社会影响，因此，房地产坐落的位置不同，价格有较大的差异。无论是坐落在城市或乡村、中心商业区或住宅区、街角或里地、向阳面或背阳面均如此。尤其是城市土地，其价格高低几乎为位置优劣所左右。房地产价格与位置优劣成正相关。商业房地产的位置优劣，主要是看繁华程度、临街状态。

所处地段的商业繁华程度是影响商业房地产价格的首要因素，繁华程度越高，商业房地产的价格越高。

2) 建成后的经营管理水平

房地产价值的实现要靠“三分建，七分管”，对于商业房地产来说，这一点更为突出。

(1) 商业房地产需要进行外观装饰和室内装潢的设计和管理。这一点不仅直接影响到商业房地产能否激发消费者消费的欲望，同时也提高了商业房地产本身的定位，进而影响到其交易价格。

(2) 商业房地产管理者对于商铺租赁者素质和经营行为进行监督管理。租赁者的素质和其经营行为最直接地影响整个市场的声誉和在消费者心目中的形象。

(3) 商业房地产管理者不断对商业房地产内部环境的创造和维护，为消费者提供良好舒适的消费环境。

商业房地产的经营管理搞好了，可以满足商业企业在多方面的发展需求，如扩大企业知名度、提升企业品牌形象、保持一定稳定的现金流、实现经常性回报、增强融资能力等，并能以此固定资产作为更多机会发展的基础，形成企业核心竞争力。商业房地产在资产经营这方面具有独特的优势，也正基于此。因此，商业房地产项目的成功不仅仅是所开发房地产的出租与出售完毕，取得一定的经济收益，还体现在所定位商业的经营管理水平上。同样，成功的商业房地产项目其市场价格自然提升。

3) 商业企业的品牌信誉

在注重品牌、文化品位的时代，商业房地产价值中商业企业的品牌信誉所占的比重越来越大。商业企业注重信誉、在经营过程中以诚信为本，从而在消费者中间树立良好的形象，从内在提升了商业房地产的品质，也可以提升商业房地产的价值。

4) 商业房地产自身建设条件

商业房地产自身建设条件主要包括建筑质量及内部格局、楼层、净高、内部装修情况等。对于户外商业房地产，自身条件还包括配套设施、内部环境等。

(1) 商业房地产的建筑质量包括其外观设计和内部结构设计两个方面，一般而言，这两个方面较为优秀的商业房地产价格较高；反之，则价格较低。内部格局是商业房地产内部陈设，因其关系到消费者使用上的便利程度，所以也会影响到商业房地产的价格，例如商场内的货架摆放、商品分区、电梯位置、标语标识等都会影响消费者的消费活动，从而间接影响商场的价格。

(2) 楼层对商业房地产价格的影响主要体现在较低楼层的商业房地产价格会比较高，原因是消费者从便利程度来选择消费地点，低层商业房地产会得到较多客源，从而增加其收益。但对于一些户外商业房地产来说，楼层就不是一个价格限制因素了，如高尔夫球场、网球场等。

(3) 商业房地产的净高要求适合人的一般视线，净高过低会产生压抑感，不利于经营，也会降低房地产的价格。对户外商业房地产，净高也非价格限定因素。

(4) 内部装修是指商业房地产内部采用何种材料、何种风格进行装饰。装修质量的好坏直接影响消费者对商业房地产的印象和使用效果，也会影响租售水平，从而影响商业房地产的价格。

(5) 配套设施是指商业房地产为消费者(客户)提供服务的配套设施设备。配套设施设备的完整性、先进性、便利性直接影响了该商业房地产的使用效果，从而影响其价格。

(6) 内部环境主要指内部景观、空气质量和其他污染物情况。对于一些商业房地产来说，内部环境的好坏是非常重要的，如康乐中心等，对环境质量要求很高，所以，内部环境与商业形态不匹配的商业房地产，价格也会大打折扣。

5) 本地区消费能力水平

消费能力水平较高的地区，商业活动比较活跃，商业房地产的种类也会随之增多，各种形态商业房地产的收益能力受消费能力水平影响， 虽具有不同的收益价格，但总体收益水平较高，价格较高。相反，消费能力水平差的地区，商业活动不太频繁，商业房地产形态种类也较少，收益流也会减弱，自然价格降低。

特别提示

上文所提的影响因素是针对商业房地产的特有的影响因素，除上文所说外，经济因素、政治因素、环境因素、人口因素和规划因素是对房地产价格具有普遍的影响力，这里不再详述。

3. 商业房地产估价的常用方法

根据《房地产估价规范》，商业房地产估价可以选择收益法、市场法、成本法等。

为准确评估商业房地产市场价格，基于商业房地产的收益性特点，在商业房地产交易比较活跃的地方，目前适宜选择收益法、市场法。一般不宜选择成本法作为主要方法。

1) 收益法

收益法是评估商业房地产价格时最常用的方法，因为商业房地产往往会有经营收益，其收益资料也较易获取。收益法以预期收益原理为基础，通过测算商业房地产的净收益、收益年限和收益率，利用相关公式进行计算。

2) 市场法

相对来说，商业房地产的转售转租的频率也较高，特别是那些规模较小的房地产，因此，也比较容易获得可比实例，这就为市场法的运用提供了条件。而且，在评估商业房地产的客观租金时，市场法也是首选的方法。

应用案例 5-1

某估价对象为××市×××商业城三层多套商铺，估价目的为评估××市×××商业城三层多套商铺现时的市场价值。请问，应如何选择估价方法？

【解答】商铺为商业房地产，收益可测，所以可选用收益法进行估价；由于估价对象为多套商铺，因此也可以选择市场法进行估价。具体做法是，在确定客观租金时，采用先评估出一个铺面的价格，其余铺面价格在此基础上进行修正而得出估价结果的技术处理方式，即先用市场法估算出三层某一个商铺的客观租金，在根据各个商铺的位置状况(近扶手电梯、临通道情况)、面积状况、形状及转角等因素进行修正估算出其余商铺的客观租金。

3) 成本法

当商业房地产需要进行抵押估价或是对将要转变用途的房地产进行估价时，成本法也不失为一种可选择的估价方法。

4. 商业房地产估价的技术路线及难点处理

(1) 需估算租金收益的商业房地产估价技术路线。

现时的市场态势下，部分商业房地产是通过出租获得租金收益的方式来获得投资回报的，这类商业房地产统称为出租型商业房地产。这类商业房地产在估价时，要解决的核心问题就是租金收益的估算。

当采用收益法对出租型商业房地产估价时，应根据租赁资料计算租金收益，租金收益为租赁收入扣除维修费、管理费、保险费和税金。租赁收入包括有效毛租金收入和租赁保证金、押金等的利息收入。维修费、管理费、保险费和税金应根据租赁契约规定的租金含义决定取舍。若保证合法、安全、正常使用所需的费用都由出租方承担，应将 4 项费用全部扣除；若维修、管理等费用全部或部分由承租方负担，应对 4 项费用中的部分项目作相应调整。

当采用市场法对出租型商业房地产估价时，一是直接求取商业房地产价格；二是求取商业房地产租金收益，再利用收益法测算商业房地产价格。可比实例的选择和修正、调整系数的确定是市场法评估出租型商业房地产的重要环节。由于影响商业房地产价格的因素很多，因此对估价对象及可比实例的现场查看显得非常重要，必须详细了解待估商业房地产的位置、经营管理水平、商业企业的信誉、商业房地产自身的建设条件因素，合理确定修正系数，进而获得较准确的租金收益数据。

特别提示

商业房地产等收益性房地产，在一般情况下房地产已出租，有的剩余租期长达十余年，如承租方经营连锁超市、经济型酒店等，《租赁合同》已进行租赁登记，房地产交易并不能改变承租人享有的各项权利和义务。因此，租约对房地产交易价格有实质性影响：如果租约租金高于市场租金，其交易价格要高于无租约时的交易价格。反之，租约租金低于市场租金，其价格要低于无租约时的交易价格。

(2) 需估算经营收益的商业房地产估价技术路线。

部分商业房地产是通过投资者的经营来实现其商业回报的，这类商业房地产统称为经营型商业房地产。经营型商业房地产在估价时，经营收益的估算是要解决的核心问题，如百货店、超级市场、大型商场、娱乐城、影剧院、高尔夫球场等，经营方式不同，获取经营收益的方式也不同。收益法评估是经营型商业房地产确定价格的首选方法， 在确定经营收益时，应准确把握获得收益的方式和测算方法，根据经营资料计算净收益，净收益为商品销售(营业)收入扣除商品销售(营业)成本、经营费用、商品销售(营业)税金及附加、管理费用、财务费用和商业利润。

特别提示

经营型商业房地产在估价时，需要处理的难点是如何剥离商业经营的利润与房地产带来的利润，目前尚无较好的量化方法，主要是靠估价师对商业及房地产市场的经验来判断，一般做法是通过对类似可比实例进行修正，以此获得出租收入，进而确定商业房地产的净收益。

(3) 需估算整体出售价格的商业房地产估价技术路线。

在现时的房地产交易市场中，整幢房地产出售的情况在商业房地产中相对较少，往往是具备同一商业形态而需要较大面积经营场所的，才采取一次性转让的方式，如高尔夫球场、星级酒店等。当估算商业房地产整体出售价格时，首先应详细了解该商业房地产的商业形态、经营方式、类型、收入水平差异等；其次应详细了解整体商业房地产中是否存在不同商业形态，如果存在，详细了解各种商业形态的分布格局及价格分布影响因素，最后根据不同商业形态的具体情况、交易实例收集的难易程度、潜在租金及其经营费用测算的难易程度而选择不同估价方法，如收益法或市场法，分别估算较容易估算的个体的价格，再汇总得出该商业房地产整体的价格。

应用案例 5-2

估价对象为××市××商业广场，估价目的为评估××商业广场现时的市场价值。请问，估价人员如何初选估价方法？

【解答】估价机构经过市场分析决定采用市场法作为首选方法。在选择交易实例时，发现整栋商业房地产交易实例很少，但有较多的中小面积商业房地产交易实例，因此选用中小面积商业房地产交易实例，进行了相应的市场调查，了解到该市类似估价对象整栋商业房地产交易价格与中小面积商业房地产交易价格的关系，修正确定××商业广场的价值。

5.1.2 商业房地产估价项目概况

1. 估价项目

估价对象××商城315号铺位位于××商城第二层东北角，现出租用作“××妇婴用品专卖店”。

××商城共6层，规划用途为商业用途。商城已竣工并投入使用，建成后的楼宇符合国家设计和现行施工规范要求，并取得由××市主管部门颁发的各项验收合格证书，进行了一次性装饰(含外墙和室内)，办妥甲方(××投资有限公司)即委托方名下的《房屋所有权证》。

××商城总建筑面积为15 870m^2。其中估价对象315号铺位的面积为120m^2。

2. 市场情况分析

近几年××市商业房地产成交均价出现大幅上升的态势，特别是近两年，商业房地产成交均价从2009年2月份的7 508.68元/m^{2}上升至2010年2月份的9 763.66元/m^2，增长了30.03%。××市商业房地产市场的“强势效应”仍将继续维持，预计2010年本市商业房地产市场还将继续保持强势发展，并成为楼市一大亮点。

近两年××市商业房地产市场以中端产品为主的格局未来可能有所变化，2011年的商业房地产应以集中在高端的综合性百货商场、文娱中心为主。而随着近年××市经济的迅速发展，对大型综合商场的需求胜过其他商业形态，可以预见，未来几年××市的商业房地产市场前景看好，将进入高速发展的阶段。2010年，由于有多个大型的商场项目进入市场，与估价对象同在一个商业区，既能够通过良性竞争带动商场的经营，又有效地烘托出一个客观的、较有影响力的商业氛围。

3. 现场查看结果

估价对象所属商城位于××市××区××路，东接××中心，近××路，南临××辅道，西靠××商业中心和××商业广场，东北临××广场，北依××路。估价对象为××商城315号铺位，建筑面积120m^2，总楼层共6层，评估楼层为第2层，现实用途即法定用途为商业，估价对象位于××商城第二层东北角，现出租用作“××妇婴用品专卖店”。××商圈是集购物、娱乐、商务于一体的商业群体，商业繁华度高，人流量大。周围有天宇百货、太阳百货、天元商场、华联超级市场、苏宁电器、人民医院门诊部、附属医院、××市小学、××市中学、中国建设银行、中国工商银行等购物广场及配套设施；周围交通四通八达，××路设公交“××”站，临近地铁××号线“××站”，交通十分便捷，有1、3、5、18、57、72、80、82、84、90 等多路公交车往返估价对象附近；装修情况为外墙复合铝板、方砖、玻璃幕墙，内墙乳胶漆，天花吸音矿棉板，楼地面抛光；暗设水电，已安装2组手扶电梯、中央空调、消火栓、烟感报警系统；从竣工到估价时点已使用3年，出租状况良好；现使用情况正常，维护状况良好，物业管理由商场统一负责。

4. 估价目的与价值定义

估价对象委托人为本估价对象房屋所有权人——××投资有限公司，本次估价的目的是为委托人确定房屋公开市场交易情况下提供价格参考，估价时点为2010年6月1日。

课题 5.2 市场法的估价过程

根据商业房地产估价项目的范围和市场分析、现场查看的结果和所掌握的大量交易实例的资料，认为可以选择市场法为其中一种方法对估价项目进行价格评估。利用市场法进行价格评估的过程如下文。

5.2.1 可比实例的选择

估价人员对与估价对象在同一区域内类似的房地产进行了市场调查，针对估价对象的功能及特点，收集了有关的成交资料，进行分析比较，从中选择了可比性较强的实例，详见表 5-1。

表 5-1 可比实例概况表

比较项目		估价对象	可比实例 A	可比实例 B	可比实例 C
成交价格(单价)			9 500 元	10 500 元	9 000 元
成交日期		2010.6.1	2010.6.30	2010.7.1	2010.7.31
面积内涵和单位		平方米建筑面积	平方米建筑面积	平方米建筑面积	平方米建筑面积
付款方式		交易日一次付清	交易日一次付清	交易日一次付清	交易日一次付清
总面积		120	130	150	120
交易情况		正常	正常	正常	正常
房地产状况	区位状况		优于估价对象	优于估价对象	劣于估价对象
	权益状况		与估价对象相当	与估价对象相当	与估价对象相当
	实物状况		优于估价对象	优于估价对象	优于估价对象

5.2.2 市场法的估价结果

1. 可比实例因素修正调整

(1) 交易情况修正：经过调查，可比实例概况表中交易实例为正常交易，没有特殊行为造成交易价格偏差，交易情况修正系数为 100/100。

(2) 市场状况调整：可比实例交易时间与估价时点较近，市场状况调整系数为 100/100。

(3) 房地产状况调整：通过分析可比实例概况表中实例的成交价格，同时根据单元 4 中房地产状况调整的相关论述，将房地产状况调整分解为区域因素调整和个别因素调整，分别求其调整系数进行计算。

① 区域因素调整：经过分析，影响商业房地产价格的主要区域因素为商业繁华度、交通便捷程度、配套完备度、规划前景等，根据这些因素对商业房地产价格的影响程度确定其各自权重，详见表 5-2。

表 5-2 区域因素比较表

比较项目	估价对象	实例A	实例B	实例C
商业繁华度权重	30	32	34	28
交通便捷程度权重	30	33	35	32
市政配套完备度权重	25	25	27	24
规划前景权重	15	15	15	15
合计	100	105	111	99

② 个别因素调整：分析可比实例概况表中可比实例的成交价格，需要进行个别因素调整。经过分析，影响商业房地产价格的主要个别因素为配套设施设备、内部环境、建筑质量、内部格局、 面积、净高、楼层、装修、权益价值等，根据这些因素对其价格的影响程度确定其各自权重，详见表 5-3。

表 5-3 个别因素比较表

比较项目	估价对象	实例A	实例B	实例C
配套设施设备权重	15	15	15	16
内部环境权重	10	12	12	12
建筑质量权重	10	9	9	8
内部格局权重	10	10	10	10
面积权重	10	10	10	10
净高权重	15	17	18	17
楼层权重	10	12	13	11
装修权重	10	10	12	11
权益价值权重	10	10	12	10
合计	100	105	111	105

2. **测算估价对象比准价格(单价)**

比准价格=可比实例成交价格×交易情况修正系数×市场状况调整系数×房地产状况调整系数，计算结果详见表 5-4。

表 5-4 比准单价计算表

可比实例		实例A	实例B	实例C
可比实例单价/元		9 500	10 500	9 000
交易情况修正系数		100/100	100/100	100/100
市场状况调整系数		100/100	100/100	100/100
房地产状况调整系数	区域因素调整系数	100/105	100/111	100/99
	个别因素调整系数	100/105	100/111	100/105
修正后的单价(元/m²)		8 617	8 522	8 658
平均比准单价(元/m²)		8 599		

根据表 5-4，估价对象市场法的估价结果单价为 8 599 元/m²。

特别提示

在选择估价方法和确定估价技术路线时，应根据商业房地产估价项目的范围进行选择。整幢商业房地产、整层商业房地产和单个商业房地产进行估价时所选择的估价方法和技术路线会有所差别，所应搜集的各项资料也会不尽相同。

应用案例 5-3

某公司欲将其位于商业区的一栋自建 3 层厂房，转让给某集团改建为百货超市。根据该公司提供的房地产权证，该厂房为框架结构，建筑面积为 8 000m^2，竣工日为 2008 年 10 月。现委托某估价公司评估其转让价格，请问该估价公司应搜集哪些资料?

【解答】需要搜集的资料应该有以下几方面。

(1) 对该地区房地产价格有普遍影响的资料。

(2) 有关估价对象的交易情况、市场状况、房地产状况的资料。

(3) 了解城市规划是否允许该房地产改变为商业用途。

(4) 如果城市规划允许改变为商业用途，需了解商业用途下的类似房地产的租金、售价等资料。

(5) 改变用途所需投入的改建费用等资料。

(6) 需要补交的土地使用权出让金的标准等。

应用案例 5-4

商业区某商场共 6 层，每层建筑面积 2 800 m^2，土地使用年限为 40 年，从 2006 年 5 月 16 日起计。该商场 1～4 层于 2008 年 5 月 16 日出租，租期为 5 年，月租金为 300 元/m^2，且每年不变；5 到 6 层于 2008 年 7 月 1 日出租，租期为 2 年，月租金为 280 元/m^2，现空置。现评估该商场带租约出售的价格，应优先选用哪两种估价方法？写出估价技术路线。

【解答】

(1) 应优先选用的估价方法是收益法和市场法。

(2) 因商场属于收益性房地产，应选择收益法作为其中一种估价方法。

(3) 在市场交易实例比较多的情况下，应选择市场法为另一种估价方法。

(4) 在两种估价方法中，均应考虑租约租金对商场价格的影响。

有租约的租金收入用租约租金，租约期满后的租金收入用客观租金，现空置部分也要计客观租金收入。

(5) 将两种方法的估价结果综合，确定最终估价值。

课题 5.3 收益法的估价过程

收益法又称收益资本化法、收益还原法，是将估价对象房地产未来各期的纯收益折算到估价时点，求其之和作为估价对象房地产价格的一种估价方法。采用收益法求得的价格称为收益价格。收益法的本质是以房地产的预期收益能力为导向求取估价对象的价值。

根据将未来预期收益转换为价值的方式，即资本化方式的不同，收益法可分为直接资本化法和报酬资本化法。直接资本化法是将估价对象未来某一年的某种预期收益除以适当的资本化率或者乘以适当的收益乘数转换为价值的方法。其中，将未来某一年的某种预期收益乘以适当的收益乘数转换为价值的方法，称为收益乘数法。报酬资本化法即现金流量折现法，是房地产的价值等于其未来各期净收益的现值之和，具体是预测估价对象未来各期的净收益(净现金流量)，选用适当的报酬率(折现率)将其折算到估价时点后累加，以此求取估价对象的客观合理价格或价值的方法。

收益法的理论依据是经济学中的预期原理。这一思想可以具体地描述为：由于房地产具有恒久性，其使用年限可以维持相当长的一段时间，其中的土地部分在正常的情况下可以永久使用，占有某一有收益的房地产时，不仅现在能够取得一定的纯收益，而且，能期待在未来年间可以继续源源不断地取得这种纯收益。而当人们将这种随时间的推移不断取得的纯收益折算为现在价值的总额(收益价值)时，就可以将它看作房地产的现实价格。

收益法适用的对象是有收益或有潜在收益的房地产，如写字楼、住宅(公寓)、商店、旅馆、餐馆、游乐场、影剧院、停车场、加油站、标准厂房(用于出租的)、仓库 (用于出租的)、农地等。它不限于估价对象本身现在是否有收益，只要估价对象所属的这类房地产有获取收益的能力即可。下面就介绍收益法估价的具体做法。

知识链接

房地产估价中的预期是指市场主体对市场未来形势的看法或估计。房地产价格评估中使用预期原理是指房地产市场主体对估价对象房地产在未来将要取得的收益做出预测和估计，并据此求出在估价时点的房地产价格。

5.3.1 收益法的基本公式

1. 收益法最基本公式

收益法最基本公式可以表述为

$$V=\frac{A_1}{1+Y_1}+\frac{A_2}{(1+Y_1)(1+Y_2)}+\frac{A_n}{(1+Y_1)(1+Y_2)\cdots(1+Y_n)}$$

$$=\sum_{i=1}^{n}\frac{A_i}{\prod_{j=1}^{i}(1+Y_j)} \tag{5.1}$$

式中 V——房地产在估价时点的收益价格；

n——房地产的收益期限，是自估价时点起至未来可以获得收益的时间，通常为收益年限；

A_1，A_2，…，A_n——分别为房地产相对于估价时点而言的未来第 1 期、第 2 期、…、第 n 期末的净收益；

Y_1，Y_2，…，Y_n——分别为房地产相对于估价时点而言的未来第 1 期、第 2 期、…、第 n 期末的报酬率。

2. 未来净收益流量每年基本不变的公式

净收益流量每年基本不变的公式具体有两种情况：一是收益年限为有限年，二是收益年限为无限年。

1) 收益年限为有限年的公式

$$V=\frac{A}{Y}[1-\frac{1}{(1+Y)^{n}}] \tag{5.2}$$

此公式的应用条件是：①净收益流量每年不变为 A；②报酬率不等于零为 Y；③收益年限为有限年 n。

2) 收益年限为无限年的公式

$$V=\frac{A}{Y} \tag{5.3}$$

此公式的应用条件是：①净收益流量每年不变为 A；②报酬率大于零为 Y；③收益年限为无限年。

应用案例 5-5

某宗房地产通过土地有偿出让的方式获得的土地使用年限为 50 年，至今已使用了 8 年；预计利用该宗房地产正常情况下每年可获得净收益 10 万元；该宗房地产的报酬率为 9%。试计算该宗房地产的收益价格。

【解】该宗房地产的收益价格计算如下：

$$\begin{aligned}V&=\frac{A}{Y}[1-\frac{1}{(1+Y)^{n}}]\\&=\frac{10}{9\%}[1-\frac{1}{(1+9\%)^{50-8}}]\\&=108.13(\text{万元})\end{aligned}$$

应用案例 5-6

某宗房地产预计未来每年的净收益为 10 万元，收益年限可视为无限年，该类房地产的报酬率为 9%。试计算该宗房地产的收益价格。

【解】该宗房地产的收益价格计算如下：

$$\begin{aligned}V&=\frac{A}{Y}\\&=\frac{10}{9\%}\\&=111.11(\text{万元})\end{aligned}$$

3) 不同使用年限(如不同土地使用年限)或不同收益年限(以下简称不同年限)价格换算公式

$$V_n=V_N\times\frac{(1+Y)^{N-n}[(1+Y)^{n}-1]}{(1+Y)^{N}-1} \tag{5.4}$$

式中 V_N——收益年限为 N 时的收益价格

V_n——收益年限为 n 时的收益价格

Y——报酬率

应用案例 5-7

某宗收益性房地产 50 年收益权利的价格为 3 000 元/m²，报酬率为 10%，试求该宗房地产 40 年收益权利的价格。

【解】该宗房地产 40 年收益权利的价格计算如下：

$$V_n = V_N \times \frac{(1+Y)^{N-n}[(1+Y)^n-1]}{(1+Y)^N-1}$$

$$= 3\,000 \times \frac{(1+10\%)^{50-40}[(1+10\%)^{40}-1]}{(1+10\%)^{50}-1}$$

$$= 2\,958.92(\text{元/m}^2)$$

当 V_N 与 V_n 对应的报酬率不同时，假如 V_N 对应的报酬率为 Y_N，V_n 对应的报酬率为 Y_n，其他方面与上述公式相同，则不同期限价格之间的换算公式为

$$V_n = V_N \times \frac{Y_N(1+Y_N)^N[(1+Y_n)^n-1]}{Y_n(1+Y_n)^n[(1+Y_N)^N-1]} \tag{5.5}$$

应用案例 5-8

已知某宗商业房地产 40 年土地使用权下的价格为 3 800 元/m²，对应的报酬率为 8%。现假设报酬率为 10%，试求该宗房地产 50 年土地使用权下的价格。

【解】该宗房地产 50 年土地使用权下的价格求取如下：

$$V_n = V_N \times \frac{Y_N(1+Y_N)^N[(1+Yn)^n-1]}{Y_n(1+Y_n)^n[(1+Y_N)^N-1]}$$

$$= 3\,800 \times \frac{8\%(1+8\%)^{40}[(1+10\%)^{50}-1]}{10\%(1+10\%)^{50}[(1+8\%)^{40}-1]}$$

$$= 3\,159.54(\text{元/m}^2)$$

3. 净收益流量在前若干年有变化的公式

净收益流量在未来的前若干年有变化的公式具体有两种情况：一是收益年限为有限年，二是收益年限为无限年。

1) 收益年限为有限年的公式

$$V = \sum_{i=1}^{t}\frac{A_i}{(1+Y)^i} + \frac{A}{Y(1+Y)^t}[1-\frac{1}{(1+Y)^{n-t}}] \tag{5.6}$$

式中 t——净收益流量有变化的年限。

此公式的应用条件是：①净收益流量在未来的前 t 年(含第 t 年)有变化，在 t 年以后无变化为 A；②报酬率不等于零为 Y；③收益年限为有限年 n。

2) 收益年限为无限年的公式

$$V = \sum_{i=1}^{t}\frac{A_i}{(1+Y)^i} + \frac{A}{Y(1+Y)^t} \tag{5.7}$$

此公式的应用条件是：①净收益流量在未来的前 t 年(含第 t 年)有变化，在 t 年以后无变化为 A；②报酬率大于零为 Y；③收益年限 n 为无限年。

特别提示

净收益流量在前若干年有变化的公式有重要的实用价值。因为在现实中每年的净收益往往不同，如果采用净收益流量每年基本不变的公式来估价，有时未免太片面；而如果根据净收益流量每年都有变化的实际情况来估价，又不大可能(除非收益年限较短)。为了解决这个矛盾，一般是根据估价对象的经营状况和市场环境，对其在未来3～5年或可以预测的更长时期的净收益作出估计，并且假设从此以后的净收益将不变，然后对这两部分净收益进行折现处理，计算出房地产的价格。

应用案例 5-9

某宗房地产的收益年限为40年，通过预测得到某宗房地产未来3年的净收益分别为20万元、23万元、25万元，从未来第4年～第40年，每年的净收益将稳定在30万元左右，该类房地产的报酬率为10%。试计算该宗房地产的收益价格。

【解】该宗房地产的收益价格计算如下：

$$\begin{aligned} V &= \sum_{i=1}^{t}\frac{A_i}{(1+Y)^i}+\frac{A}{Y(1+Y)^t}[1+\frac{1}{(1+Y)^{n-t}}] \\ &= \frac{20}{1+10\%}+\frac{23}{(1+10\%)}+\frac{25}{(1+10\%)^3}+\frac{30}{10\%(1+10\%)^3}[1-\frac{1}{(1+10\%)^{40-3}}] \\ &= 274.74(\text{万元}) \end{aligned}$$

应用案例 5-10

通过预测得到某宗房地产未来3年的净收益分别为20万元、23万元、25万元，从未来第4年开始到未来无穷年每年的净收益将稳定在30万元左右，该类房地产的报酬率为10%。试计算该宗房地产的收益价格。

【解】该宗房地产的收益价格计算如下：

$$\begin{aligned} V &= \sum_{i=1}^{t}\frac{A_i}{(1+Y)^i}+\frac{A}{Y(1+Y)^t} \\ &= \frac{20}{1+10\%}+\frac{23}{(1+10\%)^2}+\frac{25}{(1+10\%)^3}+\frac{30}{10\%(1+10\%)^3} \\ &= 281.36(\text{万元}) \end{aligned}$$

4. 净收益流量按一定数额递增的公式

净收益流量按一定数额递增的公式具体有两种情况：一是收益年限为有限年，二是收益年限为无限年。

1) 收益年限为有限年的公式

$$V=(\frac{A}{Y}+\frac{b}{Y^2})[1-\frac{1}{(1+Y)^n}]-\frac{b}{Y}\times\frac{n}{(1+Y)^n} \tag{5.8}$$

式中　b——净收益流量逐年递增的数额，其中，净收益流量未来第1年为 A，未来第2年为$(A+b)$，未来第3年为$(A+2b)$，以此类推，未来第n年为$[a+(n-1)b]$。

此公式的应用条件是：①净收益流量按一定数额b递增；②报酬率不等于零为Y；③收益年限为有限年n。

2) 收益年限为无限年的公式

$$V=\frac{A}{Y}+\frac{b}{Y^2} \tag{5.9}$$

此公式的应用条件是：①净收益流量按一定数额b递增；②报酬率不等于零为Y；③收益年限n为无限年。

应用案例 5-11

某宗商业房地产因交易的需要，需要评估其现时的市场价值，经预测，该商业房地产若投入使用，未来第一年的净收益为20万元，以后每年的净收益会在上一年的基础上增加1.5万元，收益期限可视为无限年，该类房地产的报酬率为10%。试计算该宗房地产的收益价格。

【解】该宗房地产的收益价格计算如下：

$$\begin{aligned}V&=\frac{A}{Y}+\frac{b}{Y^2}\\&=\frac{20}{10\%}+\frac{1.5}{(10\%)^2}\\&=350(\text{万元})\end{aligned}$$

5. 净收益流量按一定数额递减的公式

净收益流量按一定数额递减的公式只有收益年限为有限年一种，公式为

$$V=(\frac{A}{Y}-\frac{b}{Y^2}[1-\frac{1}{(1+Y)^n}]+\frac{b}{Y}\times\frac{n}{(1+Y)^n}) \tag{5.10}$$

式中 b——净收益流量逐年递增的数额，其中，净收益流量未来第1年为A，未来第2年为$(A-b)$，未来第3年为$(A-2b)$，以此类推，未来第n年为$[A-(n-1)b]$。

此公式的应用条件是：①净收益流量按一定数额b递减；②报酬率不等于零为Y；③收益年限有限年n，且$n\leqslant\frac{A}{b}+1$。

特别提示

$n\leqslant\frac{A}{b}+1$和不存在收益年限为无限年公式的原因是：当$n>\frac{A}{b}+1$年时，第n年的净收益流量<0。这可以通过令第n年的净收益≤0推导出，即

$$[A-(n-1)b]<0$$

得到

$$n>\frac{A}{b}+1$$

此后各年的净收益均为负值，任何一个“经济人”在$(\frac{A}{b}+1)$年后都不会再经营下去。

应用案例 5-12

某商场已建造完工但未投入使用，预计其投入使用后第一年的净收益为 30 万元，此后每年的净收益会比上一年的收益减少 2 万元。试计算该宗房地产的合理经营期限；如果报酬率为 8%，试计算该宗房地产的收益价格。

【解】该宗房地产的合理经营期限 n 计算如下：

$$A-(n-1)b=0$$
$$30-(n-1)\times 2=0$$
$$n=16(\text{年})$$

该宗房地产第 16 年的净收益为

$$30-(16-1)\times 2=0(\text{万元})$$

该宗房地产的收益价格计算如下：

$$\begin{aligned}V&=(\frac{A}{Y}-\frac{b}{Y^2})[1-\frac{1}{(1+Y)^n}]+\frac{b}{Y}\times\frac{n}{(1+Y)^n}\\&=(\frac{30}{8\%}-\frac{2}{8\%})[1-\frac{1}{(1+8\%)^{16}}]+\frac{2}{8\%}\times\frac{16}{(1+8\%)^{16}}\\&=161.02(\text{万元})\end{aligned}$$

6. 净收益流量按一定比率递增的公式

净收益流量按一定比率递增的公式具体有两种情况：一是收益年限为有限年，二是收益年限为无限年。

1) 收益年限为有限年的公式

$$V=\frac{A}{Y-g}[1-(\frac{1+g}{1+Y})^n] \tag{5.11}$$

式中　g——净收益流量逐年递增的比率，净收益流量未来第 1 年为 A，未来第 2 年为 $A(1+g)$，未来第 3 年为 $A(1+g)^2$，以此类推，未来第 n 年为 $A(1+g)^{n-1}$。

此公式的应用条件是：①净收益流量按一定比率 g 递增；②报酬率 Y 不等于净收益逐年递增的比率 g；③收益年限为有限年 n。

应用案例 5-13

某估价机构承接一项估价业务，估价对象为一剩余土地使用权年限为 45 年的商业房地产，经过调查得知，该商业房地产未来第一年的净收益为 20 万元，此后每年的净收益会在上一年的基础上增长 2%；该类房地产的报酬率为 10%。试计算该宗房地产的收益价格。

【解】该宗房地产的收益价格计算如下：

$$\begin{aligned}V&=\frac{A}{Y-g}[1-(\frac{1+g}{1+Y})^n]\\&=\frac{20}{10\%-2\%}[1-(\frac{1+2\%}{1+10\%})^{45}]\\&=241.64(\text{万元})\end{aligned}$$

2) 收益年限为无限年的公式

$$V=\frac{A}{Y-g} \tag{5.12}$$

此公式的应用条件是：①净收益流量按一定比率 g 递增；②报酬率 Y 大于净收益逐年递增的比率 g；③收益年限 n 为无限年。

特别提示

此公式要求 Y 大于 g 的原因是，从数学上看，如果 g 大于或等于 Y，Y 就会无穷大。但这种情况在现实中是不可能出现的：原因之一是任何房地产的净收益都不可能以极快的速度无限递增下去；原因之二是较快的速度递增通常意味着较大的风险，从而将要求提高风险报酬。

7. 净收益流量按一定比率递减的公式

净收益流量按一定比率递减的公式具体有两种情况：一是收益年限为有限年，二是收益年限为无限年。

1) 收益年限为有限年的公式

$$V=\frac{A}{Y+g}[1-(\frac{1-g}{1+Y})^n] \tag{5.13}$$

式中　g——净收益流量逐年递减的比率，净收益流量未来第1年为 A，未来第2年为 $A(1-g)$，未来第3年为 $A(1-g)^2$，以此类推，未来第 n 年为 $A(1-g)^{n-1}$。

此公式的应用条件是：①净收益流量按一定比率 g 递减；②报酬率 Y 不等于净收益逐年递增的比率 g；③收益年限为有限年 n。

2) 年限为无限年的公式

$$V=\frac{A}{Y+g} \tag{5.14}$$

此公式的应用条件是：①净收益流量按一定比率 g 递减；②报酬率 Y 大于零；③收益年限 n 为无限年。

5.3.2 净收益的估算

1. 净收益估算过程

净收益是指房地产的净运营收益，是房地产收入中扣除必要成本后的收入。基于租金收益来估算净收益是收益法的典型形式。根据估价规范规定，净收益估算可以通过下列步骤进行。

1) 估算潜在毛收入

潜在毛收入是假定房地产在充分利用、无空置状态下可获得的收入，即房地产在完全出租、按时收取租金情况下的全部收益，是一种在考察租金合理性基础上的预测收益。潜在毛收入一般等于全部可出租面积与最可能租金水平的乘积。

2) 估算有效毛收入

有效毛收入是指由潜在毛收入扣除正常的空置、拖欠租金以及其他原因造成的收入损失加上其他有关收入后所得到的收入。空置等造成的损失一般按潜在毛收入的一定比率来计算。其他收入通常是该房地产租金收入外的收入。有效毛收入比较符合实际生活中的收益状况，在使用中必须具备一般性、持续性和可预测性。

3) 估算运营费用

运营费用是指维持房地产正常生产、经营或使用必须支出的费用及归属于其他资本或经营的收益。运营费用包括两大部分，一是房地产正常生产、经营或使用中所必须支出的费用，如房屋维修费、管理费、清洁费等；二是属于其他资本的收益，即并非由该房地产本身所创造的收益。运营费用与会计上的成本费用有所不同，它不包含房地产抵押贷款还本付息额、会计上的建筑物折旧额(寿命比整个建筑物寿命短的设备、装修等除外)、房地产改扩建费用和所得税。收益性房地产的性质不同，其运营费用的具体构成也不同。

4) 估算净收益

将有效毛收入扣除运营费用后得出的是最终的净收益。收益类型不同，净收益的求取过程会有所差别。

应用案例 5-14

某办公楼建筑面积 4 000m^2，月租金水平为 120 元/m^2，空置率为 10%，收租等租金损失为潜在毛租金收入的 3%，其他收入为每月 3 200 元，合理运营费用为有效毛租金收入的 30%，则该办公楼的净收益为多少？

【解】 根据上文净收益估算过程，该办公楼净收益为

年潜在毛收入=4 000 × 120 × 12=576(万元)

年有效毛收入=5 760 000 × (1−10%−3%)+3 200 × 12=504.96(万元)

年合理运营费用=504.96 × 30%=151.488(万元)

年净收益=504.96−151.488=353.47(万元)

2. 不同收益类型房地产净收益的求取

收益性房地产获取收益的方式主要有出租和营业两种。据此，净收益的测算途径可分为两种：一是基于租赁收入测算净收益，例如，存在大量租赁实例的写字楼、商铺等商业房地产；二是基于营业收入测算净收益，例如旅馆、影剧院、娱乐场所等商业房地产。有些房地产既存在大量租赁实例又有营业收入，如商铺、餐馆等，在实际估价中只要能够通过租赁收入测算净收益的，宜通过租赁收入测算净收益来估价。

1) 出租的房地产净收益的求取

出租的房地产净收益要根据租赁资料来求取，包括出租的写字楼、商铺、停车场等，其净收益通常为有效毛收入扣除由出租人负担的费用后的余额。

有效毛收入包括租金收入和租赁保证金或押金的利息收入。

出租人负担的费用是出租人与承租人约定或按惯例由出租人负担的部分。

知识链接

房租的构成要素包括地租、房屋折旧费、维修费、管理费、投资利息、保险费、房地产税、租赁费用、租赁税费和利润，一般情况下，维修费、管理费、保险费、房地产税、租赁费用、租赁税费由出租人负担。具体内容见单元1房地产价格构成。

2) 营业的房地产净收益的求取

营业的房地产由其所有者进行经营，利用其营业收入来估算净收益。

(1) 商业经营的房地产应根据商业企业购货价格、销售价格、人工成本等购销资料计算净收益。净收益为商品销售收入扣除商品销售成本、经营费用、商品销售税金及附加、管理费用、财务费用和商业利润。

(2) 工业生产的房地产应根据产品市场价格以及原材料、人工费用等资料测算净收益，净收益为产品销售收入扣除生产成本、产品销售费用、产品销售税金及附加、管理费用、财务费用和厂商利润。

(3) 农业种植型房地产净收益的测算是由农地平均年产值(全年农产品的产量乘以单价)扣除种苗费、肥料费、人工费、畜工费、机工费、农药费、材料费、水利费、农舍费、农具费、税费、投资利息、农业利润等。

3) 自用的房地产净收益的求取

自用的房地产净收益的求取可以采用市场法，即可以根据同一市场上有收益的类似房地产的有关资料按上述相应的方式测算净收益，进行适当修正、调整，得出估价对象房地产的净收益。

4) 混合收益的房地产净收益的求取

对于现实中包含上述多种收益类型的房地产，求取净收益时一般看成是各种单一收益类型房地产的简单组合，先分别求取各自的净收益，然后予以加总。

3. 净收益估算过程中的注意事项

收益法中所采用的潜在毛收入、有效毛收入、运营费用或净收益，都应采用正常客观的数据。这里的正常客观的收益是指房地产处于最有效使用状况下应获得的收益，排除了主观因素与不确定因素对房地产经营所产生的影响，即市场性收益，也就是正常客观的收益。

但是，如果某些估价对象附带租约，当该估价对象的权利发生转移时，依照有关法律法规应保持这些租约继续有效。由于购买者在购买该估价对象之后，不能将原租约约定的租金收入水平及时变更为市场租金水平，因此净收益会受到原租约继续存续的影响，估价人员在对该类房地产进行估价时，应充分考虑这些因素的影响。一般来说，当有租约限制时，租约期内的租金宜采用租约所约定的租金，租约期外的租金应采用正常客观的租金。

应用案例 5-15

某酒楼建成后用于出租，土地使用年限为40年，从2006年5月1日起计。该酒楼共有两层，每层可出租面积各为300m^2。一层于2007年5月1日租出，租赁期限为5年，可出租面积的月租金为200元/m^2，且每年不变；二层暂空置。附近类似酒楼一、二层可出租面积的正常月租金分别为240元/m^{2}和180元/m^2，运营费用率为26%。该类房地产的报酬率为8%，出租率为100%。试测算该酒楼2010年5月1日带租约出售时的正常价格。

【解】该酒楼2010年5月1日的正常价格测算如下。

1. 酒楼一层价格的测算

租赁期限内年净收益：

$$200\times300\times(1-26\%)\times12 \\ =53.28(\text{万元})$$

租赁期限外年净收益：

$$240\times300\times(1-26\%)\times12 \\ =63.94(\text{万元})$$

$$V=\frac{53.28}{1+8\%}+\frac{53.28}{(1+8\%)^2}+\frac{63.94}{8\%(1+8\%)^2}[1-\frac{1}{(1+8\%)^{40-4-2}}] \\ =730.19(\text{万元})$$

2. 酒楼二层价格的测算

$$180\times300\times(1-26\%)\times12 \\ =47.95(\text{万元})$$

年净收益：

$$V=\frac{47.95}{8\%}[1-\frac{1}{(1+8\%)^{40-4}}] \\ =561.84(\text{万元})$$

该酒楼的正常价格＝酒楼一层的价格+酒楼二层的价格

＝ 730.19+561.84

＝1 292.03(万元)

另外，在估算净收益时不仅要包括有形收益，还应考虑各种无形收益。值得注意的是，如果无形收益已通过有形收益得到体现，则不应单独考虑，否则就成为重复计算。

4. 收益期限的确定

收益期限是估价对象自估价时点起至未来可获收益的时间，包括房地产自然寿命年限、经济寿命年限、法律规定年限、合同约定年限等。一般情况下，收益期限应根据建筑物的剩余经济寿命和土地使用权的剩余期限来确定。

(1) 对于单独土地和单独建筑物的估价，应分别根据土地剩余使用年限和建筑物剩余经济寿命确定收益年限，选用相应的收益年限为有限年的公式进行计算。

(2) 对于土地与建筑物合一的估价对象，如果是建筑物的经济寿命晚于或与土地使用年限一起结束的，应根据土地剩余使用年限确定收益年限，选用相应的收益年限为有限年的公式进行计算。

(3) 对于土地与建筑物合一的估价对象，如果是建筑物的经济寿命早于土地使用年限而结束的，可先根据建筑物的剩余经济寿命确定收益年限，选用相应的收益年限为有限年的公式进行计算，然后再加上土地使用年限超出建筑物经济寿命的土地剩余使用年限价值的折现值。

5.3.3 报酬率的确定

1. 报酬率的实质

报酬率是将净收益资本化(或转换)成为价格的比率。在运用收益法对房地产项目进行评估时，报酬率的合理确定是个比较难以把握的因素。报酬率是与利息率、折现率、内部收益率的性质相同的名词。

从本质上看，购买收益性房地产是一种投资行为，就像投资工业、农业或商业一样。房地产投资投入的是房地产的价格，预期获得的是房地产产生的净收益。因此，报酬率实质上是一种资本投资的收益率。投资是收益与风险并存的行为。其中风险是指由于不确定性的存在，导致投资收益的实际结果偏离预期结果造成损失的可能性，即投资的结果可能盈利丰厚，也可能不亏不赚，还可能亏损。以最小的风险获取最大的收益，是每个投资者梦寐以求的结果。盈利的多少除了受投资者自身的能力影响外，更主要的是与投资对象及其所处的投资环境密不可分。

在正常情况下，投资者之间通过竞争获得这样的结果：为获得较高的收益，而承担较大的风险。因此，从整体上来看，报酬率与投资风险正相关。

认识到报酬率实质上是一种投资的收益率，实际上就在观念上把握住了求取报酬率的方法，即所选用的报酬率应等同于与获取估价对象产生的净收益具有同等风险投资的收益率。

房地产项目由于地区不同、时期不同、用途不同、类型不同等使其投资的风险不同，报酬率也有高低之分。因此，在估价中并不存在一个统一不变的报酬率数值，具体估价项目报酬率的确定都是个案，都要根据其本身的实际情况或所处的环境来确定。

2. 报酬率的确定方法

报收率的确定方法大致有 3 种。这些方法在使用过程中都有一些前提条件，如要求房地产市场比较发达等。

1) 无风险报酬率加风险补偿法

此种方法的原理就是基于报酬率应等同于具有同等风险的投资收益率，即主要考虑无风险利率和风险报酬率的方法，基本公式为：

$$\text{报酬率}=\text{无风险报酬率}+\text{投资风险补偿率}+\text{管理负担补偿率}+\text{缺乏流动性补偿率}-\text{投资带来的优惠率} \quad (5.15)$$

这种方法的具体操作如下。

(1) 确定无风险报酬率。无风险报酬率又称安全利率，是无风险投资的报酬率，是资金的机会成本。

知识链接

机会成本是指将一定的资源用于某项特定用途时，所放弃的该项资源用于其他用途时所能获得的最大收益。机会成本的存在需要3个前提条件。第一，资源是稀缺的；第二，资源具有多种生产用途；第三，资源的投向不受限制。

(2) 确定风险补偿。风险补偿是除去无风险报酬后，估价对象房地产存在的具有自身投资特征的区域、行业、市场等风险的补偿，包括以下几方面。

① 投资风险补偿是指当投资者投资于收益不确定、具有风险性的房地产时，要求对所承担的额外风险进行补偿，否则将不会投资。

② 管理负担补偿是指若一项投资所要求的管理活动越多，其吸引力就会越小，因此投资者必然会要求对所承担的额外管理进行补偿。

③ 缺乏流动性补偿是指投资者在投入资金后，对因此损失的资金流动性所要求的补偿。

④ 投资带来的优惠是指由于投资房地产可能会使投资人获得某些额外的好处(如易于获得融资等)，从而投资者会降低所要求的报酬率。

投资风险、管理负担和缺乏流动性的补偿是根据估价对象所在地区现在和未来的经济状况、估价对象的用途及新旧程度等来确定。

(3) 由于投资房地产可能获得某些额外的好处，如易于获取融资，投资者因此会降低所要求的报酬率，所以，针对投资估价对象可以获得的好处，要作相应的扣减。

完全无风险的投资在现实中难以找到，对此可以选用同一时期的相对无风险的报酬率去代替无风险报酬率，例如选用同一时期的国债利率或银行存款利率。

特别提示

无风险报酬率和具有风险性的房地产的报酬率一般是指名义报酬率，即已经包含了通货膨胀的影响。这是因为在收益法估价中，广泛使用的是名义净收益流，因而应使用与之相对应的名义报酬率。

应用案例 5-16

为获得某估价对象的报酬率，现得到如下数据：无风险报酬率为 6.0%，投资风险补偿率为 3.0%，管理负担补偿率为 0.2%，缺乏流动性补偿率为 1.8%，易于获得融资的好处为 0.7%，所得税抵扣的好处为 0.4%，试计算该项目的报酬率。

【解】该项目的报酬率为

报酬率=无风险报酬率+投资风险按补偿率+管理负担补偿率+缺乏流动性补偿率−投资带来的优惠率

=6.0%+3.0%+0.2%+1.8%−0.7%−0.4%

=9.9%

2) 市场提取法

市场提取法运用了市场法的原理来求取报酬率，即搜集市场上三宗以上类似房地产的价格、净收益等资料，选用相应的报酬资本化法公式，反求出报酬率。具体操作方法如下。

(1)在 $V=\dfrac{A}{Y}$ 的情况下，通过 $V=\dfrac{A}{Y}$ 来求取 Y，即可以采用同一市场上类似房地产的净收益与其价格的比率作为报酬率。具体方法是：如果需要求取某宗房地产的报酬率，可以在市场上搜集与该宗房地产具有相似特点的房地产的净收益与价格的比率作为依据，应尽量多搜集类似房地产，求其净收益与价格之比的平均数。

应用案例 5-17

已知估价对象净收益流量每年不变。现选取 5 个可比实例(见表 5-5)，根据其相关净收益、价格资料求取估价对象报酬率。

表 5-5 可比实例情况表

可比实例	净收益(万元/年)	价格(万元)	报酬率(%)
1	17	132	12.9
2	28	220	12.7
3	9	75	12.0
4	60	510	11.8
5	88	705	12.5

【解】估价对象报酬率可确定为可比实例报酬率的简单算术平均数，即

$$\frac{(12.9\%+12.7\%+12.0\%+11.8\%+12.5\%)}{5}$$

$$=12.4\%$$

(2) 在$V=\frac{A}{Y}[1-\frac{1}{(1+Y)^n}]$的情况下，通过$V=\frac{A}{Y}[1-\frac{1}{(1+Y)^n}]=0$来求取$Y$。在手工计算的情况下，是先采用试差法试算，计算到一定精度后再采用线性内插法求取，即Y是通过试差法与线性内插法相结合的方法来求取的。

(3) 在$V=\frac{A}{Y-g}$的情况下，通过$Y=\frac{A}{V}+g$来求取Y。

3) 报酬率排序插入法

报酬率排序插入法与无风险报酬率加风险补偿法的基本原理一样，都是从房地产投资风险的角度，根据同等风险投资报酬率相似的原理计算报酬率，同时结合了市场提取法的类比特点，可以说投资报酬率排序插入法是无风险报酬率加风险补偿法和市场提取法的综合运用。该方法运用时，按不同行业投资风险大小，将报酬率按从小到大的顺序排列，然后将房地产投资报酬率与之对比，判断所落位置，最终修正得出估价对象报酬率。该方法应用的不足之处是要求估价人员要有较丰富的经验，并对行业风险和收益率有较明确的量化认识，而在实际当中，各种报酬率的数值不易取得，影响这种方法的应用。

5.3.4 收益法对估价项目价格的测算

1. 测算年净收益

年有效毛收入=月租金×12×收益总面积×出租率

年运营费用=维修费+管理费+保险费+税金

年净收益=年有效毛收入−年运营费用

1) 年有效毛收入

调查档次相同、用途相近、结构相似、装修档次相近的房地产的租金水平和出租率，比较分析确定出租的客观租金水平和出租率。根据调查分析，用市场法推算估价对象客观租金水平，见表 5-6。

表 5-6 租金测算表

可比实例	实例 A	实例 B	实例 C
坐落地点	××商场 3 楼××铺位	××商场 2 楼××铺位	××购物中心 4 楼××铺位
比较实例租金(元/m^2)	70	80	70
交易情况修正系数	100/100	100/100	100/100
市场状况调整系数	100/100	100/100	100/100
区域因素调整系数	100/105	100/111	100/99
个别因素调整系数	100/105	100/111	100/105
修正、调整后的租金(元/m^2)	63.49	64.93	67.34
平均比准租金(元/m^2)	65		

特别提示

由于选取的实例与市场法的实例相同，故区域因素、个别因素情况表与市场法一样，不再重复列示，直接取市场法数据。

经估价人员现场查看和调查，估价对象所处地段位于××市××区××路中央商业区，周边商业房地产林立，交通便利，市政配套设施完善，商业氛围较浓厚，周边商业房地产的出租率在 90%左右。另外到估价对象所在的××商城处咨询，该商城的出租率约为 90%，故确定估价对象客观出租率为 90%。

$$年有效毛收入=65\times12\times90\%=702(元/m^2)$$

2) 年运营费用

年运营费用包括维修费、保险费和税金等，各项费率见表 5-7。

表 5-7 年运营费用测算表(以年有效毛收入为基数)

序号	项目	费率	备注
1	营业税及附加(营业税、城建税、教育附加)	5.5%	
2	房产税	12%	
3	维修费	1%	
4	管理费	0%	租金外另付
5	其他(保险费、租赁代理费等)	0.5%	
合计	19%		

3) 年净收益 A

$$年净收益 A=702\times(1-19\%)=568.62(元/m^2)$$

2. 测算报酬率 Y

对报酬率的计算，综合考虑以下两种方法：

(1) 采用无风险报酬率加风险补偿法。

报酬率＝无风险报酬率+投资风险补偿率+管理负担补偿率
+缺乏流动性补偿率－投资带来的优惠率

无风险报酬率取一年定期存款法定利率 2.25%，风险补偿的调整值取 4%，则采用无风险报酬率加风险补偿法推算报酬率为

$$2.25\%+4\%=6.25\%$$

(2) 通过调查商业用途房地产的租售比推算报酬率，具体见表 5-8。

表 5-8　租售比一览表

序号	项　　目	计算公式	实例 A	实例 B	实例 C
			××商场 3 楼××铺位	××商场 2 楼××铺位	×××购物中心 4 楼××铺位
1	租金(元/m²•月)		70	80	70
2	出租率		92%	90%	86%
3	年有效毛收入(元/m²・年)	③＝①×12×②	772.8	864	722.4
4	年运营费率	19%	19%	19%	19%
5	年净收益 A(元/m²・年)	⑤＝③×(1－④)	625.97	699.84	585.14
6	剩余收益年限 n(年)		45	46	45
7	房地产售价 V(元/m²)		9 550	10 900	9 200

根据 $V=\frac{A}{Y}[1-\frac{1}{(1+Y)^n}]$，采用试算法，借助计算机计算各可比实例的报酬率 Y，具体计算见表 5-9。

表 5-9　报酬率测算表

序号	可比实例	年净收益(元/m²)	售价(元/m²)	报酬率 Y
1	××商场 3 楼××铺位	625.97	9 550	6.0978%
2	××商场 2 楼××铺位	699.84	10 900	5.9759%
3	×××购物中心 4 楼××铺位	585.14	9 200	5.8725%

综合上述两种方法，根据估价对象的实际情况，最后确定估价对象报酬率为 6%。

3. 测算收益价格

估价对象土地使用权到 2050 年 6 月 1 日止，评估基准日为 2010 年 6 月 1 日，剩余收益年限为 40 年，假设收益期内收益平稳。

$$\begin{aligned} V &= \frac{A}{Y}[1-\frac{1}{(1+Y)^n}] \\ &= \frac{568.62}{6\%}[1-\frac{1}{(1+6\%)^{40}}] \\ &= 8\,556(\text{元/m}^2) \end{aligned}$$

5.3.5 估价结果的确定与复核

经计算，采用市场法及收益法计算的结果相近，均符合市场状况，故采用算术平均值确定最终结果。

估价对象的单价为

$$V=(8\ 599+8\ 556)\div 2=8\ 577.5(\text{元/m}^2)$$

总价：8 577.5×120=102.93(万元)。

综合应用案例

1. 估价对象概况

估价对象是一栋整体出租的休闲娱乐中心。土地总面积为 1 100m^2，总建筑面积为 5 000m^2，建筑层数为地上 3 层，地下 1 层，建筑结构为钢筋混凝土结构；土地使用年限为 40 年，从 2000 年 5 月 16 日起计。

2. 估价目的

求取该估价对象在 2010 年 5 月 16 日的正常市场价格。

3. 估价时点

2010 年 5 月 16 日

4. 估价作业期

2010 年 5 月 18 日—2010 年 5 月 31 日

5. 估价技术路线

先搜集估价时点近期的类似房地产交易资料，选取 3 个可比实例，通过对可比实例适当的处理来求取估价对象价值，即采用市场法；运用适当的报酬率，将预期的估价对象房地产未来各期的正常净收益，折算到估价时点上的现值，求其之和得出估价对象房地产价格，即采用收益法。(注：由于市场法在单元 4 已有详细举例，本单元此案例只讲述收益法的估价过程。)

6. 已知条件

(1) 租金按净使用面积计。可供出租的净使用面积总计为 3 000m^2，占总建筑面积的 60%，其余部分为大厅、公共过道、楼梯、电梯、公共卫生间等。

(2) 租金平均为 70 元/m^2·月。

(3) 空置率年平均为 10%，即出租率年平均为 90%。

(4) 经常费平均每月为 3 万元，包括人员工资、水、电、空调、维修、清洁、保安费等。

(5) 房产税以房产租金收入为计税依据，税率为 12%。

(6) 其他税费(包括城镇土地使用税、营业税等)为租金收入的 6%。

7. 测算过程

根据公式：

$$V=\sum_{i=1}^{n}\frac{A_i}{(1+Y)^i}$$

测算：

(1) 年有效毛收入。

$$\begin{aligned}\text{年有效毛收入}&=3\ 000\times 70\times 12\times 90\%\\&=226.80(\text{万元})\end{aligned}$$

(2) 年运营费用。

① 年经常费：

$$年经常费=3\times 12$$
$$=36.00(万元)$$

② 年房产税：

$$年房产税=226.80\times 12\%$$
$$=27.22(万元)$$

③ 年其他税费：

$$年其他税费=226.80\times 6\%$$
$$=13.61(万元)$$

④ 年运营费用：

$$年运营费用=1)+2)+3)$$
$$=36.00+27.22+13.61$$
$$=76.83(万元)$$

(3) 年净收益。

$$年净收益=年有效毛收入-年运营费用$$
$$=226.80-76.83$$
$$=149.97(万元)$$

(4) 确定报酬率：在调查市场上相似风险的投资所要求的报酬率的基础上，确定报酬率为10%。

(5) 计算房地产价格：根据过去的收益变动情况，判断未来的净收益基本上每年不变，且因收益期限为有限年，故选用公式

$$V=\frac{A}{Y}[1-\frac{1}{(1+Y)^n}]$$

上述公式中的收益期限为30年，因此

$$V=\frac{149.97}{10\%}[1-\frac{1}{(1+10\%)^{30}}]$$
$$=1\,413.75(万元)$$

(6) 估价结果：根据计算结果，并参考估价人员的经验，确定本估价对象于2010年5月16日的购买总价为1 413.75万元，约合每平方米建筑面积2 827.51元。

单元小结

本单元介绍了商业房地产估价的技术路线和采用的主要方法。商业房地产其市场价值是由它未来可获得的净收益来决定的，所以适宜采用收益法进行估价。同时，在估价方法选择的时候，由于收益类房地产相对而言数量也较多，市场上也有大量的交易实例，可比实例的资料较易获得，所以也比较适用于市场法估价。采用收益法估价时，估价过程是收集并验证与估价对象未来预期收益有关的数据资料、预测估价对象的未来净收益、求取报酬率、选用适宜的收益法公式计算收益价格。

习　题

一、单项选择题

1. 预计某宗房地产未来第一年的净收益为 30 万元，此后每年的净收益比上一年减少 1.5 万元。要想不亏本，需要在第(　　)年将该房地产转出。

A. 20　　B. 21　　C. 22　　D. 23

2. 某房地产使用年限为 40 年，报酬率为 8%时，单价为 700 元/m^2，当使用年限为 50 年，报酬率为 7%时，该房地产的价格为(　　)元/m^2。

A. 810　　B. 709　　C. 766　　D. 790

3. 某商业房地产预计明年净收益为 60 万元，此后每年净收益比上一年增加 1%，若报酬率为 5%，尚可使用年限为 30 年，则其现值为(　　)万元。

A. 1 032　　B. 1 500　　C. 922　　D. 1 000

4. 收益法的理论依据是(　　)。

A. 生产费用价值论　　B. 地租理论
C. 替代理论　　D. 预期原理

5. 报酬率的实质是一种(　　)。

A. 利息率　　B. 投资收益率
C. 租售价格比率　　D. 购买年倒数

6. 收益法有限年限的计算公式中，n 为(　　)。

A. 耐用年限　　B. 使用权年限　　C. 已使用年限　　D. 剩余使用年限

7. (　　)是在假定房地产在充分利用、无空置状况下可获得的收入。

A. 有效毛收入　　B. 潜在毛收入　　C. 净收入　　D. 毛租金

8. 甲房地产 40 年的收益权利的价格为 3 000 元/m^2，乙房地产 50 年收益权利的价格为 3 100 元/ m^2。则在无限年期下，房地产收益权利的价格(　　)乙房地产收益权利的价格。

A. 小于　　B. 等于　　C. 大于　　D. 不可比

9. 假设某宗房地产的出租年限为 50 年，其每年租金均为 1 万元，每年年初交付，报酬率不变为 10%，则该宗房地产的收益价格为(　　)万元。

A. 9.9　　B. 10.9　　C. 20.9　　D. 50

10. 以收益为目的的出租房地产，从租赁收入中扣除的费用不包括(　　)。

A. 管理费　　B. 保险费　　C. 税金　　D. 利润

二、多项选择题

1. 适于选用收益法评估其价值的房地产是(　　)。

A. 商业大厦　　B. 写字楼　　C. 旅馆
D. 酒店　　E. 学校

2. 常用的报酬率求取的基本方法有(　　)。

A. 市场提取法　　B. 无风险报酬率加风险补偿法

C. 投资组合技术　　D. 报酬率排序插入法
E. 经验估算法

3. 在评估房地产的总收益时，要考虑房地产的(　　)。
A. 客观收益　　B. 实际收益　　C. 有形收益
D. 无形收益　　E. 预期收益

4. 有限年且其他因素不变的公式可用于(　　)。
A. 不同使用期限价格的换算　　B. 不同收益限价格的换算
C. 比较不同期限价格的高低　　D. 市场法中土地使用年限修正
E. 报酬率的求取

5. 商业房地产价格的高低取决于(　　)。
A. 所处的位置　　B. 经营管理的水平
C. 商业企业的品牌信誉　　D. 自身建设条件的好坏
E. 经营者的性质

6. 出租型房地产净收益通常为租赁收入扣除(　　)后的余额。
A. 维修费　　B. 管理费　　C. 保险费
D. 房地产税　　E. 租赁代理费

7. 下列属于运营费用的有(　　)。
A. 建筑物折旧费　　B. 短于建筑物寿命期的设备的折旧费
C. 装饰装修的折旧费　　D. 土地摊提费
E. 维修费

三、判断题

1. 所谓报酬率，即为净收益与价格的比率。(　　)
2. 从收益法的观点来看，房地产的价值是其未来净收益的现值之和。(　　)
3. 收益性房地产价值的高低与获得净收益的可靠性无关。(　　)
4. 估价对象为自用或空闲的住宅，不得运用收益法进行估价。(　　)
5. 求房地产净收益时，应选择类似房地产的客观年净收益，即便是有租约限制，也因其属估价对象的实际收益，故不采用。(　　)
6. 甲房地产收益年限为40年，单价为2 500元/m^2，乙房地产收益年限为30年，单价为2 410.16元/m^2，报酬率均为10%，则甲乙两宗房地产价格相同。(　　)
7. 估价对象的收益年限为其经济寿命年限。(　　)

四、简答题

1. 收益法的理论依据是什么？
2. 收益法的适用对象和条件是什么？
3. 出租的房地产净收益如何求取？
4. 什么是运营费用？它与会计上的成本费用有何不同？
5. 建筑物的经济寿命结束的时间与土地使用年限届满的时间不一致时，收益期限应如何确定？
6. 什么是报酬率？

五、案例分析

某旅馆共有 300 张床位，平均每张床位每天向客人实收 50 元，年平均空房率为 30%，平均每年运营费用为 14 万元。据调查，当地同档次旅馆一般床位价为每床每天 45 元，年平均空房率为 20%，正常营业每月总费用平均占每月总收入的 30%，该类房地产的报酬率为 10%，该旅馆剩余收益年限为 35 年，请选用所给资料测算该旅馆的收益价值。

综合实训(一)

一、实训内容

6 年前，甲提供一宗面积为 1 000m^2、使用年限为 50 年的土地，乙出资为 300 万元人民币，合作建设一栋建筑面积为 3 000m^2 的钢筋混凝土结构商业房地产。房屋建设期为 2 年，建成后，其中 1 000m^2 建筑面积归甲所有，2 000m^2 建筑面积由乙使用 20 年，期满后无偿归甲所有。现今，乙有意将其现在使用的房地产使用期满后的剩余年限购买下来，甲也乐意出售。但双方对价格把握不准并有争议，协商请一家房地产估价机构进行估价。

据调查得知，现时与该商业房地产相类似的商业房地产每平方米建筑面积的月租金平均为 80 元，据估价人员分析预测，其未来月租金稳定在 80 元，出租率为 85%，年运营费用约占年租赁有效毛收入的 35%，报酬率为 10%。由于建筑物经济寿命为 60 年，估价时点以后的建筑物剩余经济寿命为 60−4=56(年)，建筑物的经济寿命晚于土地使用期限结束，收益期限根据土地使用权剩余年限确定。估价时点以后的土地使用权剩余年限为 50−6=44(年)。

二、实训要求

根据上述所提供的资料，估算该商业房地产现时的收益价值。注意估价方法的选择、运用公式的选择、年净收益的计算、未来收益现值的计算、收益期限的确定。

综合实训(二)

一、实训内容

1. 估价项目

估价对象为办公用房地产，位于××市××区××路×××号××××大厦内，该大厦东为××路，南临××路，西靠××路，北为××路；附近有××大厦、××广场、××花园、××大学、银行、市场及公共汽车站等。估价对象所处地段位于××区××路中央商务区，周边写字楼林立，交通便利，市政配套设施完善，商务办公氛围较浓厚。根据委托人提供的《房地产权证》记载：估价对象权属人是×××有限公司，房屋所有权来源为新建、分割，房屋用途为非居住用房，本次评估计价总建筑面积为 120 m^2；土地使用权性质为国有土地使用权，土地用途为综合，共用地面积为 3 000 m^2；已征收国有土地使用权出让金，使用年限50年，从2000年5月16日起，城市规划房屋用途为写字楼。估价对象现作办公用房，正常使用。根据估价对象《房地产权证》显示，估价对象未设定他项权。估价时点为2010年5月16日，交易类型为公开市场交易。

2. 市场情况分析

随着房地产市场的迅猛发展，近几年××市写字楼成交均价大幅上升，写字楼成交均价从2009年2月份的××元/m^2上升至2010年2月份的××元/m^2。××写字楼市场的“强势效应”仍继续维持，预计2010年××写字楼市场还将继续保持强势发展，并成为今年楼市一大亮点。

2010年的写字楼供应将集中在高端的甲级写字楼为主。而随着近年××市经济的迅速发展，以及中国加入世贸、CEPA的实施、9+2经济合作协议的建立，外资银行、保险、会计和律师等公司将被允许经营本地业务，而它们的进入将会对甲级写字楼产生很大的需求，可以预见，未来几年××市的写字楼市场前景看好，将进入高速发展的阶段。2010年，有多个大型的甲级写字楼项目进入市场，如位于××路的A大厦、B大厦、C广场以及D写字楼等。这些写字楼都以甲级写字楼配置为卖点，素质高，越来越重视高科技高智能化，在规划设计配套上也各有特色，更强调生态办公、休闲办公等理念，创新元素和细节设计也越来越受重视。由于这些写字楼项目的起点高，而且规模十分庞大，对整个××市的写字楼市场素质有明显的提升作用，以高端写字楼的销售为主，而售价亦攀升至近几年少见的高位。

3. 现场查看结果

估价对象所在大楼为一幢钢筋混凝土结构30层(另有两层地下室)的综合楼，外墙面部分为玻璃幕墙、部分贴花岗石；大厦大堂位于首层南侧，大楼东西两侧各设一趟消防梯、一部货梯及三部客梯，客梯分单双层停，最高到达层数为29层，单层客梯设在东侧，双层客梯设在西侧；大楼东西侧各有一洗手间；大厦内部设有中央空调系统、烟感喷淋消防设备；装修、设备维护状况较好。估价对象现部分出租，签有短期租约(2年以内)，据估价人员到当地房地产市场了解，该地区写字楼需求量很大，估价对象现租金水平符合当地客观租金标准。现场查看，××××大厦出租情况良好，年均出租率在90%左右。

估价对象位于××××大厦的第9层，内部装修情况：走廊地面铺釉面砖、花岗石；室内地面铺地毡；内墙面油乳胶漆；天花面部分吊矿棉板天花，部分吊铝扣板天花；部分装木夹板门，部分落地玻璃门；铝合金玻璃窗；水电管线暗敷设。

二、实训要求

以上述项目为估价对象，根据估价的需要，以你所在城市的房地产市场为估价项目的市场环境，运用所学的知识搜集此类房地产估价资料。学生在解决问题时注意采用“理论与实践一体化”的思维方式。

三、具体要求

以上述资料为背景，学生组织自行收集收益法估价所需资料，要求数据来源可靠、真实、有效，同时要注意估价对象与你所调查的项目的区别，合理调整、修正。

单元 6

可开发利用的房地产估价

学习目标

本单元主要介绍假设开发法的基本原理、适用对象和条件、假设开发法的基本操作步骤、假设开发法中各项的求取方法等，旨在让学生掌握基本的计算规则和方法。

学习要求

能力目标	知识要点	权　重
掌握可开发利用房地产的内涵和价格影响因素； 熟悉该类房地产估价可选用的估价方法和技术路线	可开发利用房地产估价项目概述	15%
能够根据可开发利用房地产的特点选择合适的估价方法，特别是假设开发法的运用	假设开发法的基本公式	25%
掌握现金流量折现法与传统方法的区别； 能够合理使用现金流量折现法	现金流量折现法	30%
掌握假设开发法(现金流量折现法)的估价过程； 熟悉收集相关资料的方法； 能够根据相关资料进行结果的计算	假设开发法各项的求取	30%

引例

某开发商拟购入200亩土地。规划允许建筑面积40万m^2，单位建筑面积的建造成本为1 050元/m^2，专业费用为建造成本的6%，区内设施配套费预计为建造成本的15%，管理费用为建造成本的3%，销售费用和税费为销售收入的8%，年折现率为12%，开发商的成本利润率为30%，开发完成后即可全部售出，预计单位建筑面积楼价为3 000元/m^2。选用适当的估价方法求开发商能承受的地价。(总开发时间为3年，建造成本、专业费用、配套费和管理费分3年投入，第1年投入30%，第二年投入50%，第3年投入20%，且在年内均匀投入)。

根据预期原理，一个房地产开发商面对一个可投资收效的开发项目，希望得到社会上同类房地产开发项目的一般正常利润。而为了得到这个可供开发的项目，首先得仔细分析这个项目的自身及外在条件，如坐落位置，面积大小和形状，基础设施完备程度和土地平整程度，地质和水文状况，规划允许的用途、建筑高度和容积率等。根据该项目的自身及外在条件，开发商知道了这个项目在规划许可的范围内最适宜做何种用途、规模多大、什么档次。例如，是建商场，还是建写字楼或住宅。在做了这些工作之后，开发商要预测这座建筑物假如建成后连同土地一起出售，将会实现多高的卖价；为了建造这座建筑物将要花多少费用，包括投资；此外，还包括在交易中要缴纳有关税费及要获得的开发利润。确定了这些之后，开发商才了解应为这个项目支付的最高价格是多少。毫无疑问，它等于预测的未来开发完成后的价值，减去各种开发成本、费用以及利息、税费和利润等之后所剩的数额。

根据以上分析，开发商拟购入的土地的市场价值可以采用假设开发法进行估价。那么，利用假设开发法估价的具体做法是什么？该方法适用的具体对象是什么？

课题6.1 可开发利用的房地产估价项目概述

6.1.1 可开发利用的房地产估价的技术路线

1. 可开发利用的房地产含义

可开发利用的房地产是指具有开发或再开发潜力并且其开发完成后的价值可以采用市场法、收益法等方法求取的房地产，具体包括三类：一是可供开发建设的土地(包括生地、毛地、熟地，典型的是房地产开发用地)；二是在建工程(包括房地产开发项目)；三是可重新装饰装修改造或改变用途的旧的房地产(包括重新装饰装修、改建、扩建，如果是重建就属于毛地的范畴)。

1) 可供开发建设的土地

可供开发建设的土地包括生地、毛地和熟地，典型的是房地产开发用地。其中，生地是指不具备城市基础设施的土地；毛地是指城市基础设施不完善、地上有房屋待拆迁的土地；熟地是指具备完善的城市基础设施、土地平整能直接进行建设的土地。

房地产开发用地是指房地产开发商在房地产开发过程中所需要使用的土地，具体而言，就是对依法取得的国有土地使用权进行投资开发建设基础设施和房屋的国有土地。房地产开发用地的形成主要通过国有土地使用权划拨、出让、转让、租赁、地下空间利用等方式。

(1) 通过国有土地使用权划拨取得房地产开发用地。

国有土地使用权划拨是指县级以上人民政府依法批准，在土地使用者缴纳补偿、安置等费用后将该幅土地交付其使用，或者将土地使用权无偿交付给土地使用者使用的行为。根据《中华人民共和国土地管理法》规定，经县级以上人民政府依法批准，以下建设用地可以以划拨方式取得：①国家机关用地和军事用地；②城市基础设施用地和公益事业用地；③国家重点扶持的能源、交通、水利等基础设施用地；④法律、行政法规规定的其他用地。

知识链接

在当前，我国的土地使用权划拨有两种方式：一是土地使用权附条件划拨，土地使用者必须在缴纳规定的补偿费、安置费用后方可获得该幅土地的使用权；二是土地使用者不需要缴纳任何费用即取得土地使用权。

(2) 通过国有土地使用权出让取得房地产开发用地。

国有土地使用权出让是指县级以上人民政府和土地行政主管部门依法把符合规划要求的国有土地有期限有偿地转移给土地使用者，土地使用者享有实际占有土地权、土地使用权、土地使用权的转让权、抵押权、出租权等活动。根据《城镇国有土地使用权出让和转让暂行条例》规定，国有土地使用权出让过程中，出让方与受让方必须要签署土地使用权出让合同，出让方是代表国家行使权利的县级以上人民政府的土地行政主管部门，受让方可以是中国境内外的公司、企业、其他经济组织和公民自然人。

知识链接

根据《中华人民共和国城市房地产管理法》和《招标拍卖挂牌出让国有土地使用权规定》规定，我国当前的国有土地使用权出让方式有四种：协议出让、招标出让、拍卖出让和挂牌出让。

协议出让是指县级以上人民政府及其土地行政主管部门代表国家与土地的申请使用者就土地使用权的价格、使用年限、用地条件等问题相互协商成一致意见而进行的国有土地使用权出让。由于协议出让不对外公开化，容易滋生暗箱操作、产生腐败现象，因此，政府对此有严格的报批程序。国土资源部于 2002 年 5 月 9 日发布《招标拍卖挂牌出让国有土地使用权规定》中明确规定：自 2002 年 7 月 1 日起，全国各地区的商业、旅游、娱乐、写字楼和商品住宅等各类经营性用地都必须以招标拍卖挂牌方式出让。这就大大缩小了可以协议出让国有土地使用权范围。自 2003 年 8 月 1 日起开始施行的《协议出让国有土地使用权规定》更是对协议出让的审批程序作出了详细而又严格的规范。

招标出让是指市、县人民政府土地行政主管部门或者其委托的中介机构就国有土地的使用权发布招标公告，邀请特定或者不特定的公民、法人和其他组织参加国有土地使用权投标，根据投标结果确定土地使用者的行为。

拍卖出让是指市、县人民政府土地行政主管部门或者其委托的中介机构就国有土地的使用权发布拍卖公告，由竞买人在指定时间、地点进行公开竞价，根据出价结果确定土地使用者的行为。

挂牌出让是指市、县人民政府土地行政主管部门或者其委托的中介机构就国有土地的使用权发布挂牌公告，按公告规定的期限将拟出让宗地的交易条件在指定的土地交易场所挂牌公布，接受竞买人的报价申请并更新挂牌价格，根据挂牌期限截止时的出价结果确定土地使用者的行为。

特别提示

根据当前法律、法规及规章规定，我国商业、旅游、娱乐和商品住宅等各类经营性用地，都必须以招标、拍卖或者挂牌方式出让，其他用途的土地，在供地计划公布后，如果同一宗地有两个以上意向用地者的，也应当采用招标、拍卖或者挂牌方式出让。

(3) 通过国有土地使用权转让取得房地产开发用地。

国有土地使用权转让是指土地使用者将土地使用权再转移的行为，包括出售、交换和赠与。同时《中华人民共和国城镇国有土地使用权出让和转让暂行条例》规定：

① 未按土地使用权出让合同规定的期限和条件投资开发、利用土地的，土地使用权不得转让。

② 土地使用权转让应当签订转让合同。

③ 土地使用权转让时，土地使用权出让合同和登记文件中所载明的权利、义务随之转移。

④ 土地使用者通过转让方式取得的土地使用权，其使用年限为土地使用权出让合同规定的使用年限减去原土地使用者已使用年限后的剩余年限。

⑤ 土地使用权转让时，其地上建筑物、其他附着物所有权随之转让。

地上建筑物、其他附着物的所有人或者共有人，享有该建筑物、附着物使用范围内的土地使用权。土地使用者转让地上建筑物、其他附着物所有权时，其使用范围内的土地使用权随之转让，但地上建筑物、其他附着物作为动产转让的除外。

⑥ 土地使用权和地上建筑物、其他附着物所有权转让，应当依照规定办理过户登记。

土地使用权和地上建筑物、其他附着物所有权分割转让的，应当经市、县人民政府土地管理部门和房产管理部门批准，并依照规定办理过户登记。

土地使用权转让价格明显低于市场价格的，市、县人民政府有优先购买权。

土地使用权转让的市场价格不合理上涨时，市、县人民政府可以采取必要的措施。

⑧ 土地使用权转让后，需要改变土地使用权出让合同规定的土地用途的，依照本条例第十八条的规定办理。

(4) 通过土地使用权出租取得房地产开发用地。

土地使用权出租是指土地使用者作为出租人将土地使用权随同地上建筑物、其他附着物租赁给承租人使用，由承租人向出租人支付租金的行为。同时《中华人民共和国城镇国有土地使用权出让和转让暂行条例》规定：

① 未按土地使用权出让合同规定的期限和条件投资开发、利用土地的，土地使用权不得出租。

② 土地使用权出租，出租人与承租人应当签订租赁合同。

租赁合同不得违背国家法律、法规和土地使用权出让合同的规定。

③ 土地使用权出租后，出租人必须继续履行土地使用权出让合同。

④ 土地使用权和地上建筑物、其他附着物出租，出租人应当依照规定办理登记。

(5) 通过对地下空间利用取得房地产开发用地。

地下空间是指城市规划区(含县城)内地表以下的空间，包括战时具备防护能力的地下防护空间和战时不具备防护能力的地下非防护空间。

地下空间开发利用是指在地表以下(含半地下)建设建筑物或构筑物，安排城市人民防空设施和城市生产、生活、防灾等项目。同时《城市地下空间开发利用管理规定》规定：

① 城市地下空间的工程建设必须符合城市地下空间规划，服从规划管理。

② 附着地面建筑进行地下工程建设，应随地面建筑一并向城市规划行政主管部门申请办理选址意见书、建设用地规划许可证、建设工程规划许可证。

③ 独立开发的地下交通、商业、仓储、能源、通讯、管线、人防工程等设施，应持有关批准文件、技术资料，依据《城市规划法》的有关规定，向城市规划行政主管部门申请办理选址意见书、建设用地规划许可证、建设工程规划许可证。

④ 建设单位或者个人在取得建设工程规划许可证和其他有关批准文件后，方可向建设行政主管部门申请办理建设工程施工许可证。

⑤ 地下工程建设应符合国家有关规定、标准和规范。

2) 在建工程(包括房地产开发项目)

(1) 在建工程的含义。

在建工程的主要特征就是其工程量尚未完成，因而体现在其建筑物实体形态不完全，不具备有关部门组织进行竣工验收的条件，以及不能马上实现其设计用途等诸多特性。

对于在建工程的定义，在理论界有多种不同的提法。一种定义是：在建工程就是正在施工或虽已完工但尚未办理移交验收的建设工程。包括在建的新建项目、扩建项目、改建项目以及恢复项目等项目工程。另外一种说法，在建工程房地产即建筑工程尚未完工或虽然已经完工，但尚未交付使用的建设项目房地产。

同时，在建工程，其含义有广义和狭义之分。广义上的房屋在建工程，是指房屋自主体工程动工建设开始至建成后房地产主管机关颁发所有权证书止所处的状态。狭义上的房屋在建工程，是指房屋工程自主体工程基本建设开始至房屋达到竣工验收条件前所处的状态。可见，狭义上的房屋在建工程，主要是指房屋主体结构的建设过程中的状态，是一种实物上的未完成状态；而广义上的房屋在建工程不仅包括狭义上的房屋在建工程在内，还包括房屋各项工程均已完工，即达到房屋竣工验收条件后、未领取房屋所有权证书的情形，是一种在法律上未完成的状态。与一般意义上的房地产相比，在建工程具有自身的特点。

我们这里所指的“在建工程”，是指正在施工但未完工或已完工但未通过竣工验收的工程项目。

(2) 在建工程的特点。

在建工程，一般把是否进行了整体竣工验收作为界定的主要依据。作为房地产的一种类型，在建工程的表现形式多种多样，既可以是处于建设过程中的项目，也可以是已停工多年的项目。在建工程有着与一般房地产不同的特点：

① 所有权的相对确定性。指房屋在建工程在主管机关正式颁发所有权证书之前，其所有权处于相对确定的状态。

② 合法性。房屋在建工程，必须是经国家法定机关或有关部门在其职权范围内，依照法律规定的程序进行审批后取得相关批文的合法工程，未经审批并取得规划红线图、施工许可证等合法手续的违章建筑不受法律保护，更不得以抵偿法律文书确定的债务。

③ 可变价性。在建工程同时具备价值和使用价值，因此可以变价。在市场上能够变价的、抵偿金钱债权的在建工程，可以被执行法院纳入执行标的物的范围，列为司法评估的对象。

④ 在建工程房地产可比性差。在建工程涵括了从刚刚投资兴建的工程到已完成建设但尚未交付使用的工程，各种不同阶段的房地产特性均不同，这就造成了在建工程房地产之间可比性差。

⑤ 在建工程形象进度与实际投资额较难一致。在建工程实际投资额，其账面价值包括预付材料款和预付设备款，同时也记录在建工程中应付材料款及应付设备款等，因此，在

建工程投资不能完全体现在建工程的形象进度。

⑥ 在建工程建设工期长短差别较大。建设工期长短的差别，直接与建造期间材料，工费价值变化、设计变更等相联系，对评估价值标准的选择有直接影响。

⑦ 在建工程房地产种类多。在建工程房地产也涉及正常使用房地产中各类房地产，如不同用途、不同结构的厂房、仓库、普通住宅、高级住宅等。

⑧ 在建工程造价差异大。同种用途、同种结构的在建工程，由于其地基的差异等特殊原因，造成比正常情况房地产投资增大。

(3) 在建工程的分类。

在实际的估价实务以及科学研究中，可以将在建工程按照不同方式进行分类。在建工程可根据标志性工程进度进行分类，也可根据建设用途进行分类，同时对于同一阶段的在建项目，由于工程款支付方式的不同，以及材料设备购置的早晚，在价值上也会形成差异。

根据标志性工程进度进行分类，建筑工程的施工过程分为土方工程、基础工程，结构工程、电气设备安装工程、给排水工程、内外装修工程、室外工程等等。由于工程施工是一个连续的过程，可以按照建设工程施工主要工作的进度状况划分为结构在施工、结构封顶及准备验收几个阶段。对此我们也称为按形象进度进行分类。

另一种分类方式是按照项目设计用途进行划分，建设工程可分为工业建筑、民用建筑和农业建筑，进而又可分为工业厂房、仓库、锅炉房、住宅、办公楼、商业、农场、牧场等。

由于不同类型的建筑工程具有各自不同的生产流程和特性，因此对于在建工程价值的评估首先应确定在建工程的种类，选取适合其特性的方法和技术进行研究。

这里所提房地产开发项目，一般是对土地和地上建筑物进行的投资开发建设项目。在我国，依照《中华人民共和国城市房地产管理法》的规定：房地产开发项目是指在依法取得土地使用权的国有土地上进行基础设施、房屋建设的项目。

3) 重新装饰装修改造或改变用途的旧的房地产

可重新装饰装修改造或改变用途的旧的房地产包括重新装饰装修、改建、扩建的房地产，如果是重建就属于毛地的范畴。

知识链接

房地产建设项目按建设性质划分，可分为：

(1) 新建项目，是指从无到有，“平地起家”，新开始建设的项目。有的建设项目原有基础很小，经扩大建设规模后，其新增加的固定资产价值超过原有固定资产价值三倍以上的，也算新建项目。

(2) 扩建项目，是指原有企业、事业单位、为扩大原有产品生产能力(或效益)，或增加新的产品生产能力，而新建主要车间或工程项目。

(3) 改建项目，是指原有企业，为提高生产效率，增加科技含量，采用新技术，改进产品质量，或改变新产品方向，对原有设备或工程进行改造的项目。有的企业为了平衡生产能力，增建一些附属、辅助车间或非生产性工程，也算改建项目。

(4) 迁建项目，是指原有企业、事业单位，由于各种原因经上级批准搬迁到另地建设的项目。迁建项目中符合新建、扩建、改建条件的，应分别作为新建、扩建或改建项目。迁建项目不包括留在原址的部分。

(5) 恢复项目，是指企业、事业单位因自然灾害、战争等原因，使原有固定资产全部或部分报废，以后又投资按原有规模重新恢复起来的项目。在恢复的同时进行扩建的，应作为扩建项目。

有部分房地产由于自身的原因或周围环境的变化，需要对其进行重新装饰装修、改变原有用途、改建或扩建，才能实现其价值的最大化。所以，这类房地产也是可开发利用的房地产的典型代表。

应用案例 6-1

鄂尔多斯假日酒店升级皇冠假日酒店室内装饰装修改造工程公告(部分节选)

编码：CBL_20100903_5637958

开标时间：××××年××月××日

所属行业：市政房地产建筑

标讯类别：国内

资金来源：政府资金

投资金额：2 000 万元

所属地区：内蒙古

一、工程概况

工程名称：鄂尔多斯假日酒店升级皇冠假日酒店室内装饰装修改造工程

建筑面积：约 46 000m^2。

装饰地点：鄂尔多斯假日酒店

资金来源：政府投资

二、内容及范围

施工范围：该项目施工图纸范围内全部装饰装修工程施工内容。

监理范围：施工阶段的“三控、两管、一协调”及安全监理等内容。

三、标段划分(详见文件)

四、投标人资质要求

(一) 施工投标人资质要求：(略)

(二) 监理投标人资质要求：(略)

五、资格审查方式

本工程对投标申请人的资格审查采用资格后审方式，只有资格审查合格的投标人才有可能被授予合同。

六、报名事宜

七、文件的获取

2. 影响可开发利用房地产价格的因素

1) 城市规划设计条件

城市规划设计条件往往是不可预期的，即使是已经确定的城市规划设计条件，也会随着土地利用、城市化进程、城市功能改变而变化。在对可开发利用房地产进行估价时，其价格势必要受到城市规划设计条件的影响。因此，估价人员在把握可开发利用房地产价格时，一定要依据所推测的最可能的城市规划设计条件确定房地产的法定开发利用前提，并将该最可能的城市规划设计条件列为估价的假设和限制条件，并在估价报告中作特别的提示，说明它对估价结果的影响，或估价结果对它的依赖性。

2) 开发利用方式

可开发利用房地产的价格带有预测性质，因为是在可以开发、重新利用的基础上估算其现期的价格，所以假设采用的开发利用方式从某种程度上影响了可开发利用房地产的价值或价格。开发利用方式包括生地开发成毛地、熟地或整体房地产；毛地开发成熟地或整体房地产；熟地开发成整体房地产；原有建筑物的改建、扩建、增建；原有建筑物的重新装修及改造等。

3) 社会经济环境状况

可开发利用的房地产的价格很大程度上取决于社会的经济环境状况，如：房地产制度、房地产法规、与房地产相关的金融和税收政策、土地供给(出让)计划、社会经济发展水平等。受这些因素影响，可开发利用房地产未来的开发利用方式可能会有所变化，价格会随之产生变化。

4) 自身条件

可开发利用房地产在开发之前处于何种状态、有哪些优势，目前开发利用程度，后续开发建设和租售的难度及所投入的成本费用，这些自身条件的好坏也影响着可开发利用房地产的价格。

3. 可开发利用房地产估价的常用方法

可开发利用房地产根据其自身的特点和存在的形态的不同，可恰当的选择市场法、假设开发法、基准地价修正系数法等来进行其市场价格的评估。

1) 市场法

市场法是可开发利用房地产市场交易较为活跃，可比实例较多时普遍采用的一种方法。例如，当估价对象为可出让的国有土地使用权，评估其出让价格时，先选取与估价对象土地有可比性的市场交易实例。所谓可比性，表现在土地规划用途的同一性、土地供求范围的同一性或土地等级的同一性、土地生熟程度的同一性、土地规划条件的同一(或相似)性、土地交易日期的相近性，以及交易情况的正常性等。然后在交易日期、交易情况、区位状况、实物状况等方面予以调整，得出估价对象土地使用权价格。

2) 假设开发法

假设开发法是评估可开发利用房地产市场价格的常用方法之一。当估价对象为可供开发建设的土地时，其方法运用的前提条件是估价对象土地规划设计条件已经规划主管部门审批。只有在此情况下，估价对象土地才有假定开发的具体规划设计方案，才能据此规划方案假设得到开发建设后剔去建筑物部分的剩余土地价格。

3) 基准地价修正系数法

基准地价修正系数法是以该区域或级别的基准地价为依据，再根据实际情况进行必要的修正后估算土地价值的方法。该方法的关键是确定土地的基准地价。基准地价修正系数法的具体测算将在模块2单元8中详细讲解。

特别提示

当估价对象可以具体化为新开发的土地；新建的房地产(此处指房地、建筑物两种情况)；旧的房地产(此处指房地、建筑物两种情况)三种情况时，也可以适当选用成本法，但需要强调的是针对可开发利用的房地产，成本法是在其他估价方法不能够得以实现的情况下，不得已才采用的，毕竟土地的成本有太多的影响因素。

4. 可开发利用房地产估价的技术路线及难点处理

特别提示

可开发利用的房地产估价，本单元主要介绍假设开发法，原因有两个：其一，相对于前述其他可选用的方法而言，假设开发法对于可开发利用的房地产具有普遍的适用性；其二，除假设开发法以外的其他适用方法将分别在其他单元中讲述，本单元不再累述。

针对可开发利用房地产的不同特点和状态，通常选择假设开发法作为其中一种方法进行估价。利用假设开发法时，可开发利用房地产的价格取决于它完成后的价格再减去从未完工到完成所需投入的续建成本及管理费用、投资利息、销售税费、续建投资利润及买方购买税费。在具体估算时，先利用预期原理确定估价对象开发完成后的价值，反算估价对象现在的客观市场价值。其操作步骤可简单地概括为：①调查待开发房地产的基本情况；②选择最佳的开发利用方式；③估计开发经营期；④预测开发完成后的房地产价值；⑤估算开发成本、管理费用、投资利息、销售税费、开发利润、投资者购买待开发房地产应负担的税费；⑥进行具体计算，求出可开发利用房地产的价值。

利用假设开发法进行估价，其难点主要有两个方面。

1) 预计估价对象开发完成后的价值或价格

因为假设开发法是根据估价对象开发完成后的价格进行反算，所以估价对象开发完成后的市场价格确定的合理与否直接影响到估价结果的准确性。估价对象开发完成后的价格根据其特点可以分别采用市场法、收益法或长期趋势法来确定，所以，上述三种方法在估价时的难点在这里都会有所体现，其具体处理办法可参见相应估价方法的相关解说。

2) 折现率的确定

假设开发法要考虑资金的时间价值，具体分为两种方式：一是传统方法，通过计算利息的方式来考虑资金的时间价值；二是现金流量折现法，通过折现的方式来考虑资金的时间价值，包括对资金成本和开发利润的考虑。本单元通过综合衡量，认为只要条件允许，采用现金流量折现法更能体现资金的实际使用情况，估价结果与其真实价值更贴近。

特别提示

关于现金流量折现法和传统方法的相关论述见课题 6.2。

折现率的确定对估价结果的合理性有着直接的影响。折现率由两部分组成：安全收益(利率)和风险收益(利润率)，其中安全收益部分可以通过银行贷款利率来确定，但当金融紧缩，融资困难，融资成本加大时，该部分取值应提高。风险收益部分则应考虑更多因素，如房地产市场行情，当房地产市场不景气，风险加大，该部分取值就应提高，这样才能保证待开发房地产的价格也随市场变动。

知识链接

假设开发法除了可进行可开发利用房地产的价格评估以外，在房地产项目投资分析测算中也有比较重要的应用价值。假设开发法在可开发利用房地产的投资价值分析测算中是一种常用实用的方法：

1. 可开发利用房地产投资分析经常应用到假设开发法

可开发利用房地产就是投资者要投资的项目。可开发利用房地产，即具有开发和再开发潜力的房地产，例如可开发利用土地和在建工程、可装饰装修改造或可改变用途的旧房。

2. 在城市规划设计条件不明确的条件下，假设开发法的运用

可开发利用房地产投资价值在城市规划设计条件不明确的条件下，难以采用假设开发法测算，因为在该房地产的法定开发利用前提未确定的情况下，其价值也不能确定。在这种情况下仍然需要分析测算的话，可以根据所推测的最可能的城市规划设计条件来测算，但必须是最可能的城市规划设计条件列为测算分析的假设和限制条件，并在测算结果中作特别提示，说明它对测算结果的影响，或者说明测算结果对它的依赖性。

对于这种性质的开发项目，若不能应用房地产估价中的市场法和成本法，此种情况下假设开发法几乎是唯一可行的方法。特别是在新区可开发利用的房地产项目，往往在未进行投资开发前或土地未开发情况下在没有大量相类似交易案例，土地成本难以用基准地价法或成本法确定的情况下，应用假设开发法来确定土地价值或未完工程价值可以成为可开发利用项目投资分析中关键的一环。

也就是说，当估价对象为具有潜在开发价值的房地产时，假设开发法几乎是唯一实用的估价方法。

同时，在投资分析过程中，运用假设开发法可为房地产投资者提供下列数据：

1. 测算拟开发场地的最高价格

如果房地产投资者有兴趣取得某个开发场地，他必须事先测算出能够接受的最高价格，他实际的购买价格应低于或等于此价格，否则就不值得购买。

2. 测算开发项目的预期利润

在测算开发项目的预期利润时，是假定开发场地已经按照某个价格购买，即场地购置费被看成已知。预计可取得的总收入扣除场地购置费、开发成本及投资利息等后的余值，为开发项目所产生的利润。此利润如果高于房地产投资者期望的利润，则认为该开发项目是可行的。否则，应推迟开发，甚至取消。

3. 测算开发中可能出现的最高费用

在确定最高费用时，场地购置费也被视为已知。确定最高费用的目的是为了使开发利润保持在一个合理的范围内，同时使整个开发成本、费用在开发过程中的各个阶段得到有效控制，不至于在开发中出现费用失控。

6.1.2 可开发利用房地产估价项目概况

1. 估价项目

估价项目是位于××市××路×××号“××城”小区的第6、7、8、9栋在建工程。

“××城”位于××市××路×××号，地处××路、××路与××路所汇合的区域内、南与××卷烟厂相对，西靠近××路、距××中心广场约1公里，东至××立交桥、中环线较近，与××新城、××大市场咫尺之遥，周边××小学、××中学、中医学院、中医附属医院等名校、医疗机构一应俱全；有18、41、51、82、84、90等多路公交线路均可直达附近。建设中的小区设计方案较佳、环境优越，公共服务设施完善，生活配套设施较为齐全，外围环境很好；作为花园式高档住宅小区，地理位置较为优越，地段极具升值潜力。

小区土地总面积56 441.86m^2，合84.65亩；规划拟建住宅21栋附带电梯高层住宅楼，总建筑面积14.33万平方米，其中住宅面积12.7万平方米，商业门面0.6万平方米，地下车库1.03万平方米；建筑密度<30%、容积率2.35、绿地率>40%。估价对象所在小区配建有中心广场、幼儿园、地下车库等配套设施，以营造一个完美的成熟社区。现土地开发程度已“五通一平”，因其所处位置优越，具有较大的开发价值。项目计划分两期流动开发，本次开发的第二期为第6、7、8、9栋，建筑面积18 579.32m^2，小区建设现已初具规模。

“××城”住宅小区是由委托方××置业发展有限公司开发投资，并以该公司名义为建

设项目第一期工程办理了所有的工程报建手续，包括：国有土地使用证、建设用地规划许可证、××市建设工程规划许可证、建筑工程施工许可证、商品房预售许可证。土地使用权性质为出让土地，使用权年限为从2009年9月到2079年9月的70年，现开发建设程度符合转让条件。

本项目用地按宗地位置划分办理了《国有土地使用证》，土地使用权人为××置业发展有限公司。

根据委托方要求及所提供的资料，确认本次评估对象第6、7、8、9栋在建工程，建筑总面积18 579.32m^2，本工程建筑安装工程费为每平方米1 100元，分两年均匀投入，第一年投入40%，第二年投入60%，现在建设工程已如期进行了一年，折现率为12%。

2. 市场情况分析

××系××省省会，是全省政治中心、文化中心、金融决策中心，中国内陆的开放城市。××市总面积为19 823.5平方公里，市区面积560.33平方公里，辖××、××、××、××、××五个区和4个县，总人口630.70万人，每天还有70万以上的流动人员，商业发达，交通便利，伴随着改革开放和经济发展，××房地产业已逐步成为支柱产业。

××市地处××省东部富饶的××平原。属亚热带季风性湿润气候，春温多变，夏秋多晴，严冬期短，暑热期长。年平均气温16.8℃～17.2℃，年平均降水量1 400毫米。清澈的湘江穿城而过，把市区分为东西两片。东片是人海闹市，西片××山下是全市高等院校的集中地，整个市区依山傍水，景色宜人。由于××城市群协调发展的呼声愈来愈高，要求××建立相应机制和措施在更大区域内发挥核心城市的带动作用，无疑有着巨大的发展空间。

随着城市化建设步伐的加快，城市居民收入水平不断提高，改善居住环境和住房质量已成为城市居民生活消费的主流；城市居民用于居住支出的增长速度明显高出其他生活费用的支出；××市作为全省人口密集和流动的中心城市，近年来市政府制定出的一系列优惠政策，吸引了大批外地人员在××市内购买住房和农村居民的流入，从而促进了房地产开发的发展，扩展了房地产开发的容量。诸多的有利因素使本市房地产市场呈现出良好的发展态势。

3. 现场查看结果

估价对象中第6～9栋住宅楼位于小区的中心位置、呈环形分布，紧临××路，在小区中所处位置较佳。

该项目于2009年9月开始动工，建设期为2年，建成时可全部售出。经对施工现场勘察，工期已如期进行1年，在建工程形象进度见表6-1。目前施工情况正常，后续工程正在进行，具体施工情况见表6-1。

表6-1　估价项目施工情况表

项目名称	建筑结构	层数	高度(m)	已完工程度
6#栋	框架	11	33.29	已建至6层
7#栋	框剪	12	36.1	已建至6层
8#栋	框架	11	35.2	已建至6层
9#栋	框架	9	25.9	已建至6层

4. 估价目的与价值定义

估价项目委托人为××置业发展有限公司开发投资，即项目的所有权人，本次估价是为委托人确定该在建工程公开市场交易情况下价格提供参考。估价时点为 2010 年 9 月 1 日。

课题 6.2 假设开发法的估价过程

假设开发法是将估价对象房地产预期开发后的价值，扣除预期的正常开发费用、销售费用、利息、税金和开发利润，将剩余的部分作为估价对象房地产价格的一种估价方法。运用此方法应把握待开发房地产在投资开发前后的状态，以及投资开发后的房地产的经营方式。假设开发法的理论依据是预期原理。

假设开发法在形式上是评估新建房地产价格的成本法的倒算法。与成本法的主要区别是：成本法中的土地价格为已知，需要求取的是开发完成后的房地产价格；假设开发法中开发完成后的房地产价格已事先通过预测得到，需要求取的是可开发利用房地产的价格。

假设开发法在实质上则类似于地租原理，只不过地租是每年的租金剩余，而假设开发法是一次性的价格剩余。假设开发法的估价思想早在杜能(J. H. VonThunen，1783～1850)所著的《孤立国同农业和国民经济的关系》一书中就已提出。杜能认为：“有一田庄，庄上全部房屋、树木、垣篱都遭焚毁，凡想购买这一田庄的人，在估值时总会首先考虑，田庄建设完备之后，这块土地的纯收益是多少，然后扣除建造房屋等投资的利息，根据剩余之数确定买价。”

假设开发法的适用对象为前文所述的可开发利用的房地产。

知识链接

假设开发法的特点

1. 可靠性基于对待开发不动产的各种假设。

2. 以种种假定或限制条件为前提。例如：房地产总价、租金和成本数据在开发期间不会大变化；在开发期间各项成本是均匀或分段均匀投入的等。

3. 有动态和静态两种计算方式。静态计算不考虑资金的时间因素，但是要单独计算利息(传统方法)；动态计算则要将所有不同时点发生的费用全部贴现到价格发生的时点，利息不必单独计算。

6.2.1 假设开发法的基本公式

1. 假设开发法最基本的公式

假设开发法最基本的公式为：

待开发房地产的价值＝开发完成后的房地产价值－开发成本－管理费用－投资利息－销售费用－销售税费－开发利润－取得税费 (6.1)

对于公式中具体应减去的项目，掌握的基本原则是设想得到估价对象后，往后至开发完成还需要支出的一切合理、必要的费用、税金及应取得的利润。所以，如果是已经投入的费用，则它就包含在待开发房地产的价值内，不应作为扣除项。

估价对象进行开发建设前后状况有所不同，综合起来可归纳为下列几种情况：①估价对象为生地，在生地上进行房屋建设；②估价对象为生地，将生地开发成熟地；③估价对象为毛地，在毛地上进行房屋建设；④估价对象为毛地，将毛地开发成熟地；⑤估价对象为熟地，在熟地进行房屋建设；⑥估价对象为在建工程，将在建工程续建成房屋；⑦估价对象为旧房，将旧房装修改造成新房。

投资开发后的房地产经营方式，有出售(包括预售、建成后出售)、出租(包括预租，但比较少见，多为建成后出租)和营业(如商店、旅馆、餐馆、游乐场)等。

2. 按照不同估价对象所对应的公式

根据估价对象的实际状况，上述假设开发法最基本的公式，可具体细化为以下 5 个公式。

1) 求生地价值的公式

(1) 适用于在生地上进行房屋建设的公式：

生地价值＝开发完成后的房地产价值－由生地建成房屋的开发成本－管理费用－投资利息－销售费用－销售税费－开发利润－取得生地的税费 (6.2)

(2) 适用于将生地开发成熟地的公式：

生地价值＝开发完成后的熟地价值－由生地开发成熟地的开发成本－管理费用－投资利息－销售费用－销售税费－开发利润－取得生地的税费 (6.3)

2) 求毛地价值的公式

(1) 适用于在毛地上进行房屋建设的公式：

毛地价值＝开发完成后的房地产价值－由毛地建成房屋的开发成本－管理费用－投资利息－销售费用－销售税费－开发利润－取得毛地的税费 (6.4)

(2) 适用于将毛地开发成熟地的公式：

毛地价值＝开发完成后的熟地价值－由毛地开发成熟地的开发成本－管理费用－投资利息－销售费用－销售税费－开发利润－取得毛地的税费 (6.5)

3) 求熟地价值的公式

熟地价值＝开发完成后的房地产价值－由熟地建成房屋的开发成本－管理费用－投资利息－销售费用－销售税费－开发利润－取得熟地的税费 (6.6)

4) 求在建工程价值的公式

在建工程价值＝续建完成后的房地产价值－续建成本－管理费用－投资利息－销售费用－销售税费－续建投资利润－取得在建工程的税费 (6.7)

5) 求旧房价值的公式

旧房价值＝装修改造完成后的房地产价值－装修改造成本－管理费用－投资利息

－销售费用－销售税费－装修改造投资利润－取得旧房的税费 (6.8)

3. 按开发完成后的经营方式细化的公式

1) 适用于开发完成后出售的公式

$$V = V_P - C \tag{6.9}$$

式中 V——待开发房地产的价值；

V_P——用市场法或长期趋势法测算的开发完成后的房地产价值；

C——应扣除项目。

2) 适用于开发完成后出租、营业的公式

$$V = V_R - C \tag{6.10}$$

式中 V_R——用收益法测算的开发完成后的房地产价值。

特别提示

当房地产开发完成后全部销售时，开发完成后房地产价值等于售价；当房地产开发完成后出租或营业时，则要根据租赁收益年限、每年净收益水平、报酬率将收益转化为房地产的价格。

6.2.2 现金流量折现法

1. 现金流量折现法的定义

房地产开发具有周期长的特点，其开发成本、管理费用、销售费用、销售税费、开发完成后的房地产价值等实际发生的时间不尽相同，特别是大型的房地产开发项目。因此，运用假设开发法估价必须考虑资金的时间价值。考虑资金的时间价值可有如下两种不同的方式：①采用折现的方式，将这种方式下的假设开发法称为现金流量折现法；②采用计算利息的方式，将这种方式下的假设开发法称为传统方法。

现金流量是现金流入量与现金流出量的统称，又叫现金流动。它将一个项目(方案或企业)作为一个独立系统，反映项目在计算期内实际发生的现金流入和现金流出活动情况及其流动数量。项目的现金流出量是指在某一时间内发生的能够导致现金存储量减少的现金流动，简称现金流出；现金流入量是指能够导致现金存储量增加的现金流动，简称现金流入。现金流入通常表示为正现金流量，现金流出通常表示为负现金流量。

净现金流量是指某一时点的正现金流量与负现金流量的代数和，即：

净现金流量＝现金流入量－现金流出量 (6.11)

2. 现金流量折现法与传统方法的不同

现金流量折现法与传统方法由于对资金时间价值的考虑不同，所以应用起来存在诸多不同之处，二者的不同之处见表6-2。

表 6-2　现金流量折现法与传统方法的不同之处

比较项目	传统方法	现金流量折现法
开发完成后的价值以及后续的开发成本、管理费用、销售费用、销售税费等	主要根据估价时点的房地产市场状况作出，是静止在估价时点的金额	按照房地产开发程序，预测它们未来发生的时间以及在未来发生时的金额
各项收入、支出发生的时间	不考虑时间上的不同，直接相加减，但是计算投资利息，也不考虑预售与延迟销售	要考虑各项收入、支出发生的时间不同，首先把它们折算到同一时间上，然后再相加减
投资利息和开发利润	这两项都单独列出	这两项都不单独列出，已包含在折现过程中。折现率包含安全收益(利率)和风险收益(利润率)两个部分

应用案例 6-2

评估一宗房地产开发用地 2010 年 5 月 1 日的价值，要将在未来发生的支出和收入都折算到 2010 年 5 月 1 日。如果预测该宗土地 2012 年 5 月 1 日开发完成后的房价(含地价)为 8 000 万元，折现率为 12%，则该宗房地产在 2010 年 5 月 1 日来看的房价实际为多少？

【解】该宗房地产在 2010 年 5 月 1 日实际的房价：

$$\frac{8\,000}{(1+12\%)^2}=6\,377.55(\text{万元})$$

3. 现金流量折现法的优点

现金流量折现法由于在计算过程中优先考虑各项费用、成本及续建后的价值发生时间的不同，将其直接折算到估价时点，所以计算结果较为精确。

虽然存在未知因素影响市场数据的准确性，但在估价中还是应该采用现金流量折现法。在难以采用现金流量折现法时可采用传统方法。

6.2.3　假设开发法操作步骤

1. 掌握待开发房地产基本状况

1) 坐落位置

坐落位置的基本情况包括三个部分：

(1) 所在城市在国内或国际所处的经济环境和社会环境状况；

(2) 所在地区的性质、地位及政府的政策和规划建设设想；

(3) 具体的坐落位置及周围环境和交通便利程度。

2) 待开发房地产的状态

包括土地面积大小、形状、地质状态、平整程度、基础设施情况，目前开发程度、已投入资金数量；是由人民法院等强制拍卖、变卖给他人开发建设，还是现所有者自行开发建设；开发完成后是否包含某种费用的节约或有额外的收入等。

3) 了解政府的城市规划限制

包括规定的用途、容积率、建筑覆盖率、建筑高度等情况。

4) 掌握待开发房地产的权利状况

包括土地使用权的性质、使用年限、能否续期及抵押、转让土地的有关规定，目前房地产权属状况等。

2. 选择最佳开发利用方式

选择最佳的开发利用方式，要在合法的基础上，根据最有效使用和最合理开发的原则，在政府规划限制的许可范围内，选择待开发房地产的最佳开发模式和方案。包括对建筑物用途、建筑容积率、建筑覆盖率、建筑式样等的确定，同时还要尽可能地使开发者获得最大盈利。

3. 确定开发经营期

开发经营期的起点是(假设)取得估价对象(待开发房地产)的日期，即估价时点，终点是预计未来开发完成后的房地产经营结束的日期。开发经营期可分为开发期和经营期。

开发期也可称为开发建设期、建设期，其起点与开发经营期的起点相同，终点是预计待开发房地产开发完成(竣工)的日期。

经营期是未来房地产建设到一定程度进行销售和运营的时间区间。根据未来开发完成后的房地产的经营使用方式，主要有销售(包括预售，下同)、出租、营业。因此，经营期可以具体化为销售期(针对销售这种情况)和运营期(针对出租、营业)。

确定开发经营期的目的，是为了把握开发成本、管理费用、销售费用、销售税费等发生的时间和数额，预测开发完成后的房地产售价或租金，以及各项收入和支出的折现或计算投资利息等。

确定开发经营期的方法可采用类似于市场法的方法，即根据同一地区、相同类型、同等规模的类似开发项目已有的正常开发经营期来估计。在具体测算过程中，一般将开发经营期分成开发期和经营期来分别估算，之后再将估算结果加总。开发期根据市场同类型、同等规模、同等施工要求的房地产开发过程来估算，经营期则根据未来房地产市场景气状况作出估计。

4. 预测开发完成后的房地产价值(或价格)

开发完成后的房地产价值，是指开发完成时的房地产状况下的市场价值。开发完成后的房地产价值对应的时间不一定是开发完成之时，可能存在预售或延迟租售的情况。开发完成后的房地产适宜销售的，通常是预测它在开发完成之时的房地产市场状况下的价值；房地产市场状况较好适宜预售的，则需预测它在预售时房地产市场状况下的价值；当房地产市场状况不好时，则是预测它在延迟租售时的房地产市场状况下的价值。

推测未来开发完成后的房地产价值通常采用市场法和长期趋势法(将在模块 2 单元 7 中详细讲解)相结合的方法。即根据各类用途和性质的房地产过去和现在的价格以及其未来可能的发展变化趋势来预测待开发房地产开发完成后的价值。比较的项目通常是采用单价而非总价。

应用案例 6-3

某写字楼正在建设中，预计未来建成后将出租。根据当前市场租金水平，月租金为每平方米使用面积 500 元，出租率为 85%，运营费用占租金的 35%，报酬率为 12%，可供出租的使用面积为 4 600 ㎡，运营期为 48 年，则该写字楼开发完成后的价值是多少？

【解】该写字楼开发完成后的总价值可估计为：

$$\frac{500\times85\%\times(1-35\%)\times12\times4\,600}{12\%}\times[1-\frac{1}{(1+12\%)^{48}}]=12\,652.34(\text{万元})$$

5. 估算取得待开发房地产的税费

使用假设开发法时，除了预测建成后的租售价格外，还需预测后续必要支出，其中取得待开发房地产的税费是首先要估算的。取得税费是假定在估价时点购置待开发房地产时由购置者(买方)缴纳的有关税费，包括契税、印花税、交易手续费等。该项税费通常是根据税法及中央和地方政府有关规定，按照待开发房地产价值的一定比例来测算。

6. 预测后续开发成本、管理费用、销售费用、销售税费

后续开发成本、管理费用、销售费用、销售税费也都属于后续必要支出的组成部分。由于假设开发法可视为成本法的倒算法，所以，在实际估价中测算后续开发成本，管理费用、销售费用、销售税费时，可根据当地的房地产价格构成情况来分项测算，测算的方法也与成本法中的相同，所不同的是需要预测。

例如，开发成本、管理费用可采用类似于市场法的方法来求取，即通过当地同类房地产开发项目当前的开发成本和管理费用大致为多少来推算，如果预计建筑材料价格、建筑人工费等在未来可能有较大变化，还要考虑未来建筑材料价格、建筑人工费等的变化对开发成本和管理费用的影响。

后续的开发成本、管理费用、销售费用等必要支出的多少，还要与开发完成后的房地产状况相对应。相同的待开发房地产，开发后的结果不同，其发生的后续开发成本、管理费用、销售费用、销售税费也不同。

特别提示

开发成本、管理费用、销售费用、销售税费，测算的方法也与成本法中的相同，所不同的是①它们本质上应是预测的未来发生时的值，而不是估价时点时的值；②它们是在取得待开发房地产之后到把待开发房地产开发完成后的必要支出，而不包括取得待开发房地产之前所发生的支出及应得的利润。

知识链接

房地产交易过程中可能涉及的税费

房地产交易过程中可能涉及的税费主要有以下几种。

(1) 房地产契税：是指由于土地使用权出让、转让、房屋买卖、交换或赠与等发生房地产权属转移

时向产权承受人征收的一种税。

(2) 营业税：指对销售房地产的单位和个人，就其营业额按率计征的一种税。

(3) 房产税：是以房屋为征税对象、按照房屋的原值或房产租金向产权所有人征收的一种税。

(4) 营业税附加：是指对交纳营业税的单位和个人，就其实缴的营业税为计税依据而征收的城镇维护建设税与教育费附加。

(5) 印花税：指对在经济活动中或经济交往中书立的或领受的房地产凭证征收的一种税。

(6) 个人所得税：指个人将拥有合法产权的房屋转让、出租或其他活动并取得收入，就其所得计算征收的一种税。

(7) 纳税保证金：指按照有关规定，个人将拥有合法产权的住房转让时，就其应纳税所得，按照个人所得税税率计算的个人所得税纳税保证金。

(8) 房地产交易手续费：是指由政府依法设立的，由房地产主管部门设立的房地产交易机构为房屋权利人办理交易过户等手续所收取的费用。

(9) 房屋权属登记费：即房屋所有权登记费，是指县级以上地方人民政府行使房产行政管理职能的部门依法对房屋所有权进行登记，并核发房屋所有权证书时，向房屋所有权人收取的登记费，不包括房产测绘机构收取的房产测绘(或勘丈)费用。

(10) 土地收益金(土地增值费)：土地使用者将其所使用的土地使用权转让(含连同地面建筑物一同转让)给第三者时，就其转让土地交易额按规定比例向财政部门缴纳的价款，或土地使用者将其所使用的土地使用权出租(含连同地面建筑物一同出租)给其他使用者时，就其所获得的租金收入按规定比例向财政部门缴纳的价款。

(11) 土地出让金：各级政府土地管理部门将土地使用权出让给土地使用者，按规定向受让人收取的土地出让的全部价款(指土地出让的交易总额)，或土地使用期满，土地使用者需要续期而向土地管理部门缴纳的续期土地出让价款，或原通过行政划拨获得土地使用权的土地使用者，将土地使用权有偿转让、出租、抵押、作价入股和投资，按规定补交的土地出让价款。

(12) 土地增值税：是指转让国有土地使用权、地上的建筑物及其附着物并取得收入的单位和个人，以转让所取得的收入包括货币收入、实物收入和其他收入为计税依据向国家缴纳的一种税，不包括以继承、赠与方式无偿转让房地产的行为。

(13) 土地使用税：是指在城市、县城、建制镇、工矿区范围内使用土地的单位和个人，以实际占用的土地面积为计税依据，依照规定由土地所在地的税务机关征收的一种税。

(14) 耕地占用税：是指由占用耕地建房或者从事其他非农业建设的单位和个人向国家缴纳的一种税。耕地包括国家所有和集体所有的耕地，占用鱼塘及其他农用土地建房或从事其他非农业建设，也视同占用耕地。

(15) 土地开发费：每公顷居住区用地开发所需的前期工程的测算投资，包括征地、拆迁、各种补偿、平整土地、敷设外部市政管线设施和道路工程等各项费用。

(16) 住宅单位综合造价：每平方米住宅建筑面积所需的工程建设的测算综合投资，应包括土地开发费用和居住区用地内的建筑、道路、市政管线、绿化等各项工程建设投资及必要的管理费用(元/m^2)。

7. 确定折现率

折现率的用途是将开发过程中不同时点发生的费用和价值折算到估价时点。其实质是报酬率，是同一市场上类似房地产开发项目所要求的平均报酬率，它体现了资金的利率和开发利润率两部分。

知识链接

折现率是指将未来有限期预期收益折算成现值的比率。

折现率不是利率，也不是贴现率，而是收益率。折现率、贴现率的确定通常和当时的利率水平是有紧密联系的。

之所以说折现率不是利率，是因为：

(1) 利率是资金的报酬，折现率是管理的报酬。利率只表示资产(资金)本身的获利能力，而与使用条件、占用者和使用途径没有直接联系，折现率则与资产以及所有者使用效果相关。

(2) 如果将折现率等同于利率，则将问题过于简单化、片面化了。

之所以说折现率不是贴现率，是因为：

(1) 两者计算过程有所不同。折现率是外加率，是到期后支付利息的比率；而贴现率是内扣率，是预先扣除贴现息后的比率。

(2) 贴现率主要用于票据承兑贴现之中；而折现率则广泛应用于企业财务管理的各个方面，如筹资决策、投资决策及收益分配等。

要搞清楚折现率的内涵，就必须先从折现开始分析。折现作为一个时间优先的概念，认为将来的收益或利益低于现在同样的收益或利益，并且随着收益时间向将来的推迟的程度而有系统地降低价值。同时，折现作为一个算术过程，是把一个特定比率应用于一个预期的现金流，从而得出当前的价值。从企业估价的角度来讲，折现率是企业各类收益索偿权持有人要求报酬率的加权平均数，也就是加权平均资本成本；从折现率本身来说，它是一种特定条件下的收益率，说明资产取得该项收益的收益率水平。投资者对投资收益的期望、对投资风险的态度，都将综合地反映在折现率的确定上。同样的，现金流量会由于折现率的高低不同而使其内在价值出现巨大差异。

8．运用基本公式求取待开发房地产的价值(或价格)

根据以上数据和情况，可以运用假设开发法的基本公式进行具体计算。在计算过程中需注意：各项成本、费用、后续建成价值都需要进行折算(传统方法除外)；必须准确判断开发经营期；必须准确判断各项费用发生的时间和数额。

应用案例 6-4

某房地产为一块七通一平的待建筑空地，土地总面积为 1 100m^2，该地块的最佳开发利用方式为写字楼，容积率为 3.5，覆盖率 50%，土地使用权年限为 40 年，从 2010 年 10 月起计。该写字楼建成后拟出租，经市场调查初步确定出租写字楼的每月净收益为 120 元/m^2，可出租面积为建筑面积的 70%，正常出租率为 70%。预计取得土地后建造该写字楼的建设期为两年半，第一年均匀投入 50%的建筑费与专业费，第 2 年均匀投入 35%的建筑费与专业费，其余的建筑费与专业费在第三年的前半年均匀投入。根据建筑市场行情估计建筑费为 2 200 元/m^2，专业费为建筑费的 6%；销售费用和税费分别按楼价的 3%、6%计；购买土地相关税费为地价的 3%，年折现率为 14%，年综合报酬率为 9%。预计该写字楼竣工半年后可租出。

根据上述资料试用现金流量折现法评估该待建土地 2010 年 10 月出售时的市场价格。

【解】 根据题意，采用现金流量折现法计算如下：

(1) 设待建土地的价格为 V

(2) 开发后的总价值：

$$\frac{120\times12\times70\%\times70\%\times1100\times3.5}{9\%}\times[1-\frac{1}{(1+9\%)^{37}}]\times\frac{1}{(1+14\%)^{3}}=1953.33(\text{万元})$$

(3) 建筑费与专业费：

$$2\,200\times1100\times3.5\times(1+6\%)\times[\frac{50\%}{(1+14\%)^{0.5}}+\frac{35\%}{(1+14\%)^{1.5}}+\frac{15\%}{(1+14\%)^{2.25}}]=778.90(\text{万元})$$

(4) 销售费用和税费：

$$1953.33\times(3\%+6\%)=175.80(\text{万元})$$

(5) 购地税费：

$$0.03V$$

(6) 地价：

$$V=1\,953.33-778.90-175.80-0.03V$$
$$V=969.54(\text{万元})$$

应用案例6-5

某在建工程开工于2010年3月1日，用地总面积2 000m²，建筑容积率为5.1，用途为公寓。土地使用年限为50年，从2010年3月1日计起。土地取得费用为楼面地价1 000元/m²该公寓正常建设期为2年，建设费用为2 500元/m²，至2010年9月1日已完成主体封顶，已投入建设费用45%。估计该公寓可按期建成，建成后即可出租。可出租面积的月租金为80元/m²，可出租率为65%，正常出租率为80%，出租期间运营费用率为30%。又知当地购买在建工程应缴纳的税费为购买价格的5%。报酬率为8%，折现率为14%。试利用上述资料采用现金流量折现法估算该在建工程于2010年9月1日的正常购买价格。

【解】根据题意，采用现金流量折现法计算如下：

(1) 设该在建工程的正常购买总价为V。

(2) 计算该在建工程续建完成后的总价值：

① 总建筑面积：　　$2\,000\times5.1=10\,200\ (\text{m}^2)$

② 续建完成后的总价值：

$$\frac{80\times12\times10\,200\times65\%\times80\%\times(1-30\%)}{8\%}[1-\frac{1}{(1+8\%)^{50-2}}]\times\frac{1}{(1+14\%)^{1.5}}$$
$$=3\,569.34(\text{万元})$$

(3) 续建总费用：

$$\frac{2\,500\times10\,200\times55\%}{(1+14\%)^{0.75}}=1\,271.23(\text{万元})$$

(4) 购买该在建工程的税费总额：$0.05V$

(5) 该在建工程的正常购买总价：

$$V=3\,569.34-1\,271.23-0.05V$$
$$V=2\,188.68(\text{万元})$$

单价：P=2 145.75元/m²

6.2.4 假设开发法对估价项目价格的测算

根据估价项目的具体情况，采用现金流量折现法对估价项目的价格进行测算。

1. 采用市场法，估算估价项目开发完成后的房地产价格

市场法是首先调查了解与估价项目相关的市场背景、经济环境状况、同类房地产交易资料，再结合估价人员查看现场所获得的相关可比实例资料，进行交易情况、市场状况、房地产状况(包括区域因素和个别因素)修正、调整，加权取值，求出估价对象开发完成后的比准价格。

(1) 可比实例的选择：参照××市同一供需圈内、同质楼盘的近期市场销售价格比较进行选择。根据估价对象的特点，从交易实例中选择 3 个估价时点近期正常交易的实例作为可比实例。

① 案例 A：金色家园。

位于××十字路口东北角，南北主干道××路与××路门前交汇，总占地面积 33 800.5 m²，框架结构，起价：2 800 元/m²，均价：3 578 元/m²。

② 案例 B：明星花园

××区，××十字路口西南角，框架结构。起价：2 400 元/ m²，均价：3 139 元/ m²。

③ 案例 C：景泰华园

位于××路××号，总占地面积 2.1 万 m²，总规划面积 5.8 万 m²，容积率 2.8，绿化率 40%以上，框架结构。起价：2 760 元/m²，均价：3 101 元/m²。三个可比实例基本情况详见表 6-3。

表 6-3　房地产可比实例情况表

实例名	可比实例 A	可比实例 B	可比实例 C	估价对象
物业名称	金色家园	明星花园	景泰华园	××城
用　　途	住宅小区	住宅小区	住宅小区	住宅小区
结　　构	框架	框架	框架	框架
层　　数	高层	高层	高层	高层
配套设施	完善	完善	完善	完善
交易情况	正常	正常	正常	
住宅交易价格	3 578 元/m²	3 139 元/m²	3 101 元/m²	

(2) 对可比实例进行交易情况修正。

可比实例 A、B、C 均为房地产市场正常交易价格，故不做修正。

(3) 对可比实例进行市场状况调整。

可比实例 A、B、C 均为近期市场交易价格或销售价格，故不做调整。

(4) 对可比实例进行房地产状况调整。

房地产状况包括区域因素和个别因素两个方面，在模块 2 单元 4 中采用综述的方法，这里根据可比实例的具体情况，房地产状况调整分为区域因素调整和个别因素调整两个方面进行。

① 区域因素调整。

区域因素调整是指估价对象地块所在区域的社会、政治、经济、自然等综合产生的效应对待估价案例的影响因素，具体区域因素调整系数确定见表 6-4。

表 6-4 可比实例区域因素概况表

	可比实例	可比实例 A	可比实例 B	可比实例 C	估价对象
区域因素	自然环境	15	15	15	15
	社会环境	16	16	15	15
	道路状况	15	15	15	15
	公交状况	11	11	11	10
	距商服中心距离	15	15	15	15
	距公共设施距离	10	10	10	10
	基础设施状况	10	10	10	10
	规划限制	10	10	10	10
	小 计	102	102	101	100

② 个别因素调整。

个别因素是指房地产所表现的个别特性，考虑评估对象的房地产暂未作装修、附属设施不齐等因素，个别因素调整系数确定见表 6-5。

表 6-5 个别因素比较表

	可比实例	可比实例 A	可比实例 B	可比实例 C	估价对象
个别因素	结构差异	15	15	15	15
	楼 层	15	15	15	15
	临街朝向	12	10	11	10
	施工质量	16	16	15	15
	容积率	16	16	15	15
	建筑规模	15	15	15	15
	新旧因素	15	15	15	15
	小 计	104	102	101	100

5) 估价结果

对可比实例进行交易情况修正、市场状况调整、房地产状况调整之后，利用直接比较修正公式(具体公式及计算方法见模块 2 单元 4 市场法)，可以先确定单个可比实例的比准价格，然后利用简单算术平均数确定最终比准价格。单个可比实例修正、调整的综合求取见表 6-6。

表 6-6 单个可比实例修正、调整的综合求取表

比较项目	可比实例 A	可比实例 B	可比实例 C	估价对象
物业名称	金色家园	明星花园	景泰华园	××城
可比实例价格	3 578 元/m^2	3 139 元/m^2	3 101 元/m^2	待估
交易情况修正	100 /100	100/100	100/100	100/100
市场状况调整	100/100	100/100	100/100	100/100
区域因素调整	100/102	100/102	100/101	100/100
个别因素调整	100/104	100/102	100/101	100/100
单个比准价格	3 373	3 017	3 040	

比准价格＝(可比实 A 单价＋可比实例 B 单价＋可比实例 C 单价)÷3
＝(3 373＋3 017＋3 040)÷3
＝3 143(元/m^2)

计算得比准价格为 3 143 元/m^2，假设估价对象在预定日期全部开发完成(建筑面积 18 579.32m^2)，则开发完成后的房地产价值为：

6～9 栋房地产开发完成后的房地产总价值＝比准单价×建筑面积
＝3 143 元/m^2×18 579.32m^2
＝5 839.48(万元)

根据相关资料，确定当时折现率为 12%，开发完成后的总价值折现值为：

$$V=\frac{5\,839.48}{1+12\%}=5\,213.82(万元)$$

2. 后续成本费用等扣除项目

后续成本、费用等需扣除的项目包括本次估价对象的后续工程的开发成本、管理费用、销售费用、销售税费等。

(1) 后续开发成本。

本次估价后续开发成本通过市场调查、分析、比较，根据委托方提供的工程资料和在建工程投入情况，并在现场核对工程量的基础上，以《××省建筑工程概算定额》、《××建设造价》等资料为依据，结合有关定额资料，经综合测算得：评估对象 6～9 栋总建筑面积 18 579.32m^2，本工程建设期为 2 年，土地剩余使用年限为 69 年，建筑安装工程费为每平方米 1 100 元，分两年投入，第一年投入 40%，第二年投入 60%，现在建设工程已如期进行了一年。折现率为 12%。

后续开发成本：

$$\frac{18\,279.32\times1100\times60\%}{(1+12\%)^{0.5}}=1158.68(万元)$$

(2) 管理费用。

指开发商为组织和管理房地产开发经济活动以及房地产开发提供各种服务而发生的费用。主要包括管理人员工资及附加费、办公费用、差旅费、固定资产使用费、业务招待费等。一般为开发成本的 2%～5%，根据开发项目的规模、复杂程度、开发周期的长短等综合确定。本次评估按后续开发成本的 3%计算，即：

1 158.68 万元×3%＝34.76(万元)

(3) 销售费用。

根据估价对象的销售难易程度，此项费用按开发完成后房地产价值的 2.5%计算，即：

5 213.82 万元×2.5%＝130.35(万元)

(4) 销售税费。

主要包括营业税、城市维护建设税、教育费附加，按开发完成后房地产价值的 5.5%计算，即：

$$5\,213.82\text{万元}\times5.5\%=286.76(\text{万元})$$

(5) 购买该在建工程买方需缴纳的税费。

根据相关资料获知，购买该在建工程买方需缴纳的税费为交易价格的3%。

即：$0.03V$

(6) 总计：后续开发成本费用＝(1)＋(2)＋(3)＋(4) +(5)

$$=1\,158.68+34.76+130.35+286.76+0.03V$$

$$=1\,610.55\text{万元}+0.03V$$

3. 在建工程价值的确定

在建工程价值＝续建完成后的房地产价值－续建成本－管理费用－投资利息

－销售费用－销售税费－续建投资利润－取得在建工程的税费

$$V=5\,213.82-1\,610.55-0.03V$$

$$V=3\,498.32(\text{万元})$$

单价：$P=\dfrac{3\,498.32}{18\,579.32}=1\,882.91\text{元/m}^2$

6.2.5 估价结果的确定与复核

本次估价是对在建工程项目的估价，根据有关规定及在建工程估价要求，在建工程估价结果需扣除施工单位的垫资的工程款部分。根据委托方提供的《建筑安装工程施工合同》，并经施工单位×××××建筑股份有限公司、××××建筑工程有限公司提供证明，该项目没有工程垫资款，所以本次估价结果不扣除工程垫资款。

本次价格评估以掌握的有关估价项目资料、数据为依据，根据估价目的，遵循估价程序，采用科学的估价方法，在认真分析资料的基础上，经查看现场及以上分析计算，最后确定估价对象在估价时点的市场价值为3 498.32万元，单价为1 882.91元/m^2。

根据上文所述，对本单元引例的解答如下。

假设开发法适用的对象为可开发利用的房地产，引例中所给估价对象符合假设开发法的适用条件，故采用假设开发法，具体为现金流量折现法进行估价。

(1) 设开发商能承受的土地价格为V。

(2) 开发后的总价值：

$$40\times3\,000\times(1+12\%)^{-3}=85\,413.63(\text{万元})$$

(3) 建筑成本、专业费用、配套费用及管理费用：

$$40\times1\,050\times(1+6\%+15\%+3\%)[\frac{30\%}{(1+12\%)^{0.5}}+\frac{50\%}{(1+12\%)^{1.5}}+\frac{20\%}{(1+12\%)^{2.5}}]=44\,578.61(\text{万元})$$

(4) 销售费用和税费：

$$85\,413.63\times8\%=6\,833.09(\text{万元})$$

(5) 购地税费：

$$0.03V$$

(6) 地价：

$$V = 85.413 - 44\,578.61 - 6\,833.09 - 0.03V$$
$$V = 33\,011.58(\text{万元})$$

综合应用案例一

需要评估一宗“七通一平”熟地于2010年10月的价值。获知该宗土地的面积为5 000 ㎡，土地剩余使用年限为65年，容积率为2.5，适宜建造某种类型的商品住宅；预计取得该宗土地后建造该类商品住宅的开发期为2年，建筑安装工程费为每平方米建筑面积900元，勘察设计等专业费用及管理费为建筑安装工程费的12%，第一年需要投入60%的建筑安装工程费、专业费用及管理费，第二年需要投入40%的建筑安装工程费、专业费用及管理费；销售商品住宅时的广告宣传等费用为其售价的2%，房地产交易中卖方需要缴纳的营业税等为交易价格的6%，买方需要缴纳的契税等为交易价格的3%；预计该商品住宅在建成时可全部售出，售出时的平均价格为每平方米建筑面积3 100元。试利用所给资料用现金流量折现法测算该宗土地2010年10月的总价(折现率为12%)。

【解】设该宗土地的总价为 V。

(1) 开发完成后的总价值：$\dfrac{3100 \times 5\,000 \times 2.5}{(1+12\%)^2} = 3\,089.13(\text{万元})$

(2) 建筑安装工程费等的总额：

$$900 \times (1+12\%) \times 5\,000 \times 2.5 \times \left[\frac{60\%}{(1+12\%)^{0.5}} + \frac{40\%}{(1+12\%)^{1.5}}\right]$$
$$= 1139.57(\text{万元})$$

注：建筑安装工程费、专业费用及管理费在各年的投入实际上是覆盖全年的，但为体现计算的方便起见，假设各年的投入是集中在各年的年中，这样，就有了上述计算中的折现年数分别是0.5和1.5的情况。

(3) 销售费用和销售税费总额：$3\,089.13 \times (2\% + 6\%) = 247.13(\text{万元})$

(4) 购买该宗土地的税费总额：$3\%V$

(5) 该宗土地的总价为：

$$V = 3\,089.13 - 1139.57 - 247.13 - 0.03V$$
$$V = 1\,652.84(\text{万元})$$

综合应用案例二

某旧厂房的建筑面积为5 500m^2。根据其所在地点和周围环境，适宜装修改造成商场出售，并可获得政府批准，但需补交土地使用权出让金等400元/m^2(按建筑面积计)，同时取得40年的土地使用权。预计装修改造期为1年，装修改造费为每平方米建筑面积1 200元；装修改造完成后即可全部售出，售价为每平方米建筑面积7 000元；销售费用和销售税费为售价的8%；购买该旧厂房买方需要缴纳的税费为其价格的4%。试利用上述资料用现金流量折现法测算该旧厂房的正常购买总价和单价(折现率为12%)。

【解】(1)设该旧厂房的正常购买总价为 V：

V=装修改造后的价值－装修改造费用－销售费用－销售税费

－开发商购置土地应负担的税费－改造补交土地使用权出让金

(2) 装修改造后的总价值：

$$\frac{7\,000\times5\,500}{1+12\%}=3\,437.50(\text{万元})$$

(3) 装修改造总费用：

$$\frac{1\,200\times5\,500}{(1+12\%)^{0.5}}=623.64(\text{万元})$$

(4) 销售费用和销售税费总额：

$$3\,437.50\times8\%=275(\text{万元})$$

(5) 购买该旧厂房的税费总额：

$$0.04V$$

(6) 需补交土地使用权出让金等的总额：

$$400\times5\,500=220(\text{万元})$$

(7) 该旧厂房的正常购买总价：

$$V=3\,437.50-623.64-275-0.04V-220$$
$$V=2\,229.67(\text{万元})$$

因此：

旧厂房总价：2 229.67(万元)

旧厂房单价：4 053.95(元/m^2)

综合应用案例三

1. 估价对象概况：本估价对象是一块“三通一平”的建设用地；土地总面积 15 000m^2，土地形状规则；规划许可用途为商业和居住，容积率≤4，建筑覆盖率≤40%；土地使用权出让时间为 2010 年 3 月，土地使用年限从土地使用权出让时起 50 年。

2. 估价要求：需要评估该块土地于 2010 年 3 月出让时的正常购买价格。

3. 估价过程。

(1) 选择估价方法。该块土地属于待开发房地产，适用假设开发法进行估价，故选用假设开发法。具体是采用假设开发法中的现金流量折现法。

(2) 选择最佳的开发利用方式。通过市场调查研究，得知该块土地的最佳开发利用方式如下：①用途为商业与居住混合。②容积率达到最大的允许程度，即为 4，故总建筑面积为 60 000m^2。③建筑覆盖率适宜为 30%。④建筑物层数确定为 18 层；其中，1～2 层的建筑面积相同，均为 4 500m^2，适宜为商业用途；3～18 层的建筑面积相同，均为 3 187.5m^2，适宜为居住用途；故商业用途的建筑面积为 9 000m^2，居住用途的建筑面积为 51 000m^2。

(3) 预计开发期。预计共需 3 年时间才能完全建成投入使用，即 2013 年 3 月建成。

(4) 预测开发完成后的房地产价值。根据对市场的调查分析，预计商业部分在建成后可全部售出，居住部分在建成后可售出 30%，半年后再可售出 50%，其余 20%需一年后才能售出；商业部分在出售时的平均价格为每平方米建筑面积 7 500 元，居住部分在出售时的平均价格为每平方米建筑面积 4 500 元。

(5) 测算有关税费和折现率。建筑安装工程费预计为每平方米建筑面积 1 700 元；勘察设计和前期工程费及管理费等预计为建筑安装工程费的 30%；估计在未来 3 年的开发期内，开发建设费用(包括勘察设计和前期工程费、建筑安装工程费、管理费等)投入情况如下：第一年需投入 20%，第二年需投入 50%，第三年投入余下的30%。销售费用和销售税费预计为售价的9%，其中广告宣传和销售代理费为售价的3%，两税一费和交易手续费等为售价的6%。折现率选取12%。据了解，如果得到该土地，还需要按取得价款的3%缴纳有关税费。

(6) 求取地价。计算的基准时间定为该块土地的出让时间，即2010年3月。

设总地价为V，则：

建造完成后的总价值：

$$\frac{9\,000\times 7\,500}{(1+12\%)^3}+4\,500\times 51\,000\times[\frac{30\%}{(1+12\%)^3}+\frac{50\%}{(1+12\%)^{3.5}}+\frac{20\%}{(1+12\%)^4}]$$

开发建设费用总额：

$$1\,700\times(1+30\%)\times 60\,000\times[\frac{20\%}{(1+12\%)^{0.5}}+\frac{50\%}{(1+12\%)^{1.5}}+\frac{30\%}{(1+12\%)^{2.5}}]$$

$$=11\,096(万元)$$

$$销售费用和销售税费总额=建成后的总价值\times 9\%$$
$$=20\,340.15\times 9\% \quad =1\,830.61(万元)$$

$$购地税费总额=总地价\times 3\%$$
$$=0.03V(万元)$$

$$V=20\,340.15-11\,096.36-1\,830.61-0.03V$$
$$=7\,197.61(万元)$$

估价结果：以上述计算结果为主，并参考估价人员的经验，将总地价确定为7 198万元。

对于房地产开发用地的估价，通常要给出三种价格形式，即总地价、单位地价和楼面地价。这样，该块土地在2010年3月出让时的正常购买价格的测算结果为：总地价7 198万元，单位地价4 798元/m^2，楼面地价1 200元/m^2。

单元小结

本单元介绍了可开发利用房地产估价的技术路线和采用的主要方法。可开发利用房地产包括可供开发建设的土地、在建工程和一些可重新装饰装修改造或改变用途的旧的房地产。根据该类房地产的特点，宜采用假设开发法进行估价。其估价过程大致为掌握待开发房地产基本状况、选择最佳的开发利用方式、确定开发经营期、预测开发完成后的房地产价值、估算取得待开发房地产税费、预测后续开发成本、管理费用、销售费用、销售税费和确定折现率、求取待开发房地产的价值等。

习　题

一、单项选择题

1. 对于下列房地产，不宜采用假设开发法的有(　　)。
   A. 可改变用途的旧建筑物　　B. 停建工程
   C. 荒地　　D. 待开发土地
2. 下列说法正确的是(　　)。
   A. 毛地是指不具备城市基础设施的土地
   B. 生地是指城市基础设施不完善、地上有房屋待拆迁的土地

C. 熟地是指具备完善的城市基础设施、土地平整能直接进行建设的土地
D. 都不正确

3. 假设开发法更深的理论依据，类似于( )。
A. 商品销售理论 B. 地租原理
C. 建筑成本概算 D. 预期原理

4. 下列不属于影响可开发利用房地产价格的因素的是( )。
A. 城市规划设计条件 B. 开发利用方式
C. 社会经济环境状况 D. 投资者的意愿

5. 在假设开发法中，确定开发经营期的方法是( )。
A. 工期预测法 B. 开发商决定 C. 比较法 D. 最保守估计法

6. 开发经营期可分( )和租售期。
A. 开发期 B. 前期 C. 建造期 D. 租售前期

7. 下列不属于假设开发法的操作步骤的是( )。
A. 调查开发房地产的周围环境 B. 选择最佳的开发方式
C. 估计开发经营期 D. 测算取得待开发房地产应负担的税费

8. 下列不属于可开发利用房地产后续必要支出的组成部分的是( )。
A. 土地使用权出让金 B. 管理费用
C. 开发成本 D. 销售税费

二、多项选择题

1. 运用假设开发法估价的难点有( )。
A. 最佳开发利用方式 B. 开发完成后的房地产价值的确定
C. 折现率大小的确定 D. 开发商期望的利润率的确定
E. 投资限制条件的确定

2. 假设开发法有现金流量法与传统方法两种方法，它们的主要区别有( )。
A. 传统方法不考虑资金时间价值
B. 传统方法要单独计算投资利息
C. 现金流量折现法要进行现金流量预测
D. 传统法不考虑投资利润
E. 现金流量折现法将利润隐含在折现率中

3. 在假设开发法估价过程中，可用市场法求取的是( )。
A. 开发完成后的房地产价值 B. 已投入的建筑及专业费用
C. 开发成本 D. 开发经营期
E. 折现率

4. 确定开发经营期的目的，是为了( )。
A. 把握开发成本、管理费用、销售费用
B. 预测开发完成后的房地产售价或租金
C. 各项收入和支出的折现
D. 计算投资利息等
E. 确定开发项目的风险大小

5. 假设开发法除适用于估价外，还可以为投资者提供下列数据(　　)。

A. 确定投资者试图获得的开发场地的最高价格

B. 确定开发项目的预期开发价值

C. 确定开发项目的预期利润

D. 确定开发中可能出现的最高费用

E. 确定开发商的成本利润率

6. 选择最佳开发利用方式，包括对(　　)等的确定。

A. 建筑物用途　　B. 建筑容积率

C. 建筑覆盖率　　D. 绿化率

E. 建筑式样

7. 在传统方法中会单独显现出来，在现金流量法中却不单独显现出来，而是隐含在折现过程中的是(　　)。

A. 投资利润　　B. 开发利润　　C. 开发成本

D. 投资收益　　E. 投资利息

8. 在开发完成后出售的房地产的公式 $V=V\text{p}-C$ 中，Vp 可以通过(　　)测算。

A. 市场法　　B. 成本法　　C. 收益法

D. 长期趋势法　　E. 基准地价评估法

三、判断题

1. 假设开发法在形式上是评估新建房地产价格的成本法的倒算法。　　(　　)

2. 某企业邻近商业中心，若改作商业零售超市估计会有可观的利润，故评估中选择的最佳利用方式应为商业用途。　　(　　)

3. 在估价实务中，宜首先采用现金流量折现法，难以采用时也可采用传统方法。

(　　)

4. 如果土地的法定开发利用前提未定，则不能采用假设开发法进行估价。　　(　　)

5. 开发经营期的起点是估价时点，终点是房地产开发完成后的竣工日期。　　(　　)

6. 假设开发法传统方法因为没有考虑各项支出、收入发生的时间不同，因此没有考虑资金的时间价值。　　(　　)

四、简答题

1. 可开发利用的房地产具体指哪些类型?

2. 可开发利用房地产的常用估价方法有哪些?

3. 现金流量折现法与传统方法的不同之处有哪些?

4. 影响可开发利用房地产价格的因素有哪些?

5. 在利用现金流量折现法时，需求取哪些项?

6. 假设开发法除了进行估价外，还有其他什么用途?

五、案例分析

1. 某开发商拟购入 200 亩土地。规划允许建筑面积 400 000 m^2，单位建筑面积的建造成本为 1 050 元/m^2，专业费用为建造成本的 6%，区内设施配套费预计为建造成本的 15%，管理费用为建造成本的 3%，税收为销售收入的 5%，年折现率为 12%，开发商的成本利润率为 30%，开发完成后即可全部售出，预计单位建筑面积楼价为 3 000 元/m^2。选用适当的估价方法求开发商能承受的地价。(总开发时间为 3 年，建造成本、专业费用、配套费和管理费分 3 年投入，第 1 年投入 30%，第二年投入 50%，第 3 年投入 20%，且在年内均匀投入)

2. 某在建工程开工于 2009 年 3 月 1 日，总用地面积为 5 000 m^2，规划总建筑面积为 15 000 m^2，用途为办公楼。土地使用年限为 50 年，从开工之日起计；该项目的正常开发期为 2.5 年，建设费用(包括前期工程费、建筑安装工程费、管理费等)为每平方建筑面积 1 500 元。至 2010 年 9 月 1 日实际完成了主体结构，已投入 50%的建设费用。但估计至建成尚需 1.5 年，可出租面积为建筑面积的 75%，正常出租率为 80%，出租的运营费用为有效毛收入的 25%。当地购买在建工程买方需缴纳的税费为购买价的 3%，同类房地产开发项目的销售费用和销售税费为售价的 5.55%。

根据上述资料，利用现金流量折现法测算该在建工程在 2010 年 9 月 1 日的正常购买价格(折现率为 12.5%)。

综 合 实 训

一、实训内容

估价对象为坐落于××市××路××号的一宗待开发土地，宗地面积为 5 762 m^2，设定用途为住宅，估价对象场地平整，地势平坦，地质条件良好。土地使用权出让年限为 70 年，估价人员经实地查看宗地所在区域，基础设施已达到五通(通路、通电、通上水、通下水、通讯)。

估价人员根据市场调查和相关资料的记载获知如下信息。

(1) 折现率：8.25%。

(2) 开发完成后房地产价值：根据限制条件和最高最佳使用原则，确定容积率为 1.6，扣除公共设施用地 500 m^2 后可建造住宅楼的面积 5 262 m^2，则住宅商品房的建筑面积为：5 262×1.6=8 419 m^2。该类商品房在 1 年后建成时的出售价格为 4 500 元/m^2，且能一次性全部出售。

(3) 开发成本：估价人员根据该市的建筑业市场行情，确定该结构建筑物的建安成本为 1 350 元/m^2，前期费用综合确定为 400 元/m^2。

(4) 管理费用：估价人员根据该市建筑市场管理费的正常水平，确定管理费用为开发成本的 6%。

开发成本和管理费用在 1 年内均匀发生。

(5) 销售费用：销售费用包括销售开发完成后的房地产所必需的广告宣传、销售代理和应缴纳的税金及附加、交易手续费等其他销售税费。估价人员根据该市房地产市场调查的综合结果，确定销费率为 8%。

(6) 投资者购买待开发房地产应负担的税费：根据国家相关法律法规的规定，取得土地使用权的契税税率为 4%，土地登记费为 1.5 元/m^2。

根据以上所给资料，确定该估价对象现时的市场价格。

二、实训要求

根据上述所给资料，利用现金流量折现法，评估估价对象的市场价值，计算中应注意相关项计算时数据的应用和确定，特别是折现时间的确定。

单元7

价格有明显变动趋势的房地产估价

学习目标

本单元介绍价格有明显变动趋势的房地产特点、估价技术路线，重点讲述长期趋势法的基本原理、长期趋势预测的各种方法、计算规则和计算公式，旨在让学生掌握利用大量历史资料进行趋势预测的实际操作方法。

学习要求

能力目标	知识要点	权　重
掌握价格有明显变动趋势的房地产估价的技术路线	房地产估价项目概述	5%
熟悉线性趋势法原理； 掌握线性趋势法的计算过程	线性趋势法	40%
掌握平均增减量计算过程	平均增减量法	25%
熟悉平均发展速度法及计算	平均发展速度法	15%
了解移动平均法的内涵； 熟悉移动平均法的基本原理	移动平均法	10%
了解指数修匀法的基本原理	指数修匀法	5%

引例

已知某估价对象会在未来一年内竣工，为了了解估价对象在竣工后的市场价格，房地产开发商委托估价人员对其进行估价。房地产估价人员在进行估价的过程中，搜集到了如下材料：某市的此类房地产的价格随着时间的推移呈现出某种变动趋势，估价人员将这些变动趋势剔除季节影响和市场非常时期影响之后发现，该市的此类房地产价格的规律性非常明显。

房地产的价格通常是波动的，在短期内难以看出其变动规律和发展趋势，但从长期来看，会呈现出一定的变动规律和发展趋势。因此，当需要评估(通常预测)某宗(或某类)房地产的价格时，可以搜集该宗(或该类)房地产过去至现在较长一段时期的历史资料，并按照时间的先后顺序将这些历史价格排列为时间序列，从而找出该宗(或该类)房地产的价格随着时间的变化而变动的过程、方向、程度和趋势，然后进行沿着这种趋势类推，最终得出该宗(或该类)房地产的价格在估价时点(通常是未来)的预测价格。

根据以上分析，估价对象的市场价值可以采用长期趋势法进行估价。那么，利用长期趋势法进行估价的具体做法是什么？有哪些限制条件？

课题 7.1　价格有明显变动趋势的房地产估价项目概述

7.1.1　价格有明显变动趋势的房地产估价的技术路线

1. 价格有明显变动趋势的房地产及其特点

价格有明显变动趋势的房地产数量是较少的，或者说这类房地产本身较难被估价者掌握，因为房地产本身就是一种个体差异大、受大量因素影响的特殊产品，其变动规律是不容易掌握的。但是，在估价过程中，如果某一类型的房地产存在着有关价格变动的大量历史资料，这些历史资料又呈现出明显的规律性，就可以采用建立价格模型的方法来进行估价。价格有明显变动趋势的房地产有以下特点。

1) 数量少，归类整理较为困难

价格有明显变动趋势的房地产数量是较少的，或者说它的独立性较差，因其具备的特点各不相同，同时由于需要大量的历史资料，所以在一定时点上很难判断哪一类房地产是价格有明显变动趋势的，所以较难进行归类和统计。

2) 受房地产周期变化影响较大

由于估价人员在进行归类时需要某类房地产大量的历史资料，因此价格有明显变动趋势的房地产肯定呈现一定周期变动性，特别是房地产市场变化的周期性，在存在着大量历史资料的房地产上体现得更为明显。

3) 一般不作为独立的房地产类别进行估价

价格有明显变动趋势的房地产，是在掌握了其大量历史资料以后才能对其进行确切的归类，所以，在掌握某类房地产大量历史资料之前，并不了解其存在价格变动的趋势性，也就不会将其作为独立的房地产类别进行估价。一般在对此类房地产进行估价时，都会优先将其归入其他类别先进行估价。

特别提示

值得指出的是，在实际估价中不会将房地产刻意归为“价格有明显变动趋势的房地产”，因为界定起来较为困难，只要价格有明显变动趋势就可以被归到此类型房地产中，也就是说任何房地产只要价格变动的规律被掌握都可以被归入此类，所以这个类别就没有意义了。本书作这一分类的目的是为了介绍与这类房地产有关的估价方法。

2. 影响价格有明显变动趋势房地产价格的因素

由于价格有明显变动趋势的房地产类别是不特定的，因此影响价格因素众多也很庞杂。在不同城市、不同类别中的价格具有规律性的房地产价格大致有如下影响因素。

1) 此类房地产的区位状况

和其他房地产类别相同，房地产价格的决定因素就是其区位条件，具体包括交通条件、配套设施情况、环境状况等。

2) 居民对此类房地产未来价格走势的预期

由于价格有明显变动趋势的房地产对未来房地产市场发展比较敏感，因此居民对此类房地产未来价格走势的预期很大程度上决定了此类房地产真实的价格走势。

3) 房地产生产者即房地产开发商对未来房地产市场的预期

房地产是特殊商品，但其价格规律与其他商品是大致相同的，都由供求来决定。消费者(居民)是房地产产品的需求者，而房地产开发商则是房地产产品的供应者，如果房地产开发商预期未来某类房地产价格会下降，则会减少此类房地产的供应，在需求量不变的前提下，供不应求的情况会出现，很有可能导致房地产价格的上升。

4) 此类房地产实物状况

此类房地产实物上的特点也是影响其价格的重要因素。此类因素包括建筑结构和建筑年限、设施设备条件、楼层与朝向、装修情况、建筑设计与外观条件等。

5) 此类房地产的产权状况

从产权状况来说，由于现在政府机构出台了很多政策用以规范、调节房地产市场，并保证中低收入家庭的住房需求，因此存在着不同产权性质的房地产产品，这些不同产权性质的房地产市场交易状态不同，在价格上存在着较大差异。

应用案例 7-1

关于价格有明显变动趋势的房地产价格影响因素，正确的是(　　)。

A. 价格变动的影响因素较其他类型房地产更为庞杂

B. 只对供求关系较为敏感，不受社会经济发展水平影响

C. 实物状况并不能构成对其价格的影响

D. 消费者对未来的预期是其价格决定因素

【解答】正确答案为 A，因为影响价格有明显变动趋势的房地产价格的因素众多，包括供求情况、预期、实物状况、权益状况及其他影响房地产价格的因素(见单元 1 中对价格影响因素的描述)。

3. 价格有明显变动趋势的房地产估价的常用方法

价格有明显变动趋势的房地产的估价可以选择长期趋势法和市场法。

1) 长期趋势法

由于价格有明显变动趋势的房地产价格的规律性，因此长期趋势法是其首选的方法。长期趋势法是通过对价格变化规律的把握建立价格模型，利用模型进行价格测算，可以较为准确的估算出此类房地产的价格，课题7.2将对长期趋势法进行较为详尽的讲解。

2) 市场法

由于价格有明显变动趋势的房地产交易规律性强，市场资料较易获得，因此市场法也是价格有明显变动趋势的房地产估价较为常用的方法，主要用于各种类型的商品房、房改房、经济适用住房转让价格、抵押价格、拆迁补偿价格等的评估，也可用于为商品房预售价格定位而进行的估价。

4. 价格有明显变动趋势的房地产估价的技术路线及难点处理

价格有明显变动趋势的房地产类型多样化，在实际估价活动中较难归类整理。同时，各类价格有明显变动趋势的房地产价格变化的规律性也比较难把握，所以这类委托估价项目比较少见。在估价过程中，重点是其价格规律性的把握，也就是说需要搜集大量的关于此类房地产过去一段时间的价格变化情况，并且要求资料尽可能翔实、可靠，建立适用于估价使用的数学模型，利用数学模型进行估价。

(1) 房地产价格与房地产某个指标存在明显函数关系的估价技术路线及难点处理。房地产价格存在着某种变动趋势，而这种变动趋势与房地产自身的某个指标存在着函数关系，可以通过建立函数关系模型来进行估价。一般来讲，需要搜集估价时点以前年度的价格变动的相关数据，而且，这些价格变动背后的影响因素也必须进行充分的分析、归类，找出合适的影响因素作为自变量，房地产的价格作为因变量，建立数学模型进行估价。在采用线性趋势法时，尽量选择自变量和因变量一一对应的直线趋势法。

(2) 房地产价格本身或其变化存在明显规律的估价技术路线及难点处理。房地产价格本身存在着某一变动趋势或规律，则无需利用函数关系建立模型，此时可以采用平均增减量法进行估价；如果房地产价格逐期的发展速度大致相同，则可以采用平均发展速度法，但不论采用哪种方法，关键是所掌握的价格资料真实可靠、准确无误。估价时，现将各年份的价格资料排列成时间序列，分析其变动趋势，再选择合适的模型进行估算。

7.1.2 价格有明显变动趋势的房地产估价项目概况

1. 估价项目坐落位置及环境

××市区依山傍水，地势西南高东北低。属中亚热带季风湿润气候，四季分明，春末夏初多雨。年平均气温16.8～17.2℃。降水量1 300mm。无霜期275天。

××市总面积11 819.5km^2，其中市区面积556.33km^2。根据现时的行政区域划分，××市现辖芙蓉、天心、降香、开福、雨花五区和××市、徐城、宁乡三县及×市，共有52个街道办事处、76个建制镇、44个乡。

××市总人口587.09万人，其中非农业人口191.89万人，市区人口180.77万人。人口密度为每平方千米3 083人。

××市××项目地块位于××市雨花区、解放东路、××路交汇的体育新城区域内，占地650亩，紧临400多亩体育文化休闲公园，其区位优势明显。

××项目北部是××市的商贸中心区，有××、云鼎等大市场；西边紧临××市中心城区，距中山商业圈仅 2km；南边有×省体育运动技术学院；东边则是“五城会”的网球馆和跳水馆。

该估价项目周边交通颇为便捷，160、156、121、147、159 路公交车可以到达。

2. 市场情况分析

2010 年，××市国民经济持续、稳定、快速增长。全市全年实现国内生产总值 928.22 亿元，同比增长 14.0%；一、二、三产业比重为 8.9∶42.5∶48.6。2009 年完成全社会固定资产投资 494.97 亿元，对外经贸态势良好，全年进出口总额(海关口径)20.44 亿美元，其中出口总额 10.98 亿美元，进口总额为 9.46 亿美元；全年利用外资项目(企业)达 122 个，合同外资金额 7.77 亿美元，实际使用外资金额 5.02 亿美元。城市居民人均可支配收入为 9 932.52 元，城市居民人均消费性支出 8 330.40 元，农民人均可支配收入为 3 647 元，农民人均纯收入为 3 745 元。目前，××市已进入全国综合经济实力一类城市行列，在全国 219 个地级市中排第 19 位。

××市建立了具有特色的工业体系，机械、电子、家电、食品、建材等行业的一批骨干企业形成规模，发展了彩管、计算机、卷烟、汽车电器、空调器等 30 个重点产品，100 多种产品远销世界各地。××市正在重点扩大电子信息、烟草食品、机械制造、新型材料、生物医药五大类支柱产业，打造高档卷烟、电子信息、汽车、绿色家电、工程机械、新型材料、生物医药、精细化工、精品纺织和食品加工等十大××市工业标志性工程。

从市场发展状况来看，××市定位为经济发达地区，商业环境良好，发展空间不断拓展。

××项目位于××市雨花区、解放东路、××路交汇的体育新城区域内，建筑面积 20 033m^2，紧临 400 多亩体育文化休闲公园。该项目具有鲜明的特点，即在该地块上打破建设住宅项目的常规，开发出全新的商业区，为用户创造全新国际同步的新生活价值。该项目目标定位于一座集娱乐、休闲、餐饮、购物、酒店于一体的万国风情新城。

3. 搜集的有关价格资料

经过对××市过去 5 年的发展状况分析和估价项目本身特点的分析调研，走访了大量的相近项目成交当事人，获得了该项目所在区域历史成交价格资料。因估价需要，将所搜集的资料根据其交易时点作相应调整，具体资料见表 7-1。

表 7-1 ××市××区某类房地产 2006—2010 年成交平均价格　　单位：元/m^2

2006 年 10 月 1 日	2007 年 10 月 1 日	2008 年 10 月 1 日	2009 年 10 月 1 日	2010 年 10 月 1 日
4 420	5 200	5 210	6 800	7 900

4. 估价目的与价值定义

估价对象委托人为本估价对象房屋所有权人，本次估价项目是为委托人确定房屋在公开市场交易价格提供参考。估价时点为 2011 年 10 月 1 日，本次估价为未来时点房地产价格评估。

课题 7.2 长期趋势法的估价过程

长期趋势法是将统计学与预测学的基本原理与方法运用到房地产价格评估中而产生的一种评估方法。它以房地产过去的价格资料为依据，通过比较分析找出其中的变化规律，从而推测出房地产在将来某个时点的价格。

从长期来看，房地产价格会显现出一定的变动规律和发展趋势，并且这种趋势以不断上升为主要特点。因此可以搜集该类房地产过去至现在较长一段时期的历史价格资料，并按照时间的先后顺序将这些历史价格编排成时间序列，从而找出该类房地产的价格随着时间的变化而变动的过程、方向、程度和趋势，然后作出对该宗房地产的价格在估价时点的价格判断。

长期趋势法根据房地产在过去较长一段时间内形成的变动趋势对房地产价格进行评估，剔除了季节波动和不规则变动，因此长期趋势法适用的对象是价格无明显季节波动的房地产，适用的条件是拥有估价对象或类似房地产较长时期的历史价格资料，并且所拥有的历史价格资料真实、可靠。下面就介绍长期趋势法估价的具体做法。

知识链接

长期趋势法的作用主要表现在以下几个方面。

(1) 可用来预测房地产的未来价格及其走向。

(2) 可以填补某些房地产价格历史资料的缺乏。

(3) 可以用于两宗或两宗以上房地产价格发展趋势的比较。

(4) 可以用于房地产估价的市场法中的可比实例价格进行市场状况的修正。

7.2.1 长期趋势下的数据搜集

长期趋势法应用时除了本书单元 2 提到的需收集的相关信息资料外，还必须搜集房地产市场的相关数据，因为这些数据会反映一定时期房地产价格的变动趋势。房地产价格的变化主要是由于供需两方面的因素引起的。这些信息和数据主要包括以下几方面。

1. 房地产市场供需方面的信息

(1) 该类房地产的总供给量。例如，该类房地产的竣工数量，新开发数量，存量房地产的质量、规格和档次以及在册房地产的登记用途、面积、套数等。

(2) 该类房地产相似楼盘方面的信息。例如，产品特点、楼盘质量、价格、物业服务等各方面。

(3) 该类房地产市场供给未来趋势方面的信息。如新增房地产开发企业；已批租和待批租的土地面积、用途、可建筑面积、楼面地价和单位地价信息；可供开发的土地资源及规划要求信息等。

(4) 该类房地产需求的总量。如现有人口数量、使用中的房地产数量、空置量信息；

潜在需求量、住房消费水平等。

2. 房地产供求关系方面的信息

(1) 供求状况方面的信息，如空置量、价格上涨比率、成交量、市场吸纳能力与速度等。

(2) 供求关系未来趋势方面的信息，如政策法规信息、房地产税收信息、城市建设与发展规划信息等。

3. 房地产估价项目的信息

房地产估价项目本身的信息是数据收集过程中比较重要的数据，主要包括以下几个方面。

(1) 估价项目地块信息，主要包括土地性质、面积大小、形状、容积率、交通通行能力、周围环境及配套设施等。

(2) 估价项目信息，主要包括项目的现状、房屋结构、产权性质、规划指标、环境状况、项目发展前景等。

数据搜集之后，可以运用适当的方法进行估价。本单元引例所提出的问题，可以由以下内容进行解答。

7.2.2 线性趋势法

线性趋势法又称为趋势延伸法、最小二乘法等。它是根据房地产价格的时间序列逐年增减量的变化情况，确定价格与时间之间的函数关系，运用最小二乘法求得变动趋势线，并使其延伸来判断房地产未来价格的一种趋势法。常见的线性趋势又可分为直线趋势、曲线趋势、对数趋势等。本书只对直线趋势进行介绍。

1. 直线趋势法的基本公式

在使用直线趋势法之前，一定要确定估价对象历史价格的时间序列散点图表现出明显的直线趋势，数据点偏离拟合直线估价值的离差平方的算术平均数的平方根，即估价值的标准误差，不得大于允许的误差值。

直线趋势法的基本公式为

$$y=a+bx \tag{7.1}$$

式中 y——房地产的价格；

a——直线在 y 轴上的截距；

b——直线的斜率；

x——时间，关于房地产价格的自变量。

2. 公式中 a、b 值的确定

利用历史资料也就是直线所呈现出的长期趋势确定 a、b 的值。需要利用下列公式进行计算：

$$a=\frac{\sum y-b\sum x}{n} \tag{7.2}$$

$$b=\frac{n\sum xy-\sum x\sum y}{n\sum x^2-(\sum x)^2} \tag{7.3}$$

可以将 x、y 的历史数据代入上述公式，就可获得 a、b 的值。

3. 确定 x 的值

x 所表示的是房地产价格历史数据的时间序列对应的时间，在实际计算中，为了简化，常令 $\sum x=0$。

当时间序列的项数 n 为基数时：设中间项的 x=0，之前的项依次为−1，−2，−3，…，之后的项依次为+1，+2，+3，…。

当时间序列的项数 n 为偶数时：以其中间为界对称，可以采取跳跃进行 x 的取值，只要 x 之间的距离相同即可。

这样，上述公式可以简化为

$$a=\frac{\sum y}{n} \tag{7.4}$$

$$b=\frac{\sum xy}{\sum x^2} \tag{7.5}$$

应用案例 7-2

已知某类房地产的历史成交价格见表 7-2，试运用直线趋势法评估该类商品房 2010 年的价格。

表 7-2　某房地产历史价格

年份	2001	2002	2003	2004	2005	2006	2007	2008	2009
价格(元/m^2)	4 200	5 000	5 700	6 500	7 200	8 000	8 800	9 600	10 500

【解】建立历史数据时间序列计算表，见表 7-3。

表 7-3　某类房地产 2001～2009 年的价格及相关数据

年份	价格 y(元/m^2)	x	xy	x^2
2001	4 200	−4	−16 800	16
2002	5 000	−3	−15 000	9
2003	5 700	−2	−11 400	4
2004	6 500	−1	−6 500	1
2005	7 200	0	0	0
2006	8 000	1	8 000	1
2007	8 800	2	17 600	4
2008	9 600	3	28 800	9
2009	10 500	4	42 000	16
$\sum$	65 500	0	46 700	60

由公式可得:

$$a=\frac{\sum y}{n}=\frac{65\ 500}{9}=7\ 277.78$$

$$b=\frac{\sum xy}{\sum x^2}=\frac{46\ 700}{60}=778.33$$

因此，描述该类房地产价格变动长期趋势的直线方程为

$$y=a+bx=7\ 277.78+778.33x$$

根据时间推断，2010 年房地产价格对应的时间参数为 5，则 2010 年房地产价格为

$$y_5=7\ 277.78+778.33x=7\ 277.78+778.33\times5=11\ 169.43(\text{元/m}^2)$$

7.2.3 平均增减量法

平均增减量法适用于当房地产价格时间序列的逐期增减量大致相同的情形。逐期增减量是指时间序列报告期数值与基期数值之间的差额，也可理解为每一时间对应数值与上一期数值之间的差额。

1. 平均增减量法的计算公式

$$V_i=P_0+d\times i \tag{7.6}$$

$$d=\frac{(P_1-P_0)+(P_2-P_1)+\cdots+(P_i-P_{i-1})+\cdots+(P_n-P_{n-1})}{n} \tag{7.7}$$

上述公式可以简化为

$$d=\frac{P_n-P_0}{n} \tag{7.8}$$

式中 V_i——第 i 期(可为年、半年、季、月等)房地产价格的趋势值；

i——时期序数，i=1，2，3…，n；

P_0——基期房地产价格的实际值；

d——逐期增减量的平均数；

P_i——第 i 期房地产价格的实际值。

特别提示

运用平均增减量法进行预测的条件是房地产价格的变动过程是持续上升或下降的，而且各期上升或下降的数额大致接近，否则不宜采用此种方法。

应用案例 7-3

某类房地产价格波动情况比较一致，其 2006—2010 年的价格及其变化见表 7-4，请预测其 2011 年的价格。

表 7-4 某类房地产 2006—2010 年的价格及其变动情况 单位：元/m²

年 份	房地产价格的实际值	逐期增减量
2006	7 800	
2007	8 200	400
2008	8 610	410
2009	9 000	390
2010	9 380	380

【解】从表 7-4 中可以看出，逐期增减量大致相同，且都是逐年上升，因此可以采用计算逐期增减量的平均数，预测未来此类房地产的价格。

$$d=\frac{(P_1-P_0)+(P_2-P_1)+\cdots+(P_i-P_{i-1})+\cdots+(P_n-P_{n-1})}{n}$$

$$=\frac{400+410+390+380}{4}=395(\text{元/m}^2)$$

预测该类房地产 2011 年的价格为：

$$V_i=P_0+d\times i$$

$$V_0=7\,800+395\times5=9\,775\ (\text{元/m}^2)$$

2. 加权方式下的平均增减量法

在采用平均增减量法时，往往越接近估价时点的增减量重要性系数越高，因此在计算时可以采用加权平均的方法对逐期增减量进行平均。比如说，对于应用案例 7-3，逐期增减量的重要性系数为：0.1、0.2、0.3、0.4，则其逐期增减量的加权平均数为

$$d=400\times0.1+410\times0.2+390\times0.3+380\times0.4$$

$$=391(\text{元/m}^2)$$

预测 2011 年该类房地产价格为

$$V_6=7\,800+391\times5=9\,755(\text{元/m}^2)$$

7.2.4 平均发展速度法

如果房地产价格时间序列的逐期发展速度大致相同，就可以采用平均发展速度法进行估价。逐期发展速度是指时间序列的报告期数值与基期数值的比值，平均发展速度就是逐期发展速度的平均数。计算公式如下：

$$V_i=P_0\times t^i \tag{7.9}$$

$$t=\sqrt[n]{\frac{P_1}{P_0}\times\frac{P_2}{P_1}\times\cdots\times\frac{P_i}{P_{i-1}}\times\cdots\times\frac{P_n}{P_{n-1}}}=\sqrt[n]{\frac{P_n}{P_0}} \tag{7.10}$$

式中 t——平均发展速度。

特别提示

运用平均发展速度法进行预测的条件是房地产价格的变动过程是持续上升或下降的，而且各期上升或下降的幅度大致接近，否则不宜采用此种方法。

应用案例 7-4

某类房地产价格逐期发展速度较为一致，其 2006—2010 年的价格及其变化见表 7-5，请预测其 2011 年的价格。

表 7-5　某类房地产 2006—2010 年的价格及其变动情况　　单位：元/m^2

年　份	房地产价格的实际值	逐期发展速度(%)
2006	6 950	
2007	8 350	120.1
2008	10 045	120.3
2009	12 075	120.2
2010	14 500	120.1

【解】从已知条件来看，此类房地产逐期发展速度较为一致，也就是说，根据价格时间序列，其价格变动幅度较为一致，因此可以采用计算逐期发展速度的平均数来预测未来房地产的价格。

该类房地产价格平均发展速度计算如下：

$$t=\sqrt[4]{\frac{14\,500}{6\,950}}=1.202$$

则平均每年房地产价格上涨 20.2%。该类房地产 2011 年的价格为

$$V_i=P_0\times t^i$$

$$V_5=6\,950\times 1.202^5=17\,438.42(\text{元/m}^2)$$

与平均增减量法类似，在采用平均发展速度法时，由于越接近估价时点的发展速度对估价对象越重要，所以如果能用不同的权重对过去各期的发展速度予以加权后再计算其平均发展速度，能使评估价值更接近或符合实际。

7.2.5　移动平均法

移动平均法是用一组最近的实际价格数据值分别计算一系列移动的时序价格平均数，形成一个新的派生平均价格的时间序列，来预测未来房地产价格的一种常用方法。移动平均法适用于即期预测。当某类房地产需求既不快速增长也不快速下降，且不存在季节性因素时，移动平均法能有效地消除预测中的随机波动，是非常有用的。移动平均法根据预测时使用的各元素的权重不同，可以分为简单移动平均和加权移动平均。

移动平均法的基本原理是通过移动平均消除时间序列中的不规则变动和其他变动，从而揭示出时间序列的长期趋势。

移动平均法的特点如下。

(1) 移动平均对原序列有修匀或平滑的作用，使得原序列的上下波动被削弱了，而且平均的时距项数 n 越大，对数列的修匀作用越强。

(2) 移动平均时距项数 n 为奇数时，只需一次移动平均，其移动平均值作为移动平均项数的中间一期的趋势代表值；而当移动平均项数 n 为偶数时，移动平均值代表的是这偶数项的中间位置的水平，无法对正某一时期，则需要在进行一次相临两项平均值的移动平均，这才能使平均值对正某一时期，这称为移正平均，也称为中心化的移动平均数。

(3) 当序列包含季节变动时，移动平均时距项数 n 应与季节变动长度一致，才能消除其季节变动；若序列包含周期变动时，平均时距项数 n 应和周期长度基本一致，才能较好地消除周期波动。

(4) 移动平均的项数不宜过大。

1. 简单移动平均法

简单移动平均的各元素的权重都相等。简单的移动平均的计算公式如下：

$$F_i = \frac{A_{i-1} + A_{i-2} + A_{i-3} + \cdots + A_{i-n}}{n} \tag{7.11}$$

$$V_i = A'_{i-1} + d' \times i \tag{7.12}$$

式中 F_i——移动平均值；

n——移动平均的项数；

A_{i-1}——上一期实际值；

V_i——房地产价格预测值；

i——时间序列对应序数；

A'_{i-1}——上一期移动平均值；

d'——时间序列移动平均值的逐期增减量；

A_{i-2}，A_{i-3} 和 A_{i-n}——分别表示前两期、前三期直至前 n 期的实际值。

应用案例 7-5

某类房地产 2010 年 1—12 月的价格见表 7-6。试利用简单移动平均法预测该类房地产 2011 年 1 月的价格。

表 7-6 某类房地产 2010 年 1—12 月的价格 单位：元/m²

月份	房地产价格的实际值	每 5 个月的移动平均数	移动平均数的逐月上涨额
1	5 800		
2	5 900		
3	5 900	5 980	
4	6 100	6 060	80
5	6 200	6 160	100
6	6 200	6 260	100
7	6 400	6 360	100
8	6 400	6 480	120

续表

月份	房地产价格的实际值	每5个月的移动平均数	移动平均数的逐月上涨额
9	6 600	6 600	120
10	6 800	6 720	120
11	6 800		
12	7 000		

【解】根据本案例的实际情况，选用简单移动平均法进行估算。一般而言，移动平均的项数视具体情况而定，如果序数多、变动周期长，移动平均的项数选择可以大一些，例如，6～12个月；如果序数较少，则采集的数据数量较少，移动平均的项数选择过大容易造成估算不准确，此时移动平均的项数尽可能小一些。本例选择5作为移动平均的项数。具体做法是将1—5月的房地产价格的实际值进行简单算术平均，所得结果填至表格中第三列前五项的中间位置，即5 980；而后下移一位，将2—6月的房地产价格的实际值进行简单算术平均，所得结果填至表格中第三列2～6项的中间位置，即6 060，以此类推，直至所有房地产价格的实际值都经过平均。然后根据5个月的移动平均数计算起逐月价格变动数额，计算结果见表7-7第4列。

2011年1月与2010年10月相差序数为3，则2011年1月的房地产价格为：

$$V_i = A'_{i-1} + d' \times i$$

$$=6\,720+120\times3=7\,080(\text{元/m}^2)$$

2. 加权移动平均法

加权移动平均给房地产价格时间序列中的数值以相等的权重。其原理是：历史各期房地产价格的数据信息对预测未来房地产价格作用是不一样的。除了以 n 为周期的周期性变化外，远离估价时点的房地产价格实际值的影响力相对较低，故应给予较低的权重。

在运用加权平均法时，权重的选择是一个应该注意的问题。经验法和试算法是选择权重的最简单的方法。一般而言，最近期的数据最能预示未来的情况，因而权重应大些。

使用移动平均法进行预测能平滑掉需求的突然波动对预测结果的影响。但移动平均法运用时也存在着如下问题：

(1) 加大移动平均法的项数(即加大 n 值)会使平滑波动效果更好，但会使预测值对数据实际变动更不敏感。

(2) 移动平均值并不能总是很好地反映出趋势。由于是平均值，预测值总是停留在过去的水平上而无法预计会导致将来更高或更低的波动。

(3) 移动平均法要有大量的过去数据的记录。

(4) 移动平均法通过不断引进近期的新数据，不断修改平均值，以之作为预测值。

7.2.6 指数修匀法

指数修匀法是以本期的实际值和本期的预测值为依据，利用修匀常数来预测出下一期房地产价格预测值的方法。

指数修匀法的基本公式为

$$V_{i+1}=V_i+\alpha(P_i-V_i) \tag{7.13}$$

式中　P_i——第 i 期的实际值；

V_i——第 i 期的预测值；

V_{i+1}——第 i+1 期的预测值；

α——修匀常数，$0 \leqslant \alpha \leqslant 1$。

指数修匀法的关键是确定 α 的值。α 的值可以通过试算确定，一般认为修正的预测值与实际值的绝对误差最小的 α 值是最合适的。

应用案例 7-6

某城市某类房地产的当期实际价格水平为 3 600 元/m^2，预测值为 3 630 元/m^2，修匀常数为 0.65，则下一期房地产价格的预测值为(　　)元/m^2。

A. 3 610.5　　B. 3 619.5　　C. 3 711.5　　D. 3 719.5

【解答】根据题意，运用指数修匀法进行计算，计算过程如下：

$$V_{i+1} = V_i + \alpha(P_i - V_i) = \alpha P_i + (1-\alpha)V_i$$

$$=3\,600\times0.65+(1-0.65)\times3\,630=3\,610.5(\text{元/m}^2)$$

所以本案例最终选择 A 答案。

7.2.7　长期趋势法对估价项目价格的测算

1. 直线趋势法对估价项目测算过程

根据本单元课题 1 提出的房地产估价项目和直线趋势法的相关原理，项目估价过程见表 7-7。

表 7-7　××市××区某类房地产 2006—2010 年的价格及相关数据

年份	价格 y(元/m^2)	x	xy	x^2
2006	4 420	−2	−8 840	4
2007	5 200	−1	−5 200	1
2008	5 210	0	0	0
2009	6 800	1	6 800	1
2010	7 900	2	15 800	4
$\sum$	29 530	0	8 560	10

由公式可得

$$a=\frac{\sum y}{n}=\frac{29\,530}{5}=5\,906$$

$$b\frac{\sum xy}{\sum x^2}=\frac{8\,560}{10}=856$$

直线方程为

$$y=a+bx=5\,906+856x$$

将 x=3 代入直线方程，计算出的 2011 年 10 月 1 日房地产价格为

$$y = 5\,906 + 856x = 5\,906 + 856 \times 3 = 8\,474(\text{元/m}^2)$$

特别提示

在运用直线趋势法进行估价时，尽量搜集往年与估价时点相同时点的历史资料数据，否则会影响到估价结果。

2. 平均增减量法

根据本单元课题 1 提出的房地产估价项目和平均增减量法的相关原理，由于 2008 年与 2007 年相比，增长量仅为 10 元/m^2，与其他年份的逐期增减量相差过大，所以本项目不宜采用平均增减量法进行估价。

3. 平均发展速度法

根据本单元课题 1 提出的房地产估价项目和平均发展速度法的相关原理，各年的发展速度分别为：1.18、1.00、1.31、1.17，逐期发展速度变化比较大，所以本项目不宜采用平均发展速度法进行估价。

4. 移动平均法对估价项目测算过程

由于估价项目所搜集的时间序列序数较少，因此在移动平均时选择 3 作为项数。具体计算过程见表 7-8。

表 7-8　房地产 2006—2009 年的价格　　单位：元/m^2

年份	房地产价格的实际值	每 3 个月的移动平均数	移动平均数的逐月上涨额
2006	4 420		
2007	5 200	4 943	
2008	5 210	5 737	794
2009	6 800	6 637	900
2010	7 900		

2011 年该类房地产与 2009 年相差 2 年，移动平均数的逐月上涨平均为 847 元/m^2，则估价结果为

$$\begin{aligned} V_i &= A'_{i-1} + d' \times i \\ &= 6\,637 + 847 \times 2 = 8\,331(\text{元/m}^2) \end{aligned}$$

值得指出的是，在现实估价中，本估价项目不会采用移动平均法进行价格估算，原因是时间序列序数太少，这会影响估价结果的准确性。此处只是为了演示移动平均法的应用。

7.2.8　估价结果的确定与复核

运用长期趋势法对价格有明显变动趋势的房地产进行估价之后，往往还需要用其他方法进行估价，然后利用两种或两种以上方法的平均值确定估价结果。在实际估价过程中，

很少采用长期趋势法作为其中一种方法进行估价，而倾向于选择其他方法进行估价，原因是长期趋势法的价格规律难以掌握。

运用长期趋势法估价结束后，对估价结果进行检验及复核的主要程序包括以下几方面。

(1) 搜集资料的准确性检验。房地产价格的历史数据决定了运用长期趋势法进行估价的准确性，所以首先要对所搜集到的数据资料进行复核，查验数据资料来源是否可靠、真实，是否可以代表该类型房地产过去若干年的价格变动情况。

(2) 估价方法选择检验。由于长期趋势法本身存在很多种类，因此在估价时，需要选择适用的具体方法。例如，价格变动的数额、幅度不同，选择的方法就不同。

(3) 计算过程检验。检查所选用的参数是否正确，计算过程是否存在疏忽和错误，最好进行必要的重复计算，保证计算结果的准确性。

综上，经过检验和复核后，最适用的方法是直线趋势法，所以直接采用直线趋势法的估价结果。本单元实例的估价结果如下。

2011 年 10 月 1 日该房地产单价为

$$y = 5\,906 + 856x = 5\,906 + 856 \times 3 = 8\,474(\text{元/m}^2)$$

总价为：$8\,474 \times 20\,033 = 16\,975.96$(万元)。

综合应用案例

1. 估价对象概况

估价对象为城市规划住宅区内的某住宅。根据其前期开发的情况，该住宅小区一期工程已经进入市场交易，现在二期工程正在建设中，预计 2011 年年初上市交易。该类房地产以前年度的价格资料比较齐全，而且价格呈现明显变动趋势。现选择其中有代表性的一宗住宅作为估价对象，建筑面积 100m^2。其他情况略。

2. 估价目的

求取该估价对象在 2011 年年初上市交易时的正常市场价格。

3. 估价技术路线选择

先搜集以前年度的此类房地产交易资料，特别是周边使用性质、建筑结构、建筑规模、外观朝向相同的房地产价格历史资料，然后对这些价格资料进行整理，形成时间序列，利用长期趋势法进行估价。

4. 已知条件

根据估价人员调查分析，在估价对象所在城市规划住宅区内，调查了解价格资料见表 7-9。

表 7-9　某类房地产 2004—2010 年价格资料　　单位：元/m^2

年份	2004	2005	2006	2007	2008	2009	2010
房地产价格	1 800	2 000	2 190	2 410	2 620	2 810	3 000

由于调查了解的价格资料以年为单位，即此价格是该类房地产某年的平均价格，所以表 7-9 中不能给出具体的价格对应时点。在估价时利用上述价格资料预测 2011 年此类房地产上市交易时的价格，忽略时点。

各年资料对估价结果的重要性程度不同，所以计算过程中各年加权采用的权重见表 7-10。

表 7-10　某类房地产权重计算表

年份	2004	2005	2006	2007	2008	2009	2010
权重		0.02	0.03	0.05	0.1	0.3	0.5

5. 计算过程

根据分析，计算该类房地产以前年度的逐期价格增减量，计算结果见表 7-11。

表 7-11　某类房地产 2004—2010 年价格逐期变动情况　　单位：元/m²

年份	2004	2005	2006	2007	2008	2009	2010
房地产价格	1 800	2 000	2 190	2 410	2 620	2 810	3 000
逐期增减量		200	190	220	210	190	190

逐期价格变动额度比较接近，因此适合用逐期增减量法进行估价。

求平均增减量为

$$d = 200\times0.02+190\times0.03+220\times0.05+210\times0.1$$
$$+190\times0.3+190\times0.5=193.7(元/\mathrm{m}^2)$$

求未来 2011 年该类房地产上市交易时的预测价格为

$$V_8 = P_0 + d + i = 1\,800+193.7\times7=3\,156(元/\mathrm{m}^2)$$

总价为：3 156 × 100=31.56(万元)。

单元小结

本单元介绍了价格有明显变动趋势的房地产估价的技术路线和采用的主要方法。价格有明显变动趋势的房地产由于呈现出未来价格变化趋势，所以适宜采用长期趋势法估价。长期趋势法首先要进行数据搜集，之后可以采用线性趋势法、平均增减量法、平均发展速度法、移动平均法、指数修匀法等。在选择方法时，要注意房地产价格时间序列的变动情况。

习　题

一、单项选择题

1. 某地区商品住宅价格自 2005—2010 年分别为 3 100 元/m²、3 260 元/m²、3 440 元/m²、3 620 元/m²、3 800 元/m²、3 980 元/m²，采用平均发展速度法预测 2011 年住宅价格为(　　)元/m²。

A. 4 120　　B. 4 149　　C. 4 184　　D. 4 216

2. 关于长期趋势法适用的对象，下列最佳表述为(　　)。

A. 从短期内难以看出房地产价格变动规律和趋势，但从长期来看，可以呈现出一定的变动规律和发展趋势的房地产

B. 从短期内或长期内都难以看出房地产价格变动规律和趋势，但从长期来看，可以找到一定的时间序列数据，利用这些数据可以推知未来房地产价格的变动的房地产

C. 目前没有开发，但未来将会进行开发的房地产，由于目前无类似价格可以比较，但根据未来发展趋势，一定能找到类似比较实例的房地产

D. 房地产价格通常从短期内难以看出变动规律和趋势，但从长期来看，会呈现出一定的变动规律和发展趋势且价格无明显季节波动

3. 某地区商品住宅价格 2006—2010 年分别为 681 元/m^2、712 元/m^2、744 元/m^2、781 元/m^2、和 815 元/m^2，采用平均增减量法预测该地区商品住宅 2011 年的价格为(　　)。

A. 849 元/m^2　　B. 865 元/m^2　　C. 882 元/m^2　　D. 915 元/m^2

4. 如果房地产价格时间序列的逐期发展速度(　　)，就可以计算其平均发展速度来预测未来房地产价格。

A. 较大　　B. 较小　　C. 差距较大　　D. 大致接近

5. 直线趋势法公式中的常数 a、b 是由(　　)决定的。

A. 房地产的价格历史资料　　B. 房地产的未来价格资料

C. 房地产的现实价格资料　　D. 估价人员选取的价格资料

6. 线性趋势法中最简单、最常用的为(　　)。

A. 直线趋势法　　B. 指数曲线趋势法

C. 二次抛物线趋势法　　D. 指数修匀法

7. 用平均增减量法进行估价的条件是(　　)。

A. 房地产价格时间序列逐期升高或下降

B. 房地产价格的变动呈现出一定的规律性

C. 房地产价格的变动过程是持续上升或下降的，且各期上升或下降的波动幅度大致相等

D. 房地产价格的变动过程是持续上升或下降的，且各期上升或下降的数额大致接近

8. 直线趋势法公式 $y = a + bx$ 中，x 表示(　　)。

A. 价格　　B. 常数　　C. 价格变动率　　D. 时间

二、多项选择题

1. 长期趋势法运用预测科学的有关理论和方法，特别是(　　)。

A. 德尔菲法　　B. 时间序列分析　　C. 回归分析

D. 经验分析　　E. 归纳理论分析

2. 下列关于长期趋势法的描述正确的有(　　)。

A. 长期趋势法是根据房地产价格在过去长期内形成的规律作出判断的

B. 长期趋势法是借助历史统计资料和现实调查资料来推断未来，通过这些资料的统计、分析得出一定的变动规律，并假定其过去形成的趋势在未来继续存在

C. 长期趋势法适用的对象是价格无明显季节波动的房地产

D. 长期趋势法的适用条件是拥有估价对象或类似房地产的较长时期的历史价格资料，而且所拥有的历史资料要真实、可靠

E. 长期趋势法不能消除房地产价格的短期波动

3. 长期趋势法可以消除房地产价格的(　　)等不规则变动。

A. 短期上下波动　　B. 中期上下波动

C. 长期上下波动　　D. 意外波动

E. 系列变动

4. 在以下房地产估价方法中，可以归为长期趋势法的有(　　)。

A. 线性趋势法　　B. 平均增减量法

C. 移动平均法　　D. 路线价法

E. 指数修匀法

5. 长期趋势法的作用有(　　)。

A. 可用来预测房地产的未来价格及其走向

B. 可以填补某些房地产价格历史资料的缺乏

C. 可以用于收益法中对还原利率的直接测算

D. 可以用于两宗或两宗以上房地产价格发展趋势的比较

E. 可以用于房地产估价的市场法中的可比实例价格进行市场状况的修正

三、判断题

1. 运用平均增减量法进行评估的条件是，房地产价格的变动过程是波动的，且各期上升或下降的数额大致接近。(　　)

2. 如果房地产价格时间序列的逐期增减量大致相同，就可以计算其逐期发展速度的平均数，即平均发展速度推算各期的趋势值。(　　)

3. 运用平均发展速度法进行估价的条件是，房地产价格的变动过程是持续上升或下降的，且各期上升或下降的幅度大致接近。(　　)

4. 加权移动平均法是将房地产价格变动前每若干时期的房地产价格的实际值经过加权后，再采用类似简单移动平均的方法进行趋势估计。(　　)

四、简答题

1. 价格有明显变动趋势的房地产的特点是什么？

2. 价格有明显变动趋势的房地产估价的技术路线是怎样的？

3. 运用长期趋势法应搜集哪些数据？

4. 移动平均法的特点是什么？

5. 运用移动平均法存在哪些问题？

五、案例分析

1. 某地区某类房地产2004—2010年价格资料见表7-12。

表7-12　某类房地产2004—2010年价格资料　单位：元/m^2

年份	2004	2005	2006	2007	2008	2009	2010
房地产价格	1 800	2 000	2 100	2 300	2 500	2 800	3 000

根据直线趋势法，预测该地区该类型房地产2011年的价格。

2. 某地区某类房地产2004—2010年价格资料见表7-13。

表7-13　某类房地产2004—2010年价格资料　单位：元/m^2

年份	2004	2005	2006	2007	2008	2009	2010
房地产价格	1 800	2 000	2 220	2 460	2 730	3 030	3 360

根据房地产价格呈现出的变动规律，选择合适的方法预测该地区该类型房地产2011年的价格。

综合实训(一)

一、实训内容

某类型房地产价格有明显变动趋势，其价格变动存在一定规律。经过分析，决定采用长期趋势法进行估价。其价格变动历史资料见表7-14。

表7-14 某类型房地产价格历史资料 单位：元/m^2

年份	房地产价格	X	XY	X^2
2006	3 980			
2007	3 900			
2008	4 000			
2009	4 100			
2010	4 120			
合计				

请利用长期趋势法中的直线趋势法进行估价，预测该类型房地产2011年、2012年的单价。并将表7-14的空白位置填列好。

二、实训要求

根据所给数据资料确定价格时间序列中x的数值，尽量使得x数值之和为0。思考一下，如果该时间序列项数为偶数，则如何确定x的数值。

综合实训(二)

一、实训内容

长期趋势法数据搜集。

二、实训要求

分析房地产的类型，对价格有明显变动趋势且对季节变动不敏感的房地产，拟订数据搜集方案，查找其历史价格数据，同时进行市场调研，掌握其价格变动趋势。

三、具体要求

将学生分组，制订调研计划，确定调研目标和搜集数据类型。

单元 8

地价评估

学习目标

本单元主要介绍土地价格评估的基本方法、各类方法的基本原理和计算方法，包括路线价法、基准地价评估等内容，旨在让学生掌握基本的地价评估方法。

学习要求

能力目标	知识要点	权　重
掌握土地估价的技术路线； 了解土地估价的难点处理	土地估价的技术路线	15%
掌握路线价法的估价过程	路线价法的估价过程	20%
掌握路线价法对估价项目价格的测算	路线价法的计算公式、价格修正率表	25%
熟悉基准地价的概念； 掌握基准地价评估的基本步骤	基准地价的概念、基准地价评估的基本步骤	15%
熟悉基准地价修正系数法； 掌握基准地价修正系数法对估价项目价格的测算	基准地价修正系数法	25%

引例

已知某宗土地面积 9 000 m^2，建筑密度 30%，共 9 层，容积率为 2.1，该容积率下商业用地楼面地价容积率修正系数为 1.03，住宅用地楼面地价容积率修正系数为 1.04。首层为商铺，2 层至 9 层为住宅，宗地所处区域商业级别价(基准地价)为每平方米 5 670 元，商业首层楼面价为每平方米 7 460 元；住宅级别价(基准地价)为每平方米 2 340 元，住宅平均楼面价为每平方米 1 170 元。经调查首层商铺售价为每平方米建筑面积 12 000 元，住宅均价为每平方米建筑面积 3 500 元。在忽略其他因素修正、调整的情况下，该土地使用权人委托估价机构估算综合用地价格。

该估价项目是对特定用途的土地进行估价，土地估价有哪些基本方法？

课题 8.1 土地估价项目概述

8.1.1 土地估价的技术路线与难点处理

1. 影响土地价格的因素

影响土地价格的因素，按照因素与土地的关系和影响范围可分为一般因素、区域因素和个别因素。

(1) 一般因素是指影响土地价格的一般、普遍、共同的因素，是在一般社会经济方面对土地价格总体水平产生影响，从而成为决定各宗土地具体价格的基础。一般因素包括以下几项。

① 行政因素，影响地价的行政因素有土地制度、住房制度、城市规划、地价政策、税收政策、交通管制和行政隶属变更等。

② 人口因素，包括人口密度、人口素质、家庭人口构成等。

③ 社会因素，包括政治安定状况、社会治安状况、房地产投机和城市化进程等。

④ 经济因素，包括经济发展状况、储蓄和投资水平、财政收支与金融状况、居民收入和消费水平、物价变动和利率水平等。

⑤ 国际因素，包括国际经济状况和国际政治因素。

(2) 区域因素是指土地所在地区的自然条件与社会、经济条件。这些条件相互结合所产生的地区特性，对地区的地产价格水平有决定性的影响。区域因素包括以下几项。

① 位置，包括已确定的土地等级、距城市中心、商业中心或其他人们活动集聚中心的距离及各类中心对城市其他区域的影响程度。

② 交通条件，主要有区域的交通类型、对外联系方式及方便程度、整体性交通结构、道路状况及等级、公共交通状况及路网密度等。

③ 基础设施条件，指上下水、电力、电讯、煤气、暖气以及幼儿园、学校、公园、医院等设施的等级、结构、保证率、齐备程度及距离等。

④ 环境质量，包括地质、地势、坡度、风向、空气和噪音污染程度等各种自然环境条件以及居民职业类别、教育程度等人文环境条件。

⑤ 城市规划限制，主要有区域土地利用性质、用地结构、用地限制条件、区域交通管制等。

(3) 个别因素是指宗地(土地)本身的条件和特征，主要包括：土地面积、土地形状、深度、坡度、地质条件、宗地市政设施条件、土地用途、容积率、开发程度、土地使用年限等。

2. 土地价格评估的常用方法

土地价格评估的基本方法有市场法、收益法、成本法、假设开发法和基准地价修正系数法，另外路线价法也是土地价格评估中常用的方法。

1) 市场法

市场法是根据市场替代原理，将待估宗地(根据单元 3 的相关内容，将估价对象土地称为待估宗地)与具有替代性的，且在近期市场上交易的类似土地进行比较，并对类似土地的成交价格作适当修正，以此估算待估宗地客观合理价格的方法。因此，市场法就是对比相同或相近情况下同类土地资源的价格来确定待估宗地价格的方法，即根据同一市场中近期发生的类似土地交易实例，结合市场行情，对实例交易价格进行交易情况修正、市场状况调整、区域因素调整、个别因素调整等(园地、林地尚需考虑成熟度)得到待估宗地的价格。市场法是根据已有市场上土地价格的变化及其趋势，结合土地供求关系的预测、供给弹性和需求弹性计算等，对某类土地资源进行价格评估，此法特别适用于土地市场发育较好、运行较规范的情况。

特别提示

区域因素调整、个别因素调整统称为房地产状况调整。本单元为了对土地价格评估修正、调整更充分，所以采用区域因素与个别因素分别讨论。市场状况调整又称为交易日期调整(修正)，是由于土地成交日期与估价时点不同所作的调整，本书模块 2 单元 4 中有详细讲解。

在土地价格评估中，市场法的基本计算公式为：

$$V_d = V_b \times A \times B \times D \times E \tag{8.1}$$

式中 V_d——待估宗地的价格；

V_b——可比实例宗地价格；

A——待估宗地情况指数/可比实例宗地情况指数=正常情况指数/可比实例宗地情况指数；

B——待估宗地估价期日地价指数/可比实例宗地交易日期地价指数；

D——待估宗地区域因素条件指数/可比实例宗地区域因素条件指数；

E——待估宗地个别因素条件指数/可比实例宗地个别因素条件指数。

归结起来看，这种方法是在两个可比的土地商品之间按照它们的情况因素、价格因素、区域因素和个别因素的比值来确定待估宗地的价值。

2) 收益法

收益法又称收益还原法、收益资本化法、地租资本化法等，是将待估宗地未来正常年份纯收益，以一定的土地报酬率还原，以此估算待估宗地价格的方法。由于土地具有永续性，因而人们可以期待未来的土地收益。当把这未来若干年延续而不断取得的土地纯收益以一定的报酬率折算为现在的价值时，它就表现为土地价格。从理论上讲，具有永续性的财产都可以出售，即都有市场价格。而这个市场价格也就是财产的现值，亦即等于其未来纯收益的折现价值。其简单意义就是，投资购买一块土地而获得的纯收益，在价值上等于将这笔投资存入银行而每年获得的利息量。这就是收益法的基本原理。

由于土地收益是不同生产要素组合的结果，土地只是其中的要素之一，还有人类劳动、资本、管理和科学技术等，因此，土地纯收益是在土地收益中扣除非土地收益的贡献量，或其应得的报酬后的余额。这种土地纯收益是因使用土地而带来的，理应归土地所有者所有。

收益法以土地纯收益的确定为前提，因此，它只适用于有收益的土地和建筑物或房地产的估价，土地收益为无限年期。

$$\text{基本公式：} V = \frac{a}{r} \tag{8.2}$$

式中 V——土地收益价格；

a——土地纯收益(地租)；

r——土地还原利率(报酬率)。

3) 成本法

成本法是以开发土地所耗费的各项客观费用之和为主要依据，再加上一定的利润、利息、应缴纳的税金和土地增值收益来确定土地的价格的方法。成本法是从投资成本角度来考察土地的价值，但它不能完全反映土地的真实价值。因为一宗土地的价值高低，主要取决于在土地未来利用中所产生的收益大小，而不是取决于对这块土地投资改造的费用大小。成本法一般用于新开发土地、工业用地、既无收益又无可比实例的公建、公益用地的价格评估。基本公式为：

地价=土地取得费+土地开发费+税费+利润+土地增值收益=土地成本价格+土地增值收益

4) 假设开发法

假设开发法又称剩余法，是在预计开发完成后不动产正常交易价格的基础上，扣除预计的正常开发成本及有关专业费用、利息、利润和税收等，以价格余额来估算待估宗地价格的方法。土地投资旨在获得报酬，这个潜在的报酬多少就决定了土地价格的高低。假设开发法的理论依据与收益法基本相同，都是对未来剩余收益的计算。收益法中的地租或土地的纯收益，是对土地收益中的非土地因素予以扣除，而假设开发法则是直接从资本化后的价格中扣除非土地因素的贡献。

假设开发法主要应用于有开发价值的土地估价，一般有以下几种类型：①待开发的土地的估价；②待拆迁改造再开发房地产的估价；③仅将土地或房产整理成可供直接利用的土地或房地产的估价；④现有新旧房地产地价的单独评估，即从房地产价格中扣除房屋价格，剩余之数即为地价。基本公式：

$$V = A - (B + C) \tag{8.3}$$

式中 V——待估宗地的价格；

A——总开发价值或开发完成后的不动产总价值；

B——整个开发项目的开发成本；

C——开发商合理利润。

5) 基准地价修正系数法

基准地价修正系数法是通过对待估宗地地价影响因素的分析，对各城镇已公布的同类用途同级土地基准地价进行修正，估算待估宗地客观价格方法。由于基准地价是区域平均价，因此，要评估该区域中某一宗地的价格，还必须根据该宗地的区域条件和个别条件，对区域平均价进行修正，方能得出宗地价格，本单元将详细介绍基准地价修正系数法的原理和使用方法。

应用案例 8-1

路线价法也是土地价格评估中较为常用的方法。路线价法是利用城市街道两侧商业用地的平均价格修正、调整来求取待估宗地的价格。因此，路线价法类似于(　　)。

A. 成本法　　B. 市场法　　C. 假设开发法　　D. 收益法

【解答】此案例应选择 B 答案。原因是路线价法实质上采用替代原理进行估价，属于市场法的派生方法(见课题 2 对其性质的描述)。

3. 土地估价的技术路线与难点处理

1) 土地估价的技术路线

土地估价为特定的土地交易服务，估价目的不同，价格类型也不同，估价的技术路线也有所区别。土地估价按其目的不同可分为土地使用权出让价格评估、出让土地使用权转让价格评估、划拨土地使用权转让价格评估和土地使用权抵押价格评估等。

(1) 土地使用权出让价格评估的技术路线。

土地使用权出让是指国家以土地所有者的身份将土地使用权在一定年限内让与土地使用者，并由土地使用者向国家支付土地使用权出让金的行为。

知识链接

土地使用权出让价格评估是为了土地使用权出让提供底价或价格参考。土地使用权出让价格属于买卖价格，常见类型有出让金、补交地价、出让底价等。土地出让价格评估包括新增建设用地出让价格评估和原建设用地出让价格评估。如果土地用途和使用条件发生变化，对由此引起的价格的增加应进行补交地价的评估。

土地出让价格评估政策性较强，估价时应根据政策要求确定相应的技术思路。新增建设用地出让价格评估应根据土地规划用途和利用条件估价；原建设用地出让价格评估应根据土地现状用途和利用条件估价。

特别提示

在评估土地使用权出让价格中，应遵循如下原则：

① 开发原则。土地的使用权出让及其出让前的评估工作，必须在服从城市规划要求的前提下，有利于扩大土地开发、利用，提高土地开发、利用的合理性，以促进经济建设。

② 地段原则。土地使用权的出让价格，应按不同区域、城市土地经济价值和效用的大小进行评估。

③ 效益原则。同一块土地，由于用途不同而取得不同的经济效益，应在服从城市规划的前提下，选择取得“最大使用效益”的用途或项目，来评估其出让价格。

土地使用权出让价格是市场价格，应遵循公开的市场价值，出让底价评估反映待估宗地在正常市场状态下应达到的地价水平，应该是在正常情况下，同类土地可以达到的价格水平，是政府出让某宗地时的最低控制价格标准。

(2) 出让土地使用权转让价格评估的技术路线。

出让土地使用权转让反映土地使用权人之间的土地利益关系，即已获得土地使用权的权利人在土地使用期限尚未届满时将土地的使用权进行转让的行为。常见的转让形式有空地转让、土地与建筑物整体转让等。评估土地使用权价格应考虑地上建筑物的利用状况和权属状况对土地价格的影响。出让土地使用权转让价格是在剩余使用年期下的价格，要准确计算土地使用权的剩余使用年期，并进行年期的修正。

(3) 划拨土地使用权转让价格评估的技术路线。

划拨土地使用权估价与土地使用权的处理方式、规定等关系密切，除需遵循《中华人民共和国城市房地产管理法》、《中华人民共和国土地管理法》外，还需执行针对划拨土地使用权管理的有关国家和地方法规、政策、条例的规定。

划拨土地使用权是一种不完全的使用权形式，其使用权价值与出让或转让的市场方式取得的土地使用价格相比，主要差别在于是否包含土地出让金。因此，划拨土地使用权的成本价内涵主要包括土地的取得费用和使用中间的持续投入费用(开发费)，以及取决于是否承担的土地使用权出让金、土地使用费(场地使用费)等。

特别提示

划拨土地使用权转让涉及国有土地收益的分配，国家法律、法规对此有比较严格的限制。划拨土地使用权转让一般须经土地管理部门批准，并须补交土地出让金或以土地收益折抵。因此，以划拨方式取得土地使用权的，转让房地产时其转让价格评估应当另外给出转让价格所含的土地收益值，并且注意国家对土地收益的处理规定。

(4) 土地使用权抵押价格评估的技术路线。

土地使用权抵押价格评估是为确定抵押贷款额度提供价格参考依据。土地使用权和抵押权是两种不同的权利，土地使用权是主权利，抵押权是从权利，只有基于土地使用权才能成立，并以土地使用权作为实现抵押权的标的。

土地使用权抵押价格评估应符合《中华人民共和国城市房地产管理法》、《中华人民共和国担保法》和《中华人民共和国城镇国有土地使用权出让和转让暂行条例》等的规定。土地使用权抵押价格评估应根据土地的用途等选择估价方法，但应注意土地使用权剩余年期的修正等。

2) 土地估价的难点处理

(1) 部分土地使用权转让，如分割土地使用权、分摊土地使用权。评估时应考虑局部土地在整体土地中的作用，能否独立使用，与相邻土地关系分析。对于分摊土地使用权，需要考虑公共配套用地和公共设施用地的合理分享对土地权益和价格的影响问题。

(2) 划拨土地使用权随着地上的建筑物抵押而抵押，评估划拨土地使用权抵押估价，一般是将划拨土地先设为出让土地使用权，评估出出让土地使用权的抵押估价，再扣除土地使用权出让金。

8.1.2 土地估价项目概况

1. 估价项目

估价对象位于××市××区××路×××号的一宗土地，土地为II级商业用地，北临××北路，南临××××小区，西临二环西路，东临××小学，土地面积为345m²。按委托方与××市国土局签订的××土合字(04178)号《国有土地使用权出让合同》，该地块土地使用年限为40年，截止评估期日止，地块已使用2年，尚存土地使用年限38年。

2. 市场情况分析

近年来该市土地市场成交面积有所减小，土地出让金逐年加大。2006～2009年该市共出让商业用地154宗，总成交面积1 094.86公顷，总成交金额506.56亿元。分年度来看，2006、2007、2008和2009年分别出让商业用地53、30、27和44宗；成交面积349.44、311.55、193.24和240.63公顷，成交面积有所减少；成交金额94.46、121.55、132.5和158.05亿元，成交金额呈现逐年加大的走势。

综上所述，预计未来该市土地成交均价有所上涨。因为2006、2007、2008和2009年土地成交均价分别为2 703元/m²、3 901元/m²、6 857元/m²和6 568元/m²，土地成交均价呈上升趋势。2009年的成交均价分别比2006和2007年增长142.99%和68.37%。

3. 现场查看结果

估价人员经过对估价项目的现场查看，将初步查看结果进行汇总，见表8-1。

表8-1 估价项目实地查看结果汇总表

实地查看项目	查看结果	备注
宗地形状	宗地为矩形土地	
临街深度	北临街深度23m(49.21英尺) 西临街深度15m(75.46英尺)	
旁街影响加价率	西临街影响加价率为30%	
正街路线价	4 000元/m²	
旁街路线价	3 000元/m²	
基准地价	6 260元/m²	
容积率	1.2	
建筑密度	25%	
绿化率	51%	
土地开发程度	达到宗地红线外通路、通电、通信、通上水、通下水、通燃气、通热力及宗地红线内土地平整	
周围环境	估价对象东临××小学，附近有××××学院、××××大学、××××职业学校，文化氛围较浓	
交通状况	估价对象所在区域开通8条公交线路，出行较为方便，交通状况良好	
公共配套设施	估价对象附近交通时间距离测试结果显示，学校5分钟车程，超市5分钟车程，医院20分钟车程，公园步行20分钟	
人口状况	流动人口密度550人/km²，常居人口1.0万人/km²	

4. 估价目的与价值定义

本次估价目的是为该地块抵押贷款提供价值参考依据。估价时点为2009年12月2日。

课题8.2 路线价法的估价过程

路线价法是以路线价为基础，配合临街深度价格修正率表和其他修正率表，计算出临接该街道的其他各宗土地价格的一种估价方法。路线价法实质上是市场法的派生方法，其理论依据与市场法相同，是房地产价格形成的替代原理。

特别提示

对面临特定街道且距离大致相等的城市土地，设定标准深度，求取标准深度的数宗土地的平均单价，附设在该街道上，此单价就是路线价。

路线价估价法是适用于城市的估价方法。运用此方法要求：

(1) 路线价估价法适用于城镇街道两侧用地，主要用于商业繁华区域土地价格的评估，对道路系统完整、道路两旁的宗地排列整齐的区域和城市，效果更佳。

(2) 路线价估价法需要较多的交易实例，且土地市场要规范。

(3) 路线价估价法能快速评估多宗土地的价格。

(4) 路线价估价法的精度与路线价及其修正体系密切相关。

知识链接

路线价法在不同国家和地区的特点

路线价法在英、美、日等国家及我国的台湾省都有很长的应用历史，但这种方法的具体应用又各不相同，表现在以下几个方面。

(1) 路线价的含义不同。英、美国家的路线价为一块标准宗地的价格，如在美国，标准宗地是指宽1英尺，深100英尺的地块。而我国台湾、日本则是指标准地块中每平方米土地的价格，我国台湾的标准宗地是指宽1m，深18m的地块，日本的标准宗地是指宽1间(约1.8m)，深5间(约9m)的地块。在具体表示路线价时，美国、我国台湾用货币单位，日本用点数。

(2) 深度百分率不同。我国台湾和日本采用平均深度百分率原理制作，深度百分率随土地深度的增加而递减；美国采用累计深度百分率原理制作，深度百分率随土地深度的增加而递增。

(3) 计算公式不同。我国台湾、日本由于路线价是以标准宗地每平方米的面积为单位，所以，矩形宗地的计算公式为：

$$宗地总价=路线价\times深度百分率\times宗地面积$$

如果评估的地块有特殊情况，如三角形地、路角地、双面临街地、袋地等，则需做必要的加价或减价修正，计算公式为：

$$宗地总价=路线价\times深度百分率\times宗地面积\pm修正额$$

或者：宗地总价=路线价×深度百分率×宗地面积×修正率

由于英、美国家的路线价为一个标准地块的价格，所以矩形地计算公式为：

宗地总价=路线价×深度百分率×宗地宽度

如果土地有特殊的情况，则需要作加价或减价修正，计算公式为：

宗地总价=路线价×深度百分率×宗地宽度±修正额

或者：宗地总价=路线价×深度百分率×宗地宽度×修正率

8.2.1 划分路线价区段

一个路线价区段是指具有同一个路线价的地段，即便捷性相当的地段。因此，在划分路线价区段时，应将便捷性相当、地块相连的土地划为同一个路线价区段。两个路线价区段的分界线，原则上是地价有显著差异的地点，一般是从十字路或丁字路中心处划分，两个路口之间的地段为一个路线价区段，遵循便捷性相当的规律。较长的繁华街道，将两个路口之间的地段划分为两个以上的路线价区段，分别附设不同的路线价。而某些不很繁华的街道，同一个路线价区段可延长至数个路口。另外，在同一条街道上，如果两侧的繁华程度、地价水平有显著差异的，应以街道中心为分界线，将该街道的两侧各自视为一个路线价区段，分别附设不同的路线价。

8.2.2 设定标准临街深度

标准临街深度简称标准深度，通常是路线价区段内临街各宗土地深度的众数。例如，某个路线价区段内临街土地的临街深度大多为20m，则标准深度应设定为20m；如果临街深度普遍为30m，则标准深度应设定为30m。从理论上讲，标准临街深度是街道对地价影响的转折点：由此接近街道的方向，地价受街道的影响而逐渐升高；由此远离街道的方向，地价可视为基本不变。美国以100英尺(合30.48m)为标准深度，日本以16.36m为标准深度。

特别提示

以各宗临街土地的临街深度的众数作为标准深度，可以简化以后各宗土地价值的计算。否则，不仅会增加计算工作量，而且会使路线价失去代表性。

8.2.3 选取标准临街宗地

标准宗地是路线价区段内具有代表性的宗地。选取标准宗地的具体要求是：

(1) 一面临街；

(2) 土地形状为矩形；

(3) 临街深度为标准深度；

(4) 临街宽度为标准宽度；

(5) 临街宽度与临街深度比例适当；

(6) 用途为所在路线价区段具有代表性的用途；

(7) 容积率为所在路线价区段具有代表性的容积率；

(8) 其他方面，如土地使用年限、土地生熟程度等也应具有代表性。

8.2.4 确定路线价

路线价是指在路线价区段上的标准临街宗地的平均单位地价。在确定标准临街宗地的基础上，可采用前述的估价方法如市场法、收益法以及成本法等方法分别求出其单位地价(单价或楼面地价)，然后求这些标准宗地的单位价格或楼面地价的简单算术平均数或加权算术平均数、中位数、众数，即得该路线价区段的路线价。

特别提示

路线价通常为土地单价，也可为楼面地价；可用货币表示，也可用相对数表示。

8.2.5 进行路线价修正

1. 制作价格修正率表

价格修正率表有深度价格修正率表和其他价格修正率表。

深度价格修正率表又称深度百分率表、深度指数表，是基于深度价格递减率制作出来的。

深度价格递减率又是基于临街土地中各部分的价值随远离街道而有递减现象，或者说，距街道深度愈深，可及性愈差，价值也就愈低。

将临街土地划分为许多与街道平行的小矩形，由于越接近街道的小矩形的利用价值越大，越远离街道的小矩形的利用价值越小，则接近街道的小矩形的价值高于远离街道的小矩形的价值。如图 8.1(a)所示，将临街深度为 n 米的矩形土地划分为平行的小矩形，$a_1 \sim a_n$ 表示各小矩形的价值，则 a_1 的价值最大。图 8.1(b)表示土地价值随临街深度变化的程度。

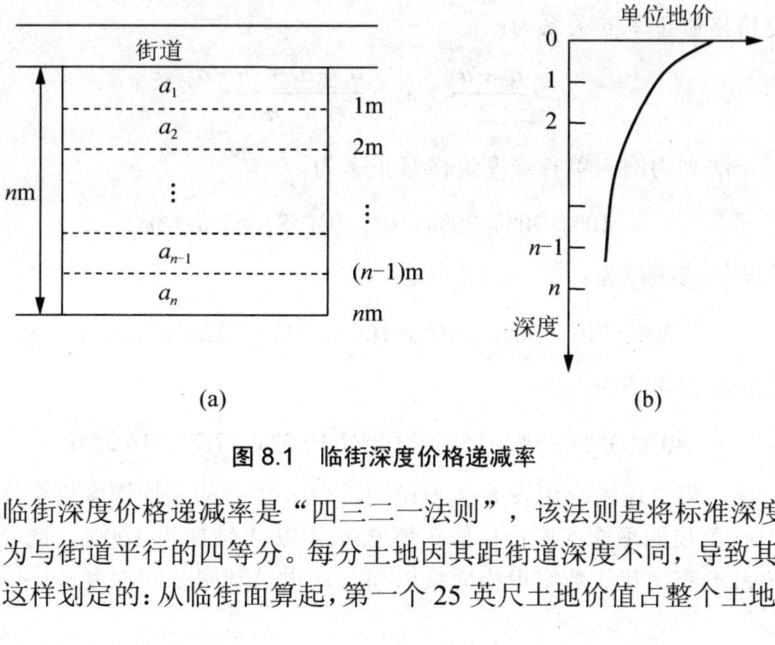

图 8.1 临街深度价格递减率

最常用的临街深度价格递减率是“四三二一法则”，该法则是将标准深度 100 英尺的临街土地划分为与街道平行的四等分。每分土地因其距街道深度不同，导致其价值的差别。它们的价值是这样划定的：从临街面算起，第一个 25 英尺土地价值占整个土地价值的 40%，第二个 25 英尺土地占 30%，第三个 25 英尺土地占 20%，第四个 25 英尺土地占 10%。

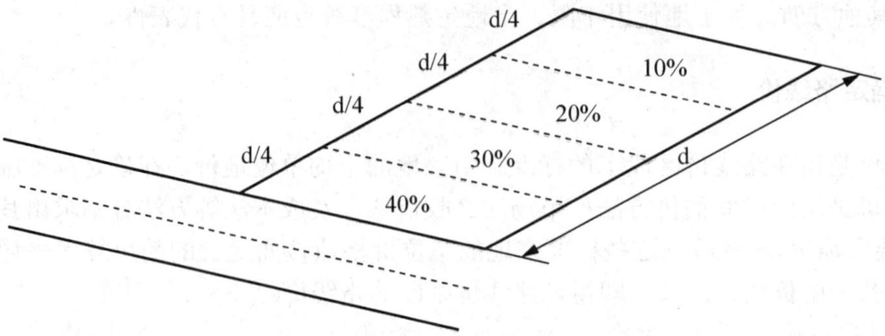

图 8.2　四三二一法则

如果宗地超过 100 英尺，则以“九八七六法则”补充，即超过 100 英尺的第一个 25 英尺地价为土地总价(100 英尺)的 9%，第二个 25 英尺为 8%，第三个 25 英尺为 7%，第四个 25 英尺为 6%。这种方法主要是根据宗地随临街深度不同价值有所差异的现象规定的一项衡量标准，并用其作为制定各深度宗地地价的百分率。霍夫曼法则认为这个比率是 37.5%、29.5%、20.7%、12.3%。

临街深度价格修正率有单独深度价格修正率、累计深度价格修正率和平均深度价格修正率三种。在图 8.1(a)中，假设 a_1，a_2，…，a_{n-1}，a_n 也分别表示各细条的价值占整块土地价值的比率，则

单独深度价格修正率的关系为：

$$a_1 > a_2 > \cdots > a_{n-1} > a_n$$

累计深度价格修正率的关系为：

$$a_1 < a_1 + a_2 < \cdots < a_1 + a_2 + \cdots + a_{n-1} < a_1 + a_2 + \cdots + a_{n-1} + a_n$$

平均深度价格修正率的关系为：

$$a_1 > \frac{a_1 + a_2}{2} > \ldots > \frac{a_1 + a_2 + \cdots + a_n}{n}$$

以四三二一法则为例，单独深度价格修正率为：

40%>30%>20%>10%>9%>8%>7%>6%

累计深度价格修正率为：

40%<70%<90%<100%<109%<117%<124%<130%

平均深度价格修正率为：

40%>35%>30%>25%>21.8%>19.5%>17.7%>16.25%

为简明起见，将上述内容用表 8-2 来说明，表 8-2 中的平均深度价格修正率，是将上述临街深度 100 英尺的平均深度价格修正率 25%乘以 4 转换为 100%，同时为保持与其他数字的相对关系不变，其他数字也相应乘以 4。这也是利用平均深度价格修正率修正单价

的需要。平均深度价格修正率与累计深度价格修正率的关系还可用公式8.4表示：

$$平均深度价格修正率 = 累计深度价格修正率 \times \frac{标准深度}{所给深度} \tag{8.4}$$

表8-2 临街深度价格修正率表

临街深度(英尺)	25	50	75	100	125	150	175	200
四三二一法则(%)	40	30	20	10	9	8	7	6
单独深度价格修正率(%)	40	30	20	10	9	8	7	6
累计深度价格修正率(%)	40	70	90	100	109	117	124	130
平均深度价格修正率(%)	160 (40)	140 (35)	120 (30)	100 (25)	87.2 (21.8)	78.0 (19.5)	70.8 (17.7)	65.0 (16.25)

知识链接

制作临街深度价格修正率表的要领是：(1)设定标准临街深度；(2)将标准临街深度分为若干等份；(3)制定单独深度价格修正率，或将单独深度价格修正率转换为累计深度价格修正率或平均深度价格修正率，并用表格反映。

计算三角形等形状土地的价值，还需要制作相应的价格修正率表。

2. 路线价法的计算公式

1) 一面临街矩形土地

$$V = u \times d_{\mathrm{v}} \times (f \times d) \tag{8.5}$$

式中 V——土地价格(总价)；

u——路线价(用单价表示)；

d_{v}——深度价格修正率(采用平均深度价格修正率)；

f——临街宽度；

d——临街深度。

特别提示

平均深度价格修正率可根据临街深度价格修正率表(表8-2)确定，若待估宗地的临街深度与表格中的临街深度一致，则可直接查表得到其平均深度价格修正率；若不一致，则可通过内插法计算得到其平均深度价格修正率。

知识链接

内插法是用一组已知函数的自变量和与它对应的函数值来求未知函数值的近似计算方法，其假设的条件是该函数为线性函数。

内插法的原理是，若 $A(i_1,b_1)$，$B(i_2,b_2)$为已知两点，点 $P(i,b)$在上述两点确定的直线上，自变量 i 已知，且 $i_1 < i < i_2$，求与之对应的函数值 b。如图8.3所示：

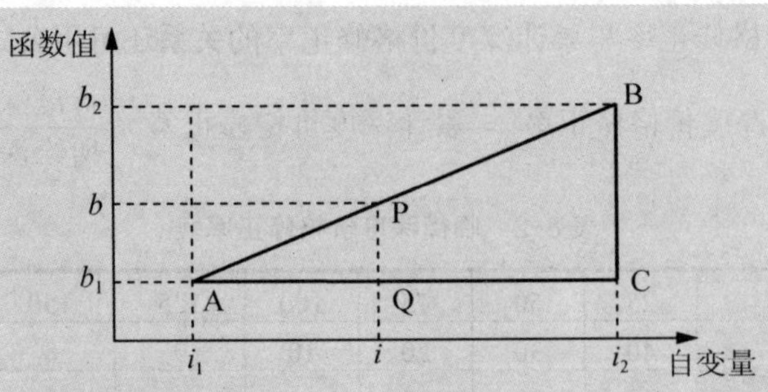

图 8.3

由图可以看出，△ABC 与 APQ 相似，根据三角形相似原理，可以得到：

$$\frac{PQ}{BC}=\frac{AQ}{AC}，即 \frac{b-b_1}{b_2-b_1}=\frac{i-i_1}{i_2-i_1}$$

可以推出内插法的计算公式：

$$b=b_1+\frac{b_2-b_1}{i_2-i_1}\times(i-i_1)$$

应用案例 8-2

有四宗临街宗地，其临街深度如图 8.4 所示，所在区段的路线价(土地单价)为 3 000 元/ m^2。试分别求各宗土地的单价。

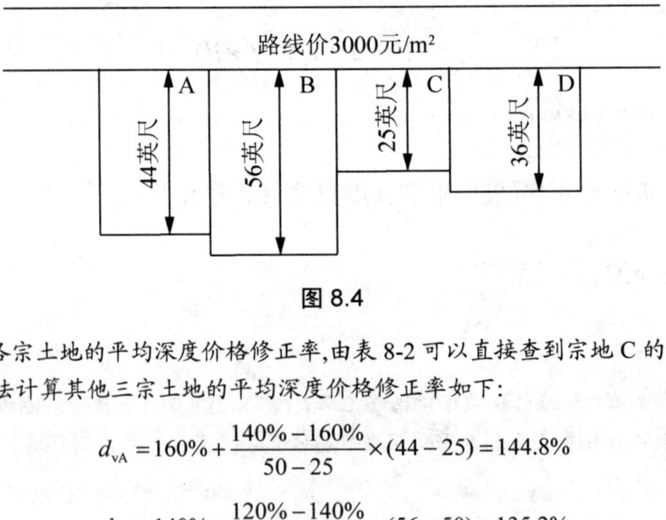

图 8.4

【解】首先确定各宗土地的平均深度价格修正率,由表 8-2 可以直接查到宗地 C 的平均深度价格修正率为 160%，根据内插法计算其他三宗土地的平均深度价格修正率如下：

$$d_{vA}=160\%+\frac{140\%-160\%}{50-25}\times(44-25)=144.8\%$$

$$d_{vB}=140\%+\frac{120\%-140\%}{75-50}\times(56-50)=135.2\%$$

$$d_{vC}=160\%+\frac{140\%-160\%}{50-25}\times(36-25)=151.2\%$$

则各宗土地的单价为：

V_A=路线价 × 深度价格修正率=3 000 × 144.8%=4 344(元/m^2)

V_B=路线价 × 深度价格修正率=3 000 × 135.2%=4 056(元/m^2)

V_C=路线价 × 深度价格修正率=3 000 × 160%=4 800(元/m^2)

$$V_D=路线价\times深度价格修正率=3\ 000\times151.2\%=4\ 536(元/m^2)$$

2) 前后两面临街矩形土地

$$V=U_0\times d_{v0}\times f\times d_0+U_1\times d_{v1}\times f\times(d-d_0) \tag{8.6}$$

式中 U_0——前街路线价；

d_{v0}——前街深度价格修正率；

d_0——前街影响深度；

U_1——后街路线价；

d_{v1}——后街深度价格修正率；

d——全部影响深度.

$$d_0=\frac{U_0}{U_0+U_1}\times d \tag{8.7}$$

$$后街影响深度\ d_1=d-d_0 \tag{8.8}$$

应用案例 8-3

图 8.5 中是一前后两面临街、总深度为 20 米的矩形土地，其前街路线价为 4 500 元/平方米，后街路线价为 3 000 元/ m²。求其前街、后街影响深度。

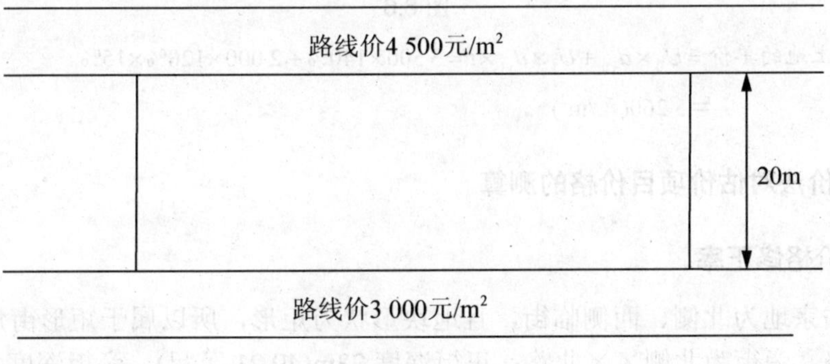

图 8.5

【解】前街影响深度 $d_0=\dfrac{U_0}{U_0+U_1}\times d=\dfrac{4\ 500}{4\ 500+3\ 000}\times20=12(\text{m})$

后街影响深度 $d_1=d-d_0=20-12=8(\text{m})$

3) 街角地

计算街角地的价格，采用“正旁两街分别轻重估价法”，即先求取高价街(也称正街)的价格，再计算低价街(也称旁街)的影响加价，然后加总。计算公式如下：

$$V=(U_0\times d_{v0}+U_1\times d_{v1}\times t)\times(f\times d) \tag{8.9}$$

式中 U_0——正街路线价；

d_{v0}——正街深度价格修正率；

t——旁街影响加价率；

U_1——旁街路线价；

d_{v1}——旁街深度价格修正率。

应用案例 8-4

图 8.6 中是一矩形街角地，其正街路线价(土地单价)为 3 500 元/ m²，旁街路线价(土地单价)为 2 000 元/m²，临正街深度为 15.24 m(即 50 英尺)，临旁街深度为 22.86 m(即 75 英尺)。假设旁街影响加价率为 15%。根据表 8-1 的平均深度价格修正率，该宗土地的单价是多少？

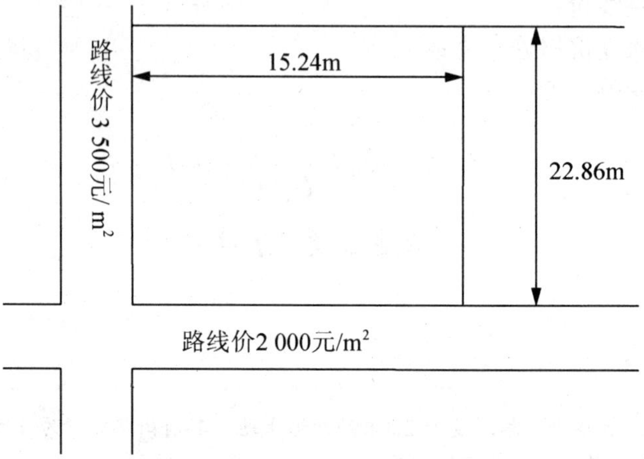

图 8.6

【解】该宗土地的单价 $= U_0 \times d_{v0} + U_1 \times d_{v1} \times t = 3\,500 \times 140\% + 2\,000 \times 120\% \times 15\%$

$= 5\,260$(元/m²)

8.2.6　路线价法对估价项目价格的测算

1. 确定价格修正率

由于待估宗地为北侧、西侧临街，且地块形状为矩形，所以属于矩形街角地。正街为西侧二环西路，旁街为北侧××北路；正街深度 23m(49.21 英尺)，旁街深度 15m(75.46 英尺)。根据临街深度价格修正率表，采用内插法计算正街深度价格修正率、旁街深度价格修正率：

正街深度价格修正率 $d_{v0} = \dfrac{140\% - 160\%}{50 - 25} \times (49.21 - 25) + 160\% = 140.63\%$

旁街深度价格修正率 $d_{v1} = \dfrac{100\% - 120\%}{100 - 75} \times (75.46 - 75) + 120\% = 119.63\%$

2. 评估宗地价格

由调查结果可知，正街路线价为 4 000 元/m²，旁街路线价为 3 000 元/m²，旁街影响加价率为 30%，根据路线价法矩形街角的单价计算公式：

待估宗地的单价 $= U_0 \times d_{v0} + U_1 \times d_{v1} \times t$

$= 4\,000 \times 140.63\% + 3\,000 \times 119.63\% \times 30\% = 6\,701.87$(元/m²)

待估宗地总价 = 6 701.87×345 = 231.21(万元)

8.2.7 估价结果的确定与复核

采用路线价法对估价项目进行估价之后，往往还应选择另外一种方法对估价项目价格进行评估。因为路线价法实质上属于市场法的派生方法，所以应尽量采用市场法以外的方法进行评估，当然也不排除同时采用市场法进行估价的可能。

在对路线价参数、修正率选择、计算公式及过程进行检验、审核之后，认定估价结果的准确性，即估价项目单价为 6 701.87 元/m^2，总价为 231.21 万元。

课题 8.3 基准地价修正系数法的估价过程

8.3.1 基准地价的概念和作用

1. 基准地价的概念

基准地价即土地初始价，也称城市基准地价，是指在城镇规划区范围内，对现状利用条件下不同级别或不同均质地域的土地，按照商业、居住、工业等用途分别评估的一定使用期限的建设用地使用权在某一时点的平均价格，并由市、县以上人民政府公布。

应用案例 8-5

表 8-3 为基准地价表实例。

表 8-3 ××市城区级别基准地价表　　单位：元/m^2

级别 \ 地价	商业用地	居住用地	工业用地
一	2 775	1 575	384
二	1 815	1 046	362
三	959	693	352
四	624	405	336
五	380	345	/

2. 基准地价的作用

基准地价的主要作用是为国有土地出让、租赁管理和各大城市推行土地出让招投标、土地储备提供依据，同时也为政府宏观调控、规范土地批租市场提供依据和保障。具体作用如下。

(1) 作为审核确定土地使用权出让金标准的依据。

土地出让评估必须考虑所在区域的基准地价，政府出让土地时，基准地价就成为核算土地使用权出让金的依据。

(2) 对土地租赁市场进行调控。

基准地价的评定有助于政府审定土地租赁有偿使用的年租水平，并合理的对已出租地块的地租标准进行适时调整。

(3) 为政府课税提供参考。

基准地价对土地级别的划分、地价标准的确定将有助于契税、房地产税等税费征收标准的确定。

(4) 推动土地政策的实施。

基准地价颁布之后，可以配合城市房屋拆迁补偿实行市场评估制度，还将为土地招标拍卖、收购储备确定底价、收购价提供重要依据。

(5) 引导市场，为投资者提供市场信息。

基准地价公布之后，揭示了各区域地价总体水平，为投资者提供土地市场价格信息，引导投资者作投资决策。

8.3.2 基准地价评估的基本步骤

基准地价评估的基本步骤包括以下几步。

1. 确定实行基准地价评估的区域范围

根据城市土地管理的需要和经济发展水平以及可能投入的人力、物力、财力等情况确定基准地价评估的范围。

特别提示

基准地价评估的区域范围有以下几种选择：①城镇行政区；②城镇总体规划确定的规划区；③土地利用总体规划确定的城镇建设用地范围；④建成区；⑤市区。评估的区域范围大小，主要是根据实际需要和可投入评估的人力、财力、物力等情况来定。以一个具体城市为对象，确定其基准地价评估的区域范围，例如，是该城市的整个行政区域，还是规划区、市区或建成区等。

2. 合理划分土地级别或地价区段

1) 划分土地级别

土地级别是评价土地价值的一个指标，不同用途的土地其级别范围不同，具体应按照GB/T 18507—2001《城镇土地分等定级规程》和GB/T 18508—2001《城镇土地估价规程》规定，分不同用途进行划定和评估。

2) 划分地价区段

所谓地价区段，是将用途相似、地块相连、地价相近的土地加以圈围而形成的区域。一个地价区段可视为一个地价“均质”区域。通常可将土地划分为三类地价区段：

(1) 商业路线价区段；

(2) 住宅片区段；

(3) 工业片区段。

特别提示

划分地价区段的方法通常是就土地的位置、交通、使用现状、城市规划、房地产价格水平及收益情形等做实地调查研究，将情况相同或相似的相连土地划为同一个地价区段。各地价区段之间的分界线应以道路、沟渠或其他易于辨认的界线为准，但商业路线价区段应以标准深度为分界线。

3. 抽样评估若干宗地的价格

在划分出的各地价区段内，选择数宗具有代表性的宗地，再由估价人员调查搜集这些宗地的相关市场交易资料、收益水平资料或开发费用资料等，运用收益法、市场法、成本法、假设开发法等适宜的估价方法评估出这些标准宗地在合理市场下可能形成的正常市场价值，通常应求出单价或楼面地价。

4. 计算各个土地级别或地价区段的地价

土地级别或地价区段的地价是某个特定的土地级别或地价区段的单价或楼面地价，它是该土地级别或地价区段内土地价格的正常水平和总水平的反映。土地级别或地价区段的地价的计算，是分别以每个土地级别或地价区段为范围，求出该土地级别或地价区段内所抽查评估出的若干宗地单价或楼面地价的平均数、中位数或众数。

知识链接

计算出的土地级别的基准地价称为土地级别价；计算出的地价区段的地价，对于商业路线价区段来说是路线价，对于住宅片区段或工业片区段来说是区片价。

5. 确定基准地价

在上述求得的各个土地级别价或地价区段地价的基础上做适当的调整后即是基准地价。

6. 提出基准地价应用的建议及注意事项

提出地价区段中基准地价的应用建议与注意事项，便于在实际运用时能正确操作。包括基准地价的作用，将基准地价调整为宗地价格的方法和系数。

基准地价一般一至两年更新一次，在土地市场发生变化或影响土地价格的种种因素发生变化后，必须进行基准地价更新，对于基准地价进行全面或局部调整。

8.3.3 基准地价修正系数法

1. 基准地价修正系数法的概念

基准地价修正系数法是利用基准地价和基准地价修正系数表等评估成果，按照替代原则，就待估宗地的区域条件和个别条件等与其所处区域的平均条件相比较，并对照修正系数表选取相应的修正系数对基准地价进行修正，进而求取待估宗地在估价期日价格的方法。

2. 基准地价修正系数法的特点与适用范围

1) 基准地价修正系数法的特点

(1) 能快速评估多宗土地价格；

(2) 精度与基准地价及其修正体系密切相关。

2) 基准地价修正系数法的适用范围

(1) 已公布基准地价的城市的宗地地价评估，特别适用于土地出让底价、土地抵押价格、课税地价和国有企业兼并等行为中的土地资产评估；

(2) 完成基准地价评估的城镇中的土地估价。

3. 基准地价修正系数法估价步骤

(1) 收集、整理土地定级估价成果资料。主要包括：土地级别图、基准地价图、样点地价分布图、基准地价表、基准地价修正系数表和相应的因素条件说明表，并归纳整理和分析，作为宗地估价的基本资料。

(2) 确定待估宗地所处地段(区)的同类用途基准地价。

(3) 分析待估宗地的区域地价影响因素，编制宗地基准地价的区域影响因素条件指标说明表和区域影响因素修正系数表。

特别提示

区域地价影响因素主要包括待估宗地距各级商服中心的距离、距学校的距离、距公园和市场的距离、交通条件、环境状况、人口状况以及规划状况等。

① 编制宗地基准地价区域影响因素条件指标说明表。

编制宗地基准地价区域影响因素条件指标说明表时，首先应确定待估宗地地价的区域影响因素，再分析各影响因素对应于“优”、“较优”、“一般”、“较劣”、“劣”五种情况的指标特征。

应用案例 8-6

表 8-4 为宗地基准地价区域影响因素条件指标说明表实例。

表 8-4　××城区Ⅲ级居住用地基准地价区域影响因素条件指标说明表

因素	因子	优	较优	一般	较劣	劣
商服繁华度	距市级商服中心(m)	≤2 000	(2 000，3 000]	(3 000，4 000]	(4 000，5 000]	＞5 000
	距区级商服中心(m)	≤1 500	(1 500，2 000]	(2 000，2 500]	(2 500，3 000]	＞3 000
	距小区级商服中心(m)	≤300	(300，600]	(600，900]	(900，1 200]	＞1 200

续表

因素	因子	优	较优	一般	较劣	劣
基本设施	距小学(m)	≤200	(200，400]	(400，600]	(600，800]	＞800
	距中学(m)	≤200	(200，400]	(400，600]	(600，800]	＞800
	距医院(m)	≤200	(200，400]	(400，600]	(600，800]	＞800
	距农贸市场(m)	≤200	(200，400]	(400，600]	(600，800]	＞800
	距公园(m)	≤200	(200，400]	(400，600]	(600，800]	＞800
交通条件	临道路状况	混合型次干道	混合型主干道	交通型次干道	交通型主干道	支路及其他
	距公交站点(m)	≤200	(200，400]	(400，600]	(600，800]	＞800
	距火车站(m)	(500，1 000]	(1 000，1 500]	(1 500，2 000]	(2 000，2 500]	＞2 500 或＜500m
	距长途汽车站(m)	[500，1 000]	(1 000，1 500]	(1 500，2 000]	(2 000，2 500]	＞2500m 或＜500m
环境状况	人文环境	人员素质高，综合环境较好	人员素质较高，综合环境较好	人员素质中等，综合环境一般	人员素质较低，综合环境较差	人员素质低，综合环境差
	环境污染	无污染	基本无污染	轻度污染	污染较严重	严重污染
	绿地覆盖率	≥30%	[25%，30%)	[15%，25%)	[10%，15%)	＜10%
人口状况	人口密度	人口密度适中	人口密度较适中	人口密度一般	人口密度较小或较大	人口密度过小或过大

② 编制宗地基准地价区域影响因素修正系数表。

应根据确定的影响因素指标说明表，量化所有影响因素的标准，可通过特尔菲法、层次分析法等方法，确定各因素的权重值，再通过公式 8.11 和公式 8.12 计算各因素的修正幅度。

上调幅度的计算公式为

$$F_1=\left[\left(I_{\mathrm{nh}}-I_{\mathrm{lb}}\right)/I_{\mathrm{lb}}\right]\times 100\% \tag{8.10}$$

下调幅度的计算公式为

$$F_2=\left[\left(I_{\mathrm{n}l}-I_{\mathrm{lb}}\right)/I_{\mathrm{lb}}\right]\times 100\% \tag{8.11}$$

式中 F_1——基准地价上调最大幅度(情况为“优”的修正幅度)；

F_2——基准地价下调最大幅度(情况为“劣”的修正幅度)；

I_{lb}——基准地价折算的年收益(或平均样点地价、平均因素分值)；

I_{nh}——级别或区域正常土地收益的最高值(或样点地价上限、因素分值上限)；

I_{nl}——级别或区域正常土地收益的最低值(或样点地价下限、因素分值下限)。

以基准地价为一般水平，其修正系数为零，在一般水平与上限价格之间，内插条件“较优”的修正幅度，一般为 $F_1/2$，同时确定较优条件下的地价标准，在一般水平与下限价格之间，内插条件“较劣”的修正幅度，一般为 $F_2/2$，同时确定较优条件下的地价标准，各因素的权重与“优”、“较优”、“一般”、“较劣”、“劣”五种情况的修正幅度的乘积即为各因素对应于五种情况的因素修正系数，计算公式为

$$K_{ij} = F_j \times \omega_i \tag{8.12}$$

式中 K_{ij}——某一区域影响因素在某一情况下的修正系数；

F_j——某一情况下的修正幅度(优、较优、一般、较劣、劣五种情况)；

ω_i——某一区域影响因素的权重。

应用案例 8-7

××城区×级商业用地的平均地价为 5 000 元/m²，该城区×级商业用地的地价上限为 6 500 元/ m²，地价下限为 4 000 元/m²，通过特尔菲法确定其区域影响因素的权重，其中“人文环境”的权重为 0.10，试确定其影响因素“人文环境”对应于优、较优、一般、较劣、劣五种情况的因素修正系数。

【解】 $F_1 = [(I_{nh} - I_{lb})/I_{lb}]\times 100\% = [(6\,500 - 5\,000)/5\,000]\times 100\% = 30\%$

$F_2 = [(I_{nl} - I_{lb})/I_{lb}]\times 100\% = [(4\,000 - 5\,000)/5\,000]\times 100\% = -20\%$

$F_1/2 = 30\%/2 = 15\%$

$F_2/2 = -20\%2 = -10\%$

影响因素“人文环境”对应于“优”因素修正系数 $= F_1 \times Y_i == 30\% \times 0.10 = 0.03$

影响因素“人文环境”对应于“较优”因素修正系数 $= F_1/2 \times Y_i = 15\% \times 0.10 = 0.015$

影响因素“人文环境”对应于“劣”因素修正系数 $= F_2 \times Y_i = -20\% \times 0.10 = -0.02$

影响因素“人文环境”对应于“较劣”因素修正系数 $= F_2/2 \times Y_i = -10\% \times 0.10 = -0.01$

由于以基准地价为一般水平，其修正系数为零，所以影响因素“人文环境”对应于“一般”因素修正系数为 0。

根据计算出的各区域影响因素的权重以及因素修正系数，即可编制基准地价影响因素修正系数表。

应用案例 8-8

表 8-5 为宗地基准地价区域影响因素修正系数表实例。

表 8-5 ××城区III级居住用地基准地价区域影响因素修正系数表

因素	权重	因子	权重	优/%	较优/%	一般/%	较劣/%	劣/%
商服繁华度	0.13	距市级商服中心(m)	0.06	2.4	1.2	0	−0.9	−1.8
		距区级商服中心(m)	0.05	2.0	1.0	0	−0.8	−1.5
		距小区级商服中心(m)	0.02	0.8	0.4	0	−0.3	−0.6
基本设施	0.21	距小学(m)	0.05	2.0	1.0	0	−0.8	−1.5
		距中学(m)	0.04	1.6	0.8	0	−0.6	−1.2
		距医院(m)	0.06	2.4	1.2	0	−0.9	−1.8
		距农贸市场(m)	0.03	1.2	0.6	0	−0.5	−0.9
		距公园(m)	0.03	1.2	0.6	0	−0.5	−0.9
交通条件	0.35	临道路状况	0.08	3.2	1.6	0	−1.2	−2.4
		距公交站点(m)	0.10	4.0	2.0	0	−1.5	−3.0
		距火车站(m)	0.08	3.2	1.6	0	−1.2	−2.4
		距长途汽车站(m)	0.09	3.6	1.8	0	−1.4	−2.7

续表

因素	权重	因子	权重	优/%	较优/%	一般/%	较劣/%	劣/%
环境状况	0.20	人文环境	0.07	2.8	1.4	0	−1.1	−2.1
		环境污染	0.07	2.8	1.4	0	−1.1	−2.1
		绿地覆盖率	0.06	2.4	1.2	0	−0.9	−1.8
人口状况	0.11	人口密度	0.11	4.4	2.2	0	−1.7	−3.3
∑	1		1	40	20	0	−15.4	−30

特别提示

宗地基准地价区域影响因素条件指标说明表和区域影响因素修正系数表一般由市、县以上人民政府编制，在估价时可直接利用其成果。

(4) 依据基准地价区域影响因素指标说明表编制待估宗地地价影响因素说明、优劣程度及修正系数表。

应用案例 8-9

表 8-6 为待估宗地基准地价区域影响因素说明、优劣程度及修正系数表实例。

表 8-6 ××城区Ⅲ级居住用地基准地价区域影响因素说明、优劣程度及修正系数表

修正因素	因素说明	优劣程度	修正系数
距市级商服中心(m)	(2 000，3 000]	较优	1.2
距区级商服中心(m)	≤1 500	优	2.0
距小区级商服中心(m)	≤300	优	0.8
距小学(m)	(400，600]	一般	0.0
距中学(m)	(400，600]	一般	0.0
距医院(m)	(400，600]	一般	0.0
距农贸市场(m)	(200，400]	较优	0.6
距公园(m)	≤200	优	1.2
临道路状况	交通型主干道	较劣	-1.2
距公交站点(m)	≤200	优	4.0
距火车站(m)	(1 500，2 000]	一般	0.0
距长途汽车站(m)	(1 500，2 000]	一般	0.0
人文环境	人员素质较高，综合环境较好	较好	1.4
环境污染	轻度污染	一般	0.0
绿地覆盖率	[15%，25%)	一般	0.0
人口密度	人口密度较适中	较好	2.2
$\sum K$ (%)			12.2

(5) 确定个别因素调整系数。

个别因素调整(修正)包括待估宗地容积率修正、使用年期修正 、期日修正、用途修正、

开发程度修正等。个别因素调整系数的编制主要基于调查、数理统计和比较分析，通过对各因素不同条件下的地价水平进行统计，并进行规律性分析，确定个别因素不同条件下地价对应的修正系数。

① 容积率修正。

容积率修正是指待估宗地的容积率与基准地价编制时采用的容积率差异的修正，根据基准地价修正体系中相应级别同类用地的容积率修正系数表，可得到待估宗地容积率修正系数。

应用案例 8-10

已知××市商业用地容积率修正系数见表 8-7，若待估宗地为Ⅱ级商业用地，容积率为 1.6，则待估宗地容积率修正系数应为多少？

表 8-7 ××市Ⅱ级商业用地基准地价容积率修正系数表

容积率 级别	≤0.5	1.0	1.5	1.8	2	2.6	3	3.5	3.8	>4
Ⅰ级	0.836	0.876	0.938	0.958	1	1.062	1.104	1.164	1.206	1.226
Ⅱ级	0.834	0.896	0.958	0.98	1	1.084	1.126	1.134		
Ⅲ级	0.732	0.866	0.908	0.952	1	1.044				

【解】可由表 8-7 可查到××市Ⅱ级商业用地容积率为 1.5 时的容积率修正系数为 0.958，容积率为 1.8 时的容积率修正系数为 0.98，采用内插法计算：

$$容积率为 1.6 时的容积率修正系数=\frac{0.98-0.958}{1.8-1.5}\times(1.6-1.5)+0.958=0.965$$

表 8-8 ××市待估Ⅱ级商业用地容积率及修正系数表

宗地编号	宗地名称	容积率	容积率修正系数
—蒙—××市—划—3	××商业中心	1.6	0.965

(2) 使用年期修正。

使用年期修正是指待估宗地评估时剩余使用年期与基准地价使用年期差异的修正,使用年期修正系数为待估宗地剩余使用权年期与基准地价使用年期的比值，计算公式为

$$K_2=待估宗地剩余使用权年期/基准地价使用年期 \tag{8.13}$$

式中 K_2——使用年期修正系数。

应用案例 8-11

已知居住用地基准地价为 70 年期土地使用权价格，某待估居住用地截止评估期日止，已使用 4 年，则待估宗地使用年期修正系数应为多少？

【解】该待估宗地已使用 4 年，则尚存土地使用年限 66 年。

待估宗地使用年期修正系数=待估宗地剩余使用权年期/基准地价的使用年期=66/70=0.943

特别提示

基准地价的土地使用年期：商业用地40年，居住用地70年，工业用地50年。

③ 期日修正。

期日修正是指估价期日地价与基准地价基准日地价差异的修正,期日修正系数为估价期日与基准地价基准日的地价的比值，计算公式为

$$K_3 = \text{评估期日地价指数} / \text{基准日地价指数} \tag{8.14}$$

式中 K_3——期日修正系数。

应用案例 8-12

已知××市基准地价基准日为2007年1月1日，而评估基准日为2009年1月1日，根据当地的地价指数表(见表8-9)，确定待估宗地期日修正系数为多少？

表8-9 ××市基准地价期日修正指数表

2007.1.1	2007.5.1	2008.1.1	2009.1.1
100	105	120	150

【解】该待估宗地期日修正系数=150/100=1.50

④ 用途修正。

由于基准地价一般只包括商业用地、居住用地和工业用地的基准地价，当待估宗地的用途不属于商业用地、居住用地或工业用地时，在使用基准地价修正系数法时应进行用途修正。用途修正首先要确定待估宗地所在区域的土地利用类型，搜集同区域同用途的交易实例和与该区域的土地利用类型相一致的交易实例，将两实例的交易价格进行修正后的比值即为用途修正系数。

应用案例 8-13

某待估宗地为科研设计用地，经评估人员调查，该区域为土地利用类型主要是居住用地，搜集到同区域的科研设计用途实例和居住实例各一个，实例情况见表8-10。

表8-10 搜集实例情况表

实例	位置	面积(m^2)	容积率	交易日期	价格(元/m^2)
科技设计用途实例	××路	74 912.16	0.63	2007.3.31	2 020
居住实例	××路西侧	33 700	0.75	2005.11.30	1 680

该区域居住基准地价的容积率修正系数表8-11所示：

表8-11 基准地价容积率修正系数表

容积率	≤0.5	0.6	0.7	0.8
容积率修正系数	0.45	0.56	0.65	0.70

该市的地价期日修正指数表见表8-12。

表8-12 基准地价期日修正指数表

2006.1.1	2006.7.1	2007.1.1	2007.3.31
100	101	103	103

只考虑容积率和期日修正，试确定其用途修正系数。

【解】首先用内插法求出两个案例的容积率修正系数：

$$科技设计用途实例容积率修正系数=\frac{0.65-0.56}{0.7-0.6}\times(0.63-0.6)+0.56=0.587$$

$$居住实例容积率修正系数=\frac{0.70-0.65}{0.8-0.7}\times(0.75-0.7)+0.65=0.675$$

由于两个实例的交易时间不同，应把居住实例的价格进行期日修正，换算成与科技设计用途实例同一期日的价格，根据该市的地价期日修正指数表计算期日修正系数，

居住实例期日修正系数=103/100=1.03

在考虑容积率修正和期日修正时，用途修正系数即为两实例价格修正后的比值：

$$用途修正系数=\frac{2\,020\times0.587}{1\,680\times0.675\times1.03}=1.015$$

⑤ 开发程度修正。

开发程度为宗地的通路、供水、供电、供热、供气、通讯、排水和场地平整，如待估宗地与基准地价设定开发程度一致，则不需要进行修正；如不一致，则需要进行开发程度的修正。待估宗地与基准地价设定的开发程度比较，未开发项目的单位面积开发费用为开发程度修正幅度。

应用案例 8-14

××市某待估宗地为居住用地，尚未实现供热，该市基准地价开发程度修正指标见表8-13。开发修正幅度为多少？

表8-13 ××市居住用地基准地价开发程度指标表

开发程度	通路	供水	供电	供热	供气	通讯	排水	场地平整
开发费用(元/m²)	2～3	2～3	2～5	2～3	2～3	2～3	2～3	3～5

【解】由于该待估宗地未供热，查表可知供热的开发费用为2～3元/m^2，可取2.5元/m^2

则该待估宗地的开发程度修正幅度为2.5元/m^2。

(6) 评估宗地地价。

在完成基准地价的区域影响因素修正系数和个别因素调整系数的计算之后，可通过基准地价测算待估宗地的价格，计算公式如下：

$$V=V_j\times(1+\sum K)\times K_1\times K_2\times K_3\times K_4-K_5 \tag{8.15}$$

式中 V——待估宗地单价；

V_j——基准地价；

$\sum K$——总修正系数，即各区域因素调整系数之和；

K_1——容积率修正系数；

K_2——使用年期修正系数；

K_3——期日修正系数；

K_4——用途修正系数；

K_5——开发程度修正幅度。

应用案例 8-15

某待估宗地为Ⅲ级居住用地，该市Ⅲ级居住用地的基准地价为 1 980 元/m^2，各因素修正见表 8-14。

表 8-14 基准地价影响因素修正一览表

区域因素调整系数之和($\sum K$)	容积率修正系数(K_1)	使用年期修正系数(K_2)	期日修正系数(K_3)	用途修正系数(K_4)	开发程度修正幅度(K_5)
0.101	0.60	1.00	1.03	1.00	0

试用基准地价修正系数法对该宗土地估价。

【解】$V = V_j \times (1+\sum K)\times K_1 \times K_2 \times K_3 \times K_4 - K_5$

$=1980\times(1+0.101)\times0.60\times1.00\times1.03\times1.00-0=1\,347.23(元/m^2)$

因此，用基准地价修正系数法评估该宗土地的价格为 1 347.23 元/m^2

8.3.4 基准地价修正系数法对估价项目价格的测算

1. 待估宗地基准地价的区域影响因素调整(修正)

根据《××市城区土地定级估价报告》，其商业用地基准地价区域影响因素条件指标说明表和调整(修正)系数表见表 8-15、表 8-16。

表 8-15 ××市城区Ⅱ级商业用地基准地价区域影响因素条件指标说明表

因素	因子	优	较优	一般	较劣	劣
商服繁华度	距市级商服中心(m)	≤1 000	(1 000，1 200]	(1 200，2 000]	(2 000，2 500]	>2 500
	距区级商服中心(m)	≤500	(500，1 000]	(1 000，1 500]	(1 500，2 000]	>2 000
基本设施	距邮局(m)	≤100	(100，250]	(250，500]	(500，1 000]	>1 000
	距银行(m)	≤100	(100，250]	(250，500]	(500，1 000]	>1 000
	距农贸市场(m)	≤100	(100，250]	(250，500]	(500，1 000]	>1 000
交通条件	临道路状况	生活型主干道	混合型主干道	生活型次干道	混合型次干道	支路
	公交状况(条)	≥9	[7，9)	[5，7)	[3，5)	<3
	距长途汽车站(m)	≤200	(200，350]	(350，500]	(500，1 000]	>1 000
	距火车站	≤3 500	(3 500，3 800]	(3 800，4 000]	(4 000，4 500]	>4 500

续表

因素	因子	优	较优	一般	较劣	劣
环境状况	人文环境	人员素质高，综合环境较好	人员素质较高，综合环境较好	人员素质中等，综合环境一般	人员素质较低，综合环境较差	人员素质低，综合环境差
	环境污染	无污染	基本无污染	轻度污染	污染较严重	严重污染
	绿地覆盖率	≥30%	[25%，30%)	[15%，25%)	[10%，15%)	＜10%
人口状况	流动人口密度(人/km^2)	≥600	[500，600]	[350，500)	[150，350]	＜150
	常居人口密度(万人/km^2)	≥1.2	[1.1，1.2)	[1，1.1)	[0.9，1)	＜0.9

表 8-16　××市城区Ⅱ级商业用地基准地价区域影响因素调整(修正)系数表

因素	权重	因子	权重	优(%)	较优(%)	一般(%)	较劣(%)	劣(%)
商服繁华度	0.20	距市级商服中心(m)	0.11	4.40	2.20	0	−1.54	−3.08
		距区级商服中心(m)	0.09	3.60	1.80	0	−1.26	−2.52
基本设施	0.18	距邮局(m)	0.05	2.00	1.00	0	−0.70	−1.40
		距银行(m)	0.08	3.20	1.60	0	−1.12	−2.24
		距农贸市场(m)	0.05	2.00	1.00	0	−0.70	−1.40
交通条件	0.28	临道路状况	0.08	3.20	1.60	0	−1.12	−2.24
		公交状况(条)	0.08	3.20	1.60	0	−1.12	−2.24
		距长途汽车站(m)	0.07	2.80	1.40	0	−0.98	−1.96
		距火车站	0.05	2.00	1.00	0	−0.70	−1.40
环境状况	0.14	人文环境	0.04	1.60	0.80	0	−0.56	−1.12
		环境污染	0.05	2.00	1.00	0	−0.70	−1.40
		绿地覆盖率	0.05	2.00	1.00	0	−0.70	−1.40
人口状况	0.20	流动人口密度(人/km^2)	0.10	4.00	2.00	0	−1.40	−2.80
		常居人口密度(万人/km^2)	0.10	4.00	2.00	0	−1.40	−2.80
∑	1		1	40	20	0	−14	−28

根据待估宗地的区域影响因素情况的调查结果，通过上述两表查到与之对应的区域影响因素优劣程度和调整(修正)系数见表 8-17。

表 8-17　××城区Ⅱ级商业用地基准地价区位影响因素说明、优劣程度及调整(修正)系数表

修正因素	因素说明	优劣程度	修正系数(%)
距市级商服中心(m)	(1 000，1 200]	较优	2.2
距区级商服中心(m)	≤500	优	3.6
距邮局(m)	(250，500]	一般	0
距银行(m)	(100，250]	较优	1.6
距农贸市场(m)	(500，1 000]	较劣	-0.7
临道路状况	混合型主干道	较优	1.6
公交状况(条)	[7，9)	较优	1.6
距长途汽车站(m)	(350，500]	一般	0
距火车站	(3 800，4 000]	一般	0
人文环境	人员素质高，综合环境较好	优	1.6
环境污染	基本无污染	较优	1
绿地覆盖率	[15%，25%)	一般	0
流动人口密度(人/km^2)	[350，500)	一般	0
常居人口密度(万人/km^2)	[1，1.1)	一般	0
$\sum K$ (%)			12.5

则待估宗地的基准地价区域影响因素的修正系数之和$\sum K$=12.5%。

2. 待估宗地基准地价的个别影响因素调整(修正)

该宗土地为Ⅱ级商业用地，与该市的基准地价用途相一致；土地开发程度为达到宗地红线外通路、通电、通信、通上水、通下水、通燃气、通热力及宗地红线内土地平整，与基准地价设定的开发程度一致，所以不需要进行用途和土地开发程度修正，只需要计算容积率修正、使用年期修正和期日修正。

1) 容积率修正

该市Ⅱ级商业用地基准地价容积率修正系数见表 8-18。

表 8-18　××市城区Ⅱ级商业用地基准地价容积率修正系数表

级别＼容积率	≤0.5	1.0	1.5	2.0	2.5	3.0	3.5	>4.0
Ⅱ级	0.85	0.90	0.96	1.00	1.10	1.19	1.26	1.34

根据调查结果可知，该宗土地容积率为 1.2，采用内插法计算其容积率修正系数，具体计算如下：

$$\text{基准地价容积率修正系数 } K_1=\frac{0.96-0.90}{1.5-1.0}\times(1.2-1.0)+0.90=0.924$$

2) 使用年期修正

由于截止评估期日止，待估宗地块已使用 2 年，尚存土地使用年限 38 年。

使用年期修正系数 K_2=待估宗地剩余使用权年期/基准地价的使用年期=38/40=0.95

3) 期日修正

××市城区基准地价基准日为2008年1月1日，本次评估的基准日为2009年12月2日，该市基准地价期日修正指数表见表8-19。

表8-19 ××市城区Ⅱ级商业用地基准地价期日修正指数表

2008.1.1	2008.6.1	2009.1.1	2009.12.2
100	106	108	109

则期日修正系数计算如下：

期日修正系数 K_3=109/100=1.09

3. **评估宗地价格**

根据调查结果可知，待估宗地的基准地价为6 260元/m^2，不做用途修正和开发程度修正，即K_4=1，K_5=0。宗地地价计算如下：

$$V = V_j \times (1+\sum K)\times K_1 \times K_2 \times K_3 \times K_4 - K_5$$
$$= 6\,260\times(1+12.5\%)\times 0.924\times 0.95\times 1.09 = 6\,738.28(元/\mathrm{m}^2)$$

待估宗地总价=6 738.28×345=232.47(万元)

8.3.5 估价结果的确定与复核

根据上述分析与计算，检验参数选择、公式利用与计算过程，得出基准地价修正系数法测算结果是单价为6 738.28元/m^2，总价为232.47万元。

综合应用案例

一、估价对象概况：

位于××市××区××街××号，宗地为Ⅲ级商业用地，开发程度达到宗地红线外通路、通电、通信、通上水、通下水、通燃气、通热力及宗地红线内土地平整(以下简称“七通一平”)，剩余使用年限为40年，容积率为1.65。

二、估价目的：为××在建工程分摊的土地使用权进行价格评估。

三、估价时点：2010年5月1日

四、估价作业期：2010年5月5日—2010年5月15日

五、估价技术路线：调查待估宗地区域影响因素、容积率、已使用期限、土地开发程度等，搜集土地基准地价、基准地价区域影响因素条件指标说明表、基准地价区域影响因素修正系数表、基准地价容积率修正系数表、基准地价期日修正指数表等相关资料，采用基准地价修正系数法，计算区域影响因素修正、个别影响因素修正，根据基准地价进行修正后估算宗地价格。

六、已知条件：

待估宗地为一面临街矩形土地，长57m，临街深度27 m，宗地基准地价为3 200元/ m^2，该市的基准地价基准日为2009年1月1日，待估宗地容积率为1.65，土地开发程度与基准地价设定的开发程度一致，均为“七通一平”。基准地价区域影响因素条件指标说明表、基准地价区域影响因素修正系数表、基准地价容积率修正系数表、基准地价期日修正指数表、待估宗地基准价格区域影响因素说明表，见表8-20～表8-24。

表 8-20 ××市城区Ⅲ级商业用地基准地价区域影响因素条件指标说明表

因素	因子	优	较优	一般	较劣	劣
繁华程度	距市级商服中心(m)	≤100	(100，300]	(300，500]	(500，800]	>800
	距区级商服中心(m)	≤100	(100，300]	(300，500]	(500，800]	>800
交通条件	临道路类型	生活型主干道	混合型主干道	生活型次干道	混合型次干道	支路
	公交状况(条)	≥9	[7，9)	[5，7)	[3，5)	<3
	距长途汽车站(m)	≤200	(200，350]	(350，500]	(500，1 000]	>1 000
	距客运码头(m)	≤3500	(3 500，3 800]	(3 800，4 000]	(4 000，4 500]	>4 500
基本设施	距邮局(m)	≤100	(100，250]	(250，500]	(500，1 000]	>1 000
	距银行(m)	≤100	(100，250]	(250，500]	(500，1 000]	>1 000
	距农贸市场(m)	≤100	(100，250]	(250，500]	(500，1 000]	>1 000
人口状况	流动人口密度(人/km^2)	≥500	[350，500)	[200，350)	[100，200)	<100
	常居人口密度(万人/km^2)	≥1.0	[0.8，1.0)	[0.6，0.8)	[0.4，0.6)	<0.4

表 8-21 ××市城区Ⅲ级商业用地基准地价区域影响因素修正系数表

因素	因子	优(%)	较优(%)	一般	较劣(%)	劣(%)
繁华程度	距市级商服中心(m)	5.21	2.61	0	−2.61	−5.21
	距区级商服中心(m)	4.78	2.39	0	−2.39	−4.78
交通条件	临道路类型	5.60	2.85	0	−2.85	−5.60
	公交状况(条)	5.45	2.73	0	−2.73	−5.45
	距长途汽车站(m)	4.31	2.16	0	−2.16	−4.31
	距客运码头(m)	3.94	1.98	0	−1.98	−3.94
基本设施	距邮局(m)	3.97	1.99	0	−1.99	−3.97
	距银行(m)	4.27	2.14	0	−2.14	−4.27
	距农贸市场(m)	4.26	2.13	0	−2.13	−4.26
人口状况	流动人口密度(人/km^2)	2.01	1.00	0	−1.00	−2.01
	常居人口密度(万人/km^2)	2.23	1.12	0	−1.12	−2.23

表 8-22 ××市城区Ⅲ级商业用地基准地价容积率修正系数表

容积率 / 级别	≤0.5	1.0	1.5	2.0	2.5	3.0	3.5	>4.0
Ⅱ级	0.50	0.79	1.0	1.25	1.48	1.69	1.96	2.27

表 8-23 ××市城区Ⅲ级商业用地基准地价期日修正指数表

2009.1.1	2009.3.1	2009.10.1	2009.12.1	2010.3.1	2010.5.1
100	105	110	113	120	125

表 8-24　待估宗地基准价格区域影响因素说明表

因素	因　子	估价对象宗地条件
繁华程度	距市级商服中心(m)	≤100
	距区级商服中心(m)	(500，800)
交通条件	临道路类型	生活型主干道
	公交状况(条)	≥9
	距长途汽车站(m)	(350，500)
	距客运码头(m)	(3 800，4 000)
基本设施	距邮局(m)	≤100
	距银行(m)	≤100
	距农贸市场(m)	(100，250)
人口状况	流动人口密度(人/km^2)	≥500
	常居人口密度(万人/km^2)	≥1.0

七、估价过程

基准地价修正系数法测算。

1. 待估宗地基准地价的区域影响因素修正

首先编制待估宗地基准地价区域影响因素说明、优劣程度及修正系数表，见表 8-25。

表 8-25　待估宗地基准价格区域影响因素说明、优劣程度及修正系数表

因素	因　子	估价对象宗地条件	优劣程度	修正系数(%)
繁华程度	距市级商服中心(m)	≤100	优	5.21
	距区级商服中心(m)	(500，800]	较劣	-2.39
交通条件	临道路类型	生活型主干道	优	5.60
	公交状况(条)	≥9	优	5.45
	距长途汽车站(m)	(350，500]	一般	0
	距客运码头(m)	(3 800，4 000]	一般	0
基本设施	距邮局(m)	≤100	优	3.97
	距银行(m)	≤100	优	4.27
	距农贸市场(m)	(100，250]	较优	2.13
人口状况	流动人口密度(人/km^2)	≥500	优	2.01
	常居人口密度(万人/km^2)	≥1.0	优	2.23
$\sum$				28.48

则待估宗地的基准地价区域影响因素的修正系数之和 ΣK=28.48%。

2. 待估宗地基准地价的个别影响因素修正

待估宗地的剩余使用年限为 40 年，与基准地价的使用年期相同；该宗土地为Ⅱ级商业用地，与该市的基准地价用途相一致；土地开发程度为达到宗地红线外通路、通电、通信、通上水、通下水、通燃气、通热力及宗地红线内土地平整，与基准地价设定的开发程度一致，所以不需要进行使用年期、用途和土地开发程度修正，只需要计算容积率修正和期日修正。

1) 容积率修正

根据基准地价的容积率修正表，采用内插法计算容积率修正系数：

容积率修正系数 $K_1 = \frac{1.25-1.0}{2.0-1.5} \times (1.65-1.5) + 1.0 = 1.075$

2) 期日修正

该市基准地价基准日为2009年1月1日，本次评估的基准日为2010年5月1日，根据市城区Ⅲ级商业用地基准地价期日修正指数表计算期日修正系数：

期日修正系数 K_3=125/100=1.25

3) 评估宗地价格

根据已知条件，待估宗地的基准地价为3 200元/m^2，宗地地价计算如下：

$V = V_j \times (1+\sum K) \times K_1 \times K_2 \times K_3 \times K_4 \times K_5$

=3 200 × (1+28.48%) × 1.075 × 1.25=5 524.64(元/m^2)

待估宗地总价=5 524.64 × 57 × 27=850.24(万元)

单元小结

本单元介绍了土地估价的技术路线和主要方法。影响土地价格的因素主要有一般因素、区域因素和个别因素。土地估价的主要方法包括路线价法和基准地价修正系数法。路线价法适用于城镇街道两侧土地，主要用于商业繁华区域土地价格的评估，能快速评估多宗土地的价格，此方法需要较多的交易实例，且土地市场要规范。基准地价修正系数法适用于完成基准地价评估城镇中的土地估价，是在短时间内大批量进行宗地评估的有效手段，可快速方便地评估多宗土地的价格。

习　题

一、单项选择题

1. 路线价法实质上是一种(　　)。

A. 长期趋势法　B. 成本法　C. 市场法　D. 收益法

2. 路线价法主要适用于(　　)的估价。

A. 城镇街道两侧用地　B. 城镇街道用地

C. 城镇商业街道用地　D. 城镇街道两侧商业用地

3. 城镇街道两侧的商业用地，即使形状相同，面积相等、位置相邻，但由于(　　)不同，价值会有所不同，而且差异可能很大。

A. 区位　B. 临街状况　C. 地势　D. 周围环境

4. 城市基准地价是以一个城市为对象，在该城市一定区域范围内，根据用途相似、地块相连、地价相近的原则划分地价区段，调查评估出的各地价区段在某一时点的(　　)。

A. 价格　B. 平均价格　C. 正常价格　D. 市场价格

5. 基准地价修正系数法是利用基准地价和基准地价修正系数表等评估成果，按照(　　)，对基准地价进行修正进而求取待估宗地价格的方法。

A. 市场原则　B. 公平原则　C. 替代原则　D. 公正原则

6. 一临街深度 22.86m(即 75 英尺)，临街宽度 30m 的矩形土地，其所在区段的路线价(土地单价)为 5 500 元/ m^2，临街深度 75 英尺的单独、累计和平均深度价格修正率分别为 20%、90%和 120%，该宗土地的总价为(　　)万元。

A. 452.63　　B. 75.44　　C. 339.47　　D. 377.19

7. 一前后临街、总深度为 50 m 的矩形土地，其前街路线价为 5 000 元/ m^2，后街路线价为 3 800 元/m^2。则其前街影响深度为(　　)。

A. 22m　　B. 28m　　C. 38m　　D. 50m

8. 一矩形街角地，其正街路线价为 5 000 元/ m^2，旁街路线价为 4 200 元/ m^2。临正街深度为 15.2 m(即 50 英尺)，临旁街深度为 22.86 m(即 75 英尺)。临街深度 50 英尺和 75 英尺的深度价格修正率分别为 140%和 120%，另设旁街影响加价率为 20%，该宗土地的总价为(　　)万元。

A. 280.00　　B. 224.36　　C. 278.26　　D. 243.17

二、多项选择题

1. 运用路线价法估价的前提条件是(　　)。

A. 调查评估路线价　　B. 街道较规整
C. 划分路线价区段　　D. 设定标准深度
E. 两侧临街土地的排列较整齐

2. 运用路线价法估价一般按下列步骤进行(　　)。

A. 划分路线价区段
B. 设定标准临街深度，选取标准临街宗地
C. 调查评估路线价，制作价格修正率
D. 计算临街土地的价值
E. 检验计算误差

3. 标准临街宗地是路线价区段内具有代表性的土地，选取标准临街宗地的具体要求包括有(　　)。

A. 一面临街，土地形状为矩形
B. 临街宽度与临街深度比例适当
C. 土地面积中等
D. 用途为所在路线价区段具有代表性的用途
E. 容积率为所在路线价区段具有代表性的容积率

4. 城市基准地价是以一个城市为对象，在该城市一定区域范围内根据(　　)的原则划分地价区段，调查评估出的各地价区段在某一时点的平均价格。

A. 地形相同　　B. 用途相似　　C. 地块相连　　D. 地价相近
E. 权益相同

5. 城市基准地价评估中通常将土地划分为下列地价区段(　　)。

A. 商业路线价区段　　B. 住宅片区段
C. 科教文化片区段　　D. 工业片区段
E. 办公片区段

6. 影响土地价格的一般因素主要包括(　　)。
   A. 行政因素　　B. 人口因素　　C. 经济因素
   D. 社会因素　　E. 位置因素

三、简答题

1. 土地价格评估的常用方法有哪些？
2. 什么是路线价和路线价法？
3. 运用路线价法进行地价评估的要求有哪些？
4. 什么是基准地价？
5. 基准地价评估的基本步骤有哪些？

四、案例分析

某块临街深度 30.48m(即 100 英尺)、临街宽度 20m 的矩形土地，总价为 121.92 万元。试根据四三二一法则，计算其相邻的临街深度 15.24m(即 50 英尺)、临街宽度 20m 的矩形土地的总价。如果相邻临街土地的临街深度为 45.72m(即 150 英尺)，其他条件不变，则该相邻临街土地的总价为多少？

综合实训

一、实训内容

××房地产开发有限公司拟向××银行××支行申请办理土地使用权及在建工程抵押贷款，特委托××不动产评估有限公司对其所属的位于××市××区××街××号的××在建工程及其分摊的土地使用权进行价格评估，为其办理抵押贷款提供价格参考。估价时点是 2009 年 12 月 31 日，基准地价的基准日为 2008 年 1 月 1 日。土地设定用途为居住用地，土地开发程度达到宗地红线外通路、通电、通信、通上水、通下水、通燃气、通热力及宗地红线内土地平整，与基准地价设定的开发程度一致，该市Ⅰ级居住用地的基准地价为 1 875 元/m^2，土地剩余使用年限为 70 年，容积率为 1.73，有关资料见表 8-26～表 8-30。

表 8-26　××市Ⅰ级居住用地基准地价区域影响因素修正系数指标说明表

因素	因子	优	较优	一般	较劣	劣
繁华程度	距市级商服中心(m)	＜500	(500，700]	(700，1 000]	(1 000，1 200]	>1 200
	距区级商服中心(m)	＜250	(250，350]	(350，550]	(550，850]	>850
	距小区级商服中心(m)	＜200	(200，400]	(400，600]	(600，800]	>800
	距街区级商服中心(m)	＜500	(500，600]	(600，700]	(700，800]	>800
交通条件	道路通达度	路网稠密，临近生活型主干道	路网稠密，临近综合型主干道	路网稠密，临近生活型次干道	路网稠密，临近综合型次干道	路网稠密，临近支路
	公交状况(条)	>5	5	4	3	<3
	距长途汽车站(m)	≤3 000	(3 000，5 000]	(5 000，7 000]	(7 000，9 000]	>9 000
	距火车站(m)	≤3 000	(3 000，5 000]	(5 000，7 000]	(7 000，9 000]	>9 000

续表

因素	因子	优	较优	一般	较劣	劣
基本设施	公用设施完善程度	设施完备，等级高	设施完备，等级较高	设施完备，等级一般	设施完备，等级较低	设施完备，等级低
	距文教医疗设施程度	500 米范围内有 5 个以上一定规模设施	500 米范围内有 5 个一定规模设施	500 米范围内有 4 个一定规模设施	500 米范围内有 3 个一定规模设施	500 米范围内有 2 个一定规模设施
	距农贸市场(m)	＜50	(50，100]	(100，200]	(200，300]	>300
环境状况	人文环境	人员素质高，综合环境较好	人员素质较高，综合环境较好	人员素质中等，综合环境一般	人员素质较低，综合环境较差	人员素质低，综合环境差
	环境污染	无污染	基本无污染	轻度污染	污染较严重	严重污染
	绿地覆盖率	≥30%	[25%，30%)	[15%，25%)	[10%，15%)	＜10%
人口状况	人口密度	人口密度适中	人口密度较适中	人口密度一般	人口密度较小或较大	人口密度过小或过大

表 8-27　××市Ⅰ级居住用地基准地价区域影响因素修正系数表

因素	因子	权重	优/%	较优/%	一般/%	较劣/%	劣/%
繁华程度	距市级商服中心(m)	0.02	0.4	0.2	0	−0.3	−0.6
	距区级商服中心(m)	0.05	1.1	0.5	0	−0.8	−1.5
	距小区级商服中心(m)	0.04	0.8	0.4	0	−0.6	−1.2
	距街区级商服中心(m)	0.02	0.4	0.2	0	−0.3	−0.6
交通条件	道路通达度	0.11	2.3	1.2	0	−1.7	−3.3
	公交状况(条)	0.13	2.7	1.4	0	−2.0	−3.9
	距长途汽车站(m)	0.09	1.9	0.9	0	−1.4	−2.7
	距火车站(m)	0.05	1.1	0.5	0	−0.8	−1.5
基本设施	公用设施完善程度	0.08	1.7	0.8	0	−1.2	−2.4
	距文教医疗设施程度	0.03	0.6	0.3	0	−0.5	−0.9
	距农贸市场(m)	0.04	0.8	0.4	0	−0.6	−1.2
环境状况	人文环境	0.14	2.9	1.5	0	−2.1	−4.2
	环境污染	0.12	2.5	1.3	0	−1.8	−3.6
	绿地覆盖率	0.06	1.3	0.6	0	−0.9	−1.8
人口状况	人口密度	0.02	0.4	0.2	0	−0.3	−0.6

表 8-28　待估宗地基准地价区域影响因素的条件表

因素	因　子	估价对象宗地条件
繁华程度	距市级商服中心(m)	>1 200
	距区级商服中心(m)	>850
	距小区级商服中心(m)	>800
	距街区级商服中心(m)	>800

续表

因素	因　子	估价对象宗地条件
交通条件	道路通达度	路网稠密，临近生活型主干道
	公交状况(条)	<3
	距长途汽车站(m)	3 000m
	距火车站(m)	3 000m
基本设施	公用设施完善程度	设施完备，等级高
	距文教医疗设施程度	500 米范围内有 5 个一定规模设施
	距农贸市场(m)	(50，100]
环境状况	人文环境	人员素质中等，综合环境一般
	环境污染	轻度污染
	绿地覆盖率	[25%，30%)
人口状况	人口密度	人口密度较大

表 8-29　××市Ⅰ级居住用地基准地价容积率修正系数表

容积率 级别	≤0.5	1.0	1.2	1.5	1.8	2.2	3.0	4.0	≥5.0
Ⅰ级	0.50	0.86	1.0	1.28	1.55	1.76	2.21	2.77	3.27

表 8-30　××市城区Ⅰ级居住用地基准地价期日修正指数表

2008.1.1	2008.7.1	2009.1.1	2009.7.1	2009.12.31
100	120	130	160	180

二、实训要求

根据基准地价修正系数法，计算基准地价的区域影响因素调整系数和个别影响因素调整系数，求取待估宗地的价格。

模块 3

房地产估价案例分析

单元 9

各种目的的房地产估价

学习目标

本单元主要介绍各种常见的不同目的的房地产估价，针对不同目的下的估价分析案例，熟悉估价技术路线，掌握该类型估价报告的写作方法。

学习要求

能力目标	知识要点	权　　重
掌握房地产抵押价值评估的方法； 了解房地产抵押估价的法律规定	房地产抵押价值评估	25%
熟悉房地产转让价格评估的特点； 掌握房地产转让价格评估的方法	房地产转让价格评估	15%
掌握城市房屋拆迁估价的方法； 熟悉城市房屋拆迁估价的标准和程序； 了解城市房屋拆迁估价的特殊说明	城市房屋拆迁估价	35%
熟悉房屋租赁价格评估的特点； 了解房屋租赁价格管理的法律规定	房屋租赁价格评估	25%

引例

某拟拆迁房屋已经取得《房屋拆迁许可证》，证号为：××规拆迁许字(2010)第××号。拆迁总建筑面积3 025m^2，使用性质为住宅，占地面积2 410 m^2。该房屋建成于20世纪80年代，外观保持完好，墙体有少量细微裂纹，基础保持完好，预制屋板，平屋顶，电线局部老化。房屋内部均经过装修，磨损程度不同、档次不同。估价人员在评估已列入拆迁范围的房地产价格时，一般估价目的都是为了确定被拆迁房屋货币补偿金额而评估其房地产市场价格。

在进行城市房屋拆迁估价时，评估价格为被拆迁房屋的房地产市场价格，不包含搬迁补助费、临时安置补助费和拆迁非住宅房屋造成停产、停业的补偿费，以及被拆迁房屋室内自行装修装饰的补偿金额。那么，城市房屋拆迁估价的内涵是什么？估价的标准与方法是怎样的？

课题9.1 房地产抵押价值评估

房地产抵押是指抵押人以其合法的房地产以不转移占有的方式向抵押权人提供债务履行担保的行为。房地产抵押的出现，目的是实现担保的首要功能，就是使债权人在债权债务关系以外，获得一种有利的救济手段，即在债务人不履行债务时，对债权人的一种救济。

房地产抵押价值是假设当抵押人不履行债务、抵押权人依法以提供担保的房地产折价或者拍卖、变卖该房地产时，该房地产所能实现的客观合理价格折算到设定抵押权时的价值。

根据《房地产抵押估价指导意见》，房地产抵押价值为抵押房地产在估价时点的市场价值，等于假定未设立法定优先受偿权利下的市场价值减去房地产估价师知悉的法定优先受偿款。法定优先受偿款是指假定在估价时点实现抵押权时，法律规定优先于本次抵押贷款受偿的款额，包括发包人拖欠承包人的建筑工程价款、已抵押担保的债权数额，以及其他法定优先受偿款。

房地产抵押估价是指为确定房地产抵押贷款额度提供价值参考依据，对房地产抵押价值进行分析、估算和判定的活动。

特别提示

由于抵押价值这种预期价值评估难以准确把握，实际评估的抵押价值是房地产设定抵押权时的价值。

9.1.1 房地产抵押价值评估的法律规定

房地产抵押估价应依据《中华人民共和国城市房地产管理法》、《中华人民共和国担保法》、《中华人民共和国物权法》及最高人民法院的司法解释、《城市房地产抵押管理办法》、《房地产估价规范》、《商业银行房地产贷款风险管理指引》、《关于规范与银行信贷业务相关的房地产抵押估价管理有关问题的通知》、《房地产抵押估价指导意见》等进行。现将有关法规中规定的可以设定抵押的房地产、不得设定抵押的房地产、其他限制条件及与估价有关的内容主要归纳如下。

1. 可以抵押的房地产范围

《担保法》规定的可抵押的房地产的范围如下。

(1) 抵押人所有的房屋和其他地上定着物。

(2) 抵押人依法有权处分的国有土地使用权、房屋和其他地上定着物。

(3) 抵押人依法承包并经发包方同意抵押的荒山、荒沟、荒丘、荒滩等荒地的土地使用权。

根据抵押制度的要求，作为抵押物的房地产必须是能够转让的房地产，只有这样才能实现转让的目的，而且，对抵押物条件的规定体现了抵押物的法定主义。如果所抵押的房地产是法律规定不能转让的，即使设定抵押权的其他条件已经具备，这种抵押也是无效的民事行为，没有法律拘束力。根据以上原则，可抵押的房地产必须具备以下几个条件。

(1) 房地产抵押人对所抵押的房地产必须具有处分权。

(2) 抵押房地产必须是法律允许转让的。法律禁止转让的，如土地、国防设施等不得抵押，这类财产不能依民法方法转让所有权，所以不能作为抵押权的标的。

(3) 抵押房地产价值应与所担保的债权金额一致，抵押人所担保的债权不得超出其抵押物的价值。

(4) 用作抵押物的财产原则上应便于管理和实施。《城市房地产管理法》规定，国有土地使用权可以抵押；集体所有土地使用权的抵押，从保护农村土地资源和集体经济的角度出发，农村和城市郊区的耕地、宅基地、自留地、自留山以及无定着物集体所有的土地使用权，不得抵押。另外，以集体所有的土地上的不动产抵押的，在实现抵押权时，不得改变土地的用途。从金融机构角度出发，抵押物是否符合法律规定由房地产行政管理机构、土地行政管理机构进行最后的防范，估价机构与金融机构应对房地产价值的估价过程、方法、估价原则、估价范围、估算价值的最后确定等关键问题严格审核，并对抵押物房地产的土地性质进行确认，以确定抵押权实现时的受偿风险。例如，对于集体所有的土地上的房地产进行估价的估价机构不得采用最高最佳使用原则进行估价，而只能按现在用途进行估价。

对于房地产的一部分是否可以作为抵押物，应以其是否为物的本质上的不可分割部分进行判断。如果为物的构成部分，而法律又要求共同处分的，不得就物的一部分设定独立的抵押权。

2. 不得设定抵押的房地产

担保法关于房地产抵押方面的违法行为做出相应的规定，以下列房地产抵押的，为违反法律，抵押合同无效。

(1) 土地所有权。

(2) 耕地、宅基地、自留地、自留山等集体所有的土地使用权，但法律规定允许抵押的除外。

(3) 学校、幼儿园、医院等以公益为目的的事业单位、社会团体的教育设施、医疗卫生设施和其他社会公益设施，但是如果财产所有权属于学校、幼儿园、医院的非教育设施或者非医疗设施，例如，幼儿园的小卖部、学校办的商店、医院办的农副产品基地，是可以抵押的。

(4) 所有权、使用权不明或者有争议的房地产，主要分两种情况。第一种是继承发生后，遗产尚未分割的房地产，此时财产到底归谁所有尚未清晰。第二种情况是有争议的财产，民事主体就财产的归属问题尚未达成一致，有关的司法机关或仲裁机关正在进行司法裁决或仲裁进行期间，而未有终局的处理决定，此时财产所有权人或使用人尚未清楚，故此类有争议的房地产不能用作抵押。

(5) 被依法查封、扣押的或者采取强制措施的房地产。

(6) 有关法律、法规禁止抵押的房地产。

3. 其他限制条件

(1) 在建项目应取得国有土地使用证、建设用地规划许可证、建设工程规划许可证、建设工程施工许可证。

(2) 开发商已合法出售的房地产不得与未出售的房地产一起抵押。

(3) 预购商品房贷款抵押的，商品房开发项目必须符合房地产转让条件并取得商品房预售许可证。

(4) 以共有的房地产抵押的，抵押人应当事先征得其他共有人的书面同意。

(5) 以已出租的房地产抵押的，抵押人应当将租赁情况告知抵押权人，并将抵押情况告知承租人，原租赁合同继续有效。

(6) 发包人拖欠承包人的建筑工程价款，已抵押担保的债权数额，以及其他法定优先受偿款，均为法律规定优先于该次抵押贷款受偿的款额。

(7) 房地产抵押，应当凭土地使用权证书、房屋所有权证书办理。

(8) 当事人未办理抵押物登记的，不得对抗第三人。

(9) 以法律、法规禁止流通的财产或者不可转让的财产设定担保，担保合同无效。

4. 与房地产抵押价值评估有关的规定

房地产抵押价值为抵押房地产在估价时点的市场价值，等于假定未设立法定优先受偿权利下的市场价值减去房地产估价师知悉的法定优先受偿款。

(1) 依法不得抵押的房地产，没有抵押价值。

(2) 首次抵押的房地产，该房地产的价值为抵押价值。

(3) 再次抵押的房地产，该房地产的价值扣除已担保债权后的余额部分为抵押价值。

(4) 以划拨方式取得的土地使用权连同地上建筑物抵押的，评估其抵押价值时应扣除预计应缴纳的土地使用权出让金的款额。

(5) 以具有土地使用年限的房地产抵押的，评估其抵押价值时应考虑剩余年限对价值的影响。

(6) 以享受国家优惠政策购买的房地产抵押的，其抵押价值为房地产权利人可处分和收益的份额部分的价值。

(7) 以按份额共有的房地产抵押的，其抵押价值为抵押人所享有的份额部分的价值。

(8) 以共同共有的房地产抵押的，其抵押价值为该房地产的价值。

9.1.2 房地产抵押价值或价格的内涵

1. 抵押价值是一种预期价格

房地产预期价格大致有以下3种。

(1) 在预期市场上最有可能成交的价格。

(2) 在预期房地产金融市场上最有可能实现的净值。

(3) 在预期房地产金融市场上最能保障债权安全的价格。根据抵押贷款的特征，预期短为数月，长则数年。

2. 抵押价值是抵押期终止时的价格

抵押期包括约定履行期和违约履行期，如果债务人按期偿债，抵押期等于约定履行期；如果债务人不按期偿债，抵押期则大于约定履行期，大部分就是违约履行期。充分考虑抵押期的风险损失，是设定抵押和评估抵押价值的目的所在。

3. 抵押价值是能保障债权安全的价格

设定抵押基于"债务人期满不能履行债务"的情况可能发生。评估抵押价值的目的就是当这一情况发生后，能保障债权的安全。保障债权安全是指保障预期债权的完整安全，即抵押价值等于预期债权总和。

4. 抵押价值是一种特殊的成交价格

银行与顾客之间的金融活动属于平等的民事活动，抵押物价格与贷款价值应该按照等价交换的原则进行公平交易行为。如果抵押物价格大于或小于贷款价值，就违背了等价交换的市场法则，抵押与贷款的交易就不可能成功。因此，这个与贷款价值等价的抵押物价格就是抵押价值。

9.1.3 房地产抵押价值评估常用的估价方法

房地产作为抵押物有很多类型，不同类型的房地产抵押物具有不同的估价特点和估价技术路线，在进行估价时，一般尽量将成本法作为其中一种估价方法。

1. 市场法

市场法适用于市场条件较好，存在众多交易实例，并且这些交易实例中可供选择的可比实例也众多的情形。此种方法在房地产抵押价值评估中主要应用于求取房地产在正常市场交易时的价值，完全产权房地产可以以市场法作为一种方法进行估价。

特别提示

完全产权房地产是以出让方式获得土地使用权，即拥有一定期限的土地使用权和房屋产权，主要包括各类商品房、自建自营的饭店、招待所、培训中心、教育基地、高尔夫球场、工厂等。

2. 成本法

市场条件不完全成熟或情况特殊的房地产，可以选用成本法作为一种方法进行估价。特别是对于不完全产权的房地产，一般只拥有房屋所有权而不拥有出让土地使用权，土地是以行政划拨方式取得的，此时应先估算房产与地产(不含土地使用权出让金的价款)的价格，再进行综合。

应用案例 9-1

估价人员接到一宗银行委托的房地产抵押价值评估任务，编号为(2010)第 089 号评估项目。估价对象是一个专用厂房(非标准)，坐落在××市城市建成区内，土地总面积 2 500m^2，在 2003 年 7 月补办了土地使用权出让手续，建筑物建成于 1998 年 7 月底，建筑结构为钢筋混凝土结构。估价要求是评估该专用厂房 2010 年 7 月 30 日的抵押价值。请依据估价相关规定和已知条件，拟定该估价任务的估价技术路线。

【解答】该估价任务的估价技术路线可简述为：该评估任务为工业用途房地产抵押价值的评估。工业用途的房地产数量较多，但是依据使用性质不同也各具特点，估价对象为专用厂房(非标准)，则意味着市场交易实例较少；在项目前期准备过程中，搜集所需资料显示，建筑材料、工艺技术和工程造价的资料较易获得，故选用成本法为主要方法进行价值测算，测算过程为测算土地重新取得价格、测算建筑物重新购建价格、测算建筑物折旧、求取积算价格。此外，由于估价对象为工业用途，生产出的产品可以通过市场交易取得相应收益，故可选择收益法为其中一种方法进行测算(具体描述略)。

3. 收益法

对于有收益或有潜在收益的房地产抵押价值评估，可以选用收益法作为一种方法进行评估。部分(局部)房地产，一般包括整体房地产中某栋、某层、某单元或某套，综合房地产中某部分用途房地产等，如果可以独立使用、独立变现，具有收益，可以采用收益法进行估价。其他类型的房地产如果收益可预测，也可以采用收益法作为其中一种方法进行估价。

4. 假设开发法

抵押房地产具有开发或再开发潜力，则可以选择假设开发法作为一种方法进行估价。例如，在建工程房地产，因其还需进行后续开发建设，则可以根据实际施工进度和相应可实现的权益，采用假设开发法进行估价。

特别提示

在建工程抵押是指抵押人为取得在建工程继续建造资金的贷款，以其合法方式取得的土地使用权连同在建工程的投入资产，以不转移占有的方式抵押给贷款银行作为偿还贷款履行担保的行为。

9.1.4 房地产抵押价值评估中存在的问题

1. 忽视抵押物产权存在瑕疵而造成风险

以不合法或不适宜的房地产作为抵押物，会引起抵押权无法实现，使银行遭受经济损失，同时也会损害抵押人的信誉。实践中，影响房地产抵押价值的首要因素是产权风险，如果房地产权属不清或存在权属纠纷，或抵押人对拟抵押财产没有处分权，将会导致抵押物无法变现或变现价值远远低于抵押价值。

2. 忽视抵押房地产的变现能力评估

房地产抵押价值评估的目的之一是当债务人不能履行债务时，以处置抵押的房地产变现所得的价款优先受偿而保障债权的实现。很明显人们需要评估抵押物的变现能力，而在目前的评估中，许多估价师都不自觉地忽视企业抵押物变现能力评估。

变现能力是指假定在估价时点实现抵押权时，在没有过多损失的条件下，将抵押房地产转换为现金的可能性。变现能力分析应当包括抵押房地产的通用性、独立使用性或者可分割转让性等方面的分析，假定在估价时点拍卖或者变卖时抵押物最可能实现的价格与评估的市场价值的差异程度，变现的时间长短以及费用、税金的种类、数额和清偿顺序。

3. 忽视影响抵押物价值的制约因素

房地产抵押风险在相当程度上取决于抵押物被处分时所实现的价格。实践中，房地产评估师在评估抵押物价值时，往往对其价值体现的特征及相关方面分析不够全面，大量的制约因素未被充分考虑，例如，以未结清建设工程款的房产进行抵押；以带租约或是预售合同的房地产抵押。

特别提示

房地产抵押价值估价中，强调谨慎原则是因为抵押价值涉及贷款机构放贷数量，如果估价不准确，可能会给贷款机构造成很大损失。本书在估价原则中也格外强调了谨慎原则。

4. 房地产抵押估价中的“高估”和“低估”问题

房地产估价行业还是处于建立市场经济的初级阶段，也存在一些不容忽视的突出问题，例如，有的机构不是靠市场竞争，而是靠政府行政干预去垄断市场；有的机构实力不强，评估人员素质有待提高；有的机构在执业过程中不遵守房地产估价的技术规范和职业道德，迎合委托方不正当要求，搞虚假评估，不顾诚信准则，“高估”、“低估”，损害评估的真实性，侵害公共或部分人利益，这样，若实现债权时处置这种产权，金融机构就要受到经济损失。

知识链接

房地产抵押贷款的种类

房地产抵押贷款一般涉及两类：房地产开发贷款和个人住房贷款。

房地产经纪机构可以为房地产开发商办理房地产开发贷款服务，但更多情况是为普通消费者代办个人住房贷款(购房抵押贷款)手续。

购房抵押贷款的贷款金额上限一般为所购房价款的 70%，一般采用分期偿还的方式还款，贷款期限 5 年到 30 年不等。

目前，个人住房贷款主要有公积金贷款和商业贷款两种基本形式，以及由此派生出来的个人住房组合贷款，即公积金贷款与商业贷款的组合。

在一些公积金管理及运用较好的城市，公积金贷款是购房抵押贷款中运用较为普遍的贷款形式，而商业贷款，因其贷款利率比公积金贷款要高，对于一般收入家庭，常常作为公积金贷款的补充贷款形式。

课题 9.2 房地产转让价格评估

房地产转让是指房地产权利人通过买卖、赠与或者其他合法方式将其房地产转移给他人的行为。对房地产转让价值的评估是指在房地产进行买卖、交换、赠与行为中所表现出来价格的评估，并考虑市场因素和转让时的特殊因素对房地产价格的影响。

房地产转让价格评估的依据有《中华人民共和国城市房地产管理法》、《中华人民共和国土地管理法》、《城市房地产转让管理规定》，以及当地制定的实施细则和其他有关规定。

特别提示

以划拨方式取得土地使用权的，转让房地产时应符合国家法律、法规的规定，其转让价格评估应另外给出转让价格中所含的土地收益值，并应注意国家对土地收益的处理规定，同时在估价报告中予以说明。

9.2.1 房地产转让价格评估的特点

房地产转让主要涉及单纯土地的买卖、交换；土地及地上建筑物的整体买卖、交换；零星单套或多套商品房地产的买卖、交换、赠与等。房地产转让估价的特点主要如下。

(1) 从估价时点上看，房地产转让估价多数是在转让前进行的，估价时点则在估价作业日期之后；房地产转让估价的目的通常是了解转让时房地产在市场交易所表现出的一般价值，因此估价通常是在转让之前进行的，估价时点表现为未来的某一时点。

(2) 从估价相关当事人上讲，房地产转让估价可以委托社会上任何一家值得委托人信任的评估机构评估，委托人既可能是买方和卖方单独委托，也可能是买卖双方共同委托，这是一种自愿的行为。

(3) 从估价目的和价值性质上讲，房地产转让评估只是为了了解、掌握房地产交易行情而进行的评估，其目的只是在进行房地产交易时有一个参考价格，带有一种咨询性。可转让的房地产在交易成功时，所表现出的成交价格不一定是估价人员所评估出的价格。作为评估机构，对该宗房地产进行评估时，其评估结果可能是有一定变动幅度的价格区间，估价人员只对估价信息和结论合乎估价技术规范和职业规范负责，而对房地产转让定价决策不负直接责任。

知识链接

房地产转让价格评估中的价格及有关规定

税法规定，纳税人有下列情况之一的，需要对房地产进行评估，并以房地产的评估价格来确定转让房地产收入、扣除项目的金额。

(1) 出售旧房及建筑物的。新房是指建成后未使用的房产；凡是使用一定时间或达到一定磨损程度的房产均属旧房，使用时间和磨损程度的标准由各省、自治区、直辖市财政厅(局)和地方税务局具体规定。

根据税法规定，出售旧房及建筑物的，应按评估价格计算扣除项目的金额。

评估的基本方法是对于出售的旧房及建筑物，首先应确定该房屋及建筑物的重置成本价；然后再确定其新旧程度(即成新度折扣率)；最后，以重置成本价乘以其成新度折扣率，以确定转让该旧房及建筑物的扣除项目金额。采用这种方法的好处主要是可以消除出售旧房及建筑物按原成本价作为扣除项目金额所造成的不合理情况，减弱通货膨胀因素对房屋价值的影响，使旧房及建筑物的扣除项目金额与其实际价值和出售这类房屋的增值程度相适应。

由政府批准设立的房地产评估机构评定的重置成本价乘以成新度折扣率的价格，在房地产评估时通常被称为按旧有房地产重置成本法评估出的旧有房地产价格。计算公式为

旧有房地产的价格=旧有房地产重新建造的完全价值－建筑物折旧

使用上述公式计算、评估时应注意以下两点：①重新建造完全价值是指估价时点的重建(置)价格；②房屋的成新度折扣不同于会计核算中的折旧。房屋的成新度折扣是根据房屋在评估时的实际新旧程度，按专业机构规定的房屋新旧等级标准进行对照，并参考房屋的使用时间、使用程度和保养情况，综合确定房屋的新旧度比例，一般用几成新来表示。

(2) 隐瞒、虚报房地产成交价格的。隐瞒、虚报房地产成交价格的情况主要有两种：①指纳税人不报转让房地产的成交价格，即根本不申报；②指纳税人有意低报转让土地使用权、地上建筑物及其附着物价款的行为，即少申报。

对隐瞒、虚报房地产成交价格的，应由评估机构参照同类房地产的市场交易价格进行评估。这里所指的市场交易价格，是指在评估被转让的房地产时，选取多座与该被评估的房地产在地理位置、外观形状、面积大小、建筑材料、内在结构、性质功能、使用年限、转让时间等诸因素相同或相近的房地产，以这些房地产的交易价格作为参照物，进行价格的比较。并且，依照科学的评估方法对有关数据进行筛选，再分析各种与房地产交易相关的因素对价格的影响程度，对有关数据进行调整，最后确定一个比较适合该房地产的市场评估价格。通过这种市场比较法的评估确定一个较为公平的市场交易价格作为正常情况下的转让房地产价格。税务机关在征收土地增值税时，则根据上述评估价格确定转让房地产的收入。

采用市场比较法进行评估，首先要收集较多的交易实例，从中挑选出可供进行价格比较的类似房地产的实例，同时，还要对影响交易价格的各因素进行修正，最后才能确定出最接近于合理的价格。市场比较法可用下列公式来表示：

房地产评估价格=交易实例房地产价格×实物状况因素修正
×权益因素修正×区域因素修正×其他因素修正

(3) 提供扣除项目金额不实的。提供扣除项目金额不实是指纳税人在纳税申报时，不据实提供扣除项目金额，而是虚增被转让房地产扣除项目的内容或金额，使税务机关无法从纳税人方面了解计征土地增值税所需的正确的扣除项目金额，以达到通过虚增成本偷税的目的。

对于纳税人申报扣除项目金额不实的，应由评估机构对该房屋按照评估出的房屋重置成本价，乘以房屋的成新度折扣率，确定房产的扣除项目金额，并用该房产坐落土地取得时的基准地价或标定地价来确定土地的扣除项目金额，房产和土地的扣除项目金额之和即为该房地产的扣除项目金额。

(4) 转让房地产的成交价格低于房地产评估价格，又无正当理由的。转让房地产的成交价格低于房地产评估价格且无正当理由是指纳税人申报的转让房地产的成交价低于房地产评估机构通过市场比较法进行房地产评估时所确定的正常市场交易价，对此，纳税人又不能提供有效凭据或无正当理由进行解释的行为。对这种情况，应按评估的市场交易价确定其实际成交价，并以此作为转让房地产的收入计算征收土地增值税。

9.2.2 房地产转让估价的常用方法

由于房地产转让行为的普遍性，房地产转让价格评估宜采用市场比较法和收益法，可采用成本法，其中待开发房地产的转让价格评估应采用假设开发法。

1. 市场法

由于房地产转让交易实例比较多，因此市场法是房地产转让价格评估普遍采用的一种方法。对于单纯国有土地使用权转让价格估价时，应选择相似程度较高的交易实例作为可比实例，即表现在相同的土地规划用途、相同的土地供求范围或土地等级、相同的土地开发程度、相同或相似的土地规划条件、相近的土地交易日期，此外，市场交易实例还应该是正常交易情况下的交易行为。

2. 假设开发法

如果是单纯土地转让以及在建工程转让价格估价，应该选择假设开发法进行估价。在使用假设开发法之前，先要确定估价对象土地规划设计条件是否已经规划主管部门审批，即估价对象的具体规划设计方案已经明确，可以按照此规划设计方案进行后续开发建设。估价人员可以预测开发完成后的房地产价值，从房地产价值中减去建筑物部分或续建部分价值，得到土地或在建工程价格。

3. 成本法

当拟转让的房地产市场交易实例难以获取．但是估价对象土地使用权及地上建筑物价格各组成部分费用项目明确、建筑材料等市场资料较易获得时，适宜采用成本法对其进行估价。

4. 收益法

对于有收益或有明显潜在收益的房地产如商场、商铺、写字楼、酒店、出租公寓等，评估其转让价格时，如果收益资料比较容易获得，宜采用收益法进行估价。

5. 基准地价修正系数法

基准地价修正系数法主要是针对单纯土地转让估价或成本法估价时的土地估价。基准地价修正系数法的关键是确定城镇土地的基准地价，这就要求估价机构对不同时期、不同利用条件、不同级别、不同范围的均质地域的土地评估出较为准确的土地使用权的平均价格。

应用案例 9-2

××大厦裙楼 1～3 层房地产转让价值评估报告(技术报告)节选

1. 个别因素分析

1) 估价对象范围(略)

2) 估价对象权属状况(略)

3) 估价对象基本情况

(1) 平面布置。根据图纸资料与现场查看的结果，为充分利用地形条件和沿街状况，估价对象裙楼 1～3 层平面均为矩形布置，裙楼各层面积相同，东西宽约 54m，南北长约 100m。

裙楼原设计为整体经营的大型商场，层高 5.0m，大厅中间原设计有通往地下一层和地上二、三层的电梯。裙房西侧临××路，设置大型出入口和前厅，建筑后退道路红线 25m，可形成 100 个车位的室外停车区域，东侧与已建成建筑之间有 6m 宽的道路，与××北侧道路连接，可设置进入地下人防工程楼层的出入口。

(2) 外装修。南立面：首层开设大型出入口，两侧为弧形浅红色磨光花岗岩。门两侧与上部为黑色磨光花岗岩，其二、三层中间安装竖向黄色滤光玻璃窗，上部、两侧及窗间外墙面为黑色磨光花岗岩，其顶部墙面及檐头为浅红色磨光花岗岩。

西立面：为裙房正立面，大门前为四柱方形雨篷，大门两侧一层为干挂黑色磨光花岗岩和黄色滤光玻璃窗；正西立面二、三层安装竖向黄色滤光玻璃窗，窗顶部为圆弧形；其余部位外墙面均为石材。

北立面：为 B 座正立面，设大型出入口。其二、三层安装黄色滤光玻璃窗，其余一至三层外墙面做法同南立面。

东立面：首层多为磨光花岗岩饰面，开设出入便门、修筑台阶，花岗岩石材镶铺台阶面层，粘贴挡墙立面，外窗为带形窗。二至三层贴黄色釉面砖，为便于通风采光，外墙面安装悬窗和带形百叶窗与采光窗。

(3) 内装修。

首层：地面全部为理石，部分内墙面已干挂花岗岩饰面，饰面高度为 2.84m，踢脚为 190mm 黑色花岗岩。主梁净高 600mm，次梁 500mm，原预留吊顶高度为 1.3m。首层大厅承重圆柱共 24 根，均已做花岗岩饰面，干挂花岗岩高度 2.91m，周长 3m。承重方柱为 22 根，外包尺寸分别为 1 450mm × 1 450mm、1 450mm × 1 150mm 等。矩形柱 2 根，该柱尺寸为 600mm × 2 550mm。首层裙楼顶部原已安装吊顶轻钢龙骨，架设了通风管线和布线槽。经实地查看，已安装管线均有一定程度的锈蚀并已拆除较多；裙楼设楼梯多部，均为双跑梯，踏步已铺设理石板，未安装楼梯安全栏杆。楼梯间墙面已干挂大理石板。

二层：内墙面未作装饰，现浇钢筋混凝土楼板未做找平层，大厅圆柱 8 根，其表面已干挂理石，其余柱均未做装饰。二层主梁尺寸为 800mm × 300mm，二层楼梯间为干挂大理石，楼梯踏步铺大理石板，楼梯间墙面、顶棚刮大白。

三层：现浇钢筋混凝土楼板未做找平层，承重柱情况同二楼。圆形柱周长为 2 550mm，方柱尺寸为 1 110mm × 1 310mm；楼层顶部有少量吊顶龙骨；楼梯板踏步为大理石，楼梯间墙面、顶棚刮大白。

2. 区域因素分析

1) 区域特征

估价对象所处区域为规划建设中的城市中央商务区，为金融设施较集中的位置。根据城市规划，将由××路、××路、××街以及××街围合而成的矩形地带规划为金融商务区，以加强城市中心商务区的功能配套与辐射能力。××市中心商务区具有较高的积聚度与辐射力，商务区内集中全市 70%以上的大型商务设施，有三家五星级酒店，十几栋综合性商务办公楼，有海关大厦、检验检疫大厦、国际金融大厦、平安大厦等政府事务以及大型企业办公楼等。估价对象所在的规划中的金融商务区的建设刚刚启动两年，由于为城市旧区，受拆迁以及招商等因素的限制，目前建设进程尚处于起步阶段。

2) 道路通达状况

估价对象距城市主干道××路100m左右。距A广场1 000m，距B广场600m，距C广场800m。周围道路交通便捷。如A广场为城市中心交通枢纽，B广场、C广场均为城市东部重要的交通型广场，这里有30余条公交车线路以及便利的公交小客车、出租车等交通工具连接市内和附近地区，具有良好的便捷性与可及性。

3) 对外交通状况

估价对象距火车站2.5km，距港口1.0km，距国际机场33km，距长途客运站4km。交通出行极为便捷。

4) 基础设施条件

估价对象所在地点为城市建设成熟区，基础设施完善，配套状况已达“七通一平”，即供水、污水、雨水、供电、通信、燃气、热力、道路等状况良好。医院、中小学校、邮局等配套能够充分满足区域需要。

5) 商服配套设施

经实地查看，估价对象西侧为多层居民楼，底层分别为烧烤店、浴池和汽车美容等；南侧为交通运输集团有限公司离退休中心楼和数栋多层居民楼；东侧为居民楼；北侧为××小学与××大厦。该区域其他基本生活设施条件也比较完善。估价对象1km范围内的B广场、××路区域是××市东部商业区，特别是餐饮产业比较集中、发达，除了包括××酒店、××饭店、××美食城等大型餐饮物业外，还有大量的中小型特色餐饮、快餐店铺。区域内商服业种类齐全、功能完善。

3. 市场背景分析(略)

4. 最高最佳使用分析(略)

5. 估价技术路线

根据估价目的，本报告估价结果为估价对象在估价时点的公开市场价值。估价对象为尚不具备交付使用条件的商业、居住房地产，要想进入市场，除了要在法律程序上满足房地产销售条件外，还必须完成必要的后续建设工程。根据上述实际情况，估价中拟采用假设开发法对估价对象现状价值进行分析估算。其中在分析估价对象开发完成后价值时采用市场法进行。由于假设开发法在开发成本的计算方面与成本法估价相同，故本报告不采用成本法。本报告估价对象是按出售价格考虑，未按续建完成后出租经营分析，故本报告也不采用收益法进行估价。

由于估价对象为需改造项目，其剩余使用年限较短，类似的房地产交易实例较少，因此，在具体估价中只能选择正常开发项目的交易实例，并以此为参照对假设估价对象为正常开发项目开发完成后的价格进行估算。另外我们选择的可比实例均为已建成项目在二手房市场上的实际成交实例，而估价对象为尚未进入市场销售的期房，应对其价格进行交易日期修正。但是从2007年以来国家以及××市均加强了对房地产市场的宏观调控，房地产价格涨幅已经逐渐回落。同时估价对象改造完成后作为精装修高价位项目，该类项目的价格在未来2年的运营期内上涨的幅度不会很大，从谨慎的角度出发，我们在估价中不进行交易日期调整。

由于估价对象为整体房地产中的部分房地产，但部分改造必须以项目整体进行，理论上这些工程费用需要在整体建筑中进行分摊，但是根据前面估价的假设和限制条件的说明，本报告中对该部分费用全部计入估价对象的改造成本，这也是从估价对象功能能够充分利用的角度考虑的。

假设开发法定义：求取估价对象未来开发完成后的价值，减去未来的正常开发成本、税费和利润等，以此估算估价对象的客观合理价值的方法。

市场法定义：将估价对象房地产价格与在估价时点近期已发生了交易的类似房地产进行比较，对这些类似房地产的已知价格做适当修正，以此估算出估价对象的客观合理价值的一种估价方法。

6. 估价测算过程

1) 假设估价对象为正常项目开发完成后价值估算

(1) 可比实例选取与分析。

可比实例A：××街××号商业用房。建筑面积360.12m^2，已装修，3层，框架结构，交易价格为451万元，单价为12 516元/m^2，交易日期为2009年8月17日。

可比实例 B：××街××号商业用房。建筑面积 445.32 m^2，已装修，3 层，框架结构，交易价格为 560 万元，单价为 12 576 元/m^2，交易日期为 2009 年 7 月 21 日。

可比实例 C：××街××号商业用房。建筑面积 508.5 m^2，3 层，清水房，框架结构，交易价格为 612 万元，单价为 12 032 元/m^2，交易日期为 2009 年 5 月 17 日。

(2) 交易实例与估价对象比较分析。将可比实例与改造完成后的估价对象进行对比分析，对比内容及实例说明见表 9-1。

表 9-1　因素条件对比说明表

比较因素		估价对象	可比实例 A	可比实例 B	可比实例 C
交易日期			2009.8.17	2009.7.21	2009.5.17
交易情况		正常	正常	正常	正常
区域因素	商服繁华度	一般	一般	一般	一般
	交通便捷度	较好	较好	较好	一般
	道路通达度	较好	较好	较好	较好
	临街状态	一般	一般	稍好	较好
	土地级类别	一级二类	一级二类	一级二类	一级二类
区域因素	环境质量优劣度	一般	稍好	较好	一般
	绿地覆盖度	一般	一般	一般	一般
	基础设施完善度	完善	完善	完善	完善
	公用设施完备度	完善	完善	完善	完善
	距市商业中心距离		相同	相同	稍远
	规划限制	无	无	无	无
个别因素	建成时间		2007 年	2008 年	2007 年
	楼层	3	3	3	3
	朝向	西	北	东	东
	建筑结构	框架	框架	框架	框架
	平面布置	合理	合理	合理	合理
	室内装修	清水	好	好	清水
	功能完善性	一般	一般	一般	一般
	物业管理	一般	一般	一般	一般

(3) 比较因素修正、调整系数确定。根据表 9-1 估价对象与可比实例的比较分析，结合估价师掌握资料与估价经验，因素修正系数确定见表 9-2。

表 9-2　因素比较修正、调整系数表

比较因素		估价对象	可比实例 A	可比实例 B	可比实例 C
交易日期		100	100	100	100
交易情况		100	100	100	100
区域因素	商服繁华度	100	100	100	100
	交通便捷度	100	100	100	98
	道路通达度	100	100	100	100
	临街状态	100	100	102	103
	土地级类别	100	100	100	100

续表

比较因素		估价对象	可比实例 A	可比实例 B	可比实例 C
区域因素	环境质量优劣度	100	102	103	100
	绿地覆盖度	100	100	100	100
	基础设施完善度	100	100	100	100
	公用设施完备度	100	100	100	100
	距市商业中心距离	100	100	100	98
	规划限制	100	100	100	100
	综合得分	100	102	105	99
个别因素	建成时间	100	100	100	100
	楼层	100	100	100	100
	朝向	100	100	100	100
	建筑结构	100	100	100	100
	平面布置	100	100	100	100
	室内装修	100	108	110	100
	功能完善性	100	100	100	100
	物业管理	100	100	100	100
	综合得分	100	108	110	100

(4) 比准价格计算。根据表 9-2 确定的因素修正、调整系数，对比准价格计算见表 9-3。

表 9-3　比准价格计算表

调整因素	可比实例 A	可比实例 B	可比实例 C
交易单价(元/m²)	12 516	12 576	12 032
市场状况	100/100	100/100	100/100
交易情况	100/100	100/100	100/100
区域因素	100/102	100/105	100/99
个别因素	100/108	100/110	100/100
比准价格(元/m²)	11 362	10 888	12 154

根据上述分析，取以上 3 个可比实例简单算术平均值作为标准样本的市场价格为

$$(11\,362+10\,888+12\,154)\div 3=11\,468\text{ 元/m}^2$$

(5) 裙房总价格。已知裙楼建筑面积为 15 432.46m^2，则裙楼部分的总价为

$$11\,468\times 15\,432.46=17\,697.95\text{ 万元}$$

2) 估价对象改造续建成本分析测算

(1) 续建成本包括内容。为使估价对象续建完成后实现分析预测的价值和相应的功能与效用。经分析认为估价对象的续建的主要内容包括：①裙楼 1～3 层原有外墙装饰装修工程的拆除；②裙楼室内原装修的拆除；③裙楼室内原安装房屋设备管线的拆除；④裙楼外墙面的重新装修；⑤裙楼室内各层地面、墙面做初装修、砌筑必要的墙体进行适当分隔；⑥裙楼进行房屋设备安装并在各层做吊项等。

(2) 续建费用测算的假定

① 估价对象原装修工程内容全部拆除。

② 为保证估价对象续建完成后使用，地下一层应通过施工保证裙楼 A 座停车与房屋设备运行的需要。

③ 估价对象裙楼用途为商业。

(3) 裙楼 1～3 层续建工程主要内容与费用。

① 裙楼外墙面按以下条件考虑：配合房屋结构，在原窗洞口重新安装落地式固定外窗、双层中空玻璃塑钢窗，在原门口安装转门或平开门，首层其余墙面为干挂大理石；保留一层室内已铺大理石地面、柱面，对楼梯间墙面进行必要的修补，安装通往二楼的白钢栏杠；在大厅中部楼梯处，重新修筑楼梯或扶梯；首层未进行大理石装修，墙面按抹水泥砂浆刮大白考虑。

② 室外台阶、平台、挡墙等铺贴花岗岩或大理石。

③ 首层及二、三层大厅顶棚、工作间、卫生间等统一采用相应材质和规格材料全部做出吊项。

④ 二、三层室内墙、柱面仅做初装修。

⑤ 二、三层室内地面，为水泥砂浆找平层或细石混凝土找平层。

⑥ 各类房屋设备，如给水、排水、强弱电、消防、通信、空调、交通、安全监控等工程，因原安装管道已较多拆除或损坏，需重新安装，统一施工。

⑦ 为满足各层业态分布与安排，对裙楼各层进行必要的竖向分隔。

经分析，按当前建筑市场建材与设备价格情况和劳动力价格状况，裙楼部分平均每平方米的工程造价为 1 780 元。因此，裙房部分改造续建工程费用为

$$1\,780 元/m^2 \times 15\,432.46m^2=2\,746.98 万元$$

3) 其余各项成本及费用的测算(略)主要包括基础设施配套费、专业费用、管理费用、销售费用、销售税金等。测算结果为 1 564.32 万元

4) 买方应负担的税费

根据估价对象实际情况，买方取得该房地产的总费用(包括契税等)约占购买价格的 8%，因此，该项费用为 0.08V。

5) 待改造房地产总价值

$$V=17\,697.95-2\,746.98-1\,564.32-0.08V$$

$$V=12\,395.04 万元$$

$$单价=12\,395.04 \div 15\,432.46=8\,031.80 元/m^2$$

课题 9.3 城市房屋拆迁估价

城市房屋拆迁估价(简称“拆迁估价”)是指为确定被拆迁房屋货币补偿金额，根据被拆迁房屋的区位、用途、建筑面积等因素，对其房地产市场价格进行的评估。

城市房屋拆迁估价应依据《城市房地产管理法》、《城市房屋拆迁管理条例》及当地制定的实施细则和《城市房屋拆迁估价指导意见》进行。根据《城市房屋拆迁估价指导意见》第 3 条，房屋拆迁评估价格为被拆迁房屋的房地产市场价格，不包含搬迁补助费，临时安置补助费和拆迁非住宅房屋造成停产、停业的补偿费，以及被拆迁房屋室内自行装修装饰的补偿金额。搬迁补助费，临时安置补助费和拆迁非住宅房屋造成停产、停业的补偿费，按照省、自治区、直辖市人民政府规定的标准执行。被拆迁房屋室内自行装修装饰的补偿金额由拆迁人和被拆迁人协商确定；协商不成的，可以通过委托评估确定。

9.3.1 城市房屋拆迁估价的标准与程序

1. 城市房屋拆迁估价应遵循的标准

《城市房屋拆迁管理条例》规定："货币补偿的金额，根据被拆迁房屋的区位、用途、建筑面积等因素，以房地产市场评估价格确定。具体办法由省、自治区、直辖市人民政府制定。"

根据《城市房屋拆迁估价指导意见》第16条，拆迁估价一般应采用市场法。不具备采用市场发条件的，可以采用其他估价方法，并在估价报告中充分说明原因。拆迁估价应根据拆迁房屋的区位、用途、建筑面积等因素，以房地产市场评估价格确定拆迁补偿价格。因此，拆迁估价中首选的估价方法是市场法。

如果房地产市场发育不充分或房地产市场欠发达，或房地产市场比较发达但被拆迁对象的用途特殊，如学校、幼儿园、军事等公益用房，不具备采用市场法估价条件的，可采用其他方法进行评估。由于拆迁估价目的的特殊性，应尽量避免使用收益法、假设开发法，可采用成本法对估价对象的拆迁补偿价值进行评估。

特别提示

采用收益法、假设开发法评估出的价格含有对未来预期性质，也就是说是在进行充分市场分析和预测的基础上对被拆迁对象进行价格评定，这就增加了价格评定的风险性。

《城市房屋拆迁估价指导意见》第13条规定：市、县人民政府或者其授权的部门应当根据当地房地产市场交易价格，至少每年定期公布一次不同区域、不同用途、不同建筑结构的各类房屋的房地产市场价格。同时，第14条规定：拆迁估价应当参照类似房地产的市场交易价格和市、县人民政府或者其授权部门定期公布的房地产市场价格，结合被拆迁房屋的房地产状况进行。

2. 城市房屋拆迁估价的程序

(1) 估价人员对拆迁房屋进行实地查勘，并做好记录，拍摄反映被拆迁房屋外观和内部状况的影像资料。实地查勘记录要由实地查勘的估价人员、拆迁人和被拆迁人签字认可。

(2) 将分户的初步估价结果向被拆迁人公示7日，进行现场说明，听取有关意见。

(3) 估价机构提供被拆迁房屋的整体估价报告和分户估价报告，并将分户评估结果告知被拆迁人。

如果拆迁户对估价结果有异议，自收到估价报告之日起5日内，可向原估价机构书面申请复核估价，也可以另行委托具有房屋拆迁估价资格的估价机构评估。如果再对复核结果有异议，自收到复核结果之日起5日内，可以申请技术鉴定。

9.3.2 城市房屋拆迁估价的方法

确定拆迁范围之后，需要选择城市房屋拆迁估价的方法进行估价，这也是本单元引例提出的问题之一。城市房屋拆迁估价的方法如下。

1. “样本房屋”市场价格评估法

“样本房屋”市场价格评估法先评估出在拆迁片区内有代表性的“样本房屋”的市场价格，以此为基准评估出其他拆迁房屋的市场价格。它是在一个拆迁片区中按房屋使用类型(居住用房、商业用房、工业用房等)各选取一处有代表性的房屋作为评估样本，运用市场法或其他方法评估出该“样本房屋”的市场价格，然后将各拆迁房屋与“样本房屋”进行比较，确定修正调整系数，得出各拆迁房屋的市场价格。具体估价步骤如下。

(1) 规定“样本房屋”所具备的质量条件。

(2) 在拆迁片区内选择“样本房屋”。

根据“样本房屋”的质量条件，在每一拆迁片区内一般选择一套“样本房屋”。

(3) 评估“样本房屋”的市场价格。

采用市场法或其他方法评估出“样本房屋”的市场价格。可比实例的选取数一般为 3～5 个，然后对可比实例进行交易情况修正、市场状况调整、房地产状况调整得出“样本房屋”的市场价格。为避免修正、调整系数对价格的影响过大，可限定修正、调整系数的调整范围。

(4) 评估确定其他拆迁房屋的市场价格。

以“样本房屋”的市场价格为基础，分别评估确定其他拆迁房屋的市场价格。将各被拆迁房屋分别与“样本房屋”进行比较修正，得出各被拆迁房屋的市场价格。

2. “典型房屋”市场价格评估法

“典型房屋”比“样本房屋”市场价格评估法更为细致、具体。它首先将拆迁片区的全部拆迁房屋按房屋使用类型进行分类，然后按照每一类房屋的建筑类型、建造年代、建筑结构、设备、房屋户型以及功能的完整性等因素划分房屋类别，再在同一房屋类别内确定“典型”房屋，运用市场法或其他方法评估出该“典型房屋”的市场价格，然后以“典型房屋”的价格为基准，修正、调整得出各拆迁房屋的补偿价格。其操作步骤一般如下。

(1) 将拆迁房屋按房屋使用类型分为居住用房、商业用房、工业用房等。

(2) 对相同用途类型房屋按建筑类型、建造年代、建筑结构等因素进一步划分不同房屋类别。

(3) 在同一房屋类别内选取一个“典型房屋”。

(4) 评估得出“典型房屋”的市场价格。

(5) 评估确定其他拆迁房屋的市场价格。

以“典型房屋”的市场价格为基础，分别评估确定其他拆迁房屋的市场价格。

3. 区位指导价市场价格评估法

区位指导价法将补偿价格分为区位补偿价和房屋重置价。区位指导价一般是依据当地的土地级别由政府制定公布的，在拆迁补偿价格评估中起指导作用，估价机构根据区位指导价结合市场因素进行修正后评估出区位补偿价。房屋重置价格由房屋建设综合费用和建筑安装工程费用组成。各项参数可由当地政府统一规定，也可由估价人员根据当时市场情况综合确定。

4. 政府公布指导价市场价格评估法

这种方法是政府公布房地产市场指导价，以此为依据评估出补偿价格。它是由当地政府或者其授权的部门根据当地房地产市场价格水平，定期制订和公布不同区域、不同用途、不同建筑结构的各类房屋的房地产市场指导价格。拆迁估价机构参照政府或者其授权部门公布的房地产市场指导价格，结合被拆迁房屋的房地产状况，评估出拆迁估价对象的补偿价格。

上述拆迁房屋的房地产市场价格评估方法在具体使用时，应根据具体情况进行选择。一般说来，经济发达、市场活跃、交易案例较多的大中城市，选择“样本房屋”市场价格评估法和“典型房屋”市场价格评估法为宜。经济欠发达、市场不太活跃、交易实例较少的中小城市，选择区位指导价市场价格评估法和政府公布指导价市场价格评估法为宜。

9.3.3 《物权法》实施后对城市房屋拆迁估价的影响

《物权法》规定住宅建设用地到期后自动续期，但是对如何续期没有做出详细的规定，如是否需要缴纳土地出让金、是否需要缴纳城市基础设施配套费等，在对存在此类问题的住宅进行价格评估时，还应考虑法律的延续性，按照土地划拨取得方式评估时应扣除相应的土地出让金，采用收益法时要将土地收益部分做相应扣除。但是采取这样的方式可能使得在交易市场上相差不大的出让土地和划拨土地上的房屋最终的评估价值相差甚多，在这样的情况下，可以建议当地政府主管部门和拆迁人考虑到实际的市场情况，在估价结果之外给予适当的补偿，使得被拆迁人得到更合理的补偿。

《物权法》和修订后的《城市房地产管理法》都规定了为了公共利益的需要，国家可以征收国有土地上单位和个人的房屋，并依法给予拆迁补偿，维护被征收人的合法权益；《物权法》仅仅提出了“公共利益”这一概念，却没有对其做出任何明确界定，此处也充分体现了法律对私有房产的予以保护的精神。估价人员在进行城市房屋拆迁估价时应充分理解《物权法》保护私有财产的精神，在合法的原则下考虑精神补偿方面的因素，以及由于生活环境的改变对被拆迁人交通、社交活动等造成的影响，本着照顾弱势群体的人文关怀维护好被拆迁人的合法权益。

9.3.4 城市房屋拆迁估价的特殊说明

1. 明确估价对象产权状况

(1) 土地使用权价值是城市房屋拆迁补偿的对象。在我国，应遵循房屋所有权与该房屋占用范围内的土地使用权权利主体相一致的原则，因此，城市房屋拆迁货币补偿的金额是包括被拆迁房屋实体和其所占用的土地使用权在内的一个完整的公平的市场价格。土地使用权的权益和房屋建筑物实体形态构成了城市房屋拆迁补偿价格的基础。城市房屋拆迁价格评估中针对不同用地性质的房地产，应该坚持以下原则。

① 依法以有偿出让方式取得土地使用权的房地产，可以视为提前收回土地使用权。在估价中应该根据土地剩余使用年限评估正常市场价格。

② 依法以划拨方式取得土地使用权的房地产，评估价格不应包括土地出让金部分，只包含该宗土地基础设施配套费以及土地开发和其他费用。

(2) 房地产用途与房地产估价息息相关。在实际工作中，对于没有任何产权证明和产权证明记载的用途与实际用途有出入的房地产，应该谨慎处理。例如，在城市房屋拆迁估价中，经常会遇到有些房产证注明用途为住宅，而实际却作为商业用途使用；有些房产证上记载为办公楼，而实际却是做商场使用。在解决这些问题时，对于依法取得所有权的房屋、构筑物，应从占有、使用、收益、处分 4 个方面综合认定其合法性，不能仅依据估价时点的用途估价。一般要以产权证上注明的用途进行估价。

对于没有产权证的情况，在实际估价时，建议采用一些变通的做法：当地政府有特殊规定或拆迁双方当事人协商一致，以规定或协商结果进行估价；在被拆迁地点做某一用途使用多年时间的，可以根据实际情况进行认定，如多年从事商业经营，可认定为商业用途，但要提供持续经营的证明材料(如工商营业执照、纳税记录等)。

(3) 由于城市房屋拆迁涉及的房屋种类很多，有公房、私房之分，有无产权证之分，并且有些房屋年代也相对久远，面积界定有一定的困难，因为涉及被拆迁人的利益，所以应该根据相关的法律法规，明确各种情况的面积的界定。具体来讲，主要遵循以下原则。

① 私有房屋有产权证的，以产权证的证载面积为准；公房以房产证或者计租表载明的面积为准(由于计租表中多采用“使用面积”，因此需要将“使用面积”与“建筑面积进行换算，通常两者的换算系数为 1.25～1.3)。

② 没有产权证和计租表的，面积以测绘机构的测绘值为准。

(4) 违章建筑和临时建筑的界定处理。城市房屋拆迁过程中不可避免地会碰到违章建筑和临时建筑。在价值评估过程中要遵循相应的法律法规，对违章建筑不予补偿评估。对临时建筑要区分对待，如果临时建筑物的批准使用期限还没有到期，应该根据该建筑的实际使用情况和剩余使用期限给予适当的补偿；如果已经超过了批准的使用期限，则不能给予补偿评估。

2. 关于拆迁估价委托人的合法性

(1) 拆迁估价委托人必须合法。《城市房屋拆迁条例》(以下简称“《案例》”)第 4 条明确了拆迁人的合法性：“本条例所称拆迁人，是指取得房屋拆迁许可证的单位”。《条例》第 6 条规定“拆迁房屋的单位取得房屋拆迁许可证后，方可实施拆迁。只有取得拆迁许可证的拆迁人或有完全民事行为能力的被拆迁人(含其法定监护人)才可成为拆迁估价委托人。”

(2) 拆迁估价对象必须合法。《条例》第 9 条规定：“拆迁人应当在房屋拆迁许可证确定的拆迁范围和拆迁期限内，实施房屋拆迁。”即估价对象应为拆迁许可证确定的拆迁范围内的土地和房屋；《条例》第 12 条规定：“拆迁范围确定后，拆迁范围内的单位和个人，不得进行下列活动：①新建、扩建、改建房屋；②改变房屋和土地用途；③租赁房屋。违反上述规定者，则应视为估价对象不合法。”

3. 拆迁估价时点的选择

由于房屋拆迁是个动态的过程，从开始准备到实施拆迁，再到房屋安置，一般需要很长时间。从实践来看，至少有以下关键的时间点：决定拆迁日、拆迁动员日、拆迁许可证颁发之日、拆迁公告日、开始拆迁日、拆迁完成日、开始安置日、安置完成日。《城市房屋拆迁估价指导意见》第 11 条明确规定，拆迁估价时点一般为房屋拆迁许可证颁发之日。

拆迁规模大、分期分段实施的，以当期(段)房屋拆迁实施之日为估价时点。

4. 拆迁估价价值内涵

进行城市房屋拆迁估价时，对于被拆迁房屋的区位、用途、建筑面积、成新程度、权益状况、建筑结构形式、使用率等都应在估价时考虑；对楼层、朝向可以采用房改中的系数，或者确定统一的系数；对于房屋内部装修，在估价时应当充分考虑，至于是否补偿，应当根据该装修是在拆迁公告发布之前还是在之后装修的。如果在拆迁公告发布之后装修，可视为突击装修的恶意行为不予补偿；如果在拆迁公告发布之前装修，应当视为善意行为，应当给予补偿。

应用案例 9-3

某市建设路 8 号房地产拆迁补偿价格评估技术报告(节选)

1. 个别因素分析

估价对象位于某市建设路 8 号，其四至为：东至朝文街，南至建设路，西临空地，北临××住宅小区。该处临近金野大道，周边道路有工业二路、工业三路、建设路及钢铁路三干道，交通比较便利，但道路状况，特别是排水状况较差。周边商业设施有 B 区商场、维多利亚商场等；金融网点有中国建设银行、中信实业银行、中国工商银行分理处；医疗设施有某市第一医院、××第一职工医院等；休闲娱乐设施有 B 区公园、人民公园等；教育配套设施有某市××区建设路小学、××第二中学等。

《房屋拆迁许可证》证号为：××规拆迁许字(2009)第××号。具体拆迁范围为建设路 8 号。拆迁总建筑面积 3 865m^2，占地面积 2 789m^2。其中非住宅建筑面积 2 001m^2(至估价基准日，已经拆迁完毕)，住宅建筑面积 1 864m^2，本次评估范围为住宅部分，为 1 栋 2 层住宅楼(1 楼部分住宅现状用途为商业门面)，建筑面积 1 864m^2。该房屋建成于 20 世纪 80 年代，整体外观比较陈旧，基础无不均匀沉降，墙体有少量细微裂纹，外墙空鼓、起砂、剥落严重，有渗水现象，预制屋板，红瓦坡屋顶，局部渗漏，普通木门窗，油漆剥落，风化、腐朽，单跑楼梯，水泥踏板，局部破损，电线局部老化，上、下水管道锈蚀。房屋内部一般为水泥地面，少数铺 300mm×300mm 地板砖，磨损较大；内墙一般刷白，空鼓、起砂、剥落严重，少数 1.2m 油漆墙裙，局部剥落；楼板一般刷白，少数简单塑料扣板吊顶，卫生间为共用，一般铺 300mm×300mm 地板砖、瓷砖墙裙，少数水泥地面、普通内墙。

2. 区域因素分析

1) 区域概况

估价对象位于某市居住区，该区位于某市城区东北部，东南邻××区，西接东升区，北濒长江，南倚东湖。全区国土面积 51.85km^2，辖 11 个街道办事处，242 个(家)居委会，现有人口 67.47 万人。

2) 区域交通状况

该区道路交通由金野大道、成就大道、东升大道 3 条干线连贯东西，工业大道、工业二路、建设路疏通南北，构成该区现有城区道路网骨架，对外连接其他城区，对内有机连接各片区。对外交通系统由铁路、长途汽车客运站、××工业港及该区外贸码头区、长途客运码头以及沿江其他对外码头构成。

3) 基础设施状况

该居住区供水由现有的 5 座水厂供应，总供水量 55 万吨/天；排水系统分雨水排放和污水排放，雨水排放统一按该市总体规划实施，排水泵站能满足需要，污水排放由污水处理厂处理后直接排入江湖；区域供电设备完善并与市政供电网连接，能满足企业用电需求；区内已开通 24 万门程控电话并开通国际互联网的电信大楼，同时提供国际互联网的宽带接入和国内外各类通信业务。

4) 环境条件

全区绿化覆盖率达35%，人均公共绿地面积6.4m^2，名列全市前列。区内建有主题公园2个，景观条件较好。该区环境质量属某市轻度污染区，主要污染物为二氧化硫、氮氧化物及少量硫化氢等。

3. 市场背景分析(略)

4. 估价方法选用

估价人员根据《房地产估价规范》及《某市房屋拆迁评估操作技术规范(试行)》，通过分析委托人提供的各种资料、估价人员的实地查看情况及有关市场分析资料，根据估价对象的特点及估价目的，由于估价对象周边区域原有住宅交易市场较为活跃，交易实例容易搜集，故住宅房地产区位价格采用市场法评估；而某市房屋重置成本文件、资料比较齐备，故房屋重置价格采用成本法评估；而估价对象周边区域商业门面出租较多，租金资料容易调查和收集，故商业房地产区位价格采用收益法评估。

5. 估价测算过程

1) 市场法评估拆迁房屋住宅区位价的测算过程(略)

2) 成本法评估拆迁房屋重置价格的测算过程

(1) 房屋重置基价的确定。待拆迁房屋建筑结构共可分为钢混、砖混、砖木及简易四大类。其重置基价根据《市物价局、市房地产管理局关于印发某市房屋重置价格标准的通知》(×价房服[2009]74号)确定。

其重置基价标准见表9-4。

表9-4 某市房屋重置价格标准表

结构类型	等级	重置价格(元/m^2)
钢筋混凝土	一等	1 250
	二等	1 050
	三等	940
砖混	一等	820
	二等	730
	三等	650
砖木	一等	700
	二等	680
	三等	590
简易		440

估价对象为1栋2层砖混结构建筑物，砖承重，预制空心楼板，预制空心板坡屋顶，外墙混合砂浆粉刷，内墙水泥混合砂浆粉刷，楼地面水泥混合砂浆抹面，大多数门窗为木门窗。根据《某市房屋重置价格标准》中的各类住宅房屋分等定级标准，结合估价人员对估价对象的实地查看的实际状况，综合确定估价对象的房屋结构等级为砖混三等。

(2) 成新率的确定。因估价对象建成于1989年，且部分房屋经过了一次或多次更新改造或维修，难以通过年限法测定估价对象房屋的成新率，故只能通过观察法测算得出估价对象的成新率。成新率的确定是依据1985年原城乡建设环境保护部发布的《房屋完损等级评定标准》、原城乡建设环境保护部《经租房屋清产估价原则》([84]城计字第754号)及《某市物价局、某市房产管理局关于印发市房屋重置价格标准的通知》相关规定，参考《资产评估常用数据与参考手册》中的房屋建筑物不同成新率的评分标准及修正系数，对建筑物的结构、初装修和设施等组成部分的完好程度进行鉴定评分，对各部分的评分进行加权平均，最终确定估价对象房屋的成新率。

$$修正后房屋得分(成新)=结构部分得分\times G+初装修部分得分\times S+设备部分得分\times B$$

式中 G——结构部分所占的权重；

S——初装修部分所占权重；

B——设备部分所占权重。

某居住区建设路8号房屋建筑物勘察鉴定法成新率计算表详见9-5。

表9-5　房屋建筑物勘察鉴定法成新率计算表

房屋地址	建设路8号	建筑结构	砖混3等	耐用年限	50年
项目				标准分数	评定分数
结构 G	1.基础	有足够承载能力，有轻微下沉，基本稳定		25	18
	2.承重结构	基本完好，梁、板、柱等结构稳定		25	16
	3.非承重结构	有风化、轻微裂纹		15	8
	4.屋面	隔热、防水有轻微裂纹，有渗水现象		20	9
	5.地面	有起鼓、起砂、剥落现象		15	7
	小计：(1+2+3+4+5)×权重0.70=40.6%				
装饰 S	6.门窗	油漆有脱落现象，有腐蚀现象，玻璃、五金个别残缺		25	12
	7.内外装饰	有空鼓，墙面剥落稍大		40	15
	8.其他	有轻微裂纹、风化现象		35	10
	小计：(6+7+8)×权重0.15=5.55%				
设备 B	9.供水、排水	基本畅通，管道腐蚀较大		55	30
	10.电气照明	老化程度高，个别零件残缺、损坏		45	24
	小计：(9+10+11)×权重0.15=8.1%				
估价对象房屋的成新率：$G+S+B$=54.25%					

(3) 待拆迁房屋楼层调节系数的确定。待拆迁房屋为1栋2层建筑物，根据某市房产管理局颁布的《关于印发某市城市拆迁评估操作技术规范(试行)》(某房市[2009]210号)，3层以下(含3层)房屋不做楼层调节修正。故估价对象不做楼层调节修正。

(4) 估价对象建筑物共2层，1梯2户，全部为南北朝向，故不做朝向修正。

(5) 估价对象建筑物现值的确定。重置成本法评估建筑物的价格是按现在的建筑经营管理水平及建筑材料价格，重新建筑与评估对象一样的建筑所需的现实资金。在此基础上，根据建筑物的实际使用情况，折旧扣除建筑物已使用的价值，得到被拆迁房屋重置单价。

其计算公式为

$$估价对象建筑物现值=房屋重置价\times成新率\times(1+楼层调节系数)$$

$$=650\times54.25\%=352.625\approx353(元/m^2)$$

课题9.4　房屋租赁价格评估

9.4.1　房屋租赁价格评估的特点

房屋租赁是指房屋所有权人作为出租人将其房屋出租给承租人使用，由承租人向出租人支付租金的行为。房屋租赁价格(即房屋租金)是房屋承租人为取得一定时期内房屋的占有、使用、收益权利而向出租人支付的代价。房屋租赁价格评估具有以下特点。

1. 住宅类房屋租赁价格评估分为政策性评估和市场租赁评估两种类型

住宅类房屋租赁价格政策性评估的住宅房屋类型包括各级政府所属的直管公房和廉租房等。中央和地方人民政府为保障公民基本住房权利，对这类政策性、公益性住房租金标准等都有具体规定，明确了一般标准、限定了浮动幅度，具有一定的社会保障性质。此类政策性住房租赁价格评估时应严格遵守中央和地方政府的有关规定。

住宅类房屋的市场租赁价格评估主要涉及商品房住宅和已购公房，由于该类房屋的买卖、租赁行为属于市场行为，其租赁价格为市场价格，应参照市场价值标准评估。

2. 房屋租约影响对租金价格的评估

如果房屋租赁双方达成租约(房屋租赁合同)，则租约对房屋租金有一定的影响。合理租约内的租金价格标准应该按照租约所约定的标准执行，租约期外的租金则采用正常客观的租金标准(市场价值)。当然，如果租约存在明显的不合理性，则应重新评估其客观合理的价值。

3. 划拨土地上的房屋租赁价格评估应当将租金中所含土地收益上缴国家

根据《城市房地产管理法》等法律、法规和政策的规定，以营利为目的，房屋所有权人将以划拨方式取得使用权的国有土地上建成的房屋出租的，应当将租金中所含土地收益上缴国家。具体办法由国务院规定。

4. 运用成本法评估租赁价格时应采用房地产市场租金

运用成本法评估租赁价格时应采用该房地产的市场租金构成，即包括维修费、管理费、折旧费、利息、税金、利润、地租和保险费等8项。

9.4.2 房屋租赁价格管理的相关法律规定

1. 房屋租赁程序

《城市房地产管理法》第54条规定：“房屋租赁，出租人和承租人应当签订书面租赁合同，约定租赁期限、租赁用途、租赁价格、修缮责任等条款，以及双方的其他权利和义务，并向房产管理部门登记备案。”

2. 住宅租赁与非住宅租赁

《城市房地产管理法》第55条规定：“住宅用房的租赁应当执行国家和房屋所在城市人民政府规定的租赁政策。租用房屋从事生产、经营活动的，由租赁双方协商议定租金和其他租赁条款。”本条规定了住宅用房和生产经营性用房的不同的租赁价格政策。

对于租用房屋从事生产、经营活动的，由于其用途与住宅用房不同，因此，可以由租赁双方协商议定租金标准和其他租赁条款。随着社会不断发展，各种不同用途的房屋种类逐步增多，特别是非住宅用房，它们在结构、装修标准、设备设施等方面与住宅用房存在着较大差异，因此其租金标准应该采用市场价格，由租赁双方协商议定。评估此类房屋价格时应以市场租金、协议租金为依据。

3. 城市私有房屋租赁价格管理规定

国务院颁布的《城市私有房屋管理条例》(1983年)第15条规定，租赁城市私有房屋“房屋租金由租赁双方按照房屋所在地人民政府规定的私有房屋租金标准协商议定；没有规定标准的，由租赁双方根据公平合理的原则，参照房屋所在地租金的实际水平协商议定，不得随意抬高。”如私房为住宅用房，其租赁价格的确定应符合政府有关规定标准；如私房为非住宅用房，应按市场情况协商议定其租赁价格。

9.4.3 房屋租赁价格评估的常用方法

1. 市场法

当房地产租赁市场发育健全、租赁实例众多时，应采用市场法进行估价。评估时应尽可能多的搜集信息，可查阅有关报刊中租赁信息，收集房地产交易展示会资料，通过媒体广告、中介租赁信息了解租赁行情。搜集房地产租赁市场交易实例时，主要应了解交易实例的租金及房地产状况，如坐落、面积、结构、交通条件等，还应记录其租赁期限、租赁用途、租赁支付方式等情况。同时，明确可比实例的相关资料，确定合理的调整系数，综合求出比准价格。

2. 收益法

在预期收益可以预测的情况下，应当采用收益法进行估价。收益法评估房屋租赁价格的关键是年均净收益的计算和报酬率的确定。租赁净收益为租赁收入(主要为有效毛租金收入及租赁保证金、押金等的利息收入)扣除维修费、管理费、保险费和税金等4项税费。4项税费的取舍，应根据租赁契约规定的租金含义决定。报酬率则由无风险报酬率及风险补偿所决定。

3. 成本法

房地产租赁市场发育不健全、难以搜集交易实例或预期收益难以确定，不能够采用市场法和收益法进行估价时，应当选用成本法进行估价。采用该方法估价时，应先求取建筑物的重新购建价格。

应用案例 9-4

××购物广场房地产租赁价格评估——××地下商业建筑估价时点市场租金的确定

采用市场比较法进行测算估价时点市场租金价格。

1. 计算公式

估价对象市场价格= 比较案例价格×交易情况修正系数×市场状况调整系数×房地产状况调整系数

2. 可比实例选择

根据评估人员进行的市场调查和本公司所掌握的市场信息，通过对周边地区近期发生过交易的物业进行收集整理分析，挑选出3个交易实例作为可比实例。

实例A：××路180号。该房屋位于××路西首，临××路，总建筑面积2 000m^{2}万平方米，共四层，使用用途为商场，有电梯、中央空调系统，上下水、消防系统等配套设施齐全。租金单价为 2.33 元/m²·天。

实例 B：××路 147 号。该房屋位于××路中段，临××路，总建筑面积 3 1200m²，共 4 层，使用用途为商场，有电梯、中央空调系统，上下水、消防系统等配套设施齐全。租金单价为 2 元/m²·天。

实例 C：××路××商业广场。该房屋位于××路西首，临××路，租赁建筑面积 17 000m²，位于该房屋的第二层和第三层，使用用途为商场，有电梯、中央空调系统，上下水、消防系统等配套设施齐全。租金单价为 1.97 元/m²·天。

3. 房地产价格影响因素

房地产价格影响因素说明见表 9-6。

表 9-6　房地产价格影响因素说明表

项目		估价对象	实例 A	实例 B	实例 C
交易单价(元/m²·天)		待估	2.33	2	1.97
交易情况		正常	正常	正常	正常
交易日期		2010.12	2010.10	2009.8	2010.9
租赁期限		16 年	15 年	20 年	15 年
区域因素	商业繁华度	××市市级商业中心之一，商业繁华度很好	××市市级商业中心之一，商业繁华度很好	××市市级商业中心之一，商业繁华度很好	××市市级商业中心之一，商业繁华度很好
	人流量	为××市主要商业区，人流量很大	为××市主要商业区，人流量很大	为××市主要商业区，人流量很大	为××市主要商业区，人流量很大
	基础设施	基础设施达到七通	基础设施达到七通	基础设施达到七通	基础设施达到七通
	公共配套设施	区域内主要分布有商业设施，还分布有银行、学校、医院等其他公共配套设施	区域内主要分布有商业设施，还分布有银行、学校、医院等其他公共配套设施	区域内主要分布有商业设施，还分布有银行、学校、医院等其他公共配套设施	区域内主要分布有商业设施，还分布有银行、学校、医院等其他公共配套设施
	交通便捷度	区域内有城市主干道××大街和泉城路穿过。有多路公交路线通过。距离××机场 35km，××火车站 2.5km	区域内有城市主干道××大街和泉城路穿过。有多路公交路线通过。距离××机场 35km，××火车站 2.5km	区域内有城市主干道××大街和泉城路穿过。有多路公交路线通过。距离××机场 35km，××火车站 2.5km	区域内有城市主干道××大街和泉城路穿过。有多路公交路线通过。距离××机场 35km，××火车站 2.5km
	离市商服中心距离	0km	0km	0km	0km
	环境景观	位于××广场的地下一层，和护城河毗邻	距离××广场和护城河约 200m	距离××广场和护城河约 200m	距离××广场和护城河约 200m
	周围物业利用类型	商场和办公	商场	商场	商场
	商业繁华度	××市市级商业中心之一，商业繁华度很好	××市市级商业中心之一，商业繁华度很好	××市市级商业中心之一，商业繁华度很好	××市市级商业中心之一，商业繁华度很好

续表

项目		估价对象	实例 A	实例 B	实例 C
个别因素	临街状况	临××大街	临××路	临××路	临××路
	临街道级别	主干道	主干道	主干道	主干道
	使用功能	商场	商场	商场	商场
	装修情况	地面花岗岩、顶棚矿棉板吊顶和黑色网格、墙面刷乳胶漆	地面花岗岩、顶棚矿棉板吊顶、墙面刷乳胶漆	地面花岗岩、顶棚矿棉板吊顶、墙面刷乳胶漆	地面花岗岩、顶棚矿棉板吊顶、墙面刷乳胶漆
	设施设备	中央空调系统、送排风系统、消防系统、楼宇自控系统、综合布线系统等，设备比较陈旧	电梯、中央空调系统、送排风系统、消防系统、楼宇自控系统、综合布线系统等，设备比较陈旧	电梯、中央空调系统、送排风系统、消防系统、楼宇自控系统、综合布线系统等，设备很新	电梯、中央空调系统、送排风系统、消防系统、楼宇自控系统、综合布线系统等，设备很新
	新旧程度	2006 年建成并装修	2003 年建成，2010 年 9 月部分装修改造	2009 年建成并装修	2010 年建成并装修
	平面布置	适合商场使用	适合商场使用	适合商场使用	适合商场使用
	建筑结构	钢筋混凝土	钢筋混凝土	钢筋混凝土	钢筋混凝土
	建筑面积/m^2	31 696.97	20 000	31 200	17 000
	停车位	地下汽车停车位 134 个	无地下停车位，地上有少量停车位置	无地下停车位，地上有少量停车位置	无地下停车位，地上有少量停车位置
	楼层	地下一层。地上没有房屋建筑物，为××广场	地上一至四层	地上一至五层	地上二至三层

4. 房地产价格影响因素修正系数的确定

设定估价对象的各项影响因素比较系数为 100，以估价对象的各项影响因素与评估实例的进行比较，得出房地产价格比较因素修正指数比较表，见表 9-7。

表 9-7　因素比较指数修正表

项目		估价对象	实例 A	实例 B	实例 C
交易单价(元/m^2·天)		待估	2.33	2	1.97
交易情况		100/100	100/100	100/100	100/100
交易日期		100/100	100/100	100/100	100/100
租赁期限		100/100	100/100	100/99	100/100
区域因素	商业繁华度	100/100	100/100	100/100	100/100
	人流量	100/100	100/100	100/100	100/100
	基础设施	100/100	100/100	100/100	100/100
	公共配套设施	100/100	100/100	100/100	100/100
	交通便捷度	100/100	100/100	100/100	100/100
	离市商服中心距离	100/100	100/100	100/100	100/100
	环境景观	100/100	100/98	100/98	100/98
	周围物业利用类型	100/100	100/101	100/101	100/101

续表

项目		估价对象	实例 A	实例 B	实例 C
个别因素	临街状况	100/100	100/100	100/100	100/100
	临街级别	100/100	100/100	100/100	100/100
	使用功能	100/100	100/100	100/100	100/100
	装修情况	100/100	100/100	100/100	100/100
	设施设备	100/100	100/100	100/102	100/102
	新旧程度	100/100	100/99	100/101	100/102
	平面布置	100/100	100/100	100/100	100/100
	工程质量	100/100	100/100	100/100	100/100
	建筑结构	100/100	100/100	100/100	100/100
	建筑面积	100/100	100/98	100/100	100/98
	停车位	100/100	100/96	100/96	100/96
	楼层	100/100	100/105	100/105	100/101
比较结果			2.41	1.97	2.01

5. 计算结果

通过比较修正后，我们认为这 3 个比较结果都比较接近正常的市场价格，故对其采用算术平均确定××地下商业建筑的租金价格，即为 2.13 元/m^2·天。

估价时点市场租金(季度租金)=建筑面积×2.13×90

=31 696.97×2.13×90

=607.63(万元)

根据××地下商业建筑租赁的自身特点，本次估价在剩余租赁年期内不考虑市场租金的变化，也不考虑通货膨胀的影响。所以，本次估价将估价时点市场租金作为估价时点以后至租赁合同截止日的市场租金。

综合应用案例

××市××区 B 村 432 号房地产抵押价值评估技术报告(节选)

本次估价目的是确定房地产抵押贷款额度提供参考依据而评估房地产抵押价值，估价时点为完成估价对象实地查勘之日。一旦发生抵押清偿，须根据清偿发生时期的市场状况、短期强制处分该房地产的变现市场大小、抵押期间的房地产损耗等情况综合考虑其处分价格。

价值定义：房地产抵押价值等于在假定未设立法定优先受偿权利下的市场价值减去房地产估价师知悉的法定优先受偿款。根据估价对象情况及委托方要求，本报告估价对象的房地产抵押价值是在目前状况下于估价时点无法定优先受偿权利下的公开市场价值。

1. 个别因素分析

1) 土地状况

××市××区 B 村 432 号 1 928.52m^2 的房地产分摊的 3 221.7 m^2 国有出让土地使用权，东至相邻地块；南至相邻地块；西临桥北路；北至相邻地块。估价对象所在区域无明显的水、气、声污染，综合环境质量较好，利用现状为工业用地，基础设施较为完备。

2) 建筑物状况

××市××区 B 村 432 号 1 928.52m^2 的房地产，房屋所有权号为：×房权证××字第××号。房屋建筑结构见表 9-8。

表 9-8　各幢建筑物具体状况

幢　号	结　构	层　数	用　途	面积(m^2)
1	混合	1～2	宿舍	274.3
2	混合	1～2	宿舍	166.98
3	混合	1	宿舍	20.7
4	砖木	1	仓库	169.44
5	混合	1	厂房/门卫	90.66
6	混合	1～2	办公	272.34
7	混合	1	厂房	934.1
合计				1 928.52

根据估价人员实地勘察，设计布局较为合理，各种管线等基础设施齐备。至现场勘察之日(2009 年 10 月 11 日)，建筑物已建成 6 年，成新率达 80%～90%。

2. 区位因素分析

估价对象所在区域地形较平坦，自然条件好。区域内的道路类型以交通型支干道为主，道路红线宽度为 15～20 米，路面为水泥，路面保养维修较好，道路质量较优。所在区域道路通达状况一般。估价对象所在区域由区自来水厂供水，供水保障率为 98%以上。供电及电信条件较好。估价对象所在区域排水体制为雨污水合流制；主要干道两侧主排水管径 300mm；雨污水排入城市排水管网，排水设施完善。估价对象所在地区无明显的大气污染，环境质量较高。土地现状利用以住宅和工业用地为主，利用状况良好。

3. 市场背景分析(略)

4. 最高最佳使用分析

房地产应当以估价对象的最高最佳使用为前提进行估价。本次估价是评估房地产价值，涉及抵押贷款额度确定，因此，必须遵循谨慎原则，故选用估价对象目前用途作为估价用途考虑，即估价对象，作为工业用房达到最高最佳使用。

5. 估价方法选用

估价人员根据估价对象的具体情况，在对其进行实地查勘(包括对估价对象地理位置、周围环境及估价对象的建筑、结构及配套设施等)和类似房地产调研后，按照评估程序，认真分析了影响估价对象价值的相关因素，根据估价对象在估价时点下的利用类型与所在区域房地产市场情况，估价对象为工业用房，在同一供求圈内，同规模、同档次的物业较少，市场买卖交易案例较少，使得市场法运用有一定困难，同时作为工业用房难以测算其收益，故对此房地产采用成本法进行估价。

6. 估价测算过程

1) 基准地价修正系数法评估土地价格(略)

2) 房屋建筑重置成本法估价过程

估价人员进行了全面的现场查勘，评估中先确定所有建筑物重新建造的重置完全价，再乘以成新率，即得房屋建筑物现值：房屋建筑物现值=房屋重置价×成新率。

估价人员对估价对象所处位置的地理环境也进行了考察，并对构成建筑成本造价的有关因素进行了分析、比较，根据现行的基本建设定额及取费标准、建筑及装饰材料价格、有关的项目费用规定，确定估价对象建筑物的重置价格。估价过程如下。

(1) 开发成本。

① 专业费用及前期工程费用。根据估价对象的结构登记和建设规模，专业费用及除土地开发费用之

外的其他前期费用，取 110 元/m^2。

② 房屋建筑安装工程费用。按照×价房[2009]424 号文件，结合估价人员实地察看结果，由于门卫及办公用房施工工艺要求较高，厂房施工工艺较为简单，确定办公及门卫用房建筑安装工程费 1 050 元/m^2，砖木结构仓库用房 800 元/m^2，厂房 850 元/m^2，宿舍等附属设施 950 元/m^2。

③ 装修工程费。估价人员对估价对象的装修工程决算资料进行了分析，根据《××省建筑装饰工程预算定额》，参考《××工程建设材料价格信息》，确定装修工程费为 680 元/m^2。

④ 公共基础设施及公益金、附属公共配套设施费等。向政府有关部门缴纳的公共基础设施费及公益金按现行××市建设项目收费标准合计为 185 元/m^2。

红线内道路、绿化、配电、职工餐厅等附属公共配套设施费等经测算后，合计为 980 元/m^2。

两项合计为 185+980=1 165 元/m^2。

(2) 管理费用。按开发成本(上述①～④项之和)的 3%计算。

(3) 销售费用。按开发成本(上述①～④项之和)的 3%计算。

(4) 利息及财务费用。开发成本、管理费用、销售费用按建设期内均匀投入，建设期 1 年，根据银行一年期贷款年利率 5.09%计算。

(5) 投资利润。

办公用房按照开发成本(上述①～④项之和)的 8%计算，其他按照开发成本(上述①～④项之和)的 5%计算。

(6) 销售税金。按照以上各项之和的 5.55%计算。

(7) 重置成本。重置成本为上述①～⑥项之和。

(8) 成新率。采用年限法计算成新率，然后结合实际观察法进行修正，估价对象房地产已建成 6 年，估价人员经过实地查勘，确定其成新率为 80%。

(9) 计算建筑物现值。建筑物现值=重置成本×成新率

3) 成本法测算过程(见表 9-9)

表 9-9 测算房屋建筑物价格过程

用途	结构	前期工程费	建筑安装工程费	装修工程费	公共配套设施等费用	管理费用	销售费用	利息及财务费用	投资利润	销售税金	重置单价(元/m^2)	成新率	房地产单价(元/m^2)
宿舍	混合	110	950	680	1 165	87.15	87.15	92.38	145.25	184.09	3 501.02	80%	2 800.81
宿舍	混合	110	950	680	1 165	87.15	87.15	92.38	145.25	184.09	3 501.02	80%	2 800.81
宿舍	混合	110	950	680	1 165	87.15	87.15	92.38	145.25	184.09	3 501.02	80%	2 800.81
仓库	砖木	110	800	680	1 165	82.65	82.65	87.61	137.75	174.58	3 320.24	80%	2 656.19
门卫	混合	110	1 050	680	1 165	90.15	90.15	95.56	150.25	190.43	3 621.54	80%	2 897.23
办公	混合	110	1 050	680	1 165	90.15	90.15	95.56	240.4	195.43	3 716.69	80%	2 973.35
厂房	混合	110	850	680	1 165	84.15	84.15	89.20	140.25	177.75	3 380.50	80%	2 704.40

因此，估价对象房地产的估价结果为：宿舍单价 2 800.81 元/m^2，仓库单价为 2 656.19 元/m^2，门卫单价为 2 897.23 元/m^2，办公用房单价为 2 973.35 元/m^2，厂房单价为 2 704.40 元/m^2。

4) 总价值计算(略)

单元小结

本单元介绍了各种目的的房地产估价的技术路线和采用的主要方法。房地产估价过程中估价目的决定了此种房地产估价技术路线选择。常见的估价目的有抵押价值评估、转让价格评估、城市房屋拆迁估价、房屋租赁价格评估等。房地产抵押估价是指为确定房地产抵押贷款额度提供价值参考依据，对房地产抵押价值进行分析、估算和判定的活动；对房地产转让价值的评估是指在房地产进行买卖、交换、赠与行为中所表现出来价格的评估；房屋拆迁评估价格为被拆迁房屋的房地产市场价格；租赁价格评估是对房屋租金的确定。

习 题

一、单项选择题

1. 关于房地产抵押价值评估下列说法错误的是(　　)。

A. 房地产抵押不转移占有　　B. 房地产抵押时对债权的担保

C. 房地产抵押价值是历史价值　　D. 房地产抵押估价时点是设定抵押权时

2. 各类商品房、自建自营的饭店、招待所、培训中心、教育基地、高尔夫球场、工厂属于(　　)。

A. 完全产权房地产　　B. 不完全产权房地产

C. 部分(局部)房地产　　D. 在建工程房地产

3. 下列行为不属于房地产转让的是(　　)。

A. 买卖　　B. 交换　　C. 赠与　　D. 出租

4. 下列方法中不能用于转让房地产估价的是(　　)。

A. 市场法　　B. 假设开发法

C. 基准地价修正系数法　　D. 长期趋势法

5. 某拆迁片区的居住用房有高层、多层、平房等，且以多层居多，则应选择(　　)作为居住用房的“样本房屋”。

A. 高层住宅　　B. 多层住宅　　C. 平房　　D. 以上各选一套

6. 每一个拆迁片区内一般选择(　　)套“样本房屋”。

A. 1　　B. 2　　C. 3　　D. 4

7. “样本房屋”的可比实例数量一般为(　　)。

A. 1～2 个　　B. 2～3 个　　C. 3～5 个　　D. 4～6 个

8. 城市房屋拆迁估价中，将拆迁房屋按房屋使用类型分为居住用房、商业用房和(　　)。

A. 旅游用房　　B. 工业用房　　C. 娱乐用房　　D. 政府机构用房

9. 城市房屋拆迁估价中，依法以划拨方式取得土地使用权的房地产，评估价格不应包括(　　)部分。

A. 土地出让金　　B. 青苗补偿费
C. 安置补偿费　　D. 拆迁管理费

10. 租用房屋从事生产、经营活动的，其租赁价格(　　)。

A. 由各级政府统一规定　　B. 完全由市场所决定
C. 由租赁双方协商确定　　D. 由房地产行政管理部门确定

二、多项选择题

1. 下列各项中可以设定抵押权的房地产有(　　)。

A. 抵押人所有的房屋和其他地上定着物
B. 抵押人依法有权处分的国有土地使用权、房屋和其他地上定着物
C. 抵押人依法承包并经发包方同意抵押的荒山、荒沟的土地使用权
D. 土地所有权
E. 耕地、宅基地、自留地的土地使用权

2. 以下与房地产抵押估价的相关规定中，正确的有(　　)。

A. 依法不得抵押的房地产，没有抵押价值
B. 当事人未办理抵押物登记的，可以对抗第三人
C. 首次抵押的房地产，该房地产的价值为抵押价值
D. 房地产抵押应当凭土地使用权证书、房屋所有权证书办理
E. 学校、幼儿园、医院等以公益为目的的事业单位设施可以抵押

3. 房地产抵押价值评估中存在的问题有(　　)。

A. 忽视抵押物产权存在瑕疵而造成风险
B. 忽视抵押房地产的变现能力评估
C. 房地产抵押估价时易“高估”
D. 忽视影响抵押物价值的制约因素
E. 房地产抵押估价时不易“低估”

4. 根据《城市房屋拆迁估价指导意见》第3条，房屋拆迁评估价格为被拆迁房屋的房地产市场价格，不包含(　　)。

A. 搬迁补助费
B. 临时安置补助费
C. 拆迁非住宅房屋造成停产、停业的补偿费
D. 屋室内自行装修装饰的补偿金额
E. 青苗补偿费

5. 经济欠发达、市场不太活跃、交易实例较少的中小城市，选择(　　)进行城市房屋拆迁估价。

A. “样本房屋”市场价格评估法　　B. “典型房屋”市场价格评估法
C. 区位指导价市场价格评估法　　D. 政府公布指导价市场价格评估法
E. 假设开发法

三、判断题

1. 抵押人所有的房屋和其他地上定着物可以抵押。 ( )

2. 农村和城市郊区的耕地、宅基地、自留地、自留山以及无定着物集体所有的土地使用权可以抵押。 ( )

3. 所有权、使用权不明或者有争议的房地产不得抵押。 ( )

4. 以按份额共有的房地产抵押的，其抵押价值为抵押人所享有的份额部分的价值。 ( )

5. 从估价时点上看，房地产转让估价多数是在转让前进行的，估价时点则在估价作业日期之后。 ( )

6. 城市房屋拆迁货币补偿的金额，根据被拆迁房屋的区位、用途、建筑面积等因素，以房地产市场评估价格确定。 ( )

四、简答题

1. 房地产抵押价值或价格的内涵是什么？
2. 完全产权房地产抵押价值评估的技术路线是怎样的？
3. 房地产转让估价的特点是什么？
4. 城市房屋拆迁估价的程序是怎样的？
5. 房屋租约对租金价格评估的影响是什么？

五、案例分析

不完全产权房地产一般只拥有房屋产权而不拥有出让土地使用权，土地是以行政划拨方式取得的，主要包括原国有企事业单位、社会团体的各类房地产、廉租房、经济适用房、房改房等。对这类房地产作为抵押物进行评估时，可以选择的估价方式有：一是直接评估在划拨土地使用权下的市场价值；二是评估假设在出让土地使用权下的市场价值，然后扣除划拨土地使用权应缴纳的土地使用权出让金或者相当于土地使用权出让金的价款。

请根据以上条件说明不同情况下，不完全产权房地产的估价技术路线。

综 合 实 训

一、实训内容

某房地产拆迁补偿估价报告(技术报告)中有如下内容。

一、建筑物重置现值估价

1. 前期费用：包括新建房屋白蚁防治费、城市规划设计收费、工程勘察测绘费用、工程设计费、三通一平费、供电工程贴费，合计66.3元/m^2；

2. 房屋建筑安装工程费：包括土建费用、建筑安装工程调整值、新墙体材料专用费、散装水泥专项资金等，合计674.40元/m^2；

3. 公共基础设施费：188元/m^2；

4. 管理费用：按1～3项之和的2.5%计算，为23.22元/m^2；

5. 销售费用：按 1～3 项之和的 2%计算，为 18.57 元/m^2；

6. 财务费用：按照有关规定，单位面积的财务费用为 1～3 项之和×30%×利率×时间，根据估价对象建设规模，建设周期为 1 年，利率为 5.58%。由上述公式计算利息为 15.55 元/m^2；

7. 投资利润：按 1～3 项之和的 10%计算，为 92.87 元/m^2；

8. 税金：按 1～7 项之和的 5.55%计算，为 63.40 元/m^2；

9. 重置成本为 1～8 项之和，共计 1 142.31 元/m^2。

二、建筑物折旧

估价对象于 20 世纪 70 年代建成投入使用，根据《房地产估价规范》有关规定，估价人员经现场勘查确定成新率为 0.75，即：建筑物折旧=1 142.31×(1−0.75)=285.58 元/m^2

以上内容中存在很多问题，请根据城市房屋拆迁估价中成本法的知识，指出上述内容中存在的问题和不当之处。

二、实训要求

认真阅读上述估价报告内容，结合成本法运用的基础知识，检查成本法运用过程中的不妥之处。

参 考 文 献

[1] 中国房地产估价师与房地产经纪人学会．房地产估价理论与方法[M]．北京：中国建筑工业出版社，2009．

[2] 中国房地产估价师与房地产经纪人学会．房地产估价案例与分析[M]．北京：中国建筑工业出版社，2009．

[3] 林明晖．房地产估价[M]．北京：中国建筑工业出版社，2007．

[4] 吴庆玲．房地产价格评估[M]．北京：中国建材工业出版社，2010．

[5] 北京房地产估价师与土地估价师协会．土地估价方法与实务[M]．北京：中国大地出版社，2009．

[6] 北京房地产估价师与土地估价师协会．土地估价案例与报告分析[M]．北京：中国大地出版社，2009．

[7] 刘立，马丽华．2009土地管理基础与法规[M]．武汉：华中科技大学出版社，2009．

[8] 李颖．土地管理基础[M]．武汉：华中科技大学出版社，2009．

[9] 赵小虹，赵财福．房地产估价[M]．上海：同济大学出版社，2009．

[10] 柴强．房地产估价[M]．北京：首都经济贸易大学出版社，2008．

[11] 赵世强．全国房地产估价师执业资格考试复习题解及模拟试卷[M]，北京：中国建筑工业出版社，2007．

[12] 沈颖，杨雪红．浅议房地产估价行业发展现状趋势及发展对策[J]．广州：广东科技，2008，18．

[13] 戴学珍．房地产估价教程[M]．北京：清华大学出版社，2007．

[14] 韩现国．房地产估价操作实务[M]．北京：中国建筑工业出版社，2009．

[15] 郭斌．房地产估价理论与实务[M]．北京：化学工业出版社，2008．

[16] 忻健强．房地产估价综合实践[M]．北京：中国建筑工业出版社，2007．

[17] 杨宝民．商业房地产开发与管理实务[M]．北京：清华大学出版社，2006．

[18] 吴翔华．房地产估价案例与分析[M]．北京：化学工业出版社，2008．

[19] 吴庆玲．房地产产权产籍管理[M]．北京：首都经济贸易大学出版社，2005．

北京大学出版社高职高专土建系列规划教材

序号	书名	书号	编著者	定价	出版时间	印次	配套情况	
			基础课程					
1	工程建设法律与制度	978-7-301-14158-8	唐茂华	26.00	2011.7	5	ppt/pdf	
2	建设工程法规	978-7-301-16731-1	高玉兰	30.00	2011.7	6	ppt/pdf/答案	★
3	建筑工程法规实务	978-7-301-19321-1	杨陈慧等	43.00	2011.8	1	ppt/pdf	★
4	建筑法规	978-7-301-19371-6	董伟等	39.00	2011.8	1	ppt/pdf	★
5	AutoCAD 建筑制图教程	978-7-301-14468-8	郭　慧	32.00	2011.8	9	ppt/pdf/素材	★
6	建筑工程专业英语	978-7-301-15376-5	吴承霞	20.00	2011.6	4	ppt/pdf	★
7	建筑工程制图与识图	978-7-301-15443-4	白丽红	25.00	2011.8	5	ppt/pdf/答案	★
8	建筑制图习题集	978-7-301-15404-5	白丽红	25.00	2011.7	4	pdf	
9	建筑制图	978-7-301-15405-2	高丽荣	21.00	2011.7	3	ppt/pdf	
10	建筑制图习题集	978-7-301-15586-8	高丽荣	21.00	2011.8	3	pdf	
11	建筑工程制图	978-7-301-12337-9	肖明和	36.00	2011.7	3	ppt/pdf/答案	
12	建筑制图与识图	978-7-301-18806-4	曹雪梅等	24.00	2011.5	1	ppt/pdf	★
13	建筑制图与识图习题册	978-7-301-18652-7	曹雪梅等	30.00	2011.3	1	pdf	★
14	建筑工程应用文写作	978-7-301-18962-7	赵立等	40.00	2011.6	1	ppt/pdf	★
15	AutoCAD 建筑绘图教程	978-7-301-19234-4	唐英敏等	41.00	2011.7	1	ppt/pdf	★
			施工类					
16	建筑工程测量	978-7-301-13578-5	王金玲等	26.00	2011.8	3	Pdf	
17	建筑施工技术	978-7-301-12336-2	朱永祥等	38.00	2011.8	6	ppt/pdf	★
18	建筑施工技术		董伟等		2011.9	1	ppt/pdf	★
19	建筑材料	978-7-301-13576-1	林祖宏	28.00	2011.8	7	ppt/pdf	★
20	建筑构造与识图	978-7-301-14465-7	郑贵超等	45.00	2011.8	7	ppt/pdf	★
21	建筑设备识图与施工工艺	978-7-301-19377-8	周业梅	38.00	2011.8	1	ppt/pdf	★
22	建设工程监理概论	978-7-301-14283-7	徐锡权等	32.00	2011.8	5	ppt/pdf /答案	
23	地基与基础	978-7-301-14471-8	肖明和	39.00	2011.8	6	ppt/pdf	★
24	建筑施工技术实训	978-7-301-14477-0	周晓龙	21.00	2011.8	4	pdf	★
25	建筑工程施工技术	978-7-301-14464-0	钟汉华等	35.00	2011.8	5	ppt/pdf	★
26	建筑力学	978-7-301-13584-6	石立安	35.00	2011.1	4	ppt/pdf	★
27	建设工程监理	978-7-301-15017-7	斯　庆	26.00	2011.7	3	ppt/pdf /答案	★
28	PKPM 软件的应用	978-7-301-15215-7	王　娜	27.00	2010.8	2	pdf	★
29	建筑工程测量	978-7-301-15542-4	张敬伟	30.00	2011.7	6	ppt/pdf /答案	★
30	建筑工程测量实验与实习指导	978-7-301-15548-6	张敬伟	20.00	2011.7	5	pdf/答案	
31	土木工程实用力学	978-7-301-15598-1	马景善	30.00	2011.6	2	pdf	★
32	建筑工程质量事故分析	978-7-301-16905-6	郑文新	25.00	2011.1	2	ppt/pdf	★
33	建筑设备基础知识与识图	978-7-301-16716-8	靳慧征	34.00	2011.7	5	ppt/pdf	★
34	建筑工程测量	978-7-301-16727-4	赵景利	30.00	2011.8	4	ppt/pdf /答案	★
35	土木工程力学	978-7-301-16864-6	吴明军	38.00	2010.4	1	ppt/pdf	★
36	建筑结构	978-7-301-17086-1	徐锡权	62.00	2011.8	2	ppt/pdf /答案	★
37	建筑施工技术	978-7-301-16726-7	叶　雯等	44.00	2011.7	2	ppt/pdf /素材	★
38	建筑材料与检测	978-7-301-16728-1	梅　杨等	26.00	2011.8	4	pdf	★
39	建筑材料检测试验指导	978-7-301-16729-8	王美芬等	18.00	2011.1	2	pdf	
40	建设工程监理概论	978-7-301-15518-9	曾庆军等	24.00	2011.6	3	pdf	
41	地基与基础	978-7-301-16130-2	孙平平等	26.00	2010.10	1	pdf	
42	建筑工程施工组织设计	978-7-301-18512-4	李源清	26.00	2011.2	1	ppt/pdf	★
43	建筑工程施工组织实训	978-7-301-18961-0	李源清	40.00	2011.6	1	pdf	★
44	建筑结构	978-7-301-19171-2	唐春平等	41.00	2011.7	1	ppt/pdf	
45	工程建设监理案例分析教程	978-7-301-18984-9	刘志麟等	38.00	2011.7	1	ppt/pdf	
46	建筑材料与检测	978-7-301-19261-0	王　辉	35.00	2011.8	1	ppt/pdf	★
47	建筑工程测量实训	978-7-301-19329-7	杨凤华	27.00	2011.8	1	pdf	

序号	书名	书号	编著者	定价	出版时间	印次	配套情况	
			工 程 管 理 类					
47	建筑工程项目管理	978-7-301-12335-5	范红岩等	30.00	2011.6	6	ppt/pdf	★
48	建设工程招投标与合同管理	978-7-301-13581-5	宋春岩等	30.00	2011.6	9	ppt/pdf/答案/试题/教案	★
49	工程造价控制	978-7-301-14466-4	斯　庆	26.00	2011.8	6	ppt/pdf	★
50	建筑施工组织与管理	978-7-301-15359-8	翟丽旻等	32.00	2011.1	5	ppt/pdf	★
51	建筑工程计量与计价	978-7-301-15406-9	肖明和等	39.00	2011.7	5	ppt/pdf	★
52	建筑工程经济	978-7-301-15449-6	杨庆丰等	24.00	2011.8	7	ppt/pdf	★
53	建筑工程计量与计价实训	978-7-301-15516-5	肖明和等	20.00	2011.7	4	pdf	
54	工程项目招投标与合同管理	978-7-301-15549-3	李洪军等	30.00	2011.8	4	ppt	
55	建筑工程造价管理	978-7-301-15517-2	李茂英等	24.00	2011.6	3	pdf	★
56	建筑力学与结构	978-7-301-15658-2	吴承霞	40.00	2011.8	6	ppt/pdf	★
57	安装工程计量与计价	978-7-301-15652-0	冯　钢等	38.00	2011.2	4	ppt/pdf	★
58	施工企业会计	978-7-301-15614-8	辛艳红等	26.00	2011.7	3	ppt/pdf	
59	工程项目招投标与合同管理	978-7-301-16732-8	杨庆丰	28.00	2011.7	3	ppt	
60	建设工程项目管理	978-7-301-16730-4	王　辉	32.00	2011.6	2	ppt/pdf	★
61	建筑工程质量与安全管理	978-7-301-16070-1	周连起	35.00	2011.1	2	pdf	
62	建筑工程计量与计价——透过案例学造价	978-7-301-16071-8	张　强	50.00	2011.8	2	ppt/pdf	★
63	工程招投标与合同管理实务	978-7-301-19035-7	杨甲奇等	48.00	2011.8	1	pdf	
64	工程招投标与合同管理实务	978-7-301-19290-0	郑文新等	43.00	2011.8	1	pdf	
65	建设工程项目管理	978-7-301-19335-8	冯松山等	38.00	2011.8	1	pdf	
66	安装工程计量与计价实训	978-7-301-19336-5	景巧玲等		2011.8	1	pdf	
67	建筑工程清单编制	978-7-301-19387-7	叶晓容	24.00	2011.8	1	ppt/pdf	★
			建 筑 装 饰 类					
68	中外建筑史	978-7-301-15606-3	袁新华	30.00	2011.5	5	ppt/pdf	★
69	建筑装饰材料	978-7-301-15136-5	高军林	25.00	2011.7	2	ppt/pdf	
70	建筑装饰施工技术	978-7-301-15439-7	王　军等	30.00	2011.7	3	ppt/pdf	★
71	设计构成	978-7-301-15504-2	戴碧锋	30.00	2009.7	1	pdf	
72	建筑素描表现与创意	978-7-301-15541-7	于修国	25.00	2011.1	2	pdf	★
73	室内设计基础	978-7-301-15613-1	李书青	32.00	2011.1	2	pdf	
74	建筑装饰构造	978-7-301-15687-2	赵志文等	27.00	2011.1	2	ppt/pdf	
75	基础色彩	978-7-301-16072-5	张　军	42.00	2010.3	1	pdf	
76	建筑与装饰装修工程工程量清单	978-7-301-17331-2	翟丽旻等	25.00	2011.5	2	pdf	
77	3ds max 室内设计表现方法	978-7-301-17762-4	徐海军	32.00	2010.9	1	pdf	
78	装饰材料与施工	978-7-301-15677-3	宋志春等	30.00	2010.8	2	ppt/pdf	★
79	3ds Max 9.0 室内设计案例教程	978-7-301-14676-7	伍福军等	32.00	2010.5	2	ppt/pdf	★
80	Photoshop 效果图后期制作	978-7-301-16073-2	脱忠伟等	52.00	2011.1	1	素材/pdf	★
81	建筑表现技法	978-7-301-19216-0	张　峰	32.00	2011.7	1	ppt/pdf	★
82	建筑室内空间历程	978-7-301-19338-9	张伟孝	53.00	2011.8	1	pdf	
			房 地 产 类					
83	房地产开发与经营	978-7-301-14467-1	张建中等	30.00	2011.1	3	ppt/pdf	★
84	房地产估价	978-7-301-15817-3	黄　晔等	30.00	2011.8	3	ppt/pdf	
85	房地产估价理论与实务	978-7-301-19327-3	褚菁晶	35.00	2011.8	3	ppt/pdf	
86	物业管理理论与实务	978-7-301-19354-9	裴艳慧		2011.8	1	pdf	
			市 政 路 桥 类					
87	市政工程计量与计价	978-7-301-14915-7	王云江	38.00	2010.8	2	pdf	★
88	市政桥梁工程	978-7-301-16688-8	刘　江等	42.00	2010.7	1	ppt/pdf/	★
89	路基路面工程	978-7-301-19299-3	偶昌宝等	34.00	2011.8	1	ppt/pdf/素材	★